幼教課程模式：
理論取向與實務經驗
（第二版）

策畫主編：簡楚瑛

簡楚瑛、盧素碧、蘇愛秋、劉玉燕

漢菊德、林玉珠、吳嫈華、張孝筠

林士真、鄭秀容

等著

作者簡介

策畫主編：簡楚瑛

（第一章、第八章第一～三節、第九章第壹部分、第十章第壹部分、
第十一章、第十二章、第十三章、第十四章）

學歷　國立政治大學教育研究所哲學博士

經歷　台灣省國民學校教師研習會副研究員

　　　　國立台南師範學院幼教系副教授

　　　　國立新竹師範學院幼教系教授

　　　　國立政治大學幼兒教育研究所教授

著作　幼兒・親職・教育　　　（1988）文景出版社

　　　　方案課程之理論與實務：兼談義大利瑞吉歐學前教育系統

　　　　　　　　　　　　　　　（1994）文景出版社

　　　　幼稚園班級經營　　　　（1996）文景出版社

　　　　方案教學之理論與實務（2001）文景出版社

　　　　幼兒教育與保育之行政與政策（歐・美・澳篇）

　　　　　　　　　　　　　　　（2004）心理出版社

　　　　幼兒教育課程模式　　　（2005）心理出版社

盧素碧（第二章）

學歷 台灣師大家政教育學士

經歷 嘉義家職教師

台灣師大家政教育系助教、講師、副教授及家政研究所副教授

曾兼任家政系實習托兒所及師大附屬幼稚園園長

現任 已退休

蘇愛秋（第三章）

學歷 台北市立師專畢業、英國愛默生學院專修幼兒教育

經歷 台北市立師專兼任講師

國立政治大學實小附幼主任

台北市公私立幼稚園評鑑委員

台北市私立格林菲爾（greenfield school）兒童學校校長

政大公企中心幼教師資研習班主任兼講師

國語日報週刊「親職教育」專欄作者

現任 財團法人嚴寬祐文教基金會義務講師

中國幼稚教育學會祕書長

著作 開放的親職教育　　　　　信誼基金會出版社

親職教育：父母心、師生情　心理出版社

兒歌教材教法　　　　　　　心理出版社

劉玉燕（第四章）

學歷 東海大學建築學士、日本橫濱國立大學建築碩士

經歷 建築師事務所設計師、四一○教育改造聯盟首任副召集人、社
區大學文教基金會執行董事

現任 佳美幼稚園主任、國立台北師院兼任講師

著作 與孩子共舞（合著）　　　　光祐出版社
所有的狗都是男生（合著）　光祐出版社

譯作 兒童・空間與關係　　　　　光祐出版社
皮亞傑訪談論　　　　　　　書泉出版社

漢菊德（第五章）

學歷 國立政治大學教育系畢業
美諾華大學幼兒教育所碩士

經歷 台北市弘道、景美國中教師
高雄市私立小可愛及經一紀念幼稚園創園首任園長
台北市南海實幼籌備處主任、園長

現任 二○○三年二月自南海實幼退休

著作 成為一個人的教育　　　　　光祐出版社
探索身體資源（修訂版）　　心理出版社
說笑童年：後現代童語錄　　心理出版社

譯作 兒童心智　　　　　　　　　遠流出版社

林玉珠（第六章）

學歷 美國 Ashland 大學資優教育碩士

經歷 心理諮商輔導員
基督教書院講師

現任 台中市磊川華德福實驗教育機構負責人
台中市磊川華德福實驗教育機構創始人
台中市人智哲學發展學會創會會長
台中市娃得福托兒所創所人

吳嬿華（第七章）

學歷 國立新竹師範學院幼兒教育學系畢業

經歷 國小代課教師、幼稚園教師

現任 新竹市立幼稚園教師

張孝筠（第八章第四節）

學歷 美國加州聖母學院（College of Notre Dame）幼兒教育碩士

美國愛荷華州德瑞克大學（Drake University）教育博士

執照：美國蒙特梭利學會三～六歲合格師資

經歷 朝陽科技大學幼兒保育系專任副教授兼系主任

國立花蓮師範學院幼兒教育師資科學系專任副教授兼幼兒教育
中心主任、幼兒教育學系主任、學生輔導中心主任

朝陽科技大學教育學程中心專任副教授兼主任

中華民國幼兒教育發展基金會董事

現任 國立台北護理健康大學嬰幼兒保育系專任副教授

林士眞（第九章第貳部分）

學歷 紐約河濱街教育學院教育碩士（特殊教育）

紐約河濱街教育學院教育科學碩士（學前暨初等教育）

經歷 紐約河濱街教育學院附屬小學暨附屬幼兒中心實習老師

台北成長托兒所老師

國立台北師院兼任講師

現任 弘光科技大學兼任講師

經國管理暨健康學院兼任講師

鄭秀容（第十章第貳部分）

學歷 美國紐約州立大學水牛城分校學前教育碩士

經歷 （美國）幼兒園老師、園長

現任 高雄市私立托兒所所長

第－畫－主－編－者－序

綜觀國內幼兒教育領域裡，各種課程模式不斷地自歐、美引入，其中包括蒙特梭利模式（Montessori Model）、以皮亞傑理論為基礎的課程模式（以 High /Scope 和 Camii-DeVries 為代表），以及其他以不同理論為基礎的課程模式（如 Rudolf Model、Direct Instruction Model 和 Bank Street）。

當我們引入歐、美之課程模式時，是否會思考其產生時之時代、文化、社會背景？在時代、文化、社會背景變遷情況下，我們在應用該課程模式時是否有應參酌、增刪、修改之處？除了社會、文化背景的變遷外，學理上，歷經數十年至百年的歲月中，是否也有新的發現，足供課程發展時之參考？綜觀國內有關幼兒教育相關理論之文獻資料，甚少針對國外之幼教課程模式做文獻上之歷史性的追溯，以及不同模式間的剖析、比較和批判，本書即在此種背景下產生的。

同時，在各種課程模式引入國內後，在本土化歷程中產生了什麼樣的互動結果？也是編者想探討的焦點之一。

台灣在過去五十年裡，是否發展出自己本土化的一套課程模式？亦是本書想試著呈現的一個重點。因此，本書期望呈現的面貌包括如下的三個向度：

一、理論與實務同時呈現：目的不僅在強調理論的重要性，同時希望讀者自己去分析每個課程模式所依據之理論與實務的契合程度。

二、透過文獻探討方式，了解各個幼教課程模式產生之文化、歷史背景的脈絡，作為幼教課程發展與應用時理解與反思之基點。

三、舶來品與本土化產品並陳：第二個向度之重點在強調幼教課程模式產生與演變之背景脈絡，強調的是時間遞嬗過程所呈現的意義性；第三個向度強調的是幼教課程模式在空間轉換、移植到我國文化時所產生的結果。

根據上述三個期望，編者邀請了國內幼教課程方面之學者、專家以如下格

式為原則，各自就自己專長之課程類型寫作。各章體例，建議如下：

1. ｘｘ模式之歷史源流。

2. ｘｘ模式之理論基礎。

3. ｘｘ模式課程要素之內涵：

　　⑴教育目的；⑵教育內容；⑶教育方法；⑷教育評鑑。

4. ｘｘ模式本土經驗情形：

　　⑴ｘｘ模式本土化之歷史沿革。

　　⑵ｘｘ模式本土化之實踐面（包括活動設計案例）。

　　⑶ｘｘ模式本土化與原版之比較。

　　⑷ｘｘ模式本土化的困難與問題。

　　原本期望以上述之體例統一每一章節的格式與內容，但因作者各自的寫作風格，以及課程本身的特性，使得並非每一章的著作皆符合「模式」與上述體例之要求（模式之定義與要素請參看第一章），因此，本書各章體例的呈現，係以各章作者之意見為主要的依據。

　　本書原擬定名為「幼兒教育課程模式取向之理論與實務」，但在出版社建議書名字數越少越好的情況下，定名為「幼教課程模式」。本書第一章至第五章屬本土經驗的分享，係依課程形式發展的先後為排列順序。隨著教育思潮的轉變，單元式課程也從傳統的定義與教學方式，走向開放的方向；繼單元之後，國內開始強調角落與大學習區的設計，爾後有統整式課程的重視，一路走來，本土化的課程面貌在第二、三、四、五章中，可以看見其發展的軌跡。從課程模式的角度來看本土化課程面貌時，第二章所談的內容較偏重於探討「如何設計」、「應教些什麼給幼兒」的問題；第三章所談的內容偏向「如何教」的問題；第四章的重點放在「課程發展」的「歷程」上；第五章則是一套較完整的、本土化的課程模式，對於教育目的、內容、方法與評量均有所交代。第二章到

第五章屬本土經驗之分享，部分資料的呈現，發現一些未來幼教界課程與教學領域可進一步探究的議題，如：課程發展的歷程、課程決策的歷程、課程組織的問題等。

第六章所介紹的娃得福學校，是歐洲正式學校和蒙特梭利學校系統外，第三大的學校系統。國內不僅已有相關之翻譯書籍出版，也有該系統的托兒所成立。編者未在第十三章中將此娃得福系統的課程與其他五種課程模式作比較，是因為編者認為該系統是以人生哲學為立論之根本，少涉及教育哲學、心理學等所涉獵的議題，因此，較難做課程間的比較工作，但站在介紹多元化課程之立場上，亦將之編入本書中。

第七章介紹的方案課程並不屬於課程模式，但因為它是舶來品，且是近年來國內討論甚多的一種教學法與課程，因此應多位學者、專家之建議，將之放入本書，藉此機會將方案課程實踐層面的一些問題予以澄清。

第八章至十二章，介紹美國最為人所探討的五個幼教課程模式，除了交代各個模式產生的背景與演變歷史、該模式之理論基礎與課程要素之內涵外，同時介紹了本土化的層面。

第十三章係針對五個美國幼教課程模式作比較和分析的工作。

第十四章係跳開個別課程的思維方式，從教育人員到底該在「何時」、以「何種方法」、「教什麼」給幼兒的思考方式，去檢視課程模式存在的意義性問題。

感謝的話 ●

探討有關課程與教學的領域，一直是我個人研究與教學上的興趣；整合理論與實務間的鴻溝一直是我努力的方向；結合學有專精、術有專攻之學者、專家共同開拓幼教領域，一直是我的心願之一。本書就在這些因素的結合下出版了。

　　我要藉著本書出版的機會，說出我內心感謝的話，首先，謝謝本書其他十位作者願意合作完成此書，大家認真、負責的態度，讓我深為感動與感謝。我要謝謝國科會的支持，讓我有一年的時間專心讀書、進修，本書才有出版的可能。謝謝國立政治大學黃炳煌教授將我帶入課程領域，他對我的影響自學生時代至今，未曾稍減。謝謝國立中正大學心理系柯華葳教授的帶領，讓我在認知心理學領域有更多的涉獵，進而應用在課程領域上。謝謝國立師範大學教育系潘慧玲教授和國立台北師範學院幼教系黃瑞琴教授對本書所提供的許多評論與建議。謝謝系上老師與幼教界許多同仁對我的支持與協助，讓我在專業領域上有不斷努力的動力，也幫助我了解還有許多事情有待我去學習。謝謝助理雁玲同學任勞任怨地用電腦修改我的稿子。謝謝心理出版社許麗玉女士同意且熱心地協助本書的出版。我的父母和弟妹們對我的期望，給予我很大的鼓勵。最後我要感謝外子歐陽立和兒子、女兒，由於他們的體貼與支持，使得我的寫作計畫得以順利完成。

國立政治大學幼兒教育研究所教授

簡楚瑛　謹識

民國九十一年九月二十日

目一錄

第七章　方案式課程與教學　～吳嬿華　**317**

第八章　蒙特梭利課程模式　～簡楚瑛（第一～三節）張孝筠（第四節）　**359**

第九章　河濱街模式 ～簡楚瑛（壹、理論部分）
林士真（貳、實踐部分）　**413**

【壹、理論部分】

第十章　High/Scope 課程模式（又稱高瞻遠矚課程模式）

～簡楚瑛（壹、理論部分）
～鄭秀容（貳、實踐部分）　　**471**

【壹、理論部分】

【貳、實踐部分】

第十一章　卡蜜─迪汎思課程模式　　　　～簡楚瑛　**521**

課程模式之定義與要素

1

～簡楚瑛

摘　要

　　課程模式是教育計畫中的基本哲學、行政與教育成分之概念性的表徵，此可做為教育決策的基礎，化為行動時即為模式的應用。

　　本章中將提出定義與要素來說明課程模式的內涵。

第一節　課程模式之定義

根據伊文思（Evans）的解釋：課程模式是教育計畫中之基本哲學、行政與教育成分之概念性的表徵。它包含了內部一致性的理論前提、行政政策和教學秩序，以達到所預期的教育成果。這種概念性的模式可以作為教育決策時的基礎。當決策轉換成行動時，就稱為模式的應用（Evans, 1982, p.107）。

第二節　課程模式之要素

從伊文思的定義來看，每一種課程模式都應有其理論上的基礎以及課程本身所包涵的要素。

一、理論基礎

課程模式的理論基礎基本上應包括心理學、哲學、社會學和知識論之觀點，但過去幼教課程模式的教育目的實際上深受心理學和哲學觀點所影響，其中包括了基於兒童發展與學習之假設而設立之教育目的。

二、課程要素

㈠教育目的

幼教各課程模式的教育目的雖受其哲學思想所影響而有所不同，但歸納來看，可以分成兩個顯著不同的傾向：一是傾向於社會化的目的；一是傾向於學業性的目的。另一種分法是：為未來學習與未來生活作準備（這種目的的課程模式是屬於由上而下的課程設計）和豐富學生的經驗（這種目的的課程模式是屬於由下而上的課程設計）兩種目的。

㈡課程內容

通常課程內容是與教育目的息息相關的，其內容之彈性程度可以分成三種基本類型：一是事先設計好，且不能改變的、固定式的內容；第二種類型是由學生決定學習的內容，因此沒有固定式的學習內容；第三類形式是老師提供一個學習的範圍，在這範圍內學生有選擇與決定的機會。

課程內容除了可以從彈性程度來劃分外，也可以從另外兩個角度來分：一是認知傾向或社會情緒傾向之內容；一是傾向於讀、寫、算技巧能力或是傾向於認知技巧的培養（如探索、歸納、問題解決策略等技巧）。

課程內容要談的是「要教學生什麼」和「如何安排要教給學生的東西」。「要教學生什麼」牽涉到的是「課程範圍」上的問題；「如何安排要教給學生的東西」指的是課程的「組織原則」。

範圍是指內容的廣度或多樣性，有的模式所包涵之內容範圍可能很廣，譬如：美學（繪畫、音樂、舞蹈、戲劇等）、認知技巧（分類、序列、推理等）、基本概

念（時間、空間、數字等）、學業（讀、寫、算）、社會－情緒技能（自我控制、成就動機）都包括在內；有的模式可能只強調其中幾項技能。

　　組織原則主要是指課程內容縱向之「繼續性」與「程序性」（哪些學習內容在前，哪些在後）的安排和橫向的「統整性」（指不同學習內容間之互相聯繫與統整之安排）。

㈢教學方法

　　一般教學方法有講述法、討論法、實驗法、角色扮演等方法。若從師生關係來看，老師的角色可以從唯一主角的主導性到輔導者不同的介入程度，形成不同的教學方法；也可以從大團體教學、小組教學和個別教學方式來看各模式的主要教學方法。

㈣評　鑑

　　評鑑基本上是依據教學目標，透過測驗、量表、晤談和（或）觀察等方法與技術，收集到完整的量化和（或）質化的資料，採取觀察觀點，對學生之學習結果作價值判斷的歷程。

　　課程模式本身是個有機體，因此在面對著不同時、空的情境下，它是會不斷地變化的；同時課程模式本身應具有一體性，即其理論基礎應與課程四要素—教育的目的、內容、方法和評量—環環相扣的；課程四要素彼此間也應有邏輯性的關係。

參考書目

Evans, E. D. (1982). Curriculum model. In B. Spodek (Ed.), *Handbook of Research in Early Childhood Education,* 107-134. New York: The Free Press.

2 單元教學

～盧素碧

摘　要

　　單元教學模式，是教師於教學前預先設計好教案後，再實施教學。教師的角色常是主導者、引導者、誘導者或指導者，易忽略幼兒的個別差異。早期的單元教學活動設計均是參考教育部頒布的「幼稚園課程標準」，因當時未重視幼教師資的培育，且缺乏幼教課程設計的理論基礎，因此許多園所常採分科分節的課程設計，偏重讀、寫、算及才藝教學，造成揠苗助長，影響幼兒身心正常的發展。從民國四十一年後為改進幼兒教育，在師院實驗了各種不同的教學法，使單元教學不斷地受到衝擊，慢慢走向開放，重視幼兒本位的學習。如今單元教學融入了許多實驗過後的特點，重視啟發式的教學法，教師的角色多重化，提供幼兒親身體驗操作的情境布置與活動，在評量方面也採遊戲化、多樣化，並重視教學過程的評量與觀察評量，甚至在課程設計上也多少提供師生互動，以及幼兒興趣延伸活動的設計。如何使單元教學活動設計更合乎現代化，教學法更生動活潑，以增進幼兒身心健全的發展，是從事幼教者今後仍需要再接再屬不斷地研討和探究的主要課題。

第一節 歷史源流

一、單元教學的意義

　　所謂單元是以一個日常生活上重要問題為中心的完整學習活動。採用心理組織，打破幼稚園的各課程領域，以便使幼兒的生活與教育不致脫節，易獲得完整的學習。單元可以說是幼稚園編制教學課程的單位，而「單元教學」是指一個完整的單元教學活動，由教師依據時令節日以及幼兒的身心發展，從日常生活中選取合適的單元，編制全期的單元，再依據每一單元編寫合適的教學計畫，以實施教學。因此有：年計畫、學期計畫、週計畫及日計畫。單元兼有課程的四個要素：目的、內容、方法及評量。單元的內容有大、中、小之分，年齡愈大，生活經驗愈豐富，學習的持續力較長，統整的能力也較廣、較佳，因此較適合選擇大單元的活動設計。至於中小班的幼兒，由於經驗及統整的能力較有限，單元的選擇則以與幼兒生活有密切關係、具體的、可親身體驗的單元為主。設計具有計畫的意義，教師在做計畫時除了要考慮顯著的課程之外，也應考慮到潛在的課程，因此宜具有彈性。

二、名詞的演變

　　單元教學在幼稚園已經施用很久，超過了半世紀以上，它的基本精神是由教師事先做好教學計畫後實施教學。從民國十八年幼稚園暫行課程標準之教育方法的實施即已開始呈現。台灣光復後隨著時代的變遷，社會制度的改變，心理學的發達，以及受到西方教育哲學思想的影響，幼稚園的教學也激起了一些浪潮，各種教學法的引進、實驗與推廣，使得幼稚園的「單元教學」也跟著時代的進步無形中跟著在

轉變，由「單元教學」→「單元教學活動」→「單元教學活動設計」→「大單元活動設計」（或主題），其演變很明顯地由分科的教學型態、教師主導的教學，慢慢地重視幼兒學習過程、學習興趣以及師生互動的活動設計，教學已不再是為教師所完全掌控的活動，而有師生互動或延伸的活動。包括有教師的教學活動計畫以及師生互動融合的學習過程。早期的單元教學：教師「講」幼兒「聽」；教師「教」幼兒「學」；教師「做」幼兒「看」的模式，是一種注入式、灌輸式的教學法，已不合乎現在的單元教學。目前單元教學活動設計具有下列的特點：

1. 單元活動設計，必須根據心理學、社會學以及哲學做為課程設計的基礎。
2. 單元是編制幼兒課程的單位，是一個完整的學習活動，通常從幼兒的日常生活中取材，重視幼兒的生活教育。
3. 單元活動中有明確的目標、內容、方法和評量，涵蓋課程的四項基本要素。
4. 單元的學習活動徹底打破幼稚園的課程領域，以遊戲貫穿所有領域，因此用「活動」、「單元」等名稱聯繫各課程領域，可避免活動時造成分科的傾向。
5. 早期的單元教學，都以一週為一單元，目前單元活動時間是隨幼兒的興趣作彈性調整，通常小班以一至二週，中班二至三週，大班二至四週。
6. 單元活動以生活為中心，使生活和教育能互相結合，習得解決問題的方法。
7. 單元活動展開的方式有下列三項步驟：
   (1) 預備活動：包括幼兒成熟面的考量、師生資源的收集以及動機的引導等方面。
   (2) 發展活動：所展開的各項活動，重視縱橫的連貫性以達統整，是單元活動中的主要活動，提供觀察、操作、創作、嘗試、實驗等。
   (3) 綜合活動：乃是指單元活動的最高潮，是綜合性的，亦可指創作、成果發表展示、彼此分享、綜合討論以及問題的發現、解決及應用等。
8. 為適應幼兒個別差異，重視分組活動的設計，也就是設計各種不同性質的分組活動內容，依幼兒的興趣、能力、需要做輪流、指定或興趣選組。
9. 單元活動中，提供師生互動、幼兒間互動以及親子間的互動，以增進幼兒社

會行為的發展。

10. 重視不同方式的評量方法。

三、歷史沿革

我國何時開始使用「單元」的名稱？從民國十八年陳鶴琴先生受聘起草「幼稚園課程暫行標準」（註1）時，在草案的教育方法第一項上已明示：「各種活動（音樂、遊戲、故事、社會和自然、工作等）於實際施行時，應該打成一片，無所謂科目，打成一片的方法，應該以一種需要的材料（應時的如：三月植樹節、十月國慶、秋天紅葉、冬天白雪等）做一日或兩三日內作業的中心，一切活動，都不離乎這個中心的範圍。」（註2）當時稱為作業中心，是以日常生活中可接觸到的事物作為活動的中心，類似現在所稱的單元教學活動，以此統整課程領域。陳鶴琴先生的五指活動，是以單元作為統整課程領域的手段。現將我國教育部所頒布的「幼稚園課程標準」及經過五次修訂的概況摘要列表比較如表 2-1 至表 2-3（註3）。

幼稚園課程標準可以說是當時我國幼教的基本指南，在缺乏參考書籍的四、五〇年代，只能從這一本獲得最基本的概念，對我國幼教有深遠的影響。雖經過五次的修訂，其課程範圍卻一直是以科目分類，且始終將遊戲列為範圍之一，以致容易傾向分科的課程設計，且許多幼稚園成為小學的先修班，偏重讀、寫、算及才藝教學的課程設計。幼稚園的所有課程實驗如：五指活動課程、行為課程、大單元設計課程、發現學習課程、科學教育實驗課程等，這些實驗對單元教學都帶來某些影響力，欲打破傳統分科教學形式。

民國三十九年至四十九年之十年內，各級學校教育目標均有修訂，教學方法也隨之有所改變，當時中小學的課程編制和教材的組織，仿效美國小學一、二年級趨向於大單元的組織，使教材成為一個完整的生活經驗，而非各自獨立、互不相關的零碎知識（註4）。幼稚園於五十四年至五十九年間開始做實驗，於是才有現在的大單元教學活動設計及單元教學活動設計之分別。大單元教學活動設計是把相關的數

個單元構成一個大單元，每一單元之下又可設計數項活動，大單元活動時間較長，約為四～六週，較偏於論理的組織；而單元教學活動設計，通常是把相關的數項活動構成一個單元，此模式是來自於民國七十年幼稚園科學教育實驗的單元教材的設計方式，將每一單元之下設計數項相關的活動，依其活動的難易順序排列而成，這些活動是以幼兒日常生活有關的舊經驗為活動名稱，單元活動時間約為二～四週，偏向於心理組織，目前單元活動常以此模式來設計。現以「我們的食物」之單元為例說明：

大單元名稱：「我們的食物」
**　　　　　　（大班）**

第一單元：蔬菜和水果

第二單元：米和麵

第三單元：魚和肉

第四單元：糖和鹽

單元名稱：「我們的食物」
**　　　　　（大班）**

活動一：參觀超級市場

活動二：我們吃的六大類食物

活動三：加工食品

活動四：小廚師

活動五：小小商店

　　從理論上而言，它們兩者都是打破幼稚園的課程領域。民國六十年開放教育的引進實驗，從過去以教師為主導的教學，慢慢轉變成以幼兒為學習主體，鼓勵幼兒自發性的學習精神，單元教學已經無法滿足現代幼兒教育的需要，因此從民國七十五年以後開放教育又再度在國內燃起，此時由於國內幼教環境的受限，因應時代的需要，漸漸地課程設計形成了兩個部分：第一個部分是單元教學活動設計，此部分著重在幼兒基本能力，即概念、動作技巧及習慣、態度方面的學習；另一部分就是布置開放的學習空間（角落或學習區），提供幼兒或混齡或混班的學習，以彌補單元教學不足的部分。角落（學習區）著重幼兒自我興趣選擇、自我引導學習、自動自發、自律負責、尊重別人、互助互動、遵守公共秩序等開放精神的學習，著重在人際關係、社會化的學習，並依此為評量的依據。教師的角色是提供者、觀察者、

暗示者、鼓勵者、學習者、支持者、安慰者、協助者、分享者。

表 2-1　「幼稚園課程標準」修訂內容比較表㈠

年代	教育思想淵源	教育目標	課程範圍	教育方法	評論
民國十八年幼稚園課程暫行標準	由陳鶴琴先生起草「幼稚園課程暫行標準」。陳氏於一九一四年赴美留學，一九一八年獲哥倫比亞大學碩士學位，一九一九年回國，其教育思想可以說是盧梭、裴斯泰洛齊、福祿貝爾、杜威等四位哲學思想學說之綜合	1.增進幼兒應有的快樂和幸福 2.培養人生基本的優良習慣 3.協助家庭教養幼兒，並謀家庭教育的改進	1.音樂 2.故事和兒歌 3.遊戲 4.社會和自然 5.工作 　(1)沙箱裝排 　(2)恩物裝置 　(3)畫圖 　(4)剪貼 　(5)泥工 　(6)縫紉 　(7)木工 　(8)織工 　(9)園藝 6.靜息 　(1)靜默 　(2)靜臥 7.餐點	1.實施時各課程範圍打成一片，無所謂科目，活動以一至三日內為作業中心 2.教學活動有 　(1)團體活動 　(2)分組活動 　(3)分工 3.大自然、大社會都是最好的活動場所 4.從幼兒日常生活中取材，以切合幼兒的心理和經驗 5.教師是幼兒活動中的把舵者、指導者 6.多觀察並作記錄 7.家長與教師要常聯絡 8.要合乎國情、民族性、地理性和地方性 9.多利用廢物、天然物和日用品啟發創造心 10.每一課程範圍均有最低限度要達到的評量內容	1.以當代而言，相當富有前瞻性，一方面是國家實施幼教的參考標準，另一方面避免西化，為官方正式宣告「中國化」幼兒教育的開端 2.不分科的課程設計，以一至三日、日常生活幼兒可接觸的事物作業中心，作為課程領域的統整 3.教師是活動中把舵者 4.課程項目中只有工作是屬於個別活動——幼兒本位 5.含有課程四要素，每一課程範圍均有目標、內容、方法及最低限制的評量

續表

年代	教育思想淵源	教育目標	課程範圍	教育方法	評論
民國二十一年		1.增進幼兒身心的健康 2.力謀幼兒應有的快樂和幸福 3.培養人生基本的優良習慣 4.協助家庭教養幼兒，並謀家庭教育的改進	1.音樂 2.故事和兒歌 3.遊戲 4.社會和自然 5.工作 6.靜息(1)靜默(2)靜臥 7.餐點		幼稚園暫行課程標準，經過兩年之實驗，於民國二十一年修訂為「幼稚園課程標準」，此為第一次修訂。本次對目標增加第一條
民國二十五年			「社會和自然」改為「常識」		第二次修訂僅將「社會和自然」改為「常識」，及細目略有變動而已
民國四十二年	民國三十五年七月張雪門先生從台灣推行為課程修訂，本次課程標準，張雪門及張慧英同列委員。張雪門研究認為幼稚教育須根據幼兒心理，以培養倫理觀念、民主與科學頭腦，他陶冶教、學、做合一的理論	1.增進幼兒身心的健康 2.培養幼兒優良的習慣 3.啟發幼兒基本的生活知能 4.增進幼兒應有的快樂和幸福	1.知能訓練(1)遊戲(2)音樂(3)工作(4)故事和兒歌(5)常識 2.生活訓練(1)靜息(2)餐點	1.保育重於教育，幼稚園課程是幼兒整體的活動，教師應因時因地妥慎估量幼兒能實踐的活動，作教學中心 2.各種作業應布置一個合宜情境 3.其他各項大致相同	1.第三次修訂 2.範圍分為知能和生活訓練，雖重視生活教育，卻易造成生活與教育的脫節 3.民國四十二年實驗五指活動教學，四十四年實驗教學推廣，盛行於民國四十二年至四十八年，影響深鉅 4.實驗教材名為「幼兒單元活動教材教法」，由於屬於廣域課程，故仍為分科的課程設計

表 2-2 「幼稚園課程標準」修訂內容比較表㈡

年代	教育思想淵源	教育目標	課程範圍	實施通則	課程設計	評論
民國六十四年	1.民國五十四年至五十九年，由當時省立台北女師熊芷校長領導，實驗大單元設計教學法，仿效美國小學一、二年級趨向大單元組織型態，使教材成為一個完整的生活經驗，而非各自獨立、各不相關的零碎知識。大單元教育思潮受到： ⑴完形心理學的影響。強調幼兒的學習必須注意整體性的了解，教學上主張以一個主題為中心，用實活動來融合所有材料 ⑵差異心理學的影響。強調人類的能力和興趣各不相同，在教學時，教師必	1.增進幼兒身心健康 2.培養幼兒良好習慣 3.發展幼兒潛在能力 4.充實幼兒生活經驗 5.增進幼兒快樂和幸福 6.培育幼兒仁愛的精神及愛國觀念	1.健康 ⑴心理健康 ⑵身體保護 ⑶安全 ⑷靜息 ⑸餐點 2.遊戲 3.音樂 ⑴唱歌和表演 ⑵韻律 ⑶欣賞 ⑷節奏 4.工作 ⑴沙箱 ⑵積木 ⑶畫畫 ⑷紙工 ⑸泥工 ⑹木工 ⑺縫紉 ⑻園藝 ⑼飼養 ⑽烹飪 ⑾彫刻工 ⑿蓪草工 ⒀廢物工 ⒁其他 5.語文 ⑴說話 ⑵故事兒歌 ⑶閱讀 6.常識 ⑴自然 ⑵社會 ⑶數的概念	1.幼稚園的課程是幼兒生活整個的教育活動，不是分科教學 2.課程組織原則，妥慎估量可接受、可想像、可實踐或可創作的活動，作為中心的主題 3.每天至少有一特定「戶外活動」 4.教學活動 ⑴團體 ⑵分組 ⑶分工 5.提供多樣性材料 6.課程實施不限於室內，戶外的自然界更是最好的活動場所 7.注意實施心理健康的輔導 8.注意幼兒間的個別差異 9.幼稚園與家庭宜取得密切聯	1.課程設計的形式 ⑴中心單元設計活動 ⑵大單元設計活動 ⑶行為課程設計活動 ⑷生活課程設計活動 ⑸發現學習活動設計 2.課程設計的內容 ⑴以健康為中心 ⑵以語文為中心 ⑶以自然為中心 ⑷以社會為中心 ⑸以音樂為中心 ⑹以遊戲為中心 ⑺以工作為中心 3.課程組織過程 ⑴準備活動 ⑵發展活動 ⑶綜合活動 4.課程實施要點 ⑴活動是整體開始，有過程，有結尾 ⑵以幼兒生活實踐為主	1.本次為第四次修訂，其內容設計及發展設計因大單元教學法的引發現，重視課程。大單元設計實驗推廣於民國五十四～五十九年。發現學習引進於五十九年六月進行實驗效果不佳，很難推廣 ⑴發現學習是不設定單元，實施效果不佳 ⑵實驗過後，慢慢形成兩者並存的教學活動，如開放式活動設計即有單元教學和角落或學習區的活動 2.課程範圍的分類法，把知能重大息和範圍的規畫為新類，將靜息和餐點列入新範圍的「健康」項，其餘五即：遊戲、音樂、工作、語文和常識不變，成為六大課程範圍 3.重視評量，每

續表

年代	教育思想淵源	教育目標	課程範圍	實施通則	課程設計	評論
	須適應幼兒的個別差異，而設計活動教學法是適應個別差異有效的方法 (3)杜威的影響：倡導「教育即生活」、「學校即社會」、「從做中學」說 2.民國五十九年發現學習引進，依杜威「做中學」觀念，鼓勵幼兒依興趣自由選擇情境「角落」，自由操作探索學習			繫 10.多利用自然及社會資源以供幼兒學習 11.設備要合乎我國民族性、當社會需要，且以多方面的玩具、啟發性的教具及可利用的資源	(3)活動進行依事實自然發展 (4)活動應計畫一段、做一段、檢討一段 (5)以幼兒為主體 (6)重視自發的動機 (7)如有偶發事項，幼兒特別感興趣者，可從事該項活動。 5.課程設計的評量 教師觀察幼兒的組織、思考、發展、操作、欣賞、領悟、群處、持續、歸納等能力來設計課程是否適合	一課程範圍均設定幼兒及教師方面的評量內容 4.民國六十年前後，各種藝術才蓬勃發展，使幼兒教育更傾向分科教學 5.民國六十六年國立台灣科學館舉辦春節育樂展，師大家政系以「讓幼兒從遊戲中學習」之主題，詮釋遊戲在幼稚園中的意義及方法後，遊戲始漸被重視

表 2-3　「幼稚園課程標準」修訂內容比較表(三)

年代	教育思想淵源	教育目標	課程領域	實施通則	評論
民國七十六年	1.民國七○年代前後中小學都在推廣科學教育，蔣故總統經國先生於民國六十九年三月二十九日昭示「科學教育應從幼稚園開始」，教育部國教司即委託師大科教中心辦理。本次修訂將實驗的主要內容列入常識之自然內，幼稚園科學教育實驗的基本概念源自於： (1)幼教哲學思想家裴斯泰洛齊、福祿貝爾、蒙特梭利、杜威及皮亞傑認知發展的教育思想 (2)以目標模式的課程設計方式，實施幼稚園科學教育實驗 (3)探討遊戲本質設計課程，以遊戲貫穿所有活動 (4)綜合以往實驗過的各種教學法應用教學 2.幼稚教育法於民國七十年十一月公布實施，政府主管機關才開始重視幼兒教育，依照課程標準編寫各種教材，舉辦教學觀摩 3.開始重視課程理	幼稚教育之實施，應以健康教育、生活教育及倫理教育為主，並與家庭教育密切配合，達成下列目標： 1.維護幼兒身心健康 2.養成幼兒良好習慣 3.充實幼兒生活經驗 4.增進幼兒倫理觀念 5.培養幼兒合群習性 6.陶冶幼兒藝術情操	1.健康 (1)健康的身體 (2)健康的心理 (3)健康的生活 2.遊戲 (1)感覺運動遊戲 (2)創造性遊戲 (3)社會性活動與模仿想像遊戲 (4)思考及解決問題遊戲 (5)閱讀及觀賞影劇、影片遊戲 3.音樂 (1)唱遊 (2)韻律 (3)欣賞 (4)節奏樂器 4.工作 (1)畫畫 (2)紙工 (3)彫塑 (4)工藝 5.語文 (1)故事和歌謠 (2)說話 (3)閱讀 6.常識 (1)社會 (2)自然 (3)數量形	1.課程編制 (1)本課程標準為課程編制的基準，各園須依規定實施 (2)以生活教育為中心 (3)以活動課程統整各領域 (4)不得為國小課程的預習和熟練 (5)設計遊戲型態課程 2.教材編制 (1)教材選擇的原則 (2)教材組織 (3)教材的編列適用不同班別、對象和情境 3.教學活動 (1)教師行為 (2)教學方法 (3)教學型態 ①依年齡分班或混齡編班 ②教學活動型態：團體、分組、個別、自由 ③依場地：室內、室外 4.教學評量 (1)依據教學目標評量 (2)評量的內容包含：種類	1.本次為第五次修訂，當時修訂的思考方向意見如下： (1)討論課程標準名稱是否合宜？ (2)課程範圍，改為課程領域，其內容是否仍舊易形成分科狀態？ (3)遊戲是否該列為課程領域之一？以上問題均未在本次修訂時獲得解決 2.遊戲本身就涵蓋了其他五個領域，遊戲是一種手段，是否該列為領域之一，值得探討 3.民國七十年到七十四年推展科學教育實驗的內容列入 4.本次修訂將課程設計列入實施通則內，足以看出以課程理論為基礎的課程設計已被重視 5.影響往後大單元活動設計及開放式幼兒活動設計，均設有數項相關的活動名稱及活動目標，以為評量的依據 6.此時開放教育又重新燃起，從過去的角落活動形成另一功能相同、名稱不同的「學習區」，在國小附幼實施，由盧美貴引導推廣 7.民國七十年後已引進各種開放教育的模式，課程標準已

續表

年代	教育思想淵源	教育目標	課程領域	實施通則	評 論
	論的基礎，以心理學、社會學、哲學等為基礎的課程設計			、方法、對象以及評量結果的運用	隔十二年均未再修訂，如何修訂有待研討

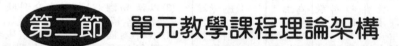

第二節 單元教學課程理論架構

一、單元教學活動設計理論架構

在未談單元教學活動之前，先將其四個要素的理論架構示圖於下頁，以供設計及教學時的參考，如圖 2-1（註 5）。

二、全人發展的課程設計

以能增進幼兒全人發展為主，因此在課程設計上希望能將五育均衡發展的內容涵蓋在內，即智力（學習思考、認知、探索）、身體（增進體能、感覺動作、知覺的發展）、情緒（學習創造）、人際關係（學習與別人相處）、語文（學習語文表達、學習溝通及閱讀能力）。就幼兒發展目標與課程範疇之間的關係，如圖 2-2（頁 20）。因此才會有課程設計的簡案出現，能預估單元活動設計的內容是否平衡，並顧及五育的均衡發展。

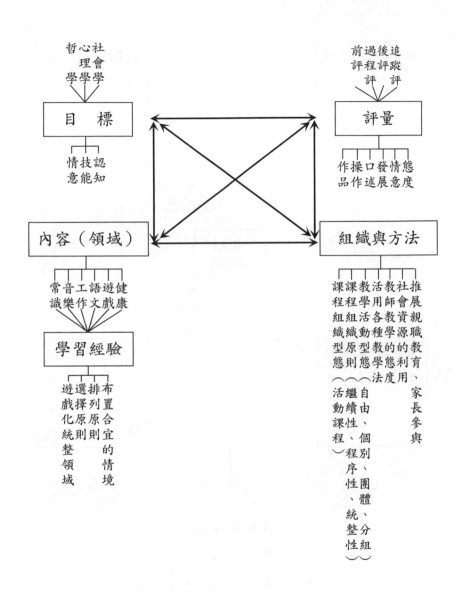

圖 2-1　單元教學之課程理論架構

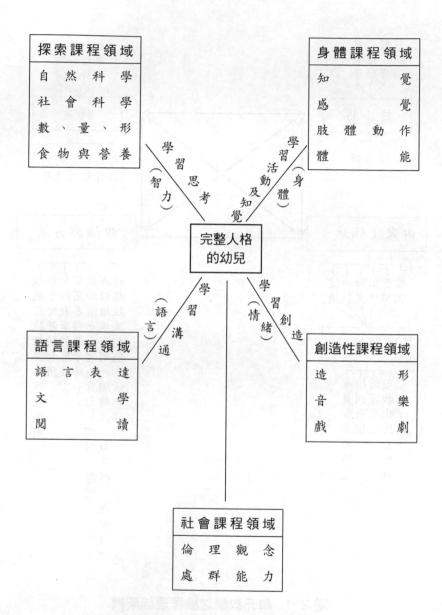

圖 2-2　課程與幼兒發展目標

三、教學實施

單元教學計畫，主要決策者是教師，為要使單元教學更能迎合幼兒的能力、需要和興趣，在實施教學的過程中，就要不斷地評量、省思、研討及修正，以便在教學過程中能即時修正；無法當時修正時，也可做事後的補救，或者做為以後設計課程的參考。請見下圖 2-3。

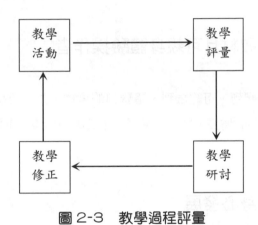

圖 2-3　教學過程評量

第三節　單元教學之活動設計

一、單元的選擇

幼稚園不宜採分科教學，為了統整課程領域，便以「單元」或「活動」做為統整及教學的單位。能否引起幼兒學習興趣，往往與所選擇的單元或活動有密切關係，

如何選擇？宜注意下列數項：

㈠設定單元的理由

為何設定此單元？是否為了認識周遭環境中的人、事、物或自然環境、季節的變化？或是為了增進幼兒的觀察能力、養成習慣、適應環境、陶冶幼兒的情操、啟發智能、增進身體健康等等？思考為何要設定此單元，有助於單元目標的擬訂。

㈡幼兒周遭易取材且可親身體驗操作者

以幼兒周遭常接觸到、可經驗到、體驗到的事物，並且可積極展開、擴充幼兒生活經驗者。隨著年齡的增長，單元的選擇宜由具體到抽象，選擇較高層次、廣泛、由近至遠的大單元。

㈢配合幼兒的身心發展

配合幼兒的身心發展、能力、需要和興趣來選擇單元。思考幼兒身心發展的準備度，他們具有哪些舊經驗，以及該年齡幼兒的需要和興趣來選擇單元。

㈣可跨過多項領域

單元的內涵可跨過不同的課程領域，如「好玩的水」可跨過科學、工作、社會、音樂、語言、健康等多項領域來展開活動。

㈤依據園所本身的條件

考慮園所的環境、人力、物力及社會環境的資源等，是否能夠充分展開活動者？

㈥顧及季節節慶

配合季節及幼稚園、社會的行事等以設定單元，使幼兒有親身體驗的機會，以增廣幼兒的見聞。

㈦銜接性

單元的選擇宜注意到繼續性、程序性和統整性的原則，並注意大、中、小三班的銜接性，例如：

小班	中班	大班
我的家	我們的社區	台灣寶島
小手帕	我們穿的衣服	服裝店

隨著年齡逐漸增長，單元範圍的擴大，活動時間的長短也該依幼兒的興趣作彈性調整，通常是二至六週。

㈧平衡性

從單元展開的內涵來分析，可分為社會、自然、工作、語言、音樂以及健康性的單元，每年所定的單元宜注意均要涵蓋不同性質的單元。

二、目標的擬定

㈠釐訂目標的原則

1. **明確性**：明確具體，避免太籠統、太廣泛或太抽象。
2. **確實可行**：要適合幼兒的能力、需要和興趣，配合學習環境確實可行者。
3. **涵蓋周全**：要有周延性，不可偏頗或狹窄，認知、技能、情意均能涵蓋。
4. **具有代表性**：每一條均有單獨的代表性內容，避免重複。

㈡單元目標的尋求方法

1. 從幼兒的身心發展及發展任務以尋求目標。
2. 從課程專家的建議以及有關法令、幼兒課程標準之研究以尋求目標。
3. 從幼兒日常生活及遊戲內容分析以獲得目標。
4. 從當代社會的變遷及需要以尋求目標。
5. 從研究心理學以尋求目標。
6. 利用哲學選擇目標，但須經過過濾，將不重要以及互相矛盾的目標予以排除。

㈢目標的敘寫方法

1. **一般性目標之敘寫方法**：常用的詞彙如「認識」、「知道」、「了解」、「學習」、「熟悉」、「運用」、「增進」、「擴充」、「充實」、「發揮」、「滿足」、「表現」、「享受」、「遵守」、「維護」、「體驗」「發展」、「喜歡」、「欣賞」、「養成」等常用在敘寫單元目標時使用，且以幼兒本

位來敘寫。

2.**行為目標之敘寫方法**：行為目標對於教師的教學提供了具體、明確及清晰性，可作為評量的依據。對於幼兒基本能力的學習，使用行為目標設計活動，頗能獲得教學及幼兒學習的效果，教師教學時易獲得自信心和成就感，但過分重視行為目標的達成，容易形成教師主導，以教材為中心，忽略幼兒潛在課程情意方面之學習。學習區或角落的認知活動使用行為目標設計活動時，則會走向教師主導的分組教學型態。

幼稚園開始使用行為目標設計活動，乃是在民國七十年推展幼稚園科學教育實驗時，為補救當時教學不重視評量的缺失，同時為銜接當時小學科學教育課程設計的模式。教師使用行為目標設計活動，對班級教學收效最大，除了教師教學前能做充分準備外，在教學過程中很容易突顯班級中的資優幼兒，而帶動全班其他幼兒的學習，用在基本能力的學習效果特佳。下頁表 2-4 舉幼稚園科學教育實驗的「小昆蟲」之行為目標的敘寫法，以作為參考（註6）。

三、學習經驗的選擇（活動）

學習經驗乃是指幼兒的學習活動而言，必須提供幼兒能實際操作的、親身體驗的、從中獲得實際的生活經驗者。

㈠選擇的原則

1.**符合性**：符合教學的活動目標。

2.**適切性**：適合幼兒的身心發展、時令節日、社會的人文風俗及園所本身的條件。

3.**多樣性**：設計多樣性的學習經驗以達同樣的目標，可供幼兒依興趣、能力、需要來選擇。

表2-4　幼稚園科學教育實驗的「小昆蟲」之行為目標的敘寫法

單元名稱：小昆蟲
單元活動時間：9～12天
單元活動目標：1. 認識昆蟲的特徵及習性。
　　　　　　　2. 了解昆蟲對人類的益處與害處。
　　　　　　　3. 增進觀察周遭昆蟲的能力。
　　　　　　　4. 喜歡觀察昆蟲。
　　　　　　　5. 養成愛護益蟲的態度。
活動項目與主要行為目標：

主要行為目標／活動項目	概　念	方　法	態　度
活動一 尋找蟲	1. 能舉出樹木、花草、土裡可以找到的蟲 2. 能說出五種以上常見蟲的名稱	1. 能在戶外的樹木、花草、土裡尋找蟲 2. 觀察後能描述蟲的外觀及運動方式	1. 對事物表示好奇 2. 有耐心
活動二 觀察與飼養昆蟲	1. 能說出昆蟲有六隻腳 2. 能指出昆蟲的各部位：頭、胸、腹、足等 3. 能說出飼養昆蟲的方法與住處	1. 能依蟲的外形分類昆蟲和非昆蟲 2. 能利用放大鏡觀察不同昆蟲的身體 3. 能利用各種容器布置昆蟲的家並飼養昆蟲 4. 能觀察昆蟲的生長過程並畫圖作記錄 5. 能利用不同工作材料塑造昆蟲或畫昆蟲	1. 能仔細觀察事物 2. 對於所觀察的事物喜歡提出問題 3. 愛惜公物 4. 喜歡欣賞別人的作品
活動三 昆蟲舞會	1. 能舉例說出昆蟲的運動方法有飛、爬、跳等 2. 能說出有的昆蟲會發出聲音	1. 從觀察昆蟲及聆聽聲音後，能模仿昆蟲行動及聲音並做遊戲 2. 能做出昆蟲的頭套	1. 喜歡參加團體活動 2. 能依老師指示做遊戲
活動四 昆蟲排排隊	1. 能區別昆蟲的大小（三種大小順序） 2. 能分辨「前」、「後」、「中間」以及「第一」、「第二」、「第三」、「第四」的意義	1. 能依昆蟲的大小（三種）做序列的排列 2. 能依指示做昆蟲的序列遊戲	1. 能依老師指示做遊戲 2. 能集中注意力 3. 發現有錯誤時願意改正 4. 對自己所做的事有信心

續表

主要行為 目標 活動項目	概　　　念	方　　　法	態　　　度
活動五 害蟲與益蟲	1.能舉出三種以上有害的昆蟲 2.能舉出三種以上有益的昆蟲 3.能說出二種以上撲滅害蟲的方法	1.透過討論後能歸納出害蟲與益蟲的不同 2.能適當利用蒼蠅拍、殺蟲劑等撲滅害蟲	1.喜歡發表所見所聞 2.能靜聽別人的發表 3.能與別人共同討論問題 4.能愛護益蟲

4.**生活性**：利用鄉土教材或資源回收設計活動。

5.**基本性**：合乎幼兒該年齡應學習的基本能力。

6.**價值性**：要具有教育意義及價值。對投機取巧、賭博性及有礙身心健康的活動即使幼兒很感興趣也不宜選用。

7.**遊戲性**：合乎幼兒遊戲的本質。

8.**銜接性和統整性**：可做縱橫的連貫性。

㈡目標與活動之間的轉換

　　教師可從單元目標中去尋找適合年齡，而可達成目標的活動，亦可反過來先從幼兒日常生活中，尋找他們喜歡的或可模擬的遊戲活動，從中分析並擬定單元目標。目標內容需涵蓋認知、情意及技能，同時也要分析是否能包含五育均衡的發展。

四、單元活動展開方式之示例

　　單元教學法的過程有三個步驟：準備活動、發展活動及綜合活動。

　　依此過程，下面舉數例來說明單元活動的展開方式以供參考：

㈠科學性單元

1.以磁鐵為中心的活動——「磁鐵」（大班）

第一階段目標：引起動機

　　啟發幼兒對磁鐵的好奇與興趣，利用紙包住磁鐵做魔棒，另備不同顏色之娃娃兩組，一組底部用釘書針釘之，一組底部則無，以魔棒來做分類。

第二階段目標：認識基本範疇

　　認識磁鐵的基本磁性，哪些會被吸住，哪些則否？

第三階段目標：實際操作、實驗、觀察

　　從操作觀察中發現答案，磁鐵能吸鐵，以及同樣兩塊磁鐵同極相斥，異極相吸。

第四階段目標：磁鐵在日常生活中的用途及應用等

　　可玩遊戲、製作玩具；在日常生活中利用磁鐵的東西如冰箱的門、白板等。

2.以動物為中心的活動——「可愛的兔子」（中班）

第一階段目標：引起內在動機

　　觀賞小白兔或從故事、圖片或觀賞影片中，對小白兔產生興趣和願意親近。

第二階段目標：認識基本範疇

　　觀察小白兔的外形、特徵、動作、習性、食物、大便、眼睛的顏色等。

第三階段目標：飼養、實驗、觀察

　　⑴實驗觀察小白兔喜歡吃什麼？

　　⑵小白兔的耳朵又長又大，是不是聽得更清楚？

活動與單元目標之關係

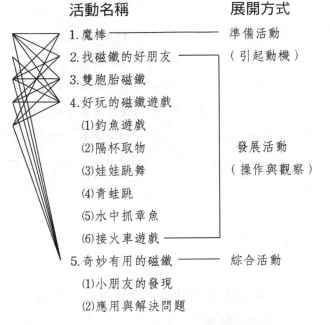

單元目標	活動名稱	展開方式

單元目標

・認識磁鐵的磁性及兩極
・學習探討和解決問題能力
・增進玩遊戲的能力和興趣
・養成仔細觀察的態度
・滿足好奇心和求知慾

活動名稱

1.魔棒
2.找磁鐵的好朋友
3.雙胞胎磁鐵
4.好玩的磁鐵遊戲
　(1)釣魚遊戲
　(2)隔杯取物
　(3)娃娃跳舞
　(4)青蛙跳
　(5)水中抓章魚
　(6)接火車遊戲
5.奇妙有用的磁鐵
　(1)小朋友的發現
　(2)應用與解決問題

展開方式

準備活動
（引起動機）

發展活動
（操作與觀察）

綜合活動

(3)圖畫紙捲成喇叭狀，放在兔子耳朵上並發出聲音，看看有什麼反應？

(4)不同毛色的兔子，眼睛是不是都是紅色的？

(5)為什麼兔子的耳朵看得見血管？

(6)兔寶寶走路為什麼用跳的？

(7)兔寶寶是卵生還是胎生？

第四階段目標：解釋或發表

(1)用語言描述或以動作表現特徵。

(2)以平面或立體造型表現。

第五階段目標：轉移可能性、用途

(1)和兔子相似的動物。

(2)活的和死的有什麼不同？

(3)兔子和人類的關係。

活動與單元目標之關係

單元目標	活動名稱	展開方式
・認識小白兔的外形及習性	1.兔子真可愛	預備活動
・學習飼養照顧動物的方法	2.兔子的家	（引起動機）
・增進創作的興趣和能力	3.兔子喜歡吃的食物	發展活動（飼養、觀
・喜歡觀察周遭的動物	4.兔子遊戲	察、實驗、解釋）
・養成愛護動物的情操	5.可愛的小動物	綜合活動
	（貓和狗）	（轉移可能性）

㈡創作性單元

第一階段目標：引導、啟發創作的意慾

　　收集各種資源，並利用實物、圖片的欣賞以及參觀展覽、展示等方式，引發幼兒的想像和創作。所提供的圖片或實物宜多樣，富有變化和想像的空間，不固定拘泥於某一種形式，限制了幼兒的想像、思考和創作的能力。

第二階段目標：討論、示範

　　⑴師生共同討論，在互動中決定活動的項目。

　　⑵技巧示範，教師示範必要的基本技能，不說明或示範成品製作過程，
　　　以免形成全班一致性的成品。

第三階段目標：自由創作

　　⑴教師提供多樣性的材料和工作。

　　⑵提供合宜的活動空間。

　　⑶愉快的氣氛、和諧的師生關係、被愛、被接納的感覺，有助於創作。

第四階段目標：展示、發表、欣賞、應用

彼此分享作品；展示作品；師生共同利用作品布置活動室的情境；利用作品作故事扮演用道具等；為單元最後的綜合性活動。

活動與單元目標之關係（以中班「好玩的瓶子」為例）

單元目標	活動名稱	展開方式
·認識瓶子的外形、種類及用途	1.我們常用的瓶子	準備活動
·增進利用周遭資源的能力和興趣	2.彩色瓶子	
·增進創造和解決問題的能力	3.瓶子樂器	發展活動
·養成分工合作及分享的態度	4.瓶子偶	（自由活動）
·享受與友伴共同遊戲的樂趣	5.保齡球	
	6.瓶子展覽會	綜合活動（發表、展示、欣賞、應用）

㈢社會性單元

第一階段目標：預備活動

(1)引起動機：舊經驗發表。

(2)欣賞有關的影片、故事或參觀。

(3)收集有關的資源。

第二階段目標：發展活動

(1)發表參觀或欣賞影片、圖片或聽故事後的見聞。

(2)討論活動內容（可進行的遊戲）。

(3)收集資料。

(4)分組活動設計。

第三階段目標：綜合活動

　　進行各種模仿遊戲、角色扮演、故事扮演、戲劇活動、展覽會、開商店買賣遊戲等。

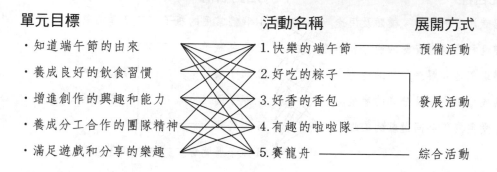

活動與單元目標之關係（以大班「端午節」為例）

單元目標	活動名稱	展開方式
・知道端午節的由來	1.快樂的端午節	預備活動
・養成良好的飲食習慣	2.好吃的粽子	
・增進創作的興趣和能力	3.好香的香包	發展活動
・養成分工合作的團隊精神	4.有趣的啦啦隊	
・滿足遊戲和分享的樂趣	5.賽龍舟	綜合活動

　　以上目標與活動名稱之間的連線，給與教師一個思考的空間，每一項活動從何開始？如何引起動機？動機引起後，下一階段可能展開的分組活動內容有哪些？可選擇或設計哪些相關的活動等，不但可以避免分科活動的傾向，使上下做一連貫性的預計活動，同時也可以從連線中尋找具體目標，給與教師一個計畫的思考方向，但並不一定每一條連線都要擬定具體目標。至於發展活動中的各項活動，可依幼兒的興趣增減，並作延伸活動。

五、單元活動設計舉例

　　下面舉三個例子：「好玩的沙」、「形形色色」及「快樂上小學」，其中「好玩的沙」以行為目標呈現，而後兩者均以簡案的格式呈現，主要的是顧及五育均衡發展（全人發展）的課程設計，並且可留給教師和幼兒之間有自由發揮和彈性運作的空間，不至於造成教師照本宣科的傾向；雖如此，但仍有基本課程架構和活動內

容，供教師做為教學前的參考，使教師不致於迷失教學的方向。教師也可依幼兒的興趣做延伸活動。延伸活動可從單元教學活動方面，也可將活動延伸到分組活動、角落或學習區的情境布置內。

(一)例一：「好玩的沙」。以行為目標為導向的單元教學活動設計。

以行為目標設計課程（註7），是在民國七十一年以幼稚園科學教育實驗後所設計的單元活動設計，教師的主導性強，用在認知、技能方面的學習較容易；在情意方面的活動設計較為困難，也常被忽視（表2-5）。

(二)例二：「形形色色」（註8）。以全人發展的單元教學活動設計，內容包含單元的教學與角落（或學習區）的活動設計。

此例以簡案及詳案呈現。表2-6為簡案，表2-7為單元活動綜合學習評量表，表2-8～2-10為詳案。

(三)例三：「快樂上小學」（註9）。如同例二，但以活動網做為單元教學展開或延伸的活動設計。

此例以簡案及活動網呈現。表2-11為簡案，圖2-4為活動網，在師生互動中可增減活動內容，或依幼兒的興趣做延伸活動。

使用簡案及活動網的幼稚園（所），可將活動的預定計畫列入教室日誌內，並與教學後的評量合併使用同一表格，如表2-12（註10）。活動的預期目標及活動網可事先思考設計，至於其內容及過程可在活動後做記錄並檢討，教學過程中可將延伸的活動或新加入的活動，用不同色筆填上，可做為教學前後的比較及評量的依據。

表 2-5　單元教學活動設計：例一

單元名稱：好玩的沙	班別：大班	人數：30名	活動時間：8～12天	日期：　　月　　日

設定單元理由	幼兒最喜歡玩沙、水和粘土。同時在玩沙時最容易與同伴發生吵架丟沙的行為。本單元之設定主要是來探討沙的顏色、性質及用途，並培養玩沙的良好習慣，滿足幼兒玩沙的興趣，激發幼兒的好奇、創造以及仔細觀察事物的態度

單位目標	1.認識沙的顏色、來源及乾沙與濕沙之不同 2.認識沙在日常生活中的用途 3.喜歡利用沙來做各種造形活動 4.養成分工合作與收拾整理的習慣 5.養成仔細觀察的科學態度	活動綱要	1.介紹沙的種類並觀察比較顏色 2.觀察乾沙、濕沙之不同 3.利用沙做種子發芽，並觀察其生長狀況 4.做沙的染色遊戲 5.漏沙與量沙遊戲 6.沙畫及沙的裝瓶配色遊戲 7.沙的立體造形 8.沙箱設計

活動　活動目標及內容過程	活動目標	活動內容及過程		教學資源	評量
活動一： 認識沙	1.觀察後能說出沙與石頭之不同 2.能說出沙的顏色 3.能仔細觀察事物	引起動機 ↓ 分組觀察 ↓ 討論及評量 ↓ 唱　　歌	以故事圖片介紹沙的來源，並討論沙與石頭的不同 1.白沙、黑沙和黃沙的不同 2.利用放大鏡觀察沙的特徵 討論及口頭評量 教唱單元歌曲	1.沙的來源故事圖片 2.白沙、黃沙、黑沙及白色石頭、黃色石頭、黑色石頭 3.放大鏡	1.以口頭評量 2.分組活動；另設觀察評量表評量

續表

活動目標及內容過程　活動主題	活動目標	活動內容及過程	教學資源	評量
活動二：乾沙與濕沙（二天）	1. 能將乾沙加適量的水，變成濕沙 2. 能利用曬乾或烘乾的方法，使濕沙變成乾沙 3. 會做事後的收拾工作	討論　分辨乾沙與濕沙之不同，以及討論如何使濕沙變成乾沙，乾沙變成濕沙 分組活動　1. 分組染沙遊戲（第一天） 2. 分組活動（第二天） (1) 縫沙包 (2) 種植與模印 團體遊戲　投沙包遊戲 討論　討論與分享	1. 乾沙、濕沙 2. 炒鍋、瓦斯爐、鍋鏟 3. 布（縫沙包用） 4. 食用色素或廣告原料 5. 盒子數個 6. 模印數種	1. 從操作過程中觀察評量 2. 分組活動中觀察評量；設計評量表評量
活動三：漏沙與量沙遊戲（二天）	1. 能說出篩過後的沙不含雜物，可使漏斗中的沙流暢 2. 能利用歌唱來計時；比較大、小口徑不同的漏斗流出等量的沙所需的時間 3. 能利用小量杯量沙；說出兩個粗細不同的杯子哪一個裝的多，哪一個裝的少	討論及演示　討論並演示如何去掉染色沙的雜質 分組操作　分組操作染色沙的過篩 教唱歌曲　教唱單元歌曲及兒歌 分組活動　1. 量量看：利用量杯量沙，比較兩個杯子的大小 2. 配對及分類遊戲 漏沙遊戲　以歌唱計時，比較大小口徑的漏斗哪邊流得快（第二天） 討論及評量　口述評量，觀察評量	1. 篩子、沙漏 2. 大小口徑之漏斗 3. 量杯 4. 直徑不同之杯子 5. 分組用之教具（分類、配對）	1. 透過操作、觀察及討論後，以口頭評量 2. 透過歌唱計時後以口頭評量 3. 分組活動另設評量表評量

續表

活動目標及內容過程 活動主題	活動目標	活動內容及過程		教學資源	評量
活動四： 沙畫及沙的裝瓶配色遊戲（二天）	1. 能利用口徑不同的漏斗畫出粗、細不同的線條 2. 能利用不同顏色的沙來作畫 3. 能利用沙做色彩的搭配裝瓶遊戲 4. 能有始有終完成工作 5. 能與同伴合作做工作後的整理	討論 ↓ 分組活動 ↓ 作品欣賞與評量	討論染色沙的用途及操作應注意事項（做沙畫及裝瓶應注意事項） 分兩天進行，兩組交換 1. 沙畫遊戲 2. 沙的裝瓶及配色遊戲 口述、觀察及成品評量	1. 漏斗 2. 空瓶 3. 染色沙 4. 刷子 5. 圖畫紙 6. 白膠	從操作過程以及幼兒的作品觀察評量
活動五： 立體造形（二天）	1. 能舉出數項沙的用途 2. 能說出乾沙和濕沙的不同 3. 能利用乾的沙加樹脂、水混合做立體造形 4. 喜歡參與討論，並能欣賞別人的作品	討論及實驗 ↓ 沙的立體造形 ↓ 討論與欣賞	1. 討論沙的用途 2. 沙的立體造形及保存性 　濕沙與乾沙分別做立體造形後的觀察比較 1. 沙加樹脂與水後作立體造形（第一天） 2. 將第一天所做的立體造形加以著色（第二天） 討論與欣賞	1. 白沙 2. 樹脂 3. 畫筆 4. 廣告顏料	1. 從討論中評量 2. 從操作過程中評量 3. 作品評量

續表

活動目標及內容過程 活動主題	活動目標	活動內容及過程	教學資源	評量
活動六： 沙箱設計	1. 能依自己的構想設計沙箱的裝排 2. 喜歡做新的嘗試 3. 能與別人共同合作設計 4. 能仔細觀察別人的作品	引起動機　以故事引起動機 ↓ 分組活動　沙箱設計： 　　　　　1.鄉村 　　　　　2.遊樂場 　　　　　3.動物園 ↓ 綜合討論、欣賞	1. 故事圖片 2. 沙箱數個 3. 粘土 4. 沙箱裝飾用配件	1. 從操作過程中觀察評量 2. 從幼兒作品中評量

表 2-6　單元教學活動設計（簡案）：例二

單元名稱：形形色色	班別：大班	活動時間：4 週	日期：	設計者： 全體大班教師

單元目標	1. 認識日常生活中人和物的形形色色 2. 體驗三原色及其混色的變化 3. 增進創作及解決問題的能力 4. 養成喜歡觀察及愛護周遭事物的習慣和態度 5. 養成分工合作的態度	生活習慣	1. 會關心周遭環境整潔與安全 2. 能愛惜物品 3. 能和友伴分工合作完成作品 4. 能和友伴分享作品

活動綱要	活動一（顏色變化遊戲）：　介紹三原色並玩混色遊戲，觀察其變化 活動二（圖形的造形遊戲）：透過圖形的配對、分類遊戲，進行圖形的造形遊戲 活動三（房子的形形色色）：欣賞各種房子造形，討論房子的形式、安全，並創作房子造形 活動四（花的形形色色）：利用圖片或觀察周遭花卉的顏色、形狀，並設計小花園 活動五（袋子的形形色色）：收集各種袋子，觀察其質料、顏色、形狀、用途，並創作各種遊戲 活動六（車子的形形色色）：觀察周遭各種車子的外形、標誌，並進行配對、分類及造形遊戲 活動七（貼紙的形形色色）：收集並展示各類貼紙，並作造形遊戲 活動八（我的收集簿）：　收集上述有關的圖片，分類製成收集簿並展示

認知活動	1. 討論圖形、形狀、顏色和我們日常生活的關係 2. 觀察日常生活中房子、花、袋子、車子的外形及色彩 3. 觀察三原色及混色後的變化 4. 形狀、顏色、分類、配對遊戲 5. 數的概念：1～5 的序列遊戲（即第一、第二、第三、第四、第五） 6. 討論資源回收

造形活動	平面造形 1. 水彩畫 2. 圖形組合造形貼畫 3. 蓋印畫、拉線畫、噴畫、吹畫 4. 形形色色剪貼簿 5. 面具	立體造形 1. 花、房子、車子造形設計 2. 袋子造形設計 3. 瓶子、盒子造形設計 4. 建築造形設計

社會活動	1. 收集形形色色圖片與友伴交換分享 2. 分工合作完成小花園 3. 舉辦「小小造形展示會」 4. 收集各種可利用的資源	體能活動	1. 彩帶舞 2. 氣球傘 3. 彩球遊戲 4. 軟墊上的造形活動：翻、滾、鑽、走、跑、跳等活動

語文活動	1. 認字：紅、橙、黃、綠 2. 說話： 　(1)你做得好棒喔！借給我看一下好嗎？ 　(2)我能不能和你交換貼紙？ 3. 故事：方方國和圓圓國（華一）、彩色世界、變色鳥、阿羅的彩色筆（信誼：視聽之旅）、軟軟國和硬硬國（小小牛頓）	（兒歌）　　彩　虹　　盧素碧 雨過天晴太陽照，天空出現彩虹橋， 顏色鮮美好奇妙，紅橙黃綠藍靛紫， 美麗半圓彩虹橋，但它很快不見了

續表

音 樂 活 動

歌曲

C調 4/4

小小世界真美麗

詞曲　盧素碧

3 2 1— | 3 4 5 | 6 6 1 7̲6̲ | 5 - - | 6 1 5 6 | 3 5̲6̲ 5̲3̲ | 2 3̲5̲ 31 | 3 2 1 |

1.（小仙子）真美麗　真美麗　百花齊開　放　　紅花黃花真美麗　開花香　樂陶陶

2.（花蝴蝶）真美麗　真美麗　百花齊開　放　　紅花黃花真美麗　開花香　樂陶陶

3.（小　鳥）綠油油　　　　　　　　　青山綠水風景好　空氣新鮮　身體好

3 2 1— | 3 4 5 5 | 6 6 1 7̲6̲ 5- | 6 1 5 6 | 3 5̲6̲ 5 3 | 2 3̲5̲ 3 1 | 3 2 1— |

小仙子　　花園裡　身穿著美麗衣裳　一面唱歌小小世界　真美麗

蝴蝶姑娘　花園裡　身穿著美麗衣裳　吸花蜜叫　傳花粉　小小世界　真美麗

小鳥們　　花園裡　身穿著美麗衣裳　飛來飛去　唱唱歌呼小小世界　真美麗

〔節奏遊戲〕

兒歌肢體節奏遊戲

♩ ♪♪ ♩ ♩ | ♪♪ ♩ ♩ | ♪♪ ♩ ♩ | ♩ ♩ ♩ ♩ |
雨過天青　太陽照　天空出現　彩虹橋　好奇妙

♩ ♪♪ ♩ ♩ | ♪♪ ♩ ♩ | ♪♪ ♩ ♩ | ♩ ♩ ♩ ♩ |
紅橙黃綠　藍靛紫　美麗豐圓　彩虹橋　顏色鮮美

♩ ♩ ♩ ♩ | ♩ ♩ ♩ ♩ |
但它很快　不見了

表 2-7　幼兒單元活動綜合學習評量

單元名稱：形形色色		姓名：	日期：			
項目	評　量　內　容			評量結果		
				表現優異	表現良好	表現尚可	尚須加強
認知發展	1.能說出三原色的名稱						
	2.能說出三原色混色後的顏色（紅＋黃＝橙，藍＋黃＝綠，紅＋藍＝紫）						
	3.能辨別圓形、三角形和正方形						
	4.能說出三種以上房子的形式						
	5.能說出居家安全應注意事項						
	6.能舉出五種以上常見車子的名稱						
技能發展	1.能做資源回收的分類及配對						
	2.會利用材料完成各種造形						
	3.能將見聞表現於作品上						
	4.能利用三原色混合出自己喜歡的顏色						
	5.會製作形形色色的剪貼簿						
	6.能用語言表達自己作品的內容						
情意發展	1.會細心觀察周遭事物						
	2.能主動參與各項活動						
	3.願意和友伴交換所收集的材料或貼紙						
	4.會和別人分工合作						
	5.會愛惜自己和別人的作品						
	6.能欣賞別人的作品						
家長在家評量	1.能與家人分享作品或活動內容						
	2.協助家人進行資源分類						
	3.能和家人共同利用資源完成一件作品						
	4.能主動收集園裡活動需用的資源						
老師的話		爸媽的話					
備註	提供中國童玩和小朋友一起玩						

表 2-8　單元教學活動設計（詳案之 1）：例二

活動名稱：花的形形色色（活動四）	班別：星星班	教師：陳俞安、黃孟儀
活動預期目標	一、能仔細觀察真假花 二、能利用真假花材設計造形 三、能專心欣賞萬花筒的變化 四、會欣賞別人的作品	教學資源	花的圖片、圖卡、魔術帽、真假花材、吸水板、小夾子、膠帶台、色紙、各式裝飾小東西、錄音帶、錄音機、磁鐵板八塊、幾何圖形、萬花筒八個、海綿、花卉靜電貼紙

活動過程

一、自由活動
二、學習區活動
三、單元教學活動
　(一)引導活動
　　1.引起動機：教師利用魔術帽變出花來吸引小朋友的注意
　　2.討論如何分辨真假花？
　　　（鼻子聞、眼睛看、手摸）
　(二)分組活動
　　1.工作組
　　　(1)押花
　　　(2)插花
　　2.娃娃家：花仙子造形設計
　　3.益智組
　　　(1)排列花形
　　　(2)花卉分類遊戲
　(三)分享活動

表 2-9　單元教學活動設計（詳案之 2）：例二

活動名稱：神仙的寶貝袋（活動五）		班別：月亮班	教師：林麗卿、王玉實
活動預期目標	一、能配合音樂的節奏表現動作 二、會隨著音樂表演肢體動作 三、能參與討論，發表看法 四、能與友伴共同合作	教學資源	錄音機、錄音帶、鈴鼓、響板、大鼓、呼啦圈、神仙的寶貝袋、紙偶
活　動　過　程	一、自由活動 二、學習區活動 三、單元教學活動 　㈠引導活動 　　1.暖身運動 　　2.教師以（神仙的寶貝袋）引導 　　3.敘述寶貝袋的秘密，並藉故事拿出神仙袋，及發生的奇妙事情 　　4.教師運用肢體及呼啦圈，表演故事內容 　㈡團體活動 　　1.教師請幼兒想一想 　　　⑴若你是神仙，你要在寶貝袋裡藏什麼？ 　　　⑵你最想撿到什麼樣的寶貝袋？ 　　2.教師在地上放置呼啦圈，請幼兒隨著音樂展現肢體 　　3.音樂停止之時，要去撿拾地上的寶貝袋，並表演出袋中是什麼？ 　　4.教師請幼兒表演，發表自己的想法 　　5.教師與幼兒共同討論 　　　⑴寶貝袋中是什麼？並訴說自己的角色 　　　⑵透過寶貝袋可達成什麼願望呢？ 　　　⑶神仙幫忙這麼多人，為什麼？你猜他們會去哪裡玩？ 　㈢分享活動 　　1.請幼兒發表神仙可能的長相，並進行造形創作 　　2.幼兒以（兒童樂園）律動，表演神仙旅行的內容 　　3.心情分享		

表 2-10 單元教學活動設計（詳案之 3）：例二

活動名稱：車子的形形色色（活動六）	班別：太陽班	教師：林貴惠、呂玉苑

活動預期目標	一、能說出車子的形狀及顏色 二、樂於參與活動 三、能自行完成作品並與人分享 四、會收拾及物歸原位	教學資源	布偶台、布偶、車子模型玩具、紙、白膠、吸管、蓪草、紙盒、色紙、膠水、剪刀、保特瓶、拼圖車子圖卡、數字棒、車子配對卡、車子圖畫書、圖卡、吊車遊戲卡、磁鐵等

活　動　過　程	一、自由活動 二、學習區活動 三、單元教學活動 　㈠引導活動 　　1.偶戲欣賞 　　2.討論車子的顏色 　　3.討論車子的形狀、特點 　㈡分組活動 　　1.工作組：車子 　　　⑴平面創作 　　　⑵立體創作 　　2.益智組 　　　⑴車子形形色色拼圖 　　　⑵比多少的遊戲 　　　⑶車子的配對遊戲 　　3.語文組 　　　⑴欣賞圖畫書 　　　⑵欣賞圖卡 　　　⑶吊車遊戲 　㈢分享活動

表 2-11 單元教學活動設計：例三

單元名稱：快樂上小學	班別：大班	活動時間：四週	日期：	設計者：大班全體教師

單元目標	1.知道小學與幼稚園不同的地方 2.了解畢業與長大的意義 3.增進適應小學生活的能力 4.學習畢業典禮中應有的禮貌和態度 5.養成感恩與敬愛師長的態度	生活習慣	1.會共同收拾整理並物歸原位 2.能遵守畢業典禮的規範、禮節 3.聽到國歌、國旗歌會立正站好
活動綱要	活動一（我的成長）：　和小朋友共同討論呈現成長的事項（照片、幻燈片、作品等展示分享） 活動二（參觀小學）：　參觀小學，並借用各處室，模擬小學生的上課方式 活動三（畢業典禮）：　以畢業典禮為主題進行集體創作，並練習表演節目 活動四（同樂會）：　舉辦同樂會，布置場地、內容 活動五（整潔總動員）：認領整潔工作，並進行大掃除（學習區、教室、校園、工作袋）		
認知活動	1.討論開學和現在有何不同 2.討論畢業的意義 3.討論畢業典禮應有的禮儀與態度 4.觀察並模擬國小上課方式 5.認識自己的姓名 6.數概念：1～10 以後的順序		
造形活動	平面造形 1.感恩卡 2.製作壁畫 3.帆船	立體造形 1.製作表演節目之道具 2.布置同樂會場 3.製作胸花、相框 4.剪紙鶴	
社會活動	1.參觀並模擬國小上課方式 2.舉行畢業典禮 3.舉行同樂會，共同參與遊樂、活動	體能活動	1.打扮障礙賽 2.拔河比賽
語文活動	1.說話：(1)練習畢業感言 　　　　(2)發表參觀小學的感想 　　　　(3)表達對他人讚美及感謝的言語 2.故事：以能自動自發及身心成長的故事為主	〔兒歌〕　懷　念　你 　　　（取自愛智圖書 教師手冊） 鳳凰花兒朵朵開，微風吹來搖又擺， 像是揮手說拜拜，畢業時節要分離， 大家難過在心裡，我會永遠懷念你。	

續表

音	樂　活　動		動

歌曲
C調 4/4

盧素碧　詞曲

畢業歌

```
5·6 5  3 | 1·2  3  1 | 4·3  2  5 | 7·2  1  — ‖
（前奏）

5 — 3  2 | 1·2  3  1 | 4·3  2  5 | 5 — 3  — |
可   愛  的   陽    光     照    遍   我們的   園     地

4·4 6 6 6 | 5·5  3  1 | 4·4  3 6 6 | 1 — — — |
我 們 在這裡   過   了   快  樂  美 好 的  時      光

2·2 1 2 1 | 3·4  5  5 | 6·6 6 1 7 6 | 5 — — — |
如   今 我 們   就   要   離  開  可 愛 的 幼  稚     園

‖: 1·5  3  1 | 2·3  4  6 | 5·6 5 4 4 | 3·2  1  — |
   謝   謝  老  師   謝   謝  爸 媽   過 去 辛 苦 的   教   導

2·3  4  — | 3·6  5  1 | 5·1 1 7 6 | 5·3  2  — |
再   會  吧      再   會  吧   親 愛 的   老  師   和 朋 友

3·4  3  2 | 1·3  5  5 | 6·5 5 6 55 | 6·7 1  — :‖
祝   福  你 們   身  體  健  康   生 活 美 滿   又 幸 福

我   們  將  會   永  遠  懷  念   懷  念 我 們的   幼 稚 園
```

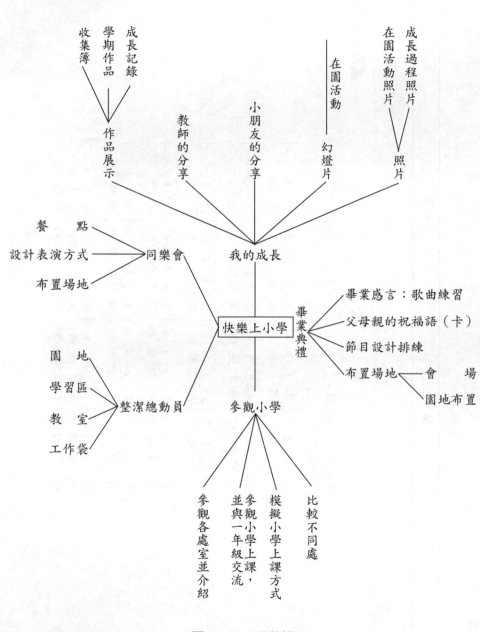

圖 2-4　活動網

表 2-12 教學日誌

單元名稱		週次		班別		教學省思	
活動名稱		活動日期					
預期目標							
活動綱要							
內容及過程							

缺席幼兒		教學資源	
主要事記		教具製作	類別： 名稱：

第四節 我國單元教學之省思與建議

一、單元課程與其他課程之比較

㈠目前單元教學易導致的問題

1. 教師預先設計活動，教學時易形成教師主導的傾向。

2. 很容易依照幼稚園的課程領域及內容安排活動，導致分科的單元活動設計及教學。

   尤其目前許多幼稚園安排英語、體能、電腦、才藝教學之後，又形成了早期分科，並安排課程時間表上課，抹殺了幼教的基本精神。

3. 教學時容易照本宣科，以教材為中心，為教學而教學，忽略幼兒的學習興趣及個別差異。

4. 給與幼兒太多的練習作業簿，重視結果評量，忽略幼兒學習過程的評量及觀察記錄。

5. 教學偏重注入式、灌輸式的教學，幼兒缺少親身體驗和操作的機會，偏重讀、寫、算的認知課程，不易養成幼兒解決問題和應變的能力。

6. 師生互動的機會較少，容易形成教師本位，不易養成幼兒主動性、自發和自律性的態度。

㈡幼稚園課程實驗之比較

我國從民國三十五年以來，相繼實驗推展各種課程，如五指活動課程、行為課程、大單元設計課程、發現學習課程、科學教育實驗課程等，這些實驗對單元教學活動設計及教學法，給與不少的衝擊與影響，改變了教學的理念，改進了教學法。但在這些實驗當中，我們也發現了每一種課程在使用時各有其特點及限制，今列表比較如下頁（表 2-13）（註 11）。

二、省思與建議

㈠探討過去所實驗發展過的課程，將其優點融入運用在活動設計及教學上，並摒棄其缺失

單元教學活動設計是我國實施最久的傳統課程設計，活動設計與教學法都是一種藝術，但仍舊必須要有理論做為基礎，才能增進幼兒身心平衡的發展，使教學更為勝任愉快。

㈡在課程編制上

1. 每學年的單元選擇，宜注意大、中、小班的銜接，以達到繼續性、程序性和統整性的原則。
2. 活動計畫要有彈性，留給每位教師有發揮且和幼兒有互動的空間。
3. 活動設計應以幼兒為主體，提供探索、親身體驗和操作的學習。因此在分組活動設計上宜多用巧思。今提供下列分組的方式供參考：

表 2-13　我國幼稚園各課程實驗結果之應用與限制

實驗名稱＼比較	五指活動課程實驗	行為課程實驗	大單元設計課程實驗	發現學習課程實驗	科學教育課程實驗
應用	1. 可評估課程內容是否平衡 2. 大自然、大社會就是活的教材 3. 以單元作為教材的聯絡	1. 幼兒教育就是幼兒生活教育 2. 從幼兒生活、行為中，培養幼兒科學興趣及態度習慣 3. 打破各課程領域 4. 行以求知，幼兒的學習興趣頗高	1. 幼兒易獲得完整學習經驗 2. 課程的展開方法明晰： (1)準備活動 (2)發展活動 (3)綜合活動 3. 打破各課程領域 4. 較適合在大齡年班	1. 幼兒學習情境，開放的提供主動意念，能依興趣選擇引導 2. 幼兒自我學習、自我養成自律、尊重學習 3. 別人空間與配置的環境，則有助於主動 4. 如題情，則效果更佳，有主題展開活動的互動 5. 增進社會互動的機會	1. 綜合行為課程及大單元設計學習之設計特點課程 2. 幼兒的學習興趣高昂，全能帶動幼兒班學習 3. 幼兒學習科學方法度，常生和解決問題 4. 好奇心、求知慾及探索慾增強 5. 提供明確的目標作為教師評量依據
限制	1. 偏向教材為中心及教師的主導 2. 缺少幼兒主動參與的活動設計 3. 以健康、社會、科學、藝術、語文的活動串連一個單元，因此屬於廣域課程，還是分科的課程設計 4. 教具的設計及應用較少	1. 過分著重行為發展，易有時五育不育均衡達成的目標龐統 2. 評量課程缺乏籠象具徵象造遊戲、較具體想像、創造和的思考	1. 太重視統整去失與教材，易學趣 2. 教師需具較多本策導換身畫及，活能則幼兒興趣不在班，動力較易學習 3. 較適用小活動中，因間時較長，不易維持及興趣達到統整效果	1. 對發現學習活動如後統整落有角沒的分及教師則能常做上修置並形式去失興趣難統整幼兒學習 2. 某些幼兒易獲得主流幼參與的 3. 要環境評，否於兒參與的教師較難統整幼兒學習評量 4. 教師課程幼兒評量	1. 教師的引導技巧啟發性變導中心要和創則成，教材要課程之要以能，使幼兒需和興趣 2. 只要一師動教課程基本評量行合能正乎興與偶易 3. 對於幼兒發興趣被忽視，宜當安排做適延時機伸活動

(1)分設不同性質、不同目標的組別，可採輪流分組。

(2)同一課程領域，使用不同的材料，達同一目標，可採用興趣選組。

(3)不同性質的活動，可達同一目標，可採用興趣選組。

(4)依幼兒的能力設計活動，可採用指定分組。

4.重視課程的統整，避免造成分科的傾向，注意活動的連貫性，即縱橫的關聯性。

㈢教學實施方面

1.善用啟發式及創造思考的問話技巧，以引導幼兒的學習活動。

2.教師要能尊重每一個幼兒的個別差異，並做個別輔導。

3.提供豐富的材料、不同性質的活動，供幼兒依興趣和能力選擇活動。

4.善用各種教學法及教學活動型態（團體的、分組的、小組的、個別的、自由的）實施教學，使教學獲得最高效果。

5.善於把握幼兒的好奇心、興趣及所發現的問題以做延伸活動。

6.教師要扮演多重及多樣性的角色，隨著教學型態及教學目標和內容的不同，轉換不同的角色。教師扮演的角色有：引導者、啟發者、誘導者、輔導者、示範者、指導者、溝通者、觀察者、學習者、玩伴、鼓勵者、安慰者、支持者、提供者、協助者等。

㈣情境方面

1.提供豐富的教學資源，可供幼兒親身操作和體驗的情境布置。

2.提供師生共同設計和布置的學習空間，鼓勵幼兒參與活動。

3.如空間許可，可在活動室內提供角落的情境布置，使單元與角落能密切配合，做為分組時的情境布置，或自由活動時間的選角活動，使幼兒的學習更為完

善。

㈤在評量方面

1.幼兒方面

⑴評量方法要遊戲化、趣味化、生動化。

⑵重視幼兒學習過程的觀察與評量，以作為輔導及下次活動設計的參考。

⑶形式多樣，透過不同活動型態的遊戲形式設計評量。

⑷方法多重化，利用不同時間、不同的情境、不同的活動、不同的人，進行評量。

2.教師方面

對所設計的各項活動、目標、內容、方法、評鑑需不斷地探討、研討、修正，使所進行的活動，更合乎幼兒的能力、需要和興趣。

㈥善於利用人力、物力及社會資源進行單元的教學活動

多利用家庭、學校及社會上有關的人力、物力和環境上的資源，進行單元教學活動，使幼兒的生活和教育能夠密切地整合，達到幼兒身心各方面的全人發展。

註　釋 >>>>

註 1：翁麗芳（民 87）。**幼兒教育史**。第 161 頁。台北：心理。

註 2：樊兆康編著（民 23）。**幼稚教育**。第 253 頁。台北：商務。

註 3：1.宋海蘭編（民 65）。**幼稚教育彙編（下）**。北市師院兒童發展叢書之二。第 50～132 頁。台北：北市師院。

　　　2.教育部修訂公布（民 76）。**幼稚園課程標準**。台北：正中書局。

註 4：孫邦正（民 49）。「十年來教學方法發展的趨勢」。**台灣教育輔導月刊 11 卷 11 期**。

註 5：盧素碧（民 86）。**幼兒教育課程理論與單元活動設計**。第 66～67 頁。台北：文景。

註 6：教育部國民教育司主編（民 74）。**幼稚園科學教育單元教材**。大班（上冊）第 1～2 頁。台北：台灣書店。

註 7：同註 5。第 302～315 頁。

註 8：台北市東新國小附幼（民 85）。**台北市 85 學年度公私立幼稚園教學觀摩暨研討會活動手冊**。

註 9：台北市大直國小附幼 87 年度第 2 學期「伴我成長」單元四「快樂上小學」。第 30 頁

註 10：同註 5。第 241 頁

註 11：參考黃世鈺（民 80）。**我國幼稚園課程實驗探討**。屏東師範學院。

學習角與大學習區

3

～蘇愛秋

摘　要

　　本章重點是介紹學習角（區）之由來，與讀者分享筆者實踐與經歷三十多年以來，有關學習角（區）發展的歷史源流。文中不斷指出老師如何以開放的心胸尊重幼兒自在地探索操弄，如何跳出「教學者」窠臼成為幼兒的玩伴，以及扮演多重角色，又如何克服在學習角（區）所面臨的許多問題，並提供幾個學習角（區）規畫的範例，同時分析各學習角（區）主要的學習經驗、材料的準備及規畫要點等，並強調學習角（區）評量之意義、目的及原則。但是評量內容必須隨著師生參與的現況與需要時加調整，並非一成不變。最後，略為指出多年來「開放教育」受到爭議的主要癥結，期許理論與實務工作者能發揮良性互動，使開放教育的精神得以順利推展，學習角（區）才不致流於形式。

第一節　歷史源流

一、學習角（區）的意義

㈠學習角（區）的意義是希望老師跳出「教師本位」，多去關心幼兒如何從事學習，幼兒如何為自己找到心目中想要學習的材料，也就是學習為自己的需要做決定。如何與同儕互動？如何去發現新事物？又如何從發現中再求發現？其表情如何？對人、事、物反應又如何等。

㈡學習角（區）另一層意義：提供老師發現幼兒的發現，同時也刺激老師發現個人內涵與創造力。發現自己是否懂得欣賞幼兒在探索過程中所表現的自主性，當發現幼兒不玩時，是否能相信「聽、看」也是一種學習？是否能克制「教師取向」的衝動？是否會擔心「玩」會學不到東西等……。如果會擔心「玩」會使幼兒學不到東西，便會有嚴重教學導向的規範出現，則學習角（區）的意義便蕩然無存。說得更貼切一點：學習角的意義應是重視幼兒學習過程勝於重視幼兒學習結果才是。

二、學習角（區）規畫之目的

㈠滿足幼兒好奇心、求知慾、促進學習興趣。

㈡尊重幼兒有自學本能及給與自我學習機會。

㈢培養幼兒獨立探索、操弄與思考，發揮潛能。

㈣體會和同伴分享的感覺，學習同儕相處之道。

㈤學習角（區）的內容引發幼兒以實際操作，取代表象化的記憶。

㈥每個學習角（區）雖然各有特色，卻相互關聯，可讓幼兒獲得經驗統整。

㈦尊重幼兒個別差異，隨個人學習速度進行操弄。

㈧培養自我收拾整理、物歸原處的好習慣。

　　要達到以上目的並不難，只要不斷以理念來反省自己的經驗，是否把握尊重原則，如果有了這一層認識後，就不難發現：

㈠學習角（區）成為幼兒學習的起點

　　多元的內容吸引幼兒探索操弄的內在動機，成為他們主動學習的起點。因為它可以使每位幼兒依個人興趣、能力、速度等從事學習。

㈡學習角（區）可使幼兒學習到尊重

　　它不受老師支配、命令或強迫學習。可以獨自操弄，也可以和同伴合作，在探遊時間內，幼兒學習意願與選擇均在此受到足夠尊重。身處被尊重的環境中，假以時日，自然也學習到尊重他人。

㈢學習角（區）提高了幼兒學習動力

　　幼兒在探索學習過程中，可以獲得許多頓悟與操作技巧，最能感受到成就感，而成就感正是幼兒樂於繼續努力學習的原動力。

㈣學習角（區）可使幼兒自我肯定

　　在此探索操弄，勿須與他人比較，可以隨個人對事物的理解程度求取「發現再發現」。每當幼兒完成某項工作，會自豪地說：「啊哈！這是我自己教自己的！」

此等自我肯定的喜悅，正是注入「自信」的有利元素。

㈤學習角（區）也可達到境教效果

　　設置豐富學習角（區），等於不斷向幼兒招手：「請你來玩嘞！我隨時歡迎你！」一個有計畫、有規律的環境，等於告訴幼兒玩過要放回原處；一個凌亂不堪的環境，也等於告訴幼兒可以隨便亂放。又如書架上出現一本破書，等於告訴幼兒：「書可以被撕破的。」因此，學習角（區）也等於提醒老師：「你希望幼兒成為什麼樣的孩子，你就得提供幼兒什麼樣的環境」，因為「環境會說話」，學習角（區）規畫與整理是否得當，也是環境教育中重要的一環。

第二節　學習角本土化的歷史源流

　　談到「學習角」，就必須先提到郭多女士（註1）。因為她是國內最早在台北幼幼幼稚園提倡「發現學習」，並由筆者實驗，而「學習角」便是因為實驗「發現學習」所產生的模式，爾後數十年來，才延伸出各種學習角或學習區的名稱。郭女士是基於對早期傳統填鴨式教學的不滿而產生突破現狀的決心，正因為筆者也經歷了四、五〇年代幼教生態，雖然對當時幼教環境感到不滿，卻因年輕又經驗不足且才疏學淺，也只有痛苦與無奈。如果年輕讀者們也經歷以下年代幼教的環境，相信也會感同身受，樂於從事革新的實驗吧！

一、歷史沿革

㈠民國四○～五○年代

當年台灣幼教的室內空間，談不上規畫，只要有一棟或一間房舍，即可辦一所幼兒園，這情形雖然與現在某些幼兒園有點類似，但設備已不能同日而語。那時期的幼兒園內部設備除了幼兒們的課桌椅外，主要設備只有一塊黑板及一架風琴；戶外倒是有鞦韆或是滑梯、浪船、攀爬架等設備，這已算較具規模的幼兒園所有設置。當時略具幼兒園規模的，首推空軍總司令部及聯勤軍眷服務總部籌設的幼兒園，為了提升教師素質，每年還舉辦三天或一星期的短期教師研習。無論是軍方籌辦或私人興辦的幼兒園，為數仍然有限，師資也嚴重不足。然而，都市家長讓孩子上幼兒園的意願日趨增加，在僧多粥少情況下，一般幼兒園師生比例一比四、五十，算是小班制了，只要教室塞得下，一比八、九十比比皆是。若非筆者親眼目睹，簡直難以相信。因此，維持秩序，成了老師一大挑戰。

尤其是民國五○年代，台北幾所私立小學在升學主義掛帥下，學生畢業後考上初中的比例較高，因此，許多父母親都想把孩子送往所謂的「明星學校」，這些明星學校一年級招收新生要舉行紙筆測驗，家長的壓力便轉嫁至私立幼稚園老師身上，造成幼兒園教注音字母、國字練習就愈來愈嚴重，許多私立幼兒園更以能讓幼兒考取私立小學附幼為號召，竟然使當時的家長連夜排隊等候次日報名，唯恐孩子因報不上名，日後考不上私立小學。無形中幾乎使為求生存的幼兒園紛紛起而效之，教讀、寫、算的風氣也就更加猖獗。幼兒園小朋友由小班就得開始學寫數字及簡單國字，個個小手都寫出老繭，幼兒身心的傷害更難以想像。

每個人都有良知，教讀寫算若沒有方法只靠強迫，當然老師們的心裡也不好過，這個年代，力求改變的意願已在許多老師的心中醞釀，一旦有機會改變，相信不論

何種模式都願意去嘗試。郭豸女士便是基於以上因素，於民國五十九年間，向聯合國國際兒童福利基金會申請到一筆研究費，為了推廣「發現學習」實驗，郭豸女士便將研究費分成三份，一份留在幼幼幼稚園托兒所做實驗，另兩份分別贈予台北兩所師範專科學校（目前師院前身），希望共同參與實驗。民國五十九年底實驗教室落成，六十年二月由賴秀琴老師首先實驗發現學習，以學習角模式展開實驗工作。一學期後，賴老師因故請辭，郭女士方邀請筆者主持實驗工作。郭女士卻在筆者開始實驗前一個月（八月十三日）因車禍過世，筆者為了完成她的遺志，從此投入了畢生心血，全力以赴。

㈡民國六〇～七〇年代

　　實驗之初，在國內毫無前例可循之下，以布魯納所倡導的「發現學習」理論為依據，成立了數個學習角，而唯一有的實務性參考資料是美國裴斯東的一份報告——「英國初級學校的革命性改進」（註2）。民國六十年九月至民國六十三年七月，由小班、中班而大班，歷時三年實驗工作，寫下心得無數，除了曾發表在當年《中國幼稚教育學會》的幼教月刊上以外，也成為往後筆者在兩所師專授課、撰寫論文、講學、著書等參考資料。三年的實驗之間，依照郭豸女士生前有意推廣開放教育之心，長期開放教室，廣邀全省各地有心人士前來觀摩，希望藉由觀摩、座談來集思廣益。開放觀摩的另一個意義，就是希望藉此喚起老師們重新思考：「學習環境可以改變，幼兒的學習也可以從另一個角度來看待孩子的成長」。上述兩篇報告不但令筆者深深感動，更幾乎視為追求理想的教育目標。其中所描述老師角色的觀念與態度，在當年傳統教育中，簡直像神話故事的仙女一般，為幼兒散發出無比的愛與耐心。因而促使筆者不斷一邊實驗，一邊品味箇中自由開放的意義。從此愈陷愈深，再也不能自拔，更是樂此不疲。

　　近十多年來，「開放教育」一詞也普遍被運用，「開放教育」與「學習區」幾乎被劃上等號。許多園所以為：只要在教室裡設立幾個「學習角」，不管理念、方

法及老師的態度如何，都認為是在實施「開放教育」，或稱它為「角落教學」。近幾年來也有不同教學法在推動著，但無論如何，「學習角」的存在仍然普遍受到青睞。

民國七○年代來臨後，筆者在台北市兩所師專兼課，每學期不忘向在職進修的園長及老師們分享開放教育理念及學習區模式的目的與功能。後來又因台北市政府教育局開始對幼兒園實施評鑑，許多參與評鑑的學者專家，曾建議幼兒園把課桌椅的排排坐刻板教學模式，改為學習區模式，同時教育局也針對幼兒園基於改變學習區模式的需要，只要提出申請，教育局就會請學者或專家到園輔導，學習區模式才因此逐漸抬頭。

民國七○年代末，不少師院教授也熱心推動，又把學習區模式推展到小學低年級，效果如何尚待評估。不過，這總是一種求新求變的好現象。如今學習區的規畫不但公私立幼兒園、托兒所隨處可見，小學也推行得如火如荼。布魯納教學理論中曾指出：「發現學習的本身便是獎賞」，希望老師們也能從實驗工作中發現更多的樂趣，獲得自我肯定的獎賞。

㈢直到民國八○～九○年代

傳播媒體的發達，使日趨多元化的社會更加充滿競爭多變，「幼教機構」也難例外。社會大眾處於如此劇烈競爭的環境，為使子女未來能跟上時代，紛紛渴望幼兒在學齡前即打下「才能」的基礎，要求幼兒園老師為其子女教授讀寫算以外，還必須學習英語、心算、珠算、陶藝、琴法等課程，幼兒已毫無自由空間可言。許多原本對幼教充滿理想與憧憬，好不容易對學習區模式開始有了心得，卻因缺乏說服能力情況下，只好順應家長開辦各式才藝班。如今在高唱「國際觀」的輿論下，也同樣波及幼兒園，原本一星期一次美語課，應家長要求改為一星期二至三次，甚至要求全程以美語和幼兒溝通，園長們感嘆幼兒們已無自由探索時間。有些幼兒園雖實施才藝教學，仍然保留學習區，使課前課後讓幼兒有點自由探索機會，有些幼兒

園擔心學習區的存在，讓幼兒上才藝課時會分心，索性把學習區收掉，恢復早期排排坐、吃果果的上課型態。

　　因家長對幼兒期許的影響，幼兒園為求生存不得不迎合家長要求，幼兒自主學習意願遭到「沒收」，也促使有心從事學習區模式的幼兒園，喪失了運用學習區模式的理想。

　　早期是為了擠明星小學而影響幼兒園教授讀寫算，如今又為功利社會潮流所驅，更波及全省各地幼兒教育生態。能堅持採用學習區的幼兒園，相信是基於教育的使命感。努力與家長溝通，便成了十分重要的課題。

二、名稱的演變

　　十幾年來，學習角（區）的運用已十分普遍，只是空間規畫上逐漸出現不同型態與名稱，例如：學習角、學習區、探遊區、角落教學、大學習區、資源教室等，不但許多幼教朋友在運用名稱上感到疑惑，有些學者也感到一頭霧水。一次茶敘上，曾經聽到兩位學者以下的對話：甲：「怎麼現在出現好幾個名稱，有『學習角』，又叫作『學習區』，還有『角落教學』，到底哪個名稱才正確呢？」乙：「是啊！現在好亂哩！」因說來話長筆者並沒有接話，只是當時內心有點納悶：應該尊重維持既有名稱重要，還是尊重實務者的引用重要？如今回想起來覺得也滿有趣。不同名稱可能有不同的解讀，筆者願就個人所知分析如下：

㈠學習角與學習區

　　兩者的意義與目的及規畫方式並無不同，「學習角」名稱是直譯自英文，當初幼幼幼稚園實驗時活動空間只有三十六坪左右，在有限空間設置了四至六個學習角，加上四十多位幼兒，已略顯擁擠。學習角名稱一直引用到民國七十六年，因政大實小附幼新廈落成，每間教室的活動空間即有七十坪，也只容納四十五位幼兒，由三

位正式老師、兩位助理帶領，同樣也只設置四至六個學習角，在空間上寬敞了許多。又因為時有不明就理的家長質疑：「每天讓孩子縮在『角落』裡玩，太可憐了。」為避免落人口實，自行改稱「學習區」後就再也沒有麻煩了。

十年前，在一次研習會場合，聽到一位專家回答一位老師對學習角的看法，他的回答竟是：「學習角有什麼好？東一個角，西一個角，搞不好讓孩子撞得滿頭包……。」原來他的想法跟那些家長想法並無二致。為了避免因顧名思義而誤解，十多年來筆者一直以學習「區」來替代學習「角」的稱謂，尤其在應邀到全省各地演講「學習區規畫與應用」中不斷談到「學習區」、「探遊區」等，也許因而普遍被應用而傳了開來。

(二)「角落教學」與「探遊區」

筆者多次遊學歐美國家，觀摩過數十所幼兒園和托兒所，發現確實有少數幼兒園老師在進行學習區教學，例如：自然科學老師每日固定在自然科學區做專門指導。印象最深刻的一次是，一位老師抓住一條蟒蛇，供幼兒測量蛇的長度與體積；也有一位專任的自然老師，把自然科學區呈現前所未有的豐富，有隻母雞正蹲在窩裡孵小雞，偶爾還轉個身換姿勢，神態悠然。其他還有兔子、烏龜，以及各式各樣昆蟲、一些礦石與植物，老師在指導幼兒如何分辨動植物的特徵及照顧等；有時也帶領幾位小朋友做化學或物理變化實驗。語文區的專門老師在指導幼兒畫臉譜及表演戲劇，美勞區有位老師在示範有趣的線畫（Form Drawing），然後鼓勵幼兒邊畫邊說出內心的感覺，幼兒興趣濃厚，室內充滿談笑聲。但是在國內，除了集體上某項才藝課以外，很少有專門某一科目的老師每日固定在某一個學習區做專門規畫及指導。

在國內不知曾幾何時，「角落教學」一詞被解讀成為老師帶領小朋友在學習角從事教學的代名詞。經過了解後，原來許多幼兒園把角落教學視為在角落的地方進行教學活動，大概又是受到顧名思義的影響，把在學習區所陳列的教具，每日帶一組幼兒在進行教學，許多老師也就盲目跟進，認為學習角的設置就是用做角落

教學用。因此「角落教學」也就隨之普遍使用，這與「學習角」的原意就差之千里了。

　　學習角（區）是專供幼兒自我探索、依幼兒個人自由選擇嚮往的教具或玩具，充分發揮自我學習的本能，同時培養自我糾正能力，有時是各自操作，有時是與同伴合作，並不需要老師從旁指導，否則就變成干擾。除非是幼兒遇到困難而求助，老師或許給與線索讓幼兒去發現，以追求其個人的成就感，或適時助以一臂之力。幼兒可以隨意四處走動，以便去發現而學習，更何況幼兒也有不想學習的權利，也許是身體不舒服，也許是心情不好，也許只想讓自己輕鬆自在地觀望，以便試探：我要玩什麼？我要找誰玩？在還未下決定以前，當然可先四處觀望。因此，筆者也常把學習區號稱為「探遊區」，以為更合乎「學習角」的自由精神。

㈢獨立輪流分享的大學習區

　　幼兒園教室空間較小，無法布置數個學習區，便利用僅有一間較大的活動室，闢為一大學習區，有些幼兒園也稱之為資源教室。裡面布置幾個學習區，供全園幼兒輪流使用，有些幼兒園會擬定如同課程時間表一般，規定各班幼兒在每星期幾、某時段，由班導師帶領一班幼兒前往使用。關於一星期使用次數多寡，端看班級多少而定。每次使用時間多長，也要看該園主管及老師，對於「自由探索」了解的意義大小而定。

　　有些園所，因為還有許多簿本作業要改，或久久輪一次，對於常規無法落實，事後收拾整理倍感麻煩，各班常規協調上也倍感困難，老師們也就常會以沒有時間為由而較少帶孩子去「玩」，漸漸地，有些園所的大學習區，便成了「教具、玩具的展示區」，專供家長或來賓參觀，所謂大學習區也就形同虛設了。

㈣雙併式共用的學習區

一方面為了節省經費的開支，毋須在每個班級購買相同的大型設備，如娃娃家、積木、圖書架等；一方面又希望能擴充幼兒社交禮儀，促進良好社會行為發展。利用每兩間教室規畫不同的內容及功能的學習區，兩班幼兒在探遊時間內共同選擇使用。在共用時間內，每班兩位導師可互換到別班教室觀察，一方面可以了解自己班上幼兒在別班探遊情形，一方面也可了解是否有改進的地方。因此四位老師必須每星期至少一至兩次，進行協調，檢討改進擬定遊戲規則，共同交換心得，或提出觀察報告，才能和平共存共享，如此最大贏家自然是小朋友。但是，如果只是利用這段時間到別班去玩，卻未能關心各班幼兒與人、事、物互動情形，也未做定期研討，形同一段時間放牛吃草，容易流於表面形式，幼兒學到的不僅是亂，責任感遭到破壞，「學習區」的意義也遭到扭曲。

㈤全園合併共享式學習區

這種全園合併共享式的大學習區，是以一個園為單位來規畫，也就是把全園每間教室規畫成為各有特色的資源學習區，例如：甲班教室為積木區，裡面設置各種質材的大小不同積木，也可搭配一些偶或動植物玩具以便造景；乙班教室為自然科學區，供幼兒觀察、實驗的各種自然教材教具；丙班規畫為裝扮區，提供各式各樣裝扮的軟硬體設備；丁班規畫為閱讀區，自然就充滿可供閱讀的書籍，或一些語文圖卡或視聽教材。在自由探索時間，全園幼兒各自去選擇某間教室，作為探索學習的目標。

這種模式有點類似美國有些小學的協同教室，學習可以依自己的興趣、能力，到某個區去學習，例如：某個學生的英文能力較強，可到較高年級區域去學英文；數學較差，可以到低年級學習區去上數學。但是他們一個協同教室中，學生人數不

會超過三十人。筆者曾在美國一所大學附小見識到原是一個室內籃球場,利用它闢為協同教室,全體人數也未超過五十人,反觀我們國內,一間二十坪左右教室,每班人數有三十名,如果有十個班級,全部人數加起來就有三百人,雖然為了平均分配人數,以掛名牌來限制,使每班仍維持三十人,但是老師如何從三百名幼兒中去認識每一個人?如果對學生個性、能力等不了解,如何做個別輔導?幼兒歸屬感如何建立?更重要的是,眾多老師之間如何分享每個孩子的個案?如何為大學習區的規範做機動性協調?近年來國內又強調特殊兒童必須回歸主流,如有學習或情緒障礙兒童,在別班教室發現狀況,班導師如何及時反應?因為類似兒童有時是非得班導師親自出馬不可。其他如眾多老師間觀念的溝通、理念的共識等,都是全園合併式較難克服的問題,也是成敗的關鍵。當然,任何一種模式,只要時間、人力支援及協調方式可以解決就比較容易克服。凡是有心求好,也許就有可能尋求出較為可行的遊戲規則。

㈥特別資源學習區

這種模式,大都是缺乏戶外空間,室內空間不大,每班各有獨立自主的學習區,又有多餘空間,例如:不用的貯藏室、洗手間或小房間加以改裝做充分利用,作為小動物飼養區,或專做自然科學區,或是將一間小房間專供捏陶土用,或專門設置一圖書區,供全園幼兒使用;它既不像完全獨立,也不是全園打散到各班去輪流。這種模式比較適合幼兒人數不太多,除了各有獨立學習區可供探索,還有其他資源教室可以探遊,也不失一多元的變通辦法。

㈦政大實幼學習區模式，不以配合主題取向

1.現有兩層樓園舍，以不同學習區內容引發混齡探遊取向

政大實幼目前的兩層樓園舍是於民國七十六年啟用，一、二樓活動面積七十坪左右，筆者籌建設計之初，即決定採自然混齡探遊方式，因此兩層樓左右各設兩座樓梯，供全園四～六歲幼兒上下自由探遊，兩層的學區內容自然完全不同，方能以不同設備引發一、二樓幼兒自由交流。主要是有利於上下的互動關係，擴展幼兒社交行為。各學習區乃依幼兒成長過程中「全面發展需要」取向來充實內容，包括小肌肉操作練習、大小肌肉協調發展練習、視聽能力發展的培養、音樂戲劇的陶冶、探討科學的學習態度、認知發展的基本概念之吸收等，並從中培養良好人際關係、表達能力、自理能力、情緒的紓解，以及良好的生活習慣等。

2.未來新園舍各班以獨立式大學習區探遊取向

筆者於政大退休前，即為實幼規畫另一座四層樓新園舍，並邀請好友張世宗教授協助為室內外作富有創意的整體設計。退休後，筆者在政大實小校長邀請下，不斷參與擴建過程研討及軟體充實計畫，目前皆已完工使用。

除一樓及四樓作多元化、多功能用途外，二、三樓將各自設置多元化學習區，專供四至五歲幼兒活動室。室內一百多坪偌大空間，可以依硬體的空間來規畫不同學習區，例如：靠近後院的弧形二、三樓陽台可以作自然科學學區，能接近陽光，對動植物均有幫助。其他部分空間可以利用玩具櫃、小屏風來區隔不同的學習區。由於空間大，變化的彈性自然亦更大。由四位導師帶領六十位幼兒，未來可視活動型態需要，分別以六十、三十、十五位幼兒從事各項活動。四位老師可形成一研究小組，結合不同專長，共同研討學習區規畫與革新，以及研討幼兒個案與輔導、主題活動研究、情境布置等，集體發揮腦力激盪。四位老師默契如日益成熟，應給與

老師們更大自主空間，尊重老師們經營出各班的獨特風格與特色。

政大實幼是以主題來配合某些學習區，並非需要每個學習區去遷就一個主題。主題是可以透過情境布置來突顯它的意義，以活動來達成主題學習目標，因此學習區的功能是專供幼兒自我學習、自我糾正、自由探索的場所，是一個開放的教室。如果每個學習區內容都要為了配合主題而大傷腦筋，實在很奇怪，除非是利用學習區來作「教學」，那就另當別論了。不過筆者自政大退休後，近年來已換了第三任園主任，情形如何，也只有留待他人去評論了。

學習角（區）名稱上的差異，大都是基於空間使用上的區別而已。他們都是在開放教育理念之下所做的努力，也都強調具有「發現學習」或「啟發教育」。有些幼兒園乾脆把凡有規畫學習區的教學都稱為「啟發式教學」。由於學習角（區）提供了許多玩具讓幼兒操作，便稱它為「遊戲中學習」。歐美國家又稱其為學習中心（Learning Center）或學習區（Learning Area），常見他們每個學習中心上垂掛一醒目的標示牌，例如：「語文中心」、「數學中心」……等。

以上無論學習角或各式學習區名稱如何改變，都不宜跳脫開放教育的基本精神：使幼兒在「愛」、「尊重」與「快樂自在」中學習。

三、學習角（區）之理論依據

「學習角（區）」模式自歐美引進後，歷三十多年以來，筆者曾大量閱讀有關兒童心理學及兒童發展叢書，亦曾不斷到歐美遊學，同時參加國內各種學術研討會、研習會等，希望充實個人理念之不足，也希望能從各家學派的理論架構中，找出足夠支持實驗學習區的價值，使個人的實驗工作不會偏離應有的方向。但是，筆者也深感各家學派的論點不宜照單全收，因為有些理論已不符現代社會的需要，例如盧梭主張兒童教育應順應自然，以兒童為本位，但他卻對兒童過度保護。為避免受到成人污染而必須與社會隔絕，在現代這個開放的社會，如果未提供社會行為發展機

會，未能在成人的安排下擴充其社會經驗以適應未來社會的能力，兒童如何能在未來社會中生存？又蒙特梭利女士的教育思想，亦是以兒童為中心，十分重視兒童的感官及生活教育，但一般人認為蒙氏的教材教法太偏重認知，同時太早學習讀、寫、算，對日後幼兒身心發展會產生不良影響。

幼教老師既不是活在書本的理論裡，也不能被框在某個專家學者的論點中，應取其與個人教育理念相近的理論，來支持實務的推展，使實務有方向可循，使理論與實務有相互印證的效果。或許有人認為此乃斷章取義不合研究之道，但是如果照單全收或盲目移植，恐怕就更危險了。筆者為求實施開放教育中學習角（區）模式不會有所偏頗，曾擷取部分理論來支持實驗工作，例如：

㈠布魯納（Bruner）理論

「發現學習」理念是布魯納所提倡，布魯納主張在實際教學情境中，安排有利於學習發現各種結構的情境，不但讓學生可能發現到什麼？而且可以直接經驗到：「學習如何發現」。布氏的教育心理原則是筆者在「做中學」有利的參考資料。

1.動機原理

布魯納認為「應多利用學生的好奇心、求知慾，以及探索、操弄等，由內在動機引起學習動機」。學習區的設立正可滿足幼兒的探索學習。例如：

幼兒在玩弄幾塊積木──從幼兒的動作表情上，老師可以清楚地了解幼兒的感受是：

(1)「它可以讓我隨心所欲地改變原來的樣子（排列），我好能幹！好好玩！」（引發進一步的動機。）

(2)「它可以讓我堆高，哈！一隻手就可以推倒！我太棒了！」（獲得信心，也紓解了堆積木時的緊張情緒，自然也培養了耐心、專注力。）

(3)「我用一隻手就可以把它包起來了，可是，有的就不行了，大概我的手還

沒有長得很大！」（體會到生命，認為它的手會跟隨自己慢慢長大，也體會到積木大小的不一樣，正符合布氏「過程技能」原理。）

老師若能以幼兒的角度去發現幼兒玩的樂趣，定能體會「玩」對幼兒的重要，否則，如果從認知角度看待，老師可能是：

(1)「你會不會把它排成長方形？兩個正方形？排排看！」或：「這是什麼形？摸摸看有幾個角？三個角是嗎？它應該叫什麼形？」這叫遊戲中學習嗎？孩子心裡一定吶喊著：「煩死了！」

(2)「小心！不要堆太高，會倒的！」然後：「怎麼故意推倒呢？萬一打到別人怎麼辦？」幼兒心裡一定也感受到：「好囉嗦喲！有老師在真不好玩！」

以上很明顯反應出幼兒與老師的不同思考方向，老師如果把自己的角色定位在「教學」功能上，老師跟孩子相處就很難有交集。幼兒在意的是自己的感覺：「我很棒！」這種感覺才是引發幼兒好奇心、求知慾的內在學習動機。

2.過程技能

布魯納強調「學生需要『學習如何發現』，方能有所發現」。所以他十分重視「過程」的學習。

例如：幼兒在科學角（區）發現了大洋芋旁邊長出了四個小洋芋，因此小朋友每天替洋芋澆水。小洋芋也一天天長大。有一天一群小朋友圍著洋芋邊觀察邊談論著：「小洋芋長大以後，它的媽媽老了！」

「真的吔！你們看！洋芋媽媽皮膚皺皺的！」

「那大概是沒有按摩，我媽媽每天有按摩，所以臉上沒有皺皺的。」

「那為什麼洋芋媽媽的臉變得黑黑的呢？」

「大概生病了！」伸手去摸摸又捏了一下，結果發現到另一個驚奇，大聲說：

「哎呀！好軟吔！恐怕已經死了！」回頭看到筆者就問：

「可以把它掰開看看嗎？」獲得同意後掰開一看又是一個驚奇發現，大夥異口同聲地說：

「哎呀！肚子空了！」

「嗯！只看到一絲絲莖了，好奇怪喲！」

「我知道，它的肉大概都餵給它小孩吃掉了！」

「對！小洋芋長大了，洋芋媽媽死了！」

「好可憐！小洋芋變成孤兒了！」

「沒關係！我們來照顧它們！」大家都說：「好！」

「那我們應該替小洋芋寶寶取名字……」

………………

　　一個發了芽的洋芋，放在碟子裡供幼兒觀察，經過發現再發現的歷程，不僅體會到生老病死的道理，也激發了同情心，真是始料未及。其中教育功能絕非以「講常識」方式帶過所能比擬。

3.增強與回饋原則

　　布魯納認為「老師必須安排情境使學生有發現機會。」發現問題的本身就是一種驚奇，一種成就感，所以布氏同時指出：「發現的本身便是獎賞。」（註3）

　　從以上例子中不難發現：一個情境的安排，即能引發幼兒從事觀察、討論，進而從觸摸、驗證中，獲得許多驚奇，果然印證了布魯納理論：每一次驚奇即等於增一份成就感的喜悅，對孩子來說就是最佳獎賞，而這種幼兒自我回饋的獎賞，並非以「代幣」（以貼紙或糖衣教育作鼓勵）作為獎賞，而是從幼兒自我教育中獲得，不但增強了自信，也提升自我肯定的價值。

㈡盧梭（Jean Jacques Rousseau, 1712～1778）的教育思想

　　盧梭主張兒童教育應順應自然，他強調：「最自然即為最好的教育。」主張以兒童為本位及因材施教，更反對在兒童期教授抽象的文字，因為他認為：「發展追求與探討的突破，比腦袋裡裝滿一袋知識更加重要。」（註4）由此可知，我們應重

視幼兒大腦是用來思考的寶藏，不宜把它當作貯藏知識的倉庫。更何況電腦代替記憶時代已來臨，更應在幼兒階段，充分啟發潛能及重視其生活基本能力及身心發展才是。學習角（區）可以供幼兒充分發揮潛在能力，毋須在老師的教學取向下，順從老師的指令行事。

學習角（區）的設置，其主要目的即是尊重幼兒個別差異，讓每位幼兒可依其個人興趣、能力追求他們所要的。尤其是幼兒階段，筆者發現：太早教授抽象文字，反而阻礙了創造思考的潛能，例如：

有位五歲幼兒，拿著故事書即琅琅上口，唸著每一個字在為同學說故事，筆者試著把文字遮起來，請他說故事，他說：

「你把字遮起來，我怎麼講故事？」我請他看圖說故事，他的反應是不看字沒法講故事。但是，許多認不了幾個字的小朋友，卻能拿著書看圖編故事，而且每次同樣一本書，就可編出許多不同的故事來。筆者試著拿五本不同的故事書，請他們僅就封面插畫來編故事，許多小朋友竟然輪番上陣，以五本封面圖畫各自編講不同故事內容，其創造思考能力令人佩服。難不成是「文字」僵化了孩子的創造思考？還是盧梭早已研究出不宜在兒童期教授抽象文字的道理？值得深思！

㈢福祿貝爾（Friedrich Wulelm Aoguest Forebel, 1782～1852）的教育思想

福氏的教育思想強調：幼兒自我發展（Self-development）、自我活動（Self-activity）、社會參與（Social-participaiton）的重要，主要是認為：「教育者應注重幼兒本性需要，讓幼兒能繼續不斷、循序漸進地獲得均衡發展。」同時認為：「幼兒本能的自我活動，必有助於天賦潛能的發展。」認為遊戲就是幼兒內在的自動表現。但也強調：「人不能脫離社會而生活」，因此福氏認為：「自我活動所啟發的自我實現，必須經過社會化的學習才能達到自我成長教育。」福氏更指出：「有怎樣的環境就有怎樣的嬰幼兒，他們是透過感官吸收外界的一切刺激來建構自己。」（註

5) 從以上論點，更反應出開放教育的精神與學習角（區）的功能，學習角（區）不僅可以讓幼兒自由探索，更是促進幼兒個人自我教育、自我糾正的學習活動。因此，在學習區操弄與遊戲，毋庸置疑地，同樣都能滿足幼兒內在本能的自我活動表現。同時學習角（區）可促進幼兒彼此自然互動的機會，也正是促進幼兒社會行為發展的最佳媒介。福氏曾說：「人類的每個階段都具有重要性。」因此，「凡環繞在孩子周遭的一切事物，就必須正確而清楚地展示在孩子的眼前，讓孩子有機會去觀察與辨認。同時幼兒階段的孩子，無論任何事物都賦予生命，如樹木、石頭、花草、動物等，幼兒都會向它們傾吐心聲。」（註6）我們不難發現孩子對著事物、景象或自處時會喃喃自語。相信凡設置學習區的幼兒園，必能時常發現幼兒在自然科學區與所培育的動植物或昆蟲說話，或在角色裝扮區跟洋娃娃說話，這些都是很明顯的例子。

幼兒教育主要是喚醒幼兒潛在豐碩的能量，啟發幼兒善良純真的本質，使幼兒能脫離獸性生存的本能，如：自私與占有或破壞等。以便進入未來正式學習。因此除了老師用心引導，幼兒可以藉由學習區的探索學習中，因感官的刺激去建構自己的想像世界之外，更可因而學習同儕相處之道。

㈣蒙特梭利（M. Mostessori, 1870～1952）的教育原則

在蒙氏主張的教育原則中曾提出以下兩點：

1. 自由或自動原則

蒙氏認為兒童是有其獨特的價值，而且應該有自由發展的權利。蒙氏曾說：「一個人不能獨立，便不能自由。」換句話說，若失去自由，自然也無法學習獨立。同時如果學習受到干涉，不但打擾了兒童的思想，也影響其自由發展。許多家長或老師，因求好心切，唯恐幼兒學習落後而提前偷跑，或以代勞以求完美，以不斷叮嚀、糾正視為用心，結果反而使幼兒變得充耳不聞，這就是思考自由受到干擾所致。尊

重幼兒學習自由，自動去發現學習，是設置學習區的首要指標。

2.義務原則或責任原則

「教師有為兒童規畫學習環境的義務，兒童也應該有自己負責清理環境的責任。」（註7）因此讓兒童負責教具的整理，便是培養兒童責任感。所以在蒙氏的教室中，可以看到兒童親自盥洗器具、擦桌椅的情形，這也是蒙氏主張生活即教育的特色。學習角（區）的規畫，如何方便幼兒整理亦是首要考量。所以規畫學習角（區）是開放教室中老師應盡的義務，幼兒也應負起清理環境的責任。筆者擔任政大實幼園主任時，每星期一次大清掃活動，便是培養幼兒對環境的責任感。

蒙氏在其教育系中指出：「幼兒的學習應以感官為基礎，以思考為過程，以自由為目的。」正如我們常說的「百聞不如一見」，「百見不如一試」。尊重幼兒自由學習，使幼兒有親身體驗機會。學習角（區）的模式，早已是蒙氏教室中的一大特色。只是許多從事蒙氏教育的老師，大都是接受短期訓練，對蒙氏的理念精神並未徹底了解，往往把蒙氏所謂的「寧靜氣氛」，視為在教室中不可以多說話，要保持安靜，否則即遭受隔離處分。不但反而影響幼兒彼此溝通與歡樂氣氛，也影響互動的經驗交流。幼兒在學習角（區）探遊，有個別也有三五成群互相合作，大小聲音必所難免，只要不過於喧擾，應予以尊重。

㈤杜威（John Dewey, 1859～1952）的人本主義思想

杜威的人本主義思想強調「以人性為中心，相信並尊重個人獨立思考，肯定人皆有獨特價值，接納幼兒有選擇自我教育的權利，強調人際關係的重要性，更十分重視幼兒自我實現」。杜威曾指出：「人類在與周遭環境發生互動，在一來一往的活動中，產生了經驗，經驗是隨著個體與環境交互的作用而日益成長。」（註8）由此我們可推斷：教育若與生活結合，就必須設法充實個人生活經驗。例如：幫助幼兒了解平衡概念，首先要讓幼兒有機會玩積木，積木角（區）提供幼兒經由建構經

驗發現積木傾倒是因為兩邊長短支撐不平衡，才容易倒下來，而逐漸了解平衡是什麼意思。這應該也就是杜威所強調的從「做中學」的意義。每個不同學習內容的學習角（區），不僅提供了幼兒自我教育機會，同時在操作過程中亦能使幼兒實現心目中的夢想。追求自我實現，必須要有自我學習的環境，不斷與環境互動以產生經驗，進而不斷成長，方能達到自我實現的目的。

㈥建構主義的影響

　　皮亞傑（J. Piaget, 1896～1980）在認知發展中曾解釋：「個體認知結構變化的過程，在於個別的同化和調適，透過認知結構或基模的建構而發展出認知能力，才能面對環境來解決面對的問題。」（註9）。政大教研所教授余民寧博士在他一部學術著作《有意義的學習──概念構圖之研究》中明確詮釋了該理論，余教授指出：「兒童從過去的學習經驗和知識結構中，慢慢地去同化、調和傳統，整合有衝突的概念或知識，主動去發現學習的意義和樂趣，因而學習經驗不斷地成長，此即構成兒童將來在學校接受正式教育的基礎。」（註10）由此可見，老師如果在幼兒階段及為了驗收學習效果而施加壓力，或以分科教學方式，必然會破壞孩子主動追求發現學習的動機和樂趣，也無法在認知結構中獲得完整的探索歷程。因為幼兒在學習角（區）探索的過程中，可以不斷以舊經驗和新經驗慢慢地相互產生同化而結合，調和出屬於其個人的基本認知結構。「學習角（區）」具有尊重幼兒的探索功能，讓個體與環境交互作用產生內化效果。正如皮氏曾舉過一個例子，把環境及教師注入式教學比喻成水，幼兒比喻為海棉，他說：「幼兒像塊海棉一樣，若將海棉浸在水中，海棉方能充分吸收水份，否則，如果把水倒在海棉上（注入式之灌輸教育），海棉因來不及吸收，結果表面雖然有水，裡面卻是乾的，來不及吸收的水都浪費了。」教學如沒有效果，不啻是在浪費師生的生命？皮氏將幼兒比喻成海棉是再恰當不過了。因為學習角（區）正如一桶水，可以滿足幼兒浸淫其中，依其興趣與能力各取所需，供探索中建構他們各自心目中的王國！

第三節　學習角（區）規畫原則與範例

　　每個學習角（區）各有不同的學習經驗，但是必須基於自由民主開放及尊重的觀念與態度來看待幼兒的學習。

一、尊重幼兒自由探索原則

㈠尊重幼兒在學習區自由自在地學習（沒有被期待表現成果的壓力）。

㈡尊重幼兒依其個人興趣決定某個學習區探遊的目標（沒有被支配的壓力）。

㈢尊重幼兒依其個人學習速度在學習角（區）進行操弄（沒有被催促的壓力）。

㈣尊重幼兒遊蕩是基於學習意願正處於醞釀中，尚未成熟，無法決定到某學習角（區）去探遊（沒有被視為不乖的壓力）。

㈤尊重幼兒同儕間在學習角（區）探遊時能自動交談，所發出的聲音，被視為學習熱度正在升高狀態（沒有被遏止的威脅及被比較的壓力）。因此老師必須要忍受幼兒們的聲音，不宜一味地遏止。

二、接納幼兒情緒原則

　　在學習角（區）老師的角色，重在觀察、傾聽、接納與從旁輔導，幼兒在學習探索過程所顯示的行為、能力及情緒等問題，老師的態度除傾聽與觀察外，重在接納情緒反應背後的因素，及時予以紓解與輔導，而不會只顧表面行為而制止、埋怨、責備或處罰。因為學習角（區）是為吸引幼兒主動前來探遊學習，如果因在此與同儕間產生爭執，予以責備或處罰，將令幼兒產生排斥前來探遊的意願。因此，無論在任何一學習角（區）發生以下行為，老師都應有以下共識：

㈠接納幼兒哭鬧的行為：老師應相信幼兒尚未有克服挫折的能力。

㈡接納幼兒做錯的行為：老師應相信幼兒缺乏理性思考能力，只要經由輔導改進，做錯對幼兒也是一種學習。

㈢接納幼兒頂嘴的行為：老師應相信幼兒已克服怕老師的心理，或是試探老師對他的愛與包容，才勇於發出不平的心聲。唯有耐心輔導說話的禮貌，才能消除頂嘴的行為。

㈣接納幼兒打人的行為：老師應相信幼兒是基於原始本能反應及自我防衛心理。因此處理時，人格與行為不能混為一談。

㈤尊重幼兒有懶於收拾玩具的情緒：老師應體諒幼兒已玩到盡興，精神產生疲乏，偶爾宜助以一臂之力，並非完全代勞，使幼兒學習到體諒與支持。

以上接納態度並非縱容，是為建立師生間彼此的信任感，經由接納後的安撫、討論、表達感覺等，體會出待人及說話的禮貌，學習判斷是非，發展良知，喚醒善良的本性。否則，批評、埋怨、責備、體罰都成為不良的示範。

三、合乎科學管理原則

一般幼兒園，當幼兒玩好了玩具時，老師只知叮嚀幼兒好好收。「好」的標準十分抽象，幼兒往往不知道要如何收才算是好好收。因此，必須使幼兒有遵循的方向，例如：每項玩具的容器與放置的玩具格子都應明顯的標示。可以利用顏色、圖形、符號、實物（對二～三歲幼兒在櫃子及容器黏上一個小偶）或玩具照片，每樣做成雙份分門別類，貼在置物櫃及玩具的容器上，幼兒可用配對方式，很快地完成整理工作，合乎科學管理，無形中使數學落實在生活裡。事實上，許多數學活動，如分類、配對、序列、體積、空間、時間等基本概念，都可以落實在日常生活之中，達到科學管理原則。

四、以安全考量原則

　　早期玩具櫃只是為了放玩具，並未考慮到許多安全問題。玩具櫃高度不宜太高，以免擋到老師視線，看不到另外一學習區幼兒探索的情形；也不宜太矮，以免幼兒跨愈而發生危險。最好平均在幼兒胸部以上脖子以下的高度，如此幼兒在不同學習區操作的時候，才不會造成視覺上的干擾，而影響專注力。高度可以依該年齡層的平均值來參考設計，通常玩具櫃七十公分高，比較適合三～六歲幼兒使用，但材質不宜太輕，否則容易碰到；櫃子四角要修圓，以防撞到發生危險。如果已有現成櫃子，四個角如是銳角，可以黏上四十五度直角橡皮邊（配畫框器材店有賣）就比較安全。閱讀的光線要明亮，室內如有空調設備，仍需要在對角兩扇窗開一點縫，以利空氣流通。否則，室內密閉式的空氣，其污濁成分將比戶外高出 25 ％以上。

五、櫃子易於搬動

　　室內學習角（區）玩具櫃，為引起幼兒的好奇心，培養高度探遊興趣，最好隔一段時期，在空間規畫上重新做重點式的調整。因此，玩具櫃最好有輪子可方便移動，而輪子也必須有卡鎖可以固定，以防止滑動。

六、促進幼兒均衡發展原則

　　在幼兒階段，玩具不僅是要滿足幼兒個別差異需要，更要顧及基本能力發展需要，因此應考慮提供有關動腦也動手操作的玩具，培養幼兒手眼協調練習。玩具應以無結構性玩具較富有創造性，如：樂高、積木等。培養幼兒感官練習的玩具如：視聽器材、嗅覺瓶、聽覺罐，以及各種簡單的自然科學儀器，供幼兒觀察實驗。提供合作性玩具如：象棋、魔宮探險、圍棋等，其他可針對幼兒發展狀況隨機充實。

如語文區、益智區、科學區、積木區、角色扮演區、美勞區、戲劇區、隱密區、聊天區、拆卸區、玩水、玩沙、木工、陶塑等，以達到幼兒各方面的發展需要。

七、避免過度干擾原則

依筆者長期觀察經驗發現，對幼兒來說，如果出於自願選擇，有興趣又有挑戰性，即使周圍無論有多嘈雜，或附近有幼兒在玩樂器，也都無法轉移他的注意力；反而是前來參觀的第三者，認為會干擾幼兒的注意力，這是對幼兒學習態度及特質缺乏了解所致。記得筆者小時候看故事書，母親叫筆者吃飯，喊到生氣來到身邊，筆者仍然未察覺到，相信每個人都有類似經驗。幼兒最怕的干擾其實不是來自周圍的聲音，而是老師不斷對其個人的叮嚀。雖然如此，規畫學習區時，還是盡可能把動態與靜態的活動稍作區隔，動態活動如：積木、裝扮或戲劇區、拆卸區等；靜態活動如：閱讀區、隱密區、視聽區、繪畫區等，偶爾幼兒說話音量太大，可以適度地提醒，以示對其他需要安靜的小朋友的尊重，這也是一種學習。

八、動線規畫

許多幼兒園為求集合或集體活動方便，把所有玩具櫃都靠邊放，留出一空曠的空間，結果造成幼兒來回奔跑、相撞的情形十分嚴重，也因此，幼兒常遭到抱怨或責罰。學習區的區隔應做動線規畫，避免幼兒奔跑。美勞角（區）的水槽設備需要遠離動線，在調色或用水上比較不易相互碰撞。例如積木角（區）為防幼兒取用時會打到小朋友，故而必須在積木角（區）前一尺至一尺半距離貼一條膠帶或畫線，以示禁止在動線內操作。其他如團體討論區，或避免對向相撞擊，都可以在地面規畫出特定區域，或以卡典（美工紙）剪成腳印貼在地上，以區別行走時的緩衝地帶。

第四節　學習角（區）主要學習經驗範例

　　數十年來，筆者曾針對幼兒發展需求及興趣，大約規畫了二十多個學習角（區），輪流或交換運用，較普遍被許多園所接受的有：民俗藝術角（區）（配合主題收集有關民俗文物展示，或經由參觀討論後，由幼兒自製常見的民間習俗文物或自製童玩……），也可依幼兒發展需要（不一定配合主題），開闢烹飪角（區）、玩沙角（區）、玩水角（區）、陶土角（區）、戶外挖土角（區）、養殖角（區），或體能活動角（區）、感覺統合運動角（區）等，每次提供四～六個學習角（區），視幼兒興趣及發展情形隔一段時間再逐一更換。

　　學習角（區）的大小、多少，跟空間大小、幼兒人數多寡有關，不必為求多，把教室弄得像雜貨店或超市一般有雜亂的感覺。

　　每個學習角（區）開放前，都必須經討論，擬定各角（區）的遊戲規則，規則內容如何，必須老師發現幼兒的行為有偏離時，提出討論再擬定，方為幼兒了解而接受，否則如果老師一味「我規定，你服從」，將無法獲得幼兒合作，因為「規定的人」不在，幼兒反而會藉機發洩一番。

　　每個學習角（區）的成立，並非完全由老師預設立場規畫，真正影響老師去規畫的動機，應是來自對幼兒發展的了解。因限於篇幅，僅提供以下八個學習角（區）參考（表 3-1～3-8）。

表 3-1　畫到角（區）

<table>
<tr><td rowspan="12">主要學習經驗</td><td colspan="8">1.在五公分見方的小格子內隨意畫下當天來園的記號，包括他的生活經驗、當天的見聞或感想，表達個人的心情，同時促進手眼協調發展</td></tr>
<tr><td colspan="8">2.在畫到前先學習認識自己的名字，時間日久，便無形中認識同班同學的名字</td></tr>
<tr><td colspan="8">3.發現同姓、同名或同音不同字，學習認識文字的結構，潛移默化中產生認識文字的興趣</td></tr>
<tr><td colspan="8">4.畫到表上有幼兒號碼序列表，如尚不認識國字的幼兒可先學習數字，逐漸就熟悉了自己的名字，中班幼兒可在名字上貼幼兒照片；數字以每週星期幾的中國數字</td></tr>
<tr><td colspan="8">5.在空格內畫圖，大班幼兒會以每日連環圖方式完成週一～六的畫到活動，啟發了畫圖興趣，也啟發了時間及序列概念</td></tr>
<tr><td colspan="8">6.在空格內畫到，學習自我控制，養成專注力，耐心繪圖，細心配色等能力</td></tr>
<tr><td colspan="8">7.幼兒可透過繪畫反應當日心情，也可讓老師對幼兒多一份了解</td></tr>
<tr><td colspan="8">8.畫到時，如果人數多無法作畫，學習輪流等待，偶爾會提醒忘了畫到的同學，彼此關心，有助良好人際關係的發展</td></tr>
<tr><td colspan="8">9.每日發現到缺席同學，主動向老師報告缺席人數、什麼人缺席，及學習數數及數字的序列概念</td></tr>
<tr><td colspan="8">10.畫到時，必須找出自己名下的空間位置，使當天的星期幾與自己名字找出交集點，無形中學習到空間方向的概念</td></tr>
<tr><td colspan="8">11.每日完成畫到任務，學習自己的事自己完成，有助於責任感的培養</td></tr>
<tr><td colspan="8">12.★全班幼兒在一張大型畫到表上留下自己來上學的記號，可以達到相互學習，彼此欣賞，無形中培養了鑑賞作品的能力</td></tr>
<tr><td rowspan="7">材料</td><td colspan="8">1.全開淺色書面紙、長尺（100公分）、細的彩色筆或蠟筆</td></tr>
<tr><td colspan="8">2.護貝好的照片</td></tr>
<tr><td colspan="8">3.掛鉤</td></tr>
<tr><td colspan="8">4.貼紙（評量用）</td></tr>
<tr><td colspan="8">5.資料夾（放幼兒畫到圖）</td></tr>
<tr><td colspan="8">6.日曆一份，學習觀察日曆，知道當天的日期</td></tr>
<tr><td colspan="8">7.日期章、請假章、放假章</td></tr>
<tr><td rowspan="9">規畫要點</td><td colspan="8">畫好畫到表格式（如圖）</td></tr>
<tr><td>編　號</td><td>1</td><td>2</td><td>3</td><td>4</td><td>5</td><td>6</td><td>7</td></tr>
<tr><td>姓
名</td><td>王
××</td><td>李
××</td><td>余
××</td><td>呂
××</td><td>許
××</td><td>陳
××</td><td>張
××</td></tr>
<tr><td>年　月　日
星期一</td><td></td><td></td><td></td><td></td><td></td><td></td><td></td></tr>
<tr><td>年　月　日
星期二</td><td>放假日</td><td>放假日</td><td>放假日</td><td>放假日</td><td>放假日</td><td>放假日</td><td>放假日</td></tr>
<tr><td>年　月　日
星期三</td><td></td><td></td><td>請假</td><td></td><td></td><td></td><td></td></tr>
</table>

續表

編　號	1	2	3	4	5	6	7
姓　名	王××	李××	余××	呂××	許××	陳××	張××
年　月　日　星期四							
年　月　日　星期五							
年　月　日　星期六							
評　量							

規畫要點	1.如果空間不夠大，幼兒人數過多，可分成小組方式評量，例如十人、十五人或三十人一張畫到表 2.準備細字彩色筆供幼兒畫圖，筆太粗較不適合；彩色鉛筆顏色太淡，整體美觀上稍差一點 (1)老師如忙不過來，可請家長代勞製作畫到表 (2)不會認名字可先認數字，逐漸熟悉自己的名字，進而認識他人的名字 (3)在小格子預先蓋好日期章 (4)有缺席幼兒，在其畫到的空格內蓋「請假」二字 (5)遇有假日，可把「放假」印章蓋在空格內（如圖），再以曲線表示該日放假 (6)每星期做一次評量，認為用心畫，即可贈送一張小貼紙貼在評量欄內，以茲鼓勵（一組幼兒一起鑑賞，共同評量） (7)每星期一張，雖比較麻煩，幼兒卻可彼此分享，出缺席也一目了然，老師不再另外點名（如以人手一冊畫到圖，將無法有以上功能），畫錯格時可以剪一塊紙補貼上去 (8)畫滿後，取下來切好每位幼兒畫到格，讓幼兒自行貼在一張紙上。如圖例： 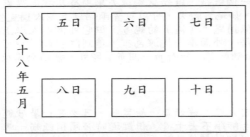 (9)把貼好的畫到圖裝在幼兒個案夾內，或另行裝訂成冊，請幼兒畫上封面，成為幼兒成長的記錄，十分有意義

表 3-2　聊天角（區）、獨處角（區）、隱密角（區）

主要學習經驗	1. 聊天、獨處、隱密區，都是一種情緒管理的自我紓解 2. 學習自由交談受到尊重，也尊重其他不願受到干擾的朋友學習 3. 學習個人意願及需要受到尊重，進而體會尊重他人也有聊天獨處的權利 4. 坦誠又急於表達心中的感覺，是幼兒一大特質，語言起於思考，而思考來自不同的信念，信念又必須靠溝通來表達，因此聊天角（區）與隱密角（區）沒有壓力、沒有老師在一旁叮嚀，就是讓幼兒獲得感覺輕鬆自在的場所 5. 聊天可以交換彼此經驗及某些事物的看法，分享心裡的喜怒哀樂，增長見聞，心情愉快學習傾訴，或傾聽他人說話，增進語言組織能力 6. 尊重幼兒私下和好友在隱密角（區）從事自認為是神秘的行為，進而學習尊重到每個人都可能各有秘密，不宜干擾 7. 在隱密角（區）可以私下和好友談話或互訴委屈，或抱怨同學、父母、老師等，可紓解壓力，一旦把不良情緒發洩後，方有較好心情面對現實 8. 獨處是提供幼兒完全屬於自己的一部分，體察自己的情緒，了解當下的感覺，如果沒有獨處時間和機會，可能永遠不知反省或去了解自己 9. 獨處可以享受不被干擾的空間，更能冷靜思考，發現自己的看法，使情感和理智得到平衡，有助於自我概念的建立 10. 獨處不應和徹底逃避混為一談，不應歸納為病態、孤癖，或以疏離人群來看待
教具／玩具	小收音機、軟墊、靠背墊、小圓桌、小椅子或沙發椅、開水壺、小布偶或紙箱、小帳篷、門簾等
規畫要點	1. 聊天角（區）：需要遠離安靜，可以簡單如幾張桌子、椅子或一塊地毯、幾個軟墊就可以，也可規畫出形同一處聯誼中心（如成人的小型飲茶室），可以在此造景，在地面鋪設一塑膠布，四周圍起磚塊，塑膠布把磚塊包起來，造一個室內水池，裡面放幾條小魚、荷花葉，或灑點花瓣，別有一番趣味。播放的音樂音量以不干擾到說話為原則，有溫開水供應（幼兒來到此處，要先拿自己的專用杯），桌上插盆花……，製造溫馨氣氛。也可在此處放小沙發、小搖椅，供幼兒舒舒服服地聊天 2. 獨處角（區）：只要簡單地在某一處不受干擾的地方，有幾張小方桌及一張小椅子就可以。或收集一個紙箱，讓幼兒鑽進去單獨待在裡面獨處。獨處空間以容納一個人為原則，如地方較大，可以設置兩個以上個人獨處空間 3. 隱密角（區）：有點類似獨處角（區）的規畫，但它可供兩人以上在裡面相處，也可利用露營小帳篷，外面罩一塊深色布，達到隱密效果即可。或利用樓梯間的小空間，在裡面鋪軟墊，外面加一個布簾即可，裡面無需放任何東西
注意事項	雖是隱密區，布簾不宜太厚，最好是一層黑紗，只要有一層紗遮住，他們就以為大家都看不到了。老師雖不去干擾，但經過時必須稍微瞄一眼，掌握裡面的動靜，萬一有狀況可以即時輔導

表 3-3　閱讀角（區）

主要學習經驗	1. 培養閱讀興趣及良好閱讀習慣 2. 從聽故事、說故事或看圖說話的機會，培養傾聽及語言表達的能力 3. 大量涉獵圖畫故事，增長見聞、想像力及鑑賞美醜能力 4. 從實物與圖鑑對照過程培養查資料求證的態度，同時增進對事物的觀察能力 5. 從熟唸兒歌與文字配對中，了解語言與文字的關係 6. 從圖卡與文字配對、實務與抽象符號的辨識中，結合視覺印象，發現與現實生活的關係 7. 從共同分享閱讀一本書的感覺中，體會和諧氣氛，學習彼此尊重與友愛 8. 學習翻書與整理圖書的好習慣 9. 認識中國文字的特徵，培養對文字的興趣 10. 鼓勵幼兒「複述故事」，增進語詞的應用及組織能力 11. 鼓勵幼兒「玩」書中的遊戲（如熊爸爸與熊寶寶），享受生活樂趣 12. 鼓勵幼兒「畫」故事圖，發揮想像力 13. 鼓勵幼兒「表演」故事中的角色，結合語文、歌曲、韻律、美學、藝術的綜合表現
玩具／教具	1. 提供各種兒童讀物，如： 　童話故事、自然科學圖畫書、民間故事，以及有關動物、昆蟲、植物、人體、生活規範、生理、心理等故事，供幼兒多樣性選擇 2. 1～2 歲，可利用圖片做成布書，避免翻閱不慎割破手或撕毀 3. 2～3 歲，圖書的尖尖銳角，最好能用剪刀修成圖形，以策安全 4. 提供收錄音機、故事卡帶、耳機，供幼兒自行操作聽故事（大班） 5. 提供布偶、布偶台，供幼兒練習說故事 6. 謎語、笑話書，增加閱讀樂趣，培養幽默感 7. 提供文字橡皮印章、打印台、便條紙，供幼兒玩蓋章、造詞、造句（中小班可利用動物、人物等橡皮印章） 8. 提供訂書機、訂書針，每蓋好十張即裝訂成冊，成為幼兒自製小書（大班） 9. 軟靠背墊
規畫要點	1. 圖書應每星期換幾本新書，而不是一次全部換掉： 　(1) 讓幼兒有重複閱讀的機會，否則會有失落感 　(2) 每隔幾天要提供新書，永保對該區的新鮮 　(3) 5～6 歲幼兒在換書以前，最好經由討論，徵求意見，要把哪些書換下或要換上什麼書。如果意見太多，可以舉手表決，培養民主意識，尊重多數 2. 圖書區應選在比較不受干擾的地點 3. 每間教室至少兩座圖書架，書架加置輪子，輪子加裝安全卡鎖，方便隨時變換位置，也易於固定 4. 設置一處視聽桌、耳機，可供一組小朋友利用耳機聽故事，不影響他人作息 5. 規畫時可考慮設置一小舞台，供幼兒玩故事表演 6. 放幾個軟的靠背墊，等於環境在告訴幼兒：「快來這裡，我會讓你好舒服！」 7. 貼幾張靜音海報，讓環境告訴孩子這裡要安靜，不宜大聲說話 8. 新書買回後即做書名卡，書名卡可護貝貼在書架橫條上，幼兒可以配對放回原處 9. 圖書可依內容或大小分類，依序放在書架上

續表

規畫要點	10.圖書的封面展示在幼兒面前，以吸引幼兒閱讀 11.老師可以在圖書區開闢一處好書介紹欄，拷貝部分圖書圖畫，加以美工，引導幼兒閱讀的興趣 12.開一處「我的讀書心得」，請幼兒畫出對書的感覺（可以很抽象），老師以文字協助其註解 13.開一處放幼兒假日的生活剪影，凡幼兒假日的生活照片、娛樂場入場卷票根、飯店桌上海報紙等，整理成冊，畫上插圖，供同伴分享，成為幼兒假日生活的記錄
注意事項	幼兒視力及聽力在八歲後才發育成熟，故在學齡前階段不宜鼓勵寫字及閱讀太小的文字，以免造成視力傷害。民國八十八年四月十五日聯合報登載，台灣省婦幼衛生研究所委託榮民總醫院及台大醫院做幼兒視力篩檢，發現幼兒視力異常比率高達81％，故幼教老師應努力與家長溝通，以免危害下一代

表 3-4 積木角（區）

主要學習經驗	這是提供幼兒建構心中王國的場所，應給與更多尊重與自由 1.滿足幼兒想像與創造的空間，提升思考能力 2.促進大小肌肉控制與協調能力，同時獲得感官上的滿足，有助情緒的宣洩 3.發現積木可隨自己的想像來建構，對自己更有信心 4.同儕間一起建構，體會分工合作的樂趣 5.模仿建築工人蓋房子，享受「我長大了！我也會！我很棒！」的一種成就感 6.發現問題，思考對策，進而完成任務，在溝通協調過程中，發揮團體精神，為未來儲備勇於接受挑戰的個性以及與人相處的能力 7.從操作經驗中，了解積木的體積、重量、形狀、大小、長短等基本概念，有助於辨識能力 8.透過團體的共同建構，積木成了幼兒最佳的友誼媒介，從中獲得適應及向環境挑戰的能力
玩具／教具	提供各種不同質料、大小、顏色、形狀等積木，為提高建構興趣，充實建構內容，可以搭配以下玩具： 1.各種不同型態的恐龍（可建構恐龍館） 2.各種不同人物小木偶（可站立型） 3.各種不同動物、昆蟲（可建構動物園、昆蟲館） 4.各種小木屋模型（或幼兒自製盒子小屋加入裝排，造街景） 5.各種交通號誌、小汽車模型玩具（有利裝排交通工具使用） 6.各種花卉（利用被丟棄的塑膠花，或幼兒自製紙花） 7.收集各種建築及房屋海報，供幼兒參考，認識工程設計師角色功能 8.向家長收集不成套預備丟棄的汽車玩具軌道等加以利用
規畫要點	1.設在場地較寬廣、不要在出入口的動線上，且避免有障礙物 2.為避免積木著地造成干擾聲音，地面上最好設地毯或海綿磚 3.需要放置積木的專用櫃，積木好分類放整齊 4.清楚的標示積木歸位的符號，利用顏色、數字或圖案貼紙在櫃子及放積木的容器上，以利分類後再配對放好，不但方便收拾，也可以使數基本概念落實在日常生活中 5.為避免積木取用時會撞到在附近玩的幼兒，可在距離積木櫃一尺至一尺半距離標示一條禁止界線，使幼兒明白積木要拿到禁止界線以外玩 6.規畫積木角（區）切忌潮濕地方，因積木會發霉，有礙衛生 7.最好選擇有安全品牌的積木
注意事項	1.幼兒初次接觸積木之前，必須先討論積木的性能、材質及遊戲規則，以免成為攻擊他人的工具 2.幼兒如果長期流連在一個角（區）玩耍，只要每日有變化，應該予以尊重，或許他從這裡找到樂趣、自信及友誼；或適時加以引導：「這是什麼？」幼兒：「馬路。」老師：「馬路旁邊有什麼？誰在馬路上？」追蹤幼兒聯想，也許會逐漸建構豐富起來。又如幼兒總是喜歡把動物放在「圍牆」內，老師：「如果下雨了，那些動物怕淋到雨怎麼辦？」老師可以偶爾提出感覺，但不要過度熱心，以免造成幼兒壓力 3.老師應避免在旁教學，如：「你用了幾個三角形或正方形？數數看各有幾個？」或「左邊幾個，右邊幾個？」或「幾個正方形等於幾個長方形……」。把玩積木當作數學課來教，還要用「隨機教育」或「啟發式教學」的名稱來合理化，完全忽視玩積木的樂趣。只要幼兒經驗逐漸成熟，加上同儕間相互學習結果，那些形狀、方向等概念，自然會建立起來。尤其是不著邊際的抽象式誇獎，如：「你好棒哦！」孩子內心很清楚：「喔！我自己本來就很棒」或「我隨便做做，你就說很棒，騙人！」反使幼兒感受不誠實與虛偽

表 3-5　自然科學角（區）

主要學習經驗	這是一處培養探討真相、滿足好奇、追根究柢的場所 1.學習探索日常生活以外的奧秘，產生對科學環境的興趣，進而發展探究及表達能力 2.探索自然界的現象及物理變化的神奇，進而對自然界產生新鮮感，以及一窺奧秘的實驗過程 3.學習細心觀察比較、小心求證的科學態度，發展陳述及假設的能力，同時發展出區辨異同、相似及相關的能力 4.從觀察記錄中，發現生命成長的喜悅與意義，增強敏銳的洞察力 5.從物理變化實驗中，培養專注力及基本實驗操作技巧 6.從研討中，學會服從真理，跳出主觀意識，趨向客觀思考模式 7.從飼養小昆蟲、小動物歷程中，培養對動物的愛心與同情心，對廣大生命的關懷 8.從學習照顧小動物的習慣中，學習照顧弱小朋友，從助人的快樂中體會個人的價值 9.學習使用各種探索的工具和器材 10.滿足好奇心、神秘感，培養追根究柢的意志力，有利於未來認真求知的態度 11.從發現再發現，一連串發現過程，發展對環境的敏感，轉而對自己產生「我是誰？」「我長得什麼樣子？」「能做什麼？」逐漸發展自我概念
建議事項	1.不要急於告訴答案，更不要否定幼兒的答案，如果說錯了，只要回答「你的想法好奇怪」或「好有趣」，不要說「錯了」，如此等於使他感覺：「我好笨」 2.顯微鏡是精細器材，需要個別輔導、示範與說明 3.有些小動物必須經醫生檢查沒有沙門氏桿菌方能飼養 4.經常帶領幼兒到附近野外或社區公園採擷標本、撿拾鳥巢、松果、各種樹葉帶回室內研討 5.請避免坊間現成素材，如石頭、植物標本，如此只坐享其成，重在摸到、看到，記住它的名稱而已，如此重視結果而忽視過程不宜鼓勵
玩具／教具	該區可以依當地的時令、節日、特產或依活動主題需要，提供有關自然科學材料，供幼兒觀察與實驗 1.有關生命科學包括動物：如飼養雞、鴨、兔（可飼養在戶外）、各式鳥類、魚類、爬蟲類等；植物：如蔬菜水果，及一般常見的花、草、樹木、蕨類植物等 2.有關物理科學包括空氣、水、土、沙、石、氣候的變化、光學、磁力、各種礦石、聲音、電力、太空世界等 3.提供烹飪活動，可以使幼兒發現物理變化現象，例如：做蛋餅、蛋糕、煮飯、做麥芽、蔗糖、爆米花等 4.實驗化學變化現象，例如：碘液（可發現食物含澱粉即刻變成黑色）、鹼、蘇打粉、鹽、染料等，重點並非深究化學原理，而在於好像變魔術般的奇妙，帶給幼兒許多「驚奇」，啟發未來探討科學的興趣 5.實驗器材，例如：投影機、放大鏡、顯微鏡、玻璃片、昆蟲飼養箱、捕蟲網、滴管、燒杯、榨汁機、杵、研磨機（研磨咖啡豆的小型研磨機即可）、具有放大作用的昆蟲盒、海綿、棉花、鑷子、杉木屑、轉輪、軸、小鋁盒、鐵絲、鐵罐、電線、錫箔紙、保鮮膜、天秤、小磅秤、小烤箱等 6.記事簿或記錄卡，供幼兒記錄植物生長情形

續表

規畫要點	1. 科學區最好選擇陽光可照射到的位置，有利於動物的生長，但陽光照射時間不太長 2. 能接近用水區，方便隨時為動植物補充水分 3. 若能有半戶外空間，避免接近動線，以免干擾實驗時的專心 4. 可配合戶外種植，或校園內植物盆栽認養活動，有更多機會接近植物，從中學習責任感 5. 可延伸到戶外，開闢一處動物飼養區、植物栽培區，實地觀察動植物生態習性 6. 可利用孵卵器孵小雞、小鴨（圓形，一次可孵三個蛋），也可直接購買小雞、小鴨（各三～五隻）來飼養，提供小砧板、小刀（抹牛油用的安全小刀），供幼兒切菜餵食 7. 提供大塊玻璃板（桌上型），架設在兩張桌子之間，供幼兒從玻璃下往上觀察蝸牛、蚯蚓、小烏龜等爬行情形 8. 開闢影子遊戲角（區）：利用投影的光投射在白色牆或螢幕上 　(1) 供幼兒做手影遊戲 　(2) 幼兒在螢幕前造景，如放些紙箱或積木，螢幕上出現的卻是奇怪的建築物，像皇宮一般，十分神奇 　(3) 利用彩色玻璃紙、沙網，投射在白色螢幕上，製造出色彩重疊的變化、圖案變化等神奇有趣的效果
注意事項	1. 提供幼兒涉獵科學教育並非期望幼兒將來成為科學家，主要是培養探究的興趣及良好學習態度 2. 不宜因為有室內科學區的設立，就忽略室外有關科學教育機會，科學是很生活的一門學問，無論有無生命，天南地北無處不是科學的教材，只要提供機會供幼兒發現探索，都能引發幼兒學習的興趣，最重要當然是老師的態度、問話技巧以及事前準備與事後的反省與檢討，科學教育才能愈做愈有心得

表 3-6　美勞角（區）

主要學習經驗	1. 能大膽運筆做不拘形式的自由塗鴉或以線條表現 2. 能嘗試各種不同素材，發揮想像力、創造力，並培養幼兒資源回收利用的環保觀念 3. 透過文具用品的操作，促進手腦並用，有利於手眼協調及小肌肉、手指末梢神經控制能力的發展 4. 學習表達內心情感，利於感覺經驗的增進 5. 接受同學稱讚能主動表達謝意 6. 學習主動讚賞他人作品的禮貌，因禮貌而獲得善意回應，有助於正面增強作用 7. 樂於展示作品供他人分享 8. 集體創作：在相互腦力激盪中，發揮集體創作能力
玩具／教具／材料	1. 各種大小、寬窄圖畫紙、書面紙（提供不同經驗） 2. 各種不同素材如：毛線、紙板、牙籤、空瓶、空罐、紙盒、皺紋紙、瓶蓋、吸管、廢物紙杯、免洗筷、花邊、碎布等。隨時收集補充 3. 黏土、陶土、麵包土、蓪草、毛根、手工紙（色紙）、砂紙、月曆紙 4. 剪刀、打洞機、釘書機、橡皮動物印章、打印台、漿糊、白膠、彩色膠帶、水彩、畫架、畫筆、字紙簍、鐵絲、塑膠筐等 5. 擦手毛巾或濕海綿、小碟子、防水圍裙、拖把、抹布、水桶、吸塵器等
規畫要點	1. 有水槽設備，或每日預備一桶水 2. 有專用美勞工作櫃，工作材料依性質分類裝在容器內（如空盆或塑膠框）置於櫃內，貼上分類標籤 3. 供立體作品展示台，一面揭示板 4. 利用粗鐵絲做成長掛鉤，做幼兒吊飾作品 5. 拖把或抹布、小水桶，便於清洗地面 6. 小型吸塵器，方便吸地面絨毛或小碎紙片 7. 不宜在動線上，以免受到干擾
注意事項	1. 在美勞區操作的小朋友，老師應給與更多自由與尊重，切勿修改幼兒任何作品，以免剝奪幼兒自信心與成就感 2. 老師可以替幼兒把作品的感覺用文字寫在作品的一隅 3. 資源回收利用可視地緣關係加以充分利用與發揮，例如： 　(1) 靠海邊、溪邊、河邊等：盡量利用貝殼、石頭做造形或彩繪 　(2) 靠近農村：可利用稻穗、芒草、絲瓜囊、瓠瓜殼、各種種子等農作物 　(3) 靠近山區：多利用山地的自然物質，野外生物的採擷利用 　(4) 在都市：利用各類廣告、海報、各式食品包裝空盒等，選擇各地區的特色 4. 如有戶外空間，可將水彩畫、木工、陶泥工等移至戶外，以減少室內噪音或弄髒地板 5. 水彩畫筆必須提供一種顏色一枝畫筆，以免弄髒畫面（老師須示範蘸水及運筆方法，及清洗和整理工作）

表 3-7　玩具操作角（區）

主要學習經驗	該區主要學習的功能：視玩具為同儕間交流的橋樑或媒介。它不僅能啟發幼兒學習興趣、紓解情緒、收拾能力、手眼協調、促進小肌肉發展，更能讓幼兒體會與人相處、分享、輪流、等待……等良好的學習態度。爾後，從操作玩具過程中，學習到空間大小、方向、序列、應對、數量、體積、幾何圖形等基本概念及邏輯關係。這些能力是依其個人不斷操作經驗中逐漸體會的結果，不需要在該角（區）進行刻意教學，更毋須以數學認知結果如何來看待幼兒玩玩具的行為 1. 能以愉悅精神在玩玩具，滿足操弄的興趣及成就感 2. 遇有困難能自行設法解決，或嘗試求助他人 3. 能滿足個人建構的慾望，或把組合完成的作品向同伴炫耀尋求讚賞。拆掉重做，期待同伴的回應，體會個人在同儕中的「地位」，逐漸學習適應、調整與融合 4. 學習以不同方法建構不同造形，富於變化，或每天做一樣的造形，爾後熟能生巧，進而精益求精，尋求突破而創新 5. 與同伴合作，或共同玩某項玩具時，是主導或被動、服從、唱反調、霸氣十足，或知道禮讓，學習與人相處之道 6. 操作玩具時十分認真，有耐心或稍遇挫折即隨手丟棄，老師因從旁觀察、了解，而有個別輔導機會 7. 學習事後能收拾整理，或玩過不收拾即離開現場，因同學的提醒或老師的輔導機會而改變不良習慣 　　以上透過玩具的操作，不但培養了以後學習上某些能力，建立良好生活習慣，同時也幫助老師觀察、記錄的方向，再進行追蹤輔導。所以該區絕非放牛吃草，也非數學教學區，老師的角色是觀察者、傾聽者、支持者、鼓勵者、協調者、仲裁者、催化者、輔導者，更是學習者，從幼兒的各種行為反應中，學習到對幼兒的了解，進而思考如何為幼兒充實設備，規畫出更多元化的學習區，成為有創造力的老師
玩具／教具	1. 小塊木質方形積木，供幼兒堆砌、分解、排列組合 2. 大小木珠（年齡小，木珠要愈大；反之木珠愈小）供幼兒穿成項鍊，或學習計算顏色，或大小穿插運用，大小雪花片、小人疊羅漢 3. 七巧板、樂高組合玩具、幾何形狀拼板、動物拼圖、穿線板、子母釦、接龍玩具、槌床（適合二～三歲）、小汽車、車軌、彩蛋娃娃、洋芋娃娃、插樁板、橡皮筋、釘板、子母杯……各種賓果遊戲卡（如顏色、動物、數字、文字、幾何圖形等） 4. 各種弈棋遊戲：如象棋、圍棋、五子棋、跳棋等 5. 彩色透明幾何形狀組合板，糖果屋遊戲 6. 迷津遊戲圖、小磁鐵、手指偶、小沙包。中外幼兒玩具近年來已相當多，只要合乎安全、有變化、兼顧材質、耐用又有教育意義，都可以採用，經過一段時間觀察幼兒使用情形，再逐漸淘汰、更換或自製
規畫要點	1. 有專用開架式玩具櫃，放玩具的筐或盤，再以配對方式標示放入玩具櫃，供幼兒自由取用，便於收拾整理 2. 為使不受噪音影響，可以考慮在該區舖設消音地磚或地毯（地毯易藏污納垢，宜經常清潔為要） 3. 為使幼兒不會把玩具毫無規範地撒滿一地，影響動線暢通，可以考慮利用小塊地毯舖平，成一個特定範圍，規定某一種玩具只能在此範圍內操作，超過範圍以外，如未能接受勸導，可沒收玩的權利；但立場要堅定，態度要溫和，不可因處罰行為而傷害到人格 4. 規畫一處專供幼兒下棋的正方形小桌子 5. 該區玩具可依幼兒「發展需要」提供操作內容，不一定受主題左右

表 3-8　拆卸角（區）

主要學習經驗	該區的目的是為尊重幼兒拆卸動作的原始本能慾望，消除平時視為不當的拆卸行為，解除因拆卸所造成的心理威脅 1.使原本丟棄的物品，轉而成為有利於學習的「實驗品」，提升環保觀念 2.在使用螺絲起子、老虎鉗、小釘槌、剪刀、銼刀等工具過程，學習到工具的性能、功用，感受到力道的大小因應控制，有助於動作協調發展 3.平時刻板印象中被界定為成人使用的工具，有機會藉此模仿成人動作，感到自以為「我已長大」的成就感與喜悅 4.學習到物體的特性：區辨軟、硬、粗、細、大、小、長、短、鬆、緊、尖、鈍、方、圓、寬、扁等材質及形體的概念 5.使不確定性幻想得到具體試探機會，滿足探討奧秘、追求真相的好奇心，同時解除了幻想的疑惑 6.使不穩定的自我情緒，轉而學習自我控制，使情緒獲得鬆弛 7.學習使用工具拆卸技巧，並從中學習專心、耐心、細心、用心、小心的工作態度 8.從學習到物品可以拆或不可以拆的遊戲規則，進而學習到凡不屬於拆卸角（區）的物品，都應受到愛護 9.累積自我實現的真實成長經驗，建立信心而自我肯定
玩具／教具	1.發函請家長廣為收集家中尚未丟棄的用品，如老舊或有故障準備淘汰的吹風機、小烤箱、麵包機、果汁機、收音機、電話、小馬達等各式小家電，以及各種破損的玩偶、玩具等，任何質料的物品都可收集 2.各種拆卸或裝配工具如：鉗子、小鋸子、錐子、槌子、鑷子、針、線、釘書機、打洞機、膠水、剪刀、迴紋針、小釘子、釘座板等（如無木工桌，可利用大塊砧板）
規畫要點	1.要在不太造成干擾的地點成立一處拆卸角（區）〔風雨操場或是外走廊一隅，或靠近積木角（區）、木工角（區）或陶土角（區）〕 2.選好地點後，開始作以下籌備： 　(1)購置各種應用工具，做一工具帶，懸掛在牆上，高度以讓幼兒唾手可得為原則 　(2)把工具與插袋作歸位標示，讓幼兒隨時方便物歸原處 　(3)放一張工作桌、四張椅子，明顯讓幼兒知道該處只能容納四個人。幼兒參與人數多少，亦可視地方大小及老師人員配備多少而定 　(4)靠牆部分可放置幾個紙箱或大型籃筐，把收集來的物品依屬性分類，放在紙箱或籃筐內，並標示屬性名稱，如電器用品、時鐘、錶、木頭、玩具、布偶等 　(5)成立一處置物架，標示「尚未完工，請勿動手」，凡尚未完成的某項拆卸工作，希望次日繼續者，可放在此處，貼上個人姓名即可 3.使用前必須和幼兒共同討論、擬定使用規範： 　(1)先要清楚如何使用，否則必須稟明老師，以免造成危險 　(2)使用時只能選定一種物品進行拆卸，拆卸時必須準備一容器裝拆卸下來的零件，以免遺失 　(3)手握工具時不可以比手畫腳，講話時必須放下手中的工具方可交談，以免傷及同學 　(4)有困難可向同學或老師求助
注意事項	任何一種工具，老師必須個別示範、解說清楚，介紹工具的功能性及危險性。該區必須要有老師在場，注意幼兒使用工具的安全

第五節　老師的角色與評量

一、學習角（區）中老師的角色

身為老師，若要獲得學生喜愛與認同，絕對不是以老師角色的權威地位所能爭取，必須以專業素養來贏得學生的信賴。小學以上正式教育，大致上把書教好，讓學生有好成績，大概已算盡職，小學生在行為輔導上不管能否合作，至少已具備是非概念，也比較能說得通。但是學齡前階段，幼兒身心尚未發展成熟，表達能力、聽話能力、理解能力、是非概念、危機意識、自理能力……等均需要老師耐心了解與照顧，他們正如幼苗一般，輕重稍有拿捏不當，就會讓小芽受到傷害，期望它未來能茁壯成長，談何容易？

設置學習角（區）模式的老師，必須努力學習扮演以下多重角色：

(一)觀察者

1.對幼兒

觀察其喜怒哀樂、言行舉止，以洞察幼兒的感情，同時要注意環境對幼兒所造成的影響。例如幼兒操作時的表情，是否方便整理？學習區的動線是否流暢？

2.對個人

老師亦必須察覺自己對幼兒的感覺，一句話、一個眼神，給孩子的反應又是如何？為何學習角（區）會有熱絡或冷清的現象？為何某個學習角（區）特別吵鬧？凌

亂？……都須努力思考對策，以保持個人不斷成長，從不斷克服困難中建立信心。

㈡傾聽者

一個能傾聽孩子細訴委屈，分享孩子喜悅的老師，最能支持孩子學習表達內心世界的勇氣，同時再把孩子說的話重複反應出來，例如：「哦！你是說很喜歡聽故事嗎？」孩子就很放心自己說的話老師真的聽清楚了，反應傾聽對於兩、三歲的孩子，可幫助他們重新組織其片段語言。例如在閱讀角（區）：

> 「老師！我要你說！」
> 及時回應傾聽：「哦！要我說故事，是嗎？」

※平時能耐性傾聽，最能紓解孩子情緒，也可從孩子身上獲得許多訊息。

㈢溝通者

跟孩子聊天、談心，從溝通中，也反應老師的智慧，有助於釐清孩子的疑惑。溝通得順利與成功，等於彼此再一次的成長，否則如果因溝通而得到情緒反彈，就必須自我反省、檢討與改進。所以偶爾在聊天角（區）和幼兒聊天，最能讓孩子感到親近。

㈣引導者

「引導」是以柔性方法，例如透過耐心、情境、教具等，引領孩子步入學習的殿堂，把嚴肅的教育目的與動機藏而不見，使孩子不覺得被「教」，而是跟他在「玩」。在行為輔導上，可運用「迂迴導正術」，孩子受到引導而轉移了目標，使

孩子不受正面指責，保住自尊心，自會消除其缺點的顯露。老師如果要引導幼兒去某個學習角（區）玩，只能建議，不得強迫，否則不但促使幼兒因內心不平衡而故意搗亂，也可能更為退縮而裹足不前。

㈤啟發者

透過情境布置、實物觀察、語言引導、同儕間互動……都能啟發孩子的學習動機。例如：若希望培養孩子對弱勢族群的關心，可以帶他們參觀孤兒院，或在科學角（區）飼養小生命，或與殘障兒童相處、做朋友等，最能喚醒同情心，對廣大的生命產生關懷。

㈥介入者

「介入」絕非干涉，更非代勞，或不斷質詢打斷孩子思慮；而是應該視情形適時助以一臂之力。例如，兩個小朋友在棋藝角（區）生氣、爭吵。老師以溝通、傾聽方式如下：

老　師：「我相信你們很生氣才會吵架，要不然一定不會！」

　　　　（接納他們的情緒，並肯定他們的生氣有理由，使幼兒感覺自己並不是壞孩子。）

幼兒甲：「是呀！我們在下棋的時候，他一直在旁邊說話：『走這裡，走那裡！』煩死了，害我輸了！」

幼兒乙：「可是，他們兩個玩了好久，我想玩都不行！」

老　師：「那就想個辦法，可以不被吵，又可以輪流玩。」

經過一番討論，最後他們總算有了決議：

1.以石頭、剪刀、布決定誰先玩，誰後玩。

2.後玩的小朋友可拿椅子排一排當床，先躺下來休息，輪到玩的時候再叫他起來玩，不想躺可以先去看書。

結果的確相安無事。有時當兩人在玩某種玩具有困難時，老師可伺機介入，但必須先徵求他們的同意，再邊玩邊說明，會玩了以後，老師就應退出，不可玩得忘我，而忽略其他小朋友。

㈦玩伴

跟幼兒相處要能亦師亦友，偶爾和小朋友在某個學習角（區）玩，一旦有其他幼兒來玩，老師應適時退出，去別角（區）觀察，所以老師何時介入、何時退出，十分重要。老師若能做孩子的玩伴，才能使孩子們放鬆心情，發揮潛在能力及滿足其本能慾望，促使幼兒盡情地吸收周遭經驗。同時感受老師的親和力和智慧，老師也可以和小朋友在互動中與他們共同成長。

㈧鼓勵者

「鼓勵」包含了「體諒」與「關懷」。讚美如錦上添花，鼓勵卻如雪中送炭，是心靈上的及時雨。鼓勵可以使孩子有嘗試挑戰的勇氣。但是不能把「鼓勵」與「賄賂」混為一談，鼓勵完全是不求回饋的付出，也應避免以金錢及物質作為鼓勵的條件，否則不但助長物質慾望升高，需索無度，反而模糊了自我價值。為了培養良好行為，偶爾以「代幣制度」（如貼紙）作為鼓勵的橋樑，一旦好習慣成自然，代幣也自然淘汰。例如：幼兒把玩具丟一地，懶得收拾，老師便可以代幣制度來鼓勵幼兒收拾，或設計幼兒自我評量方式，使幼兒主動把玩具物歸原處。不但免去代為收拾的煩惱，也培養了自動收拾的責任感。

㈨示範者

幼兒聽力在八歲以前尚未發展完成，常會無法聽得完整，許多在某些學習角（區）新添的玩具或工具，必須先行示範。示範可以輔助幼兒聽話能力的不足，尤其愈小的孩子（一～三歲），更要以身示範來增進理解。除了介紹操作方法外，老師本身的言行舉止也是具有相當的示範作用。謹言慎行是身為老師重要的一環，老師不僅要做一個最好的模範，更要做人生的模範；為了自己，也為下一代。

身為幼教老師，內在專業素養固然十分重要，外在儀表也必須兼顧。例如：服裝顏色搭配是否得宜？臉上氣色是否紅潤？如果臉部膚色偏黃，已無「自然美」條件，若塗點口紅來改善氣色，使自己看起來容光煥發，不但給家長良好印象，也能讓幼兒喜愛。

㈩諮詢者

諮詢包含了「顧問」角色的意味，可以成為幼兒商量與詢問的朋友，例如：幼兒在學習角（區）玩的時候，發現問題，老師有被諮詢的義務，不能因為要準備材料而敷衍。諮詢者角色也不宜在孩子面前扮演萬事通，否則不僅切斷孩子的思路，也阻礙孩子自我求知的動力，變得：「我不會，只要問老師就行。」養成依賴心理。被諮詢時，給他們魚吃，不如給他們釣魚竿，偶爾提供一點線索，例如，當幼兒在科學區發現洋芋為什麼發芽？老師不妨回答：「我也不知道，我們去找書來查查看！」無形中引導了孩子接近書本，養成日後到圖書館查資料的習慣，也從中培養其獨立自主的能力。

(十一)協助者

對於四歲以下的幼兒，協助角色就十分重要，尤其是對學習遲緩、身體障礙的小朋友，協助的意味必更加濃厚，如果看在正常孩子眼裡，必能激發同情心，為特殊兒童伸出友誼的手。協助並非代勞，而是考量孩子在精神或體力上需要協助時，老師才會出現。但是，老師應事先評估孩子的體力與精力負荷的程度，才能使孩子享受屬於個人百分之一百的成就感。這就是為什麼過分熱心協助的老師反而受到孩子拒絕；尤其是缺乏經驗的老師，更應有此共識，否則老師會倍嘗好心沒好報的挫折。例如：當老師發現幼兒辛苦地在收拾一地的玩具，不妨問：「需要老師幫忙嗎？」經由同意後再助幼兒一臂之力，幼兒必會感動老師的愛心。

(十二)體諒者

老師應盡可能設法體諒孩子焦慮的心情，關心體諒哭鬧背後隱藏的原因。體諒孩子「暴力」行為背後脆弱的情感以及不安全性與不確定性。唯有體諒與包容，才能夠使幼兒收斂叛逆的行為。

※個案實例：男孩子，四足歲

一位新生家長帶孩子到幼兒園，走到老師面前，老師見到這位小朋友，彎了腰親切地向這位小朋友打招呼：

老　師：「小朋友早！」

「啪！」冷不防地被那位小朋友伸手一巴掌，打在老師臉上。這位老師仍笑臉迎人地說：「我知道你因為不認識我才打我，要不然你不會！」話才說完，「啐！」吐了口水在老師臉上，老師毫不在意那口水停在臉上，反

而跟他說：「我知道你現在不喜歡我，可是你來我這裡，就是我的寶貝，我還是會愛你，跟你玩！」那位小朋友一臉疑惑，睜大眼睛在老師臉上逗留了一會，回頭向他媽媽說：「我要上這個學校！」老師隨手遞了一張面紙給這位小朋友說：「請你把我臉上的口水擦掉好嗎？」這位小朋友毫不猶豫地把老師臉上的口水擦得乾乾淨淨。那位家長是又慚愧又感動，慚愧孩子的行為粗魯，感動老師的愛心。原來這位孩子的父母都十分忙碌，由菲傭照顧，在家儼然小霸王，因身體瘦弱，父母不忍心處罰，造成孩子目中無人的個性。這孩子起初幾乎有半年時間像刺蝟一樣，不能與人交往，在政大實幼經過兩年的薰陶以後，偶爾還是會出現叛逆的態度，但是已能與人合作。這位老師不但贏得了孩子的友誼，也贏得他們全家人的尊敬與感佩，這是因為老師非常了解孩子的行為背後一定有其原因，在意的是孩子內在的情感，體諒孩子外在行為，只要內在情緒撫平，外在負面行為必然逐漸消失。這位老師的專業素養，在那一瞬間表露無遺。至今回憶起來，仍然令筆者感動不已。

㈢保護者

我們都已知道幼小孩子缺乏自理、判斷能力，及危機意識。所以保護孩子們的身心安全，是幼教老師心理壓力最大也最感艱辛的任務。孩子常在毫無跡象之下出狀況，不但令老師挫折，也難以面對家長！尤其現代兒童，過動兒、學習遲緩、自閉症等有日益增加的趨勢，政府基於愛心，推行特殊兒童回歸主流，有情緒障礙者，情緒一發作，天下大亂，不但老師心驚膽戰，連小朋友也嚇得四處逃竄。老師除了接受特殊教育訓練以外，更要重視環境安全。跟孩子一起討論安全規範：「什麼可以做，什麼不可以做。」「安全」有利於情緒智商發展，如果從小情緒智商能適當發展，長大後才能包容認知的發展。

㈤創造者

　　教育當局對幼兒園最大的恩典，就是沒有要求幼兒園使用統一教材，沒有如小學一般的教科書，使老師有更多時間去運用智慧，創造出多采多姿的活動，規畫出內容豐富的學習區。否則孩子每日讀、寫、算都已來不及，哪有時間自由探索？學習區就只能當樣板，可看而不可及，或只能偶爾涉獵，僅供參觀。沒有統一教材，老師不必為趕進度而煩惱，一個主題可以玩一星期、一個月、半年或一年，跟著孩子的感覺走。老師的專業可以用在創造力的發揮上，例如：如何讓學習區更多元化？思考如何促進幼兒良好社會行為的點子，如何規畫幼兒自我評量？如何使愛告狀的幼兒轉而去欣賞他人優點？讓教室充滿歡樂與和諧。又如何把幼兒的心聲讓家長知道？如何將室內的平面布置變成立體造形，讓幼兒如置身夢幻世界等，老師可盡情發揮創造力。這些都需要師生共同來營造，否則，如果把時間花費在讀、寫、算的作業上，勢必葬送幼兒探索學習的自由，也扼殺了創造思考的能力。

㈥終身學習者

　　開放教育的老師，心胸愈開放，給與小朋友的彈性空間就愈大；彈性空間愈大，老師的挑戰性自然也就愈高。如何在自由氣氛中，態度溫和，又能堅定立場，建立幼兒自律，就必須有紮實而正確的理論來支持，所以老師不斷進修十分重要。身為一個老師，要使自己有成就感，才有信心面對幼兒、家長、同事……。信心來自努力，多聽、多看、多學、多做，使理論與實際經驗相輔相成，做個不斷學習者，老師的智慧若能不斷反應在幼兒身上，老師的專業經驗也自然不斷因而成長。

二、如何克服學習角（區）所發生的困擾問題

㈠幾個人在學習角（區）爭著玩同一個玩具怎麼辦？

　　有的幼兒專門喜歡某一種玩具，也有的幼兒本來不想，卻發現對方玩得很起勁，就希望對方把玩具讓給他玩；如果對方不肯讓，有的會算了，另找目標去玩，可是有的幼兒卻十分固執，非要到手不可，因此便開始爭奪起來。更有的幼兒看到兩人在搶玩具，莫名其妙也加入戰場，因此三人搶成一團。老師發現了以後，應把他們帶到一邊，坐下來懇談：

老　師：「你們都喜歡玩同樣的玩具是嗎？」（接納）「玩具也喜歡跟你
　　　　　們玩，只是它不喜歡被搶，它怕被搶壞了。對不起，我必須請玩
　　　　　具先休息，除非你們幫玩具想個辦法，讓它不會被搶，又可以跟
　　　　　你們玩！」（老師對事不對人，以表達感覺方式再請他們思考解
　　　　　決之道）往往會如以下收場，例如：

幼兒甲：「我們用剪刀、石頭、布來猜猜看，誰贏誰就先玩！」

幼兒乙：「那就統統不要玩，讓玩具先休息好了。」說完就放棄走了。（比
　　　　　較沒有信心會贏的幼兒）

幼兒丙：「好了好了！我們兩人來比高矮，誰最矮，誰就先玩，大的要讓
　　　　　小的嘛！我媽說的！」（怕理由不充分，把媽媽都抬出來了）

幼兒甲：「你本來就比我矮，還有什麼好比！算了！你向我說謝謝，說五
　　　　　次，我就讓了！」幼兒丙接受了幼兒甲的條件，連續說五次謝謝，
　　　　　成交了，一個瀟灑地離開，一個開心地玩起來。

　　如此處理，老師只需站在傾聽地位，扮演仲裁角色，結果往往不用介入，就由幼兒自行解決了。老師如果介入，反而造成幼兒為爭取同情而虛張聲勢，使情況更糟。

　　培養幼兒解決問題的能力是開放教育理念中十分重要的學習，因為這種行為經常會出現，一旦知道如何解決，您會發現，教室裡常會看到有人在猜拳，有人在鞠躬，有人在說謝謝，最後都能皆大歡喜。因此，告狀情形在開放教室中勢必會降到最低程度。

(二)玩過玩具不收拾就離開了怎麼辦？

　老　師：「玩具怎麼都躺在地上不回家？誰會找到它們的家？」（利用幼
　　　　　兒好勝心）
　眾幼兒：「我會！我知道！我也會！」一會兒功夫就收好了。

　　此刻老師別忘了給與正面回饋，具體誇獎：「謝謝你們，要不是你們幫忙，教室好亂呦！你們好像變魔術一樣，一下子都把玩具放回家了！」說完，每人摟抱一下。如此，幼兒可以學習到：玩具玩過隨時整理，其實很簡單，地上真的乾淨多了，教室看起來好整齊，很有成就感。如果要追究責任，得到的可能是：「不是我！」或「我沒有玩！」檢討時，可提出表揚收拾整理玩具的小朋友，也請沒有整理的小朋友出來謝謝他們。幼兒感到的是：「我不是壞小孩，我只是忘了，或有一點懶，不好意思，下次我會改進。」毋須埋怨、責備或處罰，幼兒可以在尊重的立場下學習自律，逐漸邁向成熟。

(三)聲音太大聲，教室很吵怎麼辦？

　　開放教室裡可以允許幼兒自由交談，抒發內心情感，偶爾會發洩不平之鳴，也

會急於分享彼此成就等，一定會產生許多聲音，有時甚至於因忘形而造成音量過高。為培養對周遭同學的尊重，避免因而造成干擾，卻又不宜強制壓抑禁聲，在尊重的立足點上，老師必須與幼兒共同討論，如何使室內音量降低，以免造成需要安靜的同學感到困擾，同時也需要學習克制個人情緒的衝動，避免破壞教室和諧氣氛。共同擬定輕聲細語的規範，共同遵守，例如：

1. 製作一告示牌，當老師發現幼兒說話太大聲時，請一位幼兒手執「請輕聲細語」字樣，或以神情安詳、安靜的畫面，走到吵鬧的區域。如果每個學習角（區）都聲音過大，執告示牌者，可以巡迴遊走全場，以茲警惕。老師不需要跟隨幼兒音量起舞，也大聲喊著：「請小聲說話。」同樣也破壞需要寧靜的氣氛。有時只要老師舉一下告示牌，幼兒一發現就會安靜下來。如果有少數幼兒依然故我，老師會請他們先到聊天角（區）去談話，談話獲得滿足，再回到剛才的學習角（區）繼續操作。

2. 老師親自個別提醒音量太大的幼兒，對幼兒說：「對不起，你吵到他們的耳朵了，請聲音小一點！」

3. 老師可以帶幾個特別吵鬧的幼兒到教室一隅坐下懇談：「請問要老師怎樣幫助你們，才會輕聲說話？因為已有很多小朋友覺得你們實在太吵、太大聲說話了，我知道你們不是故意要吵他們，只是忍不住是嗎？老師和小朋友都怕太吵，怎麼辦呢？」經過老師接納又加以說明後，通常幼兒也會給自己另找出路，例如：

「我們去看書就不會吵了。」

「我們去戴耳機聽音樂也不會吵。」

「我自己練習不吵就是了。」

「我去聊天角（區）聊天。」

老師握握每個人的手，感謝他們想出解決問題的辦法。如果仍然發現有幾位幼

兒說話太大聲，不妨輪流請某小朋友在一隅坐下來聽聽看，感覺自己被吵的結果，或請他去提醒小朋友輕聲說話。經過親身體驗與執行，幾乎連規範都不需要訂了。一個開放的教室裡，規範愈多，受限愈大，不但開放的精神走了樣，同時，如果一直依賴「他律」來「自律」，一旦他律的約束被解除，自律也會跟著鬆散。如果及早啟發其內心的感動，感動老師的體諒，感動個人的努力與進步受到肯定，感動個人在團體中的影響，自我約束便被視為理所當然。自律一旦逐漸自然形成，彼此尊重的氣氛也就瀰漫每個角落，開放教育的精神也得以彰顯。

㈣玩具全部混在一起怎麼辦？

幼兒常會突發奇想，有時他們會搬些玩具到一個地方玩拍賣遊戲，學習路邊叫賣攤販，有的前來假裝買玩具去玩，玩過不知收到哪裡去，乾脆放在地上再去買，結果弄得到處都是玩具。最好不要急於收拾，老師先用攝影機把凌亂的現場拍錄下來，再放給幼兒們觀賞，幼兒看到如此場景時，有的大笑說：「好亂呀！」有的想笑卻又不好意思笑，也都異口同聲：「太亂了！」幼兒有了共同感受後，再進行研討，如何使自己玩得開心，又不會把教室玩具弄得很亂。經過熱烈討論，他們提出以下看法：

1. 玩買賣玩具遊戲時，要先準備一個大紙箱，把玩過的玩具先放在大紙箱裡，遊戲結束後，再分類整理放好。有的說那太麻煩了，最好多放幾個紙箱，玩過後就先分類放好，遊戲過後，馬上就可以放在原來的筐筐裡。大家決定採用後者，再繼續討論如何在筐筐上註明玩具分類標示等。

2. 討論平時如果在某個學習角（區）玩，不收拾隨地放怎麼辦？

幼兒甲：「一百天不能玩玩具！」

幼兒乙：「太久了，會忘記怎麼玩了，三天吧！」最後決定兩天不能到該角（區）去玩。

3.又搶玩具又打人怎麼辦？

幼兒甲：「把手綁起來！」

老　　師：「那他只打人沒有罵人，綁起來，別人以為他是什麼都壞怎麼辦？」

幼兒乙：「那把他打人的手切掉好了！」

老　　師：「那他以後想用那隻手做好事，可是卻沒有手了怎麼辦？」

幼兒丙：「切掉手會流血，太可憐，還是叫他以後不要亂丟就好了！」

老　　師：「謝謝你的好心，切掉手太可怕了！如果以後又忘記，還是亂丟呢？」

幼兒乙：「我想到了！可以假裝把他的手切掉，再用布把那隻手包起來，讓那隻手就不能玩玩具！」

幼兒甲：「如果那時候找不到布呢？」

幼兒丁：「哎呀！可以把手放在口袋裡，就不能玩玩具了嘛！」

幼兒丙：「那如果衣服沒有口袋呢？你看！我的衣服就沒有口袋！」

眾幼兒：「是呀！那怎麼辦呢？」

幼兒乙：「我又想到了，可以把手放在衣服裡面。」（並自動示範，掀起衣服下襬，把手放進去，用衣服蓋起來）最後大家都同意遵守以下規範：

※打人的人，要把手放進口袋，或放在衣服裡面，當天不能玩玩具。

※「規範」必須經幼兒協商後成立才有效，否則效果不彰。

㈤學習角（區）人數太多怎麼辦？

　　早期筆者實驗發現學習時，就曾發生某些學習角（區）人數過多現象，曾試著

以插名牌方式來限制人數，結果發現晚來的小朋友每次都玩不到想玩的學習角（區），只好把別人的名牌藏起來，把自己的名牌掛上去。他們的動機只是為了「玩」，並未考慮到不良行為的嚴重性。為了避免製造犯罪的陷阱，後來改為以「數字」來提醒幼兒該區探遊人數，例如，一個區可容納八個人，大班幼兒以「8」的數字表示，中、小班幼兒以圖案表示，例如畫八個圈圈，或八個蘋果等，掛在每個學習角（區），有的區域如美勞角（區），以椅子表示人數，發現坐滿了，就只好移到別處去玩，如果學習角（區）較大，就毋須用名額的限制。經常遲到的幼兒，就必須找家長懇談。許多家長以為探遊時間只是自由活動，不以為是上課時間，就讓幼兒在家多睡一會兒。當與家長溝通後，知道這段自由時間可以學習到獨立思考發揮創造力，練習手眼協調的機會，有利於往後握筆、執筆、運筆等寫字能力，尤其是同學間的交流，可以交到談得來的朋友，學習到如何表現才會受到歡迎，這是成長中重要的學習。還特別跟家長說：「如果能讓您孩子早點到校，他賺到了，賺到經驗、智慧與友誼。否則吃虧大了，會天天吵著沒有朋友，因為錯過自由聯誼時間。」當家長明白自由探索的重要，大部分家長會努力調整家庭生活作息。以上說明內容最好在新生說明會中就讓家長了解，省掉日後重複說明的麻煩。

㈥學習角（區）「熱絡」、「冷清」如何平衡？

規畫學習角（區）主要是根據幼兒發展來充實設備，有些學習角（區）也可加入與主題相關的實物。大部分幼兒都會主動去探索每個角（區），少部分幼兒則流連在他認為喜歡的探遊角（區）玩。如果大部分幼兒都不喜歡去玩，表示那個學習角（區）就必須重新規畫。如果老師一廂情願地把自認最有利的幼兒學習的東西呈現出來，卻引不起幼兒探遊的興趣，那也是枉然。否則就是要檢討引導的方法、情境的布置，是否具有吸引力，能否方便收拾整理？東西的結構本身是否具備多樣性、多變化？是否適合該年齡層幼兒操作與使用？這些都是十分現實的問題，只要可滿足幼兒好奇心，容易操作又有點挑戰性，就會有興趣；或是有點神秘性或奇特性，

例如：發現食物「長霉」，小電燈泡變得「更亮」了，或天竺鼠媽媽「懷孕」了，神秘箱裡的東西有硬硬的、軟軟的……能帶給幼兒無限驚奇。有些學習角（區）平淡無奇，老師不思改善卻要催促：

老　師：「怎麼都不去那邊玩？那裡很好玩呀！」

幼　兒：「不好玩！我去玩過了！」

老　師：「不會呀！很好玩的，你再去玩玩看！」

幼兒心裡會想：「明明不好玩還說好玩，老師也會騙人！」為了各區人數平均，也為了希望幼兒每樣都能玩到，有些幼兒園乾脆把全班人數分成幾個小組，輪流到各角（區）去玩，不管幼兒有無興趣。因為不是出於幼兒自願，常會以打鬧、丟玩具、破壞玩具來自我娛樂，老師忙於秩序管理而苦不堪言，這種情形的幼兒園也就以為開放教育是亂七八糟的教育了。

為求人數平衡，不能要求幼兒遷就平衡。學習角（區）受歡迎或被冷落，不是幼兒的問題，是老師本身經驗亟待充實的問題。如果把任何問題都推向幼兒，那麼這樣的老師應是「問題老師」了。

㈦每天都選擇同一個學習角（區）怎麼辦？

太多老師及家長會有這個問題的困擾，大概是從認知角度來關心，擔心幼兒每天若只在同一個學習角（區），會學不到其他學習角（區）的內容。事實上，學習角（區）的功能並非只重在學到多少技巧或記得多少知識，主要應是藉由學習角（區）的內容來感受待人處事的態度。雖然他們還小，在成人眼中是幼稚而不成熟，但他們的表現亦如成人一般，只是程度上的差別而已，他們在任何學習角（區）都可學習到溝通、協調、排解、禮讓、有爭執和抱怨，也有表現驕傲與謙虛；也會有包容、同情、體諒與分享，有挫折，也有成就感。幼兒往往可以透過長期在某個學

習角（區）遊玩或操作，滿足情感上的需求，或交到好朋友，或從中獲得信心。這一切人性特質的表現，也是人性真實面，是成長路上必經的學習歷程。

1. 實例一

小玫、娟娟，四歲，女，在裝扮角（區）連續玩了近三個星期。小玫和娟娟每天都到裝扮角（區）去玩，都縮在小紙箱裡當小狗，讓小朋友抱抱她，愛撫她。小玫會汪汪地學狗叫，然後假裝舔舔小朋友，有時小朋友會拿個碗假裝餵她吃東西，或假裝把她當狗兒洗澡，小玫每天在此角（區）玩得好滿足、好開心，如果有誰請她讓出小狗角色，她會堅持不讓，有時會哭起來，其他朋友常會替小玫說情，甚至出讓自己扮演的角色，只要不為難小玫。兩個星期過去了，小玫仍然每天在裝扮角（區）當小狗，無論如何引導，都無法動搖小玫的堅持。經由向家長反應小玫每天要當小狗的情形，家長恍然大悟，也難過地紅了眼眶說明原委。原來這位年輕媽媽以兩萬元買了一隻小狗，媽媽每天一進門就抱著小狗又親又愛，小玫想要抱，都被媽媽拒絕，就是怕小玫不知輕重會弄傷小狗，小玫因為內心嫉妒，會故意去欺侮牠。當然少不了被媽媽責罵一頓。在小玫心裡會覺得當小狗比當自己好，會被人疼愛，才會每天在裝扮角（區）當小狗。小玫母親說：「我把小玫疏忽了！」並問：「那要如何改善呢？」因此，筆者建議這位母親教小玫如何抱小狗，如何餵小狗吃東西。回去後，這位母親依照建議教導小玫如何去愛狗狗，小玫十分開心，第三個星期只玩了兩、三天，就不再當小狗，反而要請其他小朋友來當小狗，改由自己去照顧小狗。在這裡半個多月，交到了好朋友，就一塊兒到別處去玩了。

小娟曾經因生病被護士打針，好痛。因此，每天到裝扮角（區）來替洋娃娃打針，滿足小娟的角色投射與移情作用。這兩位小朋友的情緒在裝扮角（區）都得到紓解，這三個星期對她們來說，多麼重要。

2. 實例二

小涵，五歲，男，在積木角（區）連續玩了近三個多月。小涵初來幼兒園，總

是一個人坐在一處看同學玩，偶爾會站起來走動一下。老師幾次要引導他到學習角（區）去玩，他都搖頭說：「我不會！」老師帶他看圖畫故事書，他會安靜地聽完一個故事，但是若帶他到美勞角（區），他只搖頭說：「我不喜歡！」帶他到益智角（區），他說：「這些玩具我家也有，我玩過了！」後來帶到積木區，看到有幾位同學在玩積木，他才站在那裡看了一會，又坐下來看大家玩。一星期過去了，小涵仍然獨來獨往，有同學找他玩，他都以搖頭表示拒絕。我們邀請家長到學校來懇談，結果知道小涵父親是在法律系當教授，自認平時管教甚嚴，期望小涵言行舉止要做弟弟的模範，夫妻倆也一致認為從小培養是非觀念非常重要。家長也認為小涵很聽話，就是膽子比較小，似乎信心不夠。每次買給他新的玩具，都要放幾天後才會動手把玩，很小心，沒有玩壞過一樣玩具，還擔心小涵缺乏探究能力。一番談話，不難了解，小小的小涵背負了很大壓力，父母以成人標準來衡量小涵的行為，不斷給與修正，自然自信心受到莫大影響。因此希望家長今後不要對小涵過嚴，否則童年如缺乏歡樂自在，會變得拘謹、膽怯或因而失去信心。當家長聽到小涵在校獨來獨往，對什麼事都不敢嘗試後，家長也覺得要調整管教方式。了解了小涵在家的情形，我們給了小涵更多自由，絕不去干擾他的「獨處」。又過了一星期，小涵終於到積木角（區）去玩，他抱了幾塊大小積木，一個人到一邊去建構，由平面的舖排到立體的堆砌，也開始有小朋友加入一起玩，從此小涵每天都在這裡玩得好開心。也有老師擔心他不到其他學習角（區）玩，會學不到東西，經筆者說明後也就隨他了。家長也來學校質詢，為何回家後問他今天做什麼，他每天都說是玩積木。當然也必須向家長解說一番，並懇請家長給小涵一段時間，說明這段時間對小涵的重要性，總算家長暫能釋懷。

　　漸漸地一個月過去了，找小涵合作搭積木的小朋友愈來愈多，原來小涵已搭出心得，搭的房子還有門有窗，有的像是四合院一般，有前後院，還有左右兩小廂房，說是鄉下阿嬤家的房子。有時是總統府，利用塑膠小人偶當衛兵；有的說是機器人、飛機、戰車，小朋友也跟著一起玩得好開心。有一次房屋搭了一半倒下來，許多小朋友說：「奇怪！」小涵很鎮定地說明：「因為兩根柱子高矮不平才會倒，要一樣

長才行！」一臉神采飛揚的樣子，一掃剛來時候的拘謹、木訥，居然還聽到有小朋友喊小涵為「老大」。

「嗨！老大！我們今天要蓋什麼？」

小涵說：「好呀！我們一起來想想吧！」

「哎呀！你先說嘛！我們覺得你比較厲害！」

小涵毫不客氣地接受誇獎，說：「好吧！那我們就來蓋動物園吧！」

一群小朋友七嘴八舌地玩了起來。

小涵在積木角（區）三個月時間，每天和一批批不同的小朋友玩積木，全班幼兒幾乎都知道小涵是搭積木高手，因「一技之長」成了「名人」。小涵在積木角（區）建立了自信心，也在積木角（區）贏得一票友誼，更在積木角（區）賺得一臉燦爛笑容。三個月過去，小涵也被同學邀請到美勞角（區）畫迷津圖、做立體工；到益智角（區）玩樂高，建構飛機、機器人……，讓同學嘖嘖稱讚；到閱讀角（區）聽同學說故事，也加入表演操作傀儡戲。從此小涵無論什麼活動都熱中參與，不但老師也跟著開心，連家長都到園裡連連道謝，說小涵變了，變得好開朗，好有自信。小涵父親還得意的說：「小涵終於弄壞了一個玩具，是為了拆開音樂盒，探究聲音從哪來，可見小涵有探究能力。」在家裡不再排斥弟弟，會畫圖、摺紙送給弟弟，在幼兒園會照著摺紙書上的分解圖摺一大堆東西到處送人……，三個月時間雖不算短，但對小涵來說是一大突破。不要說是三個多月，筆者認為哪怕再多花三個月也是值得。

開放教室中，幼兒發生的狀況、輔導過的實例不勝枚舉，每個幼兒如同一部活的人性教科書，端看老師如何去活用，如何去閱讀他們的表情，體會他們的情緒，把自己融入「活書」的心靈世界。如果每一位老師，都能深入研究每一部「活書」提出來的千千萬萬個「為什麼」，不啻是啟動老師創造力和思考的泉源。我們不但不可隨意去支配孩子、抱怨孩子，反而更應該對孩子心存感恩才對，因為，他們使

老師的教育生涯得以豐富，生命更有價值。

　　以上所陳述幼兒在積木角（區）種種現象，其他學習角（區）也同樣可以感受到，狀況不勝枚舉。開放教育不是什麼教學法，重視的是觀念、態度、尊重、愛與和諧，十分著重每一個生命成長的個體，彼此坦誠以對，方能把人性最真實的喜怒哀樂顯露無遺。潛能的全面開發，就是希望能夠在「愛」與「尊重」的前提下，影響幼兒成為一個自發性的生命，以實現個人特色與價值。

三、評　量

㈠評量目的

1. 讓老師從評量內容中，更清楚、更有系統地了解幼兒在各學習角（區）的行為，以及了解各學習角（區）的目的與意義。
2. 評量最大的錯誤觀念是「考試」。評量只是讓我們反省一下，有無偏離理念範圍與方向，所以評量具有積極的意義。
3. 評量是為發現問題的癥結，發現有哪些地方值得思考改進。如何調整？也等於提供老師成長的契機，一旦克服，您的智慧成長必向前邁進一步。
4. 評量是提醒老師注意幼兒情意發展，同時思考如何對學習遲緩、情緒障礙的幼兒作個別輔導，或建議家長就醫治療。
5. 評量也是考驗老師專業素養與專業能力，發揮自我糾正、自我期許的精神。努力扮演更稱職的老師。

　　總而言之，「評量」是為求對整個學習環境中，提高對周遭環境人、事、物的敏感、反省、了解與改進。

表 3-9　畫到評量表（我來了）

幼兒姓名＿＿＿＿＿＿＿＿＿＿＿　班別＿＿＿＿＿＿＿＿＿＿＿＿＿

評量日期＿＿＿年＿＿月＿＿日　負責評量老師＿＿＿＿＿＿＿＿＿＿

畫　到　表　評　量　內　容	請於適當空格內打∨		
	總是	偶爾	從未
1 毋須老師提醒就先畫到後再去玩			
2 能很快找到畫到表中的空格位置			
3 經由思考後畫下他的記號			
4 能運用多種色彩，要求完美			
5 人數過多時，會主動排隊等候			
6 每日有不同的構圖內容，有創意			
7 能耐心完成個人作品			
8 會把每日畫到圖連結成連續性連環圖			
9 分享報告時，能說出自己圖畫的內容			
10 畫到後，會把畫筆放回原處			
其他			
觀察感想			
備註	※各班老師針對幼兒年齡發展階段，自行決定評量項目，未符合或尚未發現者，以斜線畫掉 ※每日僅評量一～二位幼兒即可（重質不重量） ※請作事後印象評量，勿在現場評量，以免失去對其他幼兒的關心與輔導		

表 3-10　聊天角（區）、獨處角（區）、隱密角（區）評量表

幼兒姓名_____　　班別_____

評量日期_____年____月____日　負責評量老師_____

獨 處 、 隱 密 角（區） 評 量 內 容	請於適當空格內打∨		
	總 是	偶 爾	從 未
1　偶爾到該角（區）坐一下，滿足好奇心			
2　逗留在該角（區），時間達十分鐘以上			
3　出來時的神情表現十分開心，很滿足			
4　出來時的神情表現落寞而不快樂			
5　事後樂於分享在該角（區）的心情			
其他			
觀察感想			
備註	※各班老師針對幼兒年齡發展階段，自行決定評量項目，未符合或尚未發現者，以斜線畫掉 ※每日僅評量一～二位幼兒即可（重質不重量） ※請作事後印象評量，勿在現場評量，以免失去對其他幼兒的關心與輔導		

表 3-11　閱讀角（區）評量表

幼兒姓名＿＿＿＿＿＿＿＿＿　班別＿＿＿＿＿＿＿＿＿＿

評量日期＿＿＿年＿＿月＿＿日　負責評量老師＿＿＿＿＿＿＿＿＿

閱　讀　角（區）　評　量　內　容	請於適當空格內打∨		
	總　是	偶　爾	從　未
1　能主動選擇一本書			
2　能安靜地在一旁坐下			
3　能輕輕翻書			
4　能細心觀看圖畫故事			
5　看書時表情愉悅			
6　看書神情專注			
7　能主動邀請同伴說故事（聽完故事）			
8　能為同伴說故事			
9　眼睛與書本的距離太近（有眉頭緊鎖現象）			
10　能和同伴共同閱讀			
11　看一本圖畫故事書至少三分鐘以上			
12　會指出認識的文字			
13　能指出圖畫中的意思			
14　隨時因視力疲勞而調整姿勢			
15　能耐心聽老師說故事			
16　能說出書中故事的大意			
17　看完故事書會主動放回原處			
其他			
觀察感想			
備註	※各班老師針對幼兒年齡發展階段，自行決定評量項目，未符合或尚未發現者，以斜線畫掉 ※每日僅評量一～二位幼兒即可（重質不重量） ※請作事後印象評量，勿在現場評量，以免失去對其他幼兒的關心與輔導		

表 3-12　拆卸角（區）評量表

幼兒姓名＿＿＿＿＿＿＿＿＿＿　班別＿＿＿＿＿＿＿＿＿＿＿＿

評量日期＿＿＿年＿＿月＿＿日　負責評量老師＿＿＿＿＿＿＿＿

拆　卸　角（區）　評　量　內　容	請於適當空格內打∨		
	總　是	偶　爾	從　未
1　能試著使用工具拆卸一項物品			
2　使用工具時，顯得很小心			
3　能專心持續拆卸一種物品達十分鐘以上			
4　能持續完成一項拆卸工作，達二十～三十分鐘以上			
5　每種工具都拿來嘗試一下，滿足了好奇心即離開			
6　遇到困難即放棄而離開			
7　使用工具拆卸時，手眼協調良好			
8　使用小鎚子，會控制力量的輕重			
9　拆卸時情緒平和			
10　能和兩人以上協力拆卸工作			
11　完成後臉上充滿成就感的喜悅表情			
12　拆卸完成，會把工具放回原處			
13　離開時，會把桌面收拾乾淨			
其他			
觀察感想			
備註	※各班老師針對幼兒年齡發展階段，自行決定評量項目，未符合或尚未發現者，以斜線畫掉 ※每日僅評量一～二位幼兒即可（重質不重量） ※請作事後印象評量，勿在現場評量，以免失去對其他幼兒的關心與輔導		

㈡評量表

　　限於篇幅，僅提供學習角（區）的評量表（表 3-9～3-12）供幼教界朋友參考。

　　以上各項評量表內容，筆者不以認知學習效果為出發點，經由實際觀察幼兒在學習角（區）探遊情形，體會幼兒發展狀況、情意、良好生活習慣，及個別輔導心得所編擬。當然，評量表內容跟教育理念有密切關聯，所以各幼兒園評量表必然會因理念不同而有所差別。

　　各項評量內容繁多，老師不可能在一天內評量每一位小朋友。老師並非在校研究生，毋須上課，僅純粹作研究，只要從旁作觀察記錄即可。幼兒園老師主要任務是與幼兒為伍，需要扮演本章前面所提到的各種角色。如果老師在現場作評量工作，將失去對其他更多小朋友的關心、了解與輔導，師生雙方都是一大損失，因為老師的專業理念必須實務印證。

　　老師必須要了解前面的各項評量內容，雖然不在現場評量，但是可在事後印象評量。評量是為要對幼兒進一步了解，同時也對自己的用心與否作一番省思，留作自己參考，毋須為評量而評量，流於形式反造成是一種負擔與壓力。只要是每日真正用心在觀察，開始時也許一天只能評量一位小朋友，一段時間下來，總有一天，當你拿出評量表，一寫上小朋友的名字，閉上眼睛，就會有好幾位小朋友栩栩如生地活躍在你眼前，你就可以同時評量好幾位小朋友，而且毫無困難。

　　凡事但求用心，請勿對自己太過苛求，要知道「羅馬不是一天造成的」。我們既強調要尊重幼兒學習速度上有個別差異，同樣老師也需要衡量自己能力，給自己一段適應期，否則欲速則不達，弄得挫折連連。藉此也同時提醒幼兒園主持者，不要強求老師去作認為有困難的事，推動任何一項工作之前，先把目標釐清，再溝通觀念，研討可行方案，一步一步朝理想目標進行。同時要對老師的努力心存感恩，把老師愛個夠，老師才有豐富的愛去愛小朋友。也希望身為幼教老師，也能體諒幼兒園主事者（園、所長），伺機給與鼓勵或讚美，愛與鼓勵是人生的潤滑劑，不可

或缺，讓整個幼兒園如同溫馨、充滿愛的大家庭。相信工作再忙，雖「辛」苦，卻不會「心」苦。家母曾說：「花幾百萬經費可把家庭設備煥然一新，但是花幾千萬也買不到溫馨氣氛。」由此可見，和諧的溫馨氣氛必須靠大家共同努力才行。因此，千萬不可因為評量後發現幼兒表現不夠理想，而加以責備。唯有經由討論、個別鼓勵與耐心輔導，才能使幼兒心甘情願改進自己的缺失。

第六節　結　語

　　本文主要是以「學習角」與「大學習區」為題，而學習角（區）又必須秉持「開放教育」理念來闡述它的意義、目的與功能。其運用是否得當，又端賴老師對開放教育理念與其專業素養及功力，對幼兒學習態度是包容而非縱容。事實上，所謂「開放教育」重在實施者的「觀念」與「態度」，這兩者才是影響成敗之關鍵。因為「開放教育」並無特定模式與教學法，它可以多元化與多樣化，正因如此，多年來才使得不少學院派學者與實務派經營者雙方產生許多爭議性。感覺上好像大家對「開放教育」的看法有些莫衷一是；顯得不確定性或有些弔詭。根據筆者多年接觸「學者」與幼教實務工作者，不難嗅出兩者爭議點：有些從事學術研究者，或許認為實務工作未具高學位光環而譏為理念基礎不足，對實務研究工作之努力未能給與肯定，往往批判多於鼓勵。而也有許多實務工作者認為學術研究者純屬紙上談兵，不懂實際工作者的用心，對他們的批評難免會斷章取義。如果兩者未能對話溝通達到相輔相成境界，相信對「開放教育」看法的爭議，勢必永無休止。

　　無論如何，實施教室的開放必先有開放的心胸，否則縱然有再好的環境設備，豐富的學習角（區）模式、完善的單元設計與活動規畫，如果仍然無法拋開以教師為中心，濃厚的教師指導取向，必會因而棄幼兒的純真爛漫本性於不顧。開放教育的精神，必名存而實亡。學習角（區）勢必淪為形同虛設，說不定反成為教室中的亂源。

　　筆者近三十年來，以開放的教育理念推行學習角（區）模式，老師方能跳出教學者，作一從旁觀察者角色，已能深刻體會早期幼兒身心健康發展，及早期發現治療的重要。希望本書各章節內容及許多觀念，能帶給幼教老師及師範生省思及實質的幫助。同時強調：學齡前教育必須結合家長的力量，共同發揮愛心、耐心與用心，才能達到雙倍教育的效果，也才能幫助幼兒在未來的待人接物上，踏出成功的第一步。

註　釋 >>>>>

註 1：郭豸女士畢業於北平輔仁大學，後留學美國進修幼兒教育。回國提倡「發現學習」。於民國四十八年創立「中國幼稚教育學會」，擔任總幹事義務工作，每月至少舉辦一次有關學術研討會，十二年從未間斷，並創辦《中國幼稚教育月刊》，自任總編輯，從邀稿、校稿、編排等幾乎是一手包辦，讓全省幼教老師受益匪淺。車禍過世後，其家人在輔仁大學設立郭豸獎學金，嘉惠認真向學的學生。

註 2：師大客座教授布克太太（Mrs. A. Borke）提供，由郭豸女士翻譯，刊登於《中國幼稚教育月刊》（民國 59 年 3 月～5 月）。

註 3：林清江（民 78）。布魯納教學原理。**教學原理**。台北：師大。

註 4：朱敬先（民 72）。**幼兒教育**。台北：五南。

註 5：朱敬先（民 72）。**幼兒教育**。台北：五南。

註 6：許興仁（民 74）。**福祿貝爾恩物遊戲指引**。台北：光華女中。

註 7：朱敬先（民 72）。**幼兒教育**。台北：五南。

註 8：徐宗林（民 79）。**教育概論**。台北：師大。

註 9：幸曼玲。幼教天地，第 11 期。台北：市立師院。

註 10：余民寧（民 86）。**有意義的學習——概念構圖之研究**。台北：商鼎。

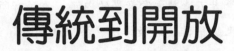

4 傳統到開放
——佳美主題建構教學的發展歷程
～劉玉燕

摘　要

佳美創園於民國五十四年，是一所有傳統歷史的幼稚園，它經歷了台灣近四十年來的幼教發展：從早期強調讀、寫、算的教學，到以角落學習為基礎的小單元教學、大單元教學，以及目前的主題建構教學。從佳美的發展歷程，也讓我們看到一部台灣幼教課程與教學發展史的縮影。

本文第一節，追溯佳美課程與教學的發展歷程，主要說明佳美的主題建構教學並不是憑空發生的，而是和其一路走來的歷程緊密相連；第二節，談佳美主題建構教學，是本文的重點，說明佳美強調「生產創造」的理念與意義，並從教學、空間規畫、課表等方面來看主題建構教學，最後，以實例來說明目前實際的發展情形。

佳美「主題教學」名稱的由來

民國八十四年，佳美有機會在「世界幼教趨勢與台灣本土經驗研討

會」（由台灣研究基金會主辦）上，報告佳美的課程與教學，當時曾苦思要用什麼名稱來代表佳美的教學法。由於當時國內剛引進「方案教學」，筆者不清楚方案教學的內涵，為了有所區別，於是就暫決定以「主題教學」來統稱佳美的教學法。據筆者所知，這大概是台灣第一所在正式研討會上提出以「主題教學」做為教學法的幼稚園。由於佳美也出書並發表文章，於是「主題教學」這樣的名稱漸在幼教界流傳開來。台北市有一些原先在走小單元或大單元的公私立幼稚園，或者原先在開放教育盛行時代走大學習區的公立幼稚園，後來也轉型並稱實施的是「主題教學」。由小單元、大單元到主題教學，這似乎是很自然的發展現象，我們從佳美的發展歷程中，也可以很清楚看到。

大致在八十八年左右，「主題教學」漸漸成為一些幼稚園的方向。於是幼教界許多老師開始詢問：到底「小單元」、「大單元」、「主題」和「方案」有什麼不同？

如果回歸「單元」、「方案」或「主題」的原始精神，我們會發現其實早在杜威時代，「進步的教育」運動時，就提到以「單元」、「方案」（project method，台灣教育界翻譯成「設計方法」）做為其核心的教學法。因此，其實「單元」、「方案」和「主題」的原始精神並沒有很大的差異，它的用意都是為了打破分科教學，想以統整課程的形式來達到整合學習者經驗的目的，並強調與日常生活經驗結合。而現在我們會認為「單元」是傳統教學，是因為「單元」原始的與生活結合的意義，在老師不再自行編寫教材，過度依賴市售現成的「單元」教材，而失去了其結合生活的原始意義。再來，有人會說，「單元」教學與「方案」、「主題」最大差別，是在「單元」的教學是由老師預先設定的，不是與幼兒共同建構出來的。但是試想，一個真正能夠結合幼兒生活經驗的教學，為了讓幼兒投入學習，它不可能不考慮幼兒的經驗，也就是要從和幼兒的互動中去建構，只是在台灣（我想在國外亦同）因當時對兒童發展的觀念還未形成，還認

為教學就是灌輸最大量的知識，而忽略學習者內在的主動建構才是真正的學習，於是徒有「單元」教學形式，卻沒有達到「單元」統整經驗的功效。於是所謂的「單元」在經過這樣局限的發展過程中，就被定位成：以老師為主導，由老師事先規畫所有的學習內容、學習方法與學習時間的傳統教學。

為什麼將「主題教學」改為「主題建構教學」？

以下，筆者想說明為什麼要將佳美原先命名的「主題教學」改稱為「主題建構教學」。當筆者翻閱國外資料時，發現他們對「主題教學」（Thematic Teaching）的定義，是指在教學活動上採用比「單元」（Unit）更寬廣概念的題目，且延續時間比較長，例如進行「動物」、「季節」等主題，並延續三至五週或更久；而他們所謂的「單元」是指採用較特定的小題目，如「磁鐵」等，而時間通常是一週。於是我們看到國外所採用的「單元」名稱，類似我們的「小單元」，而他們所採用的「主題」名稱，其實就是我們所謂的「大單元」。因此為了避免大家在閱讀資料時混淆不清，筆者在佳美的教學法中加入「建構」一詞，因為佳美的「主題教學」的特色，是由老師和幼兒共同討論發展出來的，而不是完全由老師所決定的。

佳美的發展階段

佳美幼稚園創園於民國五十四年，當時採用傳統教學。在民國六十三年，佳美由傳統改變成開放教學的歷程，不論就當時或就現階段的幼教生態來說，都有它相當具教育改革的意義。二十五年前，要在永和這樣軍公教人員居多的地方，取消讀、寫、算教學，改以開放角落教學，除了要具備足夠的教育理念外，事實上還需要很大的勇氣與實踐力。我們將佳美的發展，分成如下四個階段：

1. 「傳統教學期」——民國五十四年～六十三年。

2. 「開放角落前期」——民國六十三年～六十九年。

3. 「開放角落後期」——民國六十九年～七十八年。

4. 「開放角落＋主題＋情境」（主題建構教學）——民國七十八年至目前。

以下，我將分別從教育理念、教學空間以及課程時間的演變，來詳細說明這四個階段的發展歷程。第一節「卻顧所來徑」，說明第一至第三階段的發展歷程；第二節則是本文的重點，說明目前主題建構教學的發展情形。

第一節　卻顧所來徑──佳美主題教學之前的發展歷程（民國五十四年～七十八年）

　　佳美的主題教學，相當有其草根性的一面，本節透過佳美發展歷程的描述，來說明佳美的主題教學並不是憑空冒出來的教學法，而是有它一脈相承的發展背景。

一、傳統教學期──民國五十四年～六十三年

　　民國五十四年，當時一般人送幼兒進幼稚園，是希望讓幼兒做好進小學的準備，也就是幼稚園的教育等同於「小學先修班」。家長繳學費讓幼兒進幼稚園，是表示學校會為幼兒準備專用的桌子和椅子，而老師會教幼兒玩遊戲、唱兒歌，並讓幼兒吃點心，但是這些活動無非是要誘導幼兒學習讀書、寫字、算術和注音符號。當時的永和有竹林和及人兩所私立小學，競爭很激烈，幼兒若要進這兩所私立小學就讀，入學時要接受紙筆測驗。因此，家長都認為入小學升學率高的才是好的幼稚園。佳美幼稚園在當時的情況也不例外，它的畢業生考入私立小學的入學率是全永和之冠；也因此，佳美招生經常是額滿，這些現象都使得當時的園長和老師更加肯定幼教的功能就是提前小學的讀、寫、算教學。

㈠傳統教學期的教學

　　我們從現在的角度來反省當時老師對教育的基本理念，可以看出：早期老師對

幼兒學習的看法，是將幼兒視為一個等待被教導的對象，是被動的學習者，不會主動建構知識；而在對待知識的觀點上，老師認為知識是可以直接傳遞給學習者；因此很自然的，老師的教學目標是協助幼兒獲取最大量的知識。當時整個中小學教育也大概都持這樣的看法：認為幼兒就好像一個空杯，教育者的責任是想盡辦法將最大量的知識內容倒入此空杯內。而既然從上到下的教育體制，都籠罩在這樣的知識學習觀點，都在教導大量的知識，那麼當時幼稚園的家長和老師自然也認為：如果在幼兒園階段能夠愈早教學，幼兒獲得的知識將愈多，對幼兒未來的知識學習將愈有幫助。

㈡傳統教學期的教室規畫

傳統教學時期，由於是以老師單向授課為主，教室內的設備僅有老師授課用的黑板、風琴，與老師的辦公桌、貯藏櫃，以及幼兒排排坐的課桌椅、公布欄等（圖4-1）。教室環境的考量是以方便老師教學為主，而完全不考慮幼兒的自主使用。

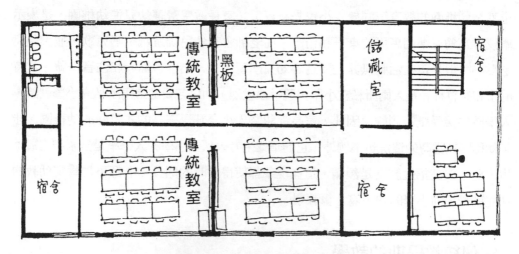

圖 4-1　傳統教學教室平面

㈢傳統期的課表

　　傳統教學時期的課表，幼兒一早到學校是自由活動，九點朝會升旗、韻律操，以及園長、老師講話；九點二十分進行第一節課；十點吃完點心，再進行第二節課；十一點十分下課。每天的兩節課不外是教唱遊、畫畫、剪貼以及教注音符號、智力測驗、國字等內容。所有的活動都是全班集體行動，甚至包括日常生活中的喝水、上廁所等活動（圖4-2）。

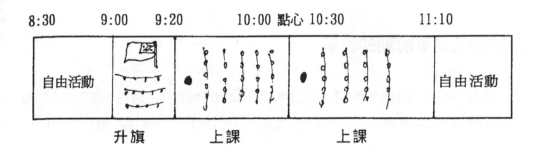

圖4-2　傳統教學課表

二、開放角落前期──
（民國六十三年～六十九年）

　　民國六十三年，佳美開始脫胎換骨，從配合小學的單向灌輸教學，整個改變成以幼兒玩角落的學習。這次改變的契機是：黃寶桂園長有機會到日本參觀，幾所位於東京比較前衛的幼稚園帶給園長很大的衝擊。這些幼稚園採取開放的角落教學，教室內沒有排排坐的桌椅，而是有許多學習角落，幼兒分散到各角落玩，不再以老

師為中心。幼兒玩各種角落、玩沙、玩水，邊玩邊聊天，大方有禮，並主動與人分享自己的作品；而老師也是教室的一份子，與幼兒共同遊戲，有需要時才協助，完全沒有集體上課的教學。日本的幼稚園帶給園長很大的影響，因為她從沒有想過幼稚園可以是這樣辦的，黃園長這時強烈感覺到教育就應該像那樣，於是回國後，園長就決定將佳美的教學整個轉變成角落學習（佳美、新佳美幼稚園老師家長，民84）。由傳統改變成角落教學，面臨的最大困難是空間不足以及教師的教學理念問題。在空間方面，園長先將全校幼兒人數減半，讓幼兒的使用空間變大，並採班級教室和角落教室並存的方式；在教學方面，因顧及老師們還在摸索，採用半傳統半角落的教學形式。

㈠開放角落前期的教學

在這段由傳統改變成角落教學的過程中，我們可以看到當時在教學理念上的幾個發展問題，而這些現象也和目前一些實施開放教育的小學所面臨的問題很類似。

1.角落是完成功課後的酬勞

由於當時國內還沒有真正實施角落教學的幼稚園，專業的幼教雜誌仍付之闕如，大眾媒體也不關心幼兒教育，而當時的師專也還是以傳統的教育觀在培育師資。佳美整個教育的轉向只憑著園長在日本參觀數天，感受到那種自由生活氣氛的經驗，就要帶領老師做這麼大幅度的改變，而老師們也都是在傳統教育的環境下長大，所以要能真正掌握到角落教學的精髓，還需要一段時日的摸索，在當時保守的教育環境下，這的確是一個很大的挑戰。

在開始實施之初，教室環境是改變了，但是徒具角落的形式，角落時間只被當成是下課時間，老師的教學仍然採取集體排排坐、單向授課的方式；下課時，老師會催促幼兒趕緊將功課做玩，做完功課就可以去玩角落。像這樣，角落遊戲只被當成是認真做功課後附帶的獎賞。過去，老師是透過直接教導以及出功課的形式，可

以很清楚地檢驗幼兒是否學習到老師教導的內容，但是採取角落教學，老師看不到幼兒讀、寫、算具體的成果，沒有了灌輸的過程以及檢驗成果的依據，老師是不放心的，當然也就無法真正信服幼兒在角落自主地玩可以學習到東西。所以這段時期的角落只是被老師用來作為幼兒認真做完功課後的酬勞。

2. 教學遊戲化期

在這段搖擺不定的時期，家長和老師普遍的疑惑是：「學齡前的幼兒應該用怎樣的方式學習？」「角落學習真的比老師直接教導的學習來得有效嗎？」佳美的園長似乎仍然很堅持：「以角落讓幼兒主動學習的方式，絕對會比老師用單向灌輸的方式來得好。」

園長不斷地強調不要再單向教導幼兒讀、寫、算，要讓幼兒盡情自由地玩，盡量在遊戲當中去達到教學的目的，所以要求老師要多補充角落材料，讓幼兒從玩角落當中學習到東西。接下來的這段時期，老師漸漸減少直接授課，增加了幼兒玩角落的時間，老師也很認真地做了許多教具補充在角落。但是我們看到老師補充的教具或所帶的活動，仍不脫離他原來授課的內容，也就是老師只是把原來單向授課的注音符號、算術、寫字等內容轉換成角落的教具，或者是將這些教學轉變成以遊戲的方式來教導，只是在將「教學遊戲化」而已。

角落教學難道只是改變教學的形式與方法，只是將原來老師單向教學的讀、寫、算內容轉化成角落中讀、寫、算的教具，讓幼兒自己能夠在角落中經由與教材互動而學習到讀、寫、算內容，或者說只是將原先的教學轉換成遊戲化的活動而已，難道就只是這樣嗎？

在走向開放教育的過程中，所要突破的應該不只是教學形式、方法或教學環境，也還要重新看待「什麼樣的學習內容對幼兒是重要的」。

㈡開放角落前期的教室規畫

佳美的教室從傳統改變成角落教學，首先面臨的是教室空間不足的問題。要讓幼兒能自主地玩，一定要讓幼兒脫離對老師的依賴，讓幼兒可以自由地取得他要的工具與材料，所以教室的角落除了要有可以操作的桌面或地面外，還要有足夠的教具櫃來存放教具，讓幼兒可以隨手取得，因此它所需要的空間就比傳統排排坐的教室還大。由於佳美的空間不可能變大，於是園長決定將全校人數減半，並拆除兩班之間的隔牆，將原來兩個班級的教室空間變成一個班級使用。再來是將原來集中面向黑板的課桌椅打散到各角落，並添購七、八個工作櫃，櫃內擺放幼兒可以隨手取用的材料和用具；這些櫃子和桌椅組合起來圍成一區區的學習角落。

在剛開始實施的幾年，由於大家對角落教學沒有把握，園長就採取半傳統半角落的方式，讓每班都有自己的班級教室，但是班級教室內仍然維持傳統排排坐的教學形式；然後兩班再共同使用一間角落教室，兩班輪流排時間到角落教室玩（圖4-3）。這樣的傳統兼角落的教學持續至民國六十九年，成立新佳美幼稚園，才改成每個班級都是角落教室。所以新佳美在成立之初，所有的班級都有完整的角落教室了。

㈢開放角落前期的課表

這段時期的課程特色是傳統與角落教學兼容並蓄（圖4-4）。由於是兩個班級共用一間角落教室，兩班的幼兒輪流玩角落。譬如第一堂在角落教室上角落活動的幼兒，第二堂就在班級教室上團體學習課，有老師回憶道：「由於要和別班的幼兒輪流使用角落教室，每到十點交接的時間就很緊張，要叮嚀幼兒收拾好，以免影響到下一堂課的幼兒。」還有，由於角落教室是由兩位老師共同負責，老師之間難免會為角落的收拾與補充材料等問題發生衝突。

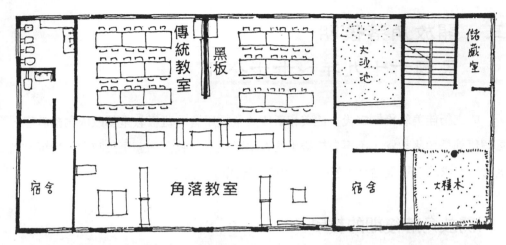

圖 4-3　開放角落前期的教室平面

　　當時關於教案的單元進行的時間大致是每週一個單元，老師在學期初就將一學期的單元題目與各項活動規畫好，並將這份事先計畫好一學期的單元發給家長。

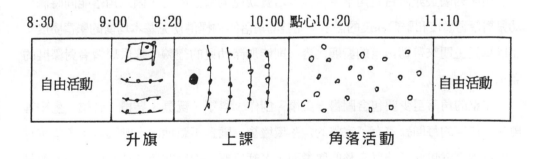

圖 4-4　開放角落前期課表

三、開放角落後期──
民國六十九年～七十八年

成立新佳美幼稚園之後，佳美和新佳美全校所有的班級教室都改成角落教室，每個班都是角落教學，不再有排排坐的教學形式了。我們回顧這段時期，發現當時老師所追求的教學重點是：怎樣讓「角落反映單元主題」。

㈠開放角落後期的教學

大家都同意，讀寫算是幼兒將來學習文明知識很重要的能力，但是在幼兒園階段，直接花力氣來教導這樣的能力到底有沒有效果？還是說應該將重點擺在更符合幼兒現階段的發展，更能夠全面提升幼兒整體能力的方向？

發展到這個階段，老師和家長都面對一個根本的問題：「到底學齡前的幼兒應該學習什麼內容？」

佳美的園長非常肯定角落學習能夠培養幼兒的整體能力，因為角落能同時滿足幼兒對學習廣度和學習深度的需求：完整的角落能夠提供幼兒基本均衡的學習廣度；而以單元主題來帶動角落的發展內容，則能加深幼兒的經驗，提供學習者對深度的需求。

完整的角落至少要包含圖書、美術、創作、科學、玩具、裝扮、音樂、生物等角落。佳美的每間教室有了完整的角落環境後，園長不斷地向老師強調：角落本身的學習內容就包含了幼兒完整的學習面，老師只要平均地在角落補充與更換學習材料，就不用擔心幼兒的學習不夠寬廣。而至於如何滿足幼兒對學習深度的需求，則是透過單元主題的教學，老師配合著單元主題去補充角落的材料，譬如進行「各行各業」單元，老師規畫將裝扮角變成醫院，於是在裝扮角補充醫院的道具；若要將

美勞角變成郵局，就補充郵差衣服、郵筒、信箱在美勞角等。總之，角落補充的材料要能反映單元主題。

園長一直鼓勵老師要放心讓幼兒去玩角落，引導幼兒與角落的教材互動。所以這段時期老師學習怎樣在角落補充學習材料，並進一步掌握怎樣的學習材料才會吸引幼兒。慢慢的，老師已能觀察出這些多樣的學習角落其實是在培養幼兒的整體能力，讓幼兒在生活中很自然地運用各領域的素材去表達他的經驗世界，同時也發現角落教學比傳統教學有更豐富的社會互動。

幼兒園經由不斷地實驗、觀察與討論，經歷這段時期的老師大致上已能夠體會角落學習對幼兒的幫助。這段時期結束，老師自我鍛鍊出的本事是：有能力將想讓幼兒學習的內容，轉換成角落的材料，去吸引幼兒自主與學習材料互動。

一位當年走過這段從傳統教學轉入角落教學的老師回憶道：「在傳統教學，老師不需要花很多時間去準備教材，只要依照課本教，讓幼兒做作業，在牆上貼上漂亮的圖片或幼兒的作品就可以了。但是在角落教學，我必須隨時補充材料以滿足孩子的需求。剛開始時，這種擔心幾乎使我失去教學熱忱。因為我開始擔心如何計畫教學內容？如何豐富各角落以增加孩子的興趣？當孩子在玩時，我必須相當敏銳地觀察，要知道孩子的能力、玩的內容以及人際關係等。這些現在看起來沒有困難的做法，但是在當時，我是感到相當大的困惑。」（佳美、新佳美幼稚園老師家長，民 84 年）

㈡開放角落後期的教室規畫

在開放角落前期，由於共同使用角落教室，老師之間的溝通協調造成很大的困擾，同時兩班輪流使用也會打斷幼兒的學習，所以後來很自然就改成每個班級都有自己的角落教室了（圖 4-5）。

藉著足夠的操作空間和角落材料的吸引，老師不用再浪費時間去發作業、文具或維持團體秩序，而能夠有較多的時間與孩子互動，所以角落學習的環境就像是教

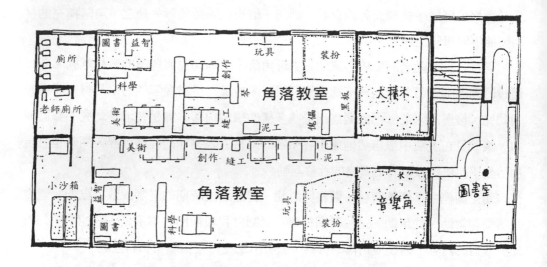

圖 4-5　開放角落後期的教室平面

室裡的一位助理老師，可以協助班級老師去滿足幼兒多樣的學習需求。

　　這段時期老師對角落的運用，是在現有的角落架構下補充教材，教材準備得當，幼兒就會玩得穩定。這時角落環境安排好壞的評斷標準，主要是看角落與角落之間的關係是否得當？會不會相互干擾？而幼兒表現團體創作的機會則是透過大壁畫，老師將單元的情境表現在大壁畫上。這段時期幼兒參與創作的作品表現是比較平面式的。

㈢開放角落後期的課表

　　這段時期課程的特色是在盡量延續幼兒自主遊戲的時間。由於這時候每班有自己的班級角落教室，老師和幼兒的活動自主性變得很大，老師都感覺到讓幼兒的遊戲時間更長、更連續的重要，所以課程時間有了改變。譬如發展到民國七十四年，將每天早上正式的朝會活動取消，讓幼兒一早來到學校就可以直接進入學習活動，只是在九點二十分的時候，老師會帶領全班幼兒先做團體討論，希望幼兒在玩角落

之前能夠先有共識（圖4-6）。

　　同時在教學單元活動持續進行的時間方面，也由每週一個單元漸漸延長為二週、三週或四週一個單元，以讓老師和幼兒有更持續的融入學習活動的時間。

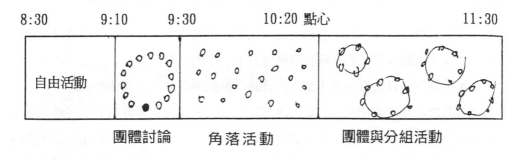

圖 4-6　開放角落後期課表

第二節　佳美的「主題建構教學」（開放角落＋主題＋情境）──民國七十八年～目前

　　當老師已經能夠依循單元主題去補充幼兒感興趣的學習材料時，大家也不免開始質疑：所謂的「角落配合單元教學」，幼兒在玩的過程中，到底能不能感受到單元的整體性，還是單元只是老師個人用來構想教學時能有依據的起點而已？也就是：有沒有單元存在，對幼兒或許不重要，因為老師以為是依據統整單元編寫的教案，幼兒並沒有感受到它的存在，對幼兒來說只是一個個孤立的小單元而已。可是原本採用單元教學就是為了打破分科，以統整幼兒的經驗才發展出來的。所以怎樣在教學上有更大的突破，以真正讓幼兒融入單元主題的學習，真正達到統整學習的功效，是這段時期大家追尋的目標。

一、「佳美主題建構教學」
（開放＋主題＋情境）的理念與意義

當我們有機會將這些年來的發展做一番整理與反省，將教學現況清楚呈現，讓外界知道佳美在做什麼，在一些公開場合有了許多的回應與討論。我記得當老師被問及在某主題下為什麼會發展出某些內容時，譬如被問到：「為什麼在許多的主題下都會有餐廳扮演遊戲出現？」老師的回答是：「因為幼兒喜歡啊！」沒錯，幼兒的興趣絕對是考量重點，但是當老師在與幼兒現場討論時，事實上幼兒所談出的內容有許多方向，幼兒對很多方面都有興趣，而老師是怎樣在這麼多的回應中做選擇？當然教室的空間有限，本來就是必須篩選活動；而老師拋問題給幼兒，也可以激發老師的想像力。問題是老師如何決定在幼兒一、二十個回應中，選出哪幾項讓幼兒去發展？老師們一般的反應是找幼兒最感興趣的，但是幼兒很容易對很多東西感興趣，何況老師的導引更是左右幼兒興趣的因素；所以問題的關鍵是：「什麼樣的學習對幼兒的成長是重要的？」

㈠從無到有的生產創造過程

老師能不能從幼兒反應的許多興趣中看出哪些是比較重要的，這個問題的判準在哪裡？我們在這個問題上足足徘徊了兩年。教育當然要考慮幼兒的興趣，但是不是所有幼兒有興趣的東西都可以大量提供給幼兒，譬如幼兒喜歡看電視、打電玩，那麼我們是不是就要大量提供這些東西給幼兒？幼兒玩角落，喜歡做刀劍玩打鬥遊戲；在有擺放炒菜鍋的娃娃家，幼兒就會經常去炒菜。事實上，幼兒會對大部分的事物都感興趣。

在這段摸索期間，雖然說是摸索，可是我們都隱約感覺到方向是對的，而且原先走過來的路、所打下的基礎一定會造成影響，只是大家都講不清楚到底這個方向

的教育理念是什麼。大家總是會很直接地說：「我們是『開放教學』、『遊戲中學習』、『角落教學』或者『戲劇教學』。」但是這些都只是教育的形式，真正教育內容的方向才是最關鍵的。

在隱約掌握方向的過程中，不斷有老師會呈現一些好的東西，有時成功有時失敗，有一、兩位老師有質疑，多數老師仍在實踐上努力推進，由於有這股向前持續推動的力量，終於我們覺悟到：在教學過程中，有沒有「讓幼兒從無到有的生產創造」是一個重要的判斷標準。

過去佳美的教學一向就是鼓勵幼兒廢物利用，學校盡量只提供素材，幼兒要玩的道具都是自己製作。自從老師發現戲劇的情境能幫助幼兒投入後，老師開始重視情境，也慢慢讓幼兒參與整個情境的製作，希望幼兒要玩的任何主題的道具與情境都是由他們從無到有生產創造出來，於是幼兒可以參與的範圍更大了。由於情境的發展需要群體的討論與互助合作，老師也開始發展一些引導幼兒討論與合作的能力，讓幼兒能順利參與群體構想實踐的整個過程，在這樣的參與過程中，幼兒的社會互動與小組解決問題的能力變得更強了。

兩年過後，民國八十四年，我們將這段過程整理成一篇「佳美的主題教學──一個從無到有的生產創造過程」報告發表，在那篇報告中，我們試圖將這兩年來摸索的心得做一番整理，提出：一個能讓幼兒持續投入的學習環境的判斷標準，是幼兒的學習過程中是否有「從無到有的生產創造過程」（劉玉燕，民 84）。以下「生產創造的意義與完整過程」摘錄自該文。

1. 生產創造的意義

現代的幼兒無可避免地生活在消費文明中，甫一出生就被玩具、電視、教具、故事書等現成的東西所包圍。熱心教育的大人也急於增加幼兒的經驗，不斷提供幼兒各種刺激學習的環境，帶幼兒進出各類才藝班、遊戲場、博物館等場所，幼兒也在這過程中不斷地消費、選擇，選擇要玩某個玩具，選擇要看哪個節目，選擇要去哪裡玩。

但是在這過程中，幼兒並沒有為他所享受到的成品付出任何努力，他只是不斷地在做消費，在選擇享受的項目，而完全沒有參與製造成品背後的生產創造過程。幼兒這樣不斷地在做選擇，這就像考試的選擇題，要求幼兒面對某項知識，做三擇一或四擇一的選擇，是在既定的、有限的物體當中做選擇。

但是人所面對的天地是無限的，它的原始面貌是粗糙、很難直接為人們使用，是人的生產與創造能力使大自然中的物體變得精美可用，人類的文明也因此得以不斷向前推進。但是現代的消費文明，使我們看不到成品背後人們奮鬥的痕跡，幼兒也很少有機會去體驗文明生產創造的歷程。如果我們的幼兒只停留在這種有限的個體當中做選擇、做消費，以這種被規格化的能力，是無法面對人類拓荒時期所面對的天地。而在現實生活上，一旦他走過消費文明，需要他開創新的格局時，他卻早已失去自然賦與他的生產創造能力，而只能困頓在現有的環境內不得動彈。

2.生產創造的完整過程

我們在談生產創造，希望的是有「目標」—「生產創造」—「現實世界的應用與修正」這樣一個完整的過程，這樣才能讓幼兒持續發展並實踐構想。

關於「目標」方面，教育最難的地方是怎樣讓幼兒「投入」。讓幼兒投入並不只是教學法上所談「引起動機」、「引發興趣」那麼單純的說法。人會在面對他認為有價值的或對他有意義的事情上全力以赴，幼兒要能投入，是要讓幼兒能真切感受到學習的目標或面對的問題是和他有密切關聯。而當幼兒有了想要完成的目標，或者有想要解決的問題，他就會排除萬難去實踐，實際去生產看看。

再來，他一定會將所生產創造出來的東西放回現實生活中運用，然後再回去修正。譬如：幼兒想製作一把可以打鬥的劍，他從尋找適合的材料開始，到實際完成一把劍，然後他拿去和同學打鬥，當他發現自己的劍不夠厲害時，他會回過頭來再修補或改換材料。像這樣，想要有一把很厲害的劍是「目標」，動手製作完成劍是「生產創造」，而使用後發現不適用又回頭修補，則是「現實世界的運用與修正」。

像這樣，有了「目標」或「問題」意識，並透過「生產創造的實踐過程」去趨

近目標，然後又回到「現實世界的應用與修正」，最後達成了目標，這樣才構成一個完整的學習經驗。這樣完整的過程，並不只適用在需要幼兒實際操作的學習上，任何的學習也都應該有這樣的過程。

事實上，人類文明的發展，也都歷經從「目標、問題」開始，經由「解決問題、建立內容與方法」，到「應用到現實生活並修正」，這樣一個完整的過程。那麼教育的重點，就是怎樣帶領幼兒重走一遭當初文明創造者所歷經的生產創造過程。這種讓幼兒融入文明的生產創造過程（黃武雄，民 83），對幼兒的成長非常重要。幼兒是踏尋著前人走過的足跡，而他透過自身的印證過程，也參與了其中的生產創造，於是知識的學習對幼兒就產生了意義，知識不再是課本上死的東西，而是人類經驗的累積。

知識學習的生產創造過程，在傳達教育上一個很重要的訊息，那就是知識的獲得，一方面是透過直接傳遞教導，另一方面則是教授者與學習者共同去創造，所以新的一代才有可能超愈上一代。如何讓幼兒投入文明的生產過程，將是教育者最大的挑戰。

一個人會在他認為有價值的目標上勇往直前，而就在這樣從「問題」開始到「解決問題」的一貫流程中，逐步去完成對他有意義的工作。人就是在這樣不斷自我實現的完整過程中，逐漸肯定自己、肯定生命。於是當一個人面對未知時，他會比較有信心、有開創性，也比較不怕困難。而幼兒在這樣一個完整的學習過程中，他知道自己在做什麼，因此也能保有高度的興趣與學習動機。

㈡日常生活中的整體學習——角落的意義

幼稚園到小學階段，幼兒學習的特色是：日常生活中愈具體、愈能讓幼兒親身體驗到的學習，效果愈好。這樣具體的經驗，是他將來學習抽象知識的基礎，因為抽象的認識來自具體體驗的普遍化。所以讓幼兒的學習與他日常的整體經驗產生關聯、產生意義，大概是最能吸引幼兒的，幼兒會在這樣的牽引下，逐步擴大他對世

界的認識。

幼兒的日常生活中，就充滿了人文、社會、自然與數理邏輯等知識的學習。譬如：幼兒在學校與其他幼兒和大人的互動過程中，他逐漸明白依循商量、互助合作、少數服從多數等作法，才比較能讓團體的共識順利運行，這種實際團體生活互動的經驗，是他將來讀到社會、政治學等知識的印證基礎。小時候的盪鞦韆、打陀螺，與其他干擾環境，或創作美勞熟悉材料等經驗，以及飼養動物、與植物昆蟲相知等經驗，則是他往後學習物理或生物知識的印證基礎。而數理邏輯知識更是隨時發生在我們的生活周遭，不論是人際互動、團體遊戲、製作作品等，都有需要幼兒去推論、去解決困難的時候。當幼兒比較長大，開始接觸已經歸納過的文明知識時，他其實是透過自己曾經有的體驗去印證新知識，如果新經驗和舊經驗沒有這樣的相互印證，我們很難想像幼兒學習到的新知識會變成他的智慧。

由於幼兒的學習能力是整體的，而在幼兒的日常生活當中就充滿著各種各樣的知識，因此我們會希望知識是以整體的、而不是分科的方式呈現給幼兒，我們會將新知識翻轉成幼兒日常生活中可以印證的部分，讓幼兒在一個整體的情境下與新知識發生共鳴。所以滿足幼兒日常完整生活需求的角落教學，會顯得那麼重要。

㈢經驗的拓展 —— 主題的意義

單是談生產創造的完整過程，還不足以涵蓋一個人的學習，人在成長的過程中，還必須不斷讓自己的經驗逐步拓展出去。

原始部落族群，他們的生活就充滿許多從無到有的生產創造經驗，食衣住行所使用到的任何東西，都必須從自然素材中經由自己的雙手去生產創造出來。許多人類學家也都觀察到，原始部落的幼兒從小跟著父母，很早就在日常生活中獲得完整的生產經驗，也都認為這是現代消費文明下的兒童所遠遠不及的。但是原始部落的幼兒到後來都無法走到文明的前端，主要是因為他的經驗僅限於一時一地，沒有機會讓自己的經驗延伸出去，與更廣大的人類文明經驗相結合。

　　人類文明累積的知識使我們對這個世界有了更深一層的理解，使我們的認識有了依據。我們要將文明知識交給幼兒，幫助幼兒突破自己的限制，要清楚知道幼兒的學習是要從自己熟悉的、對自己有意義的部分出發，去和新的經驗相碰撞，讓新舊經驗發生共鳴。人的經驗拓展了，在面對複雜的世界時才能夠比較真切地看清楚整體問題，進而去解決問題。

　　這是主題加角落教學的意義：讓幼兒經驗不同的主題，就在帶領幼兒深入文明知識的不同面向；而角落學習，就在提供幼兒新舊經驗的應用與修正，使新舊知識在這裡產生共鳴，這樣才有可能真正擴展幼兒的經驗世界。

二、開放＋主題＋情境的教學

㈠生產創造的完整過程

　　一個完整的生產創造過程包含：「目標」（問題）—「生產創造」—「現實世界的應用與修正」這樣一個環環相扣的過程。我們希望幼兒的自主學習有很強烈的「目標」，但不能僅止於目標；有了目標後，還要透過「生產創造」的過程去實踐目標；然後再回到「現實世界的應用與修正」。經由這樣完整的過程，我們才說幼兒完成了學習。在「佳美的主題教學」這篇報告裡，我們試圖談清楚佳美的整套運作方式是怎樣營造出整體投入的氣氛。我們發現，老師已經能夠非常純熟地運用教學的課程設計，來促使「一個從無到有的生產創造的過程」實現。幾乎任何時段的活動，老師都能運用來促進整體的投入情境，這也使我們重新回頭思索各教學時段的意義。從佳美的日常作息設計中，我們發現它就已經在體現一個完整的生產創造過程。我們整理出佳美一天的正常作息（圖4-7）來重新詮釋它的意義：

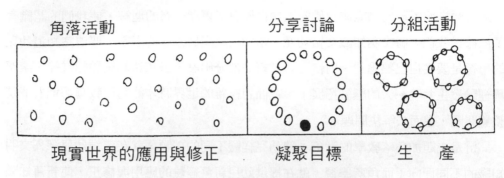

圖 4-7　生產創造的完整過程

1.「角落活動」相對於「現實世界的應用與修正」

角落活動是由幼兒自主選擇想玩的角落，是幼兒所有學習中最重要的活動，所以佳美將「角落活動時間」安排在一天當中最重要的時段，也就是幼兒一早來到學校，一直到十點之間的時段。角落活動的意義在於：

在發展主題過程中，角落活動是幼兒將他所生產創造的作品落實在日常生活中實際應用修正的時段，因此也是檢驗幼兒的學習是否與生活脫節的時段。任何的活動，如果沒有讓幼兒在生活中去應用修正或做觀察，該項活動將很難發展成幼兒自己的東西。這也是我們視角落活動是生產創造過程中的「現實世界的應用與修正」的原因。

幼兒需要比較長的自由時間，幼兒依自己的步調去發展，才會有真正的「投入」；同時幼兒在自由選擇狀況下主動玩出的內容，才有可能真正成為幼兒的東西。

幼兒在角落活動玩得投不投入，正好也是老師用來檢驗自己引領幼兒投入學習情境的引導與準備是否充分。這樣的觀點太重要了，通常我們評量一個班級的主題教學或方案教學進行的成功與否，最主要是觀察其角落活動時間，幼兒與主題情境的互動是否生動活潑、有生命力。

前面提到幼兒在日常生活中整體學習的能力，角落活動提供幼兒完整的學習角落，讓幼兒在這樣整體的環境下，有豐富的人際互動、與環境的互動、個人的創作以及許多解決困難的情境等，幼兒自然學習到社會、自然、人文、邏輯推理等知識。

2.「分享討論」相對於「凝聚目標」

十點角落活動結束後，有二十分鐘的團體分享討論時間，全班幼兒圍坐，老師與幼兒分享適才角落玩出的內容，並討論如何進一步發展，然後在下一個時段讓幼兒分組去製作。分享討論的意義在於：

經由全班討論，幼兒彼此之間對教學主題都能有共識目標，這種共識的建立是任何一個團體能持續發展的重要原因。所以我們將「分享討論」視為「凝聚共識」、持續朝「目標」推進的活動。

知識是可以由老師和幼兒藉由討論共同建構出來。老師藉由不斷的問話，讓這群各有所長的小小生產家能夠相互腦力激盪，共同醞釀出全班幼兒都能投入的情境與目標，並共同討論出解決的方法與策略。

3.「分組活動時間」相對於「生產創造」

一天作息的第三個時段是分組活動時間，大約有五十分鐘，幼兒分組製作在分享討論時所談出的情境，由於這段時間是幼兒將有共識的構想轉化成具體可見的情境與道具，以讓第二天的活動能延續，我們可以將它視為「生產」的活動。幼兒分組製作具體情境的意義在於：

情境能延續活動並讓幼兒投入。幼兒經常的情形是：雖然前一天討論得很熱絡，但是第二天來到學校，很容易被其他事物吸引，於是老師得一再提醒幼兒昨天的討論。但是如果幼兒在討論後，馬上將構想具體變成情境，那麼幼兒第二天進到教室，一看到情境，前一天討論的記憶會立刻回來，於是很快就能融入情境而繼續發展。

幼兒從無到有生產創造出自己要玩的情境，發展到最後，主題結束，教室的情境全部拆除，回復到基本的角落教室，幼兒面對空盪盪的教室，又會再度激起他重新創造情境的慾望。

當然，以上的分析，將「角落活動」視為「現實的應用與修正」；將「分享討論」視為「凝聚目標」；將「分組活動」視為「生產創造」的活動，雖然是一個概

括性的、便於討論的類比法，卻讓我們更肯定一天作息中三個環環相扣的教學活動，在一個完整的生產創造過程，都有它非常重要的功能。在佳美，通常一個教學主題進行四週，這期間除了每週一次的體能課，星期六的全校戲劇活動，以及每月一次戶外教學外，每天大致都維持著基本的作息，也就是「角落—分享討論—分組」這樣的模式。從第一天「分享討論」，擬定初步目標後，幼兒分組開始生產情境與道具。第二天「角落活動」，老師從幼兒邊玩邊發展的內容中截取重點，帶入「分享討論」，在討論中修正並凝聚目標的共識，然後在「分組活動」又再繼續生產。就是這樣接連不斷、從無到有的生產創造過程，構築起一個完整的教學主題。整個教學主題進行的過程就是一個完整的生產創造的辯論發展過程（圖 4-8）。

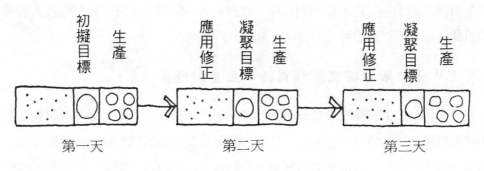

圖 4-8　一個教學主題的創造生產流程

㈡以情境來帶動創造性戲劇

老師從角落教學出發，配合教學單元去補充角落教材，發展到目前的配合教學主題，布置出脫離角落限制的「攤位」情境，是有一段發展的歷程。以下的記錄也代表著老師在這段時期的成長歷程。

老師在摸索著能夠讓幼兒投入的環境，首先我們發現一些改變在浮現。我們看到各角落的情境開始串連起來了，整間教室就像個劇場，幼兒在裡面穿梭玩著扮演遊戲。自從這樣的情境出現後，我們發現幼兒在教室的大情境下有非常多的扮演遊戲出現。譬如在「古代的生活」主題下，教室內各角落都布置成古代的情境，有燒

柴的爐灶、水井，有養雞場、菜園、果園等，我們看到幼兒一早進到教室，就將自己裝扮成一個古代人，幼兒挑著扁擔去砍柴，砍完的柴拿到爐灶去燒，到水井去打水，到養雞場去餵食雞飼料，去果菜園摘蔬菜和水果等。幼兒將教室內所發展出的各個攤位都串連起來玩著扮演遊戲。現在回想起當時那麼強的戲劇發展，我們認為其實這是角落教學配合著單元主題發展的自然結果。

　　當時佳美的角落教學會走向這麼強的戲劇性，是有它的發展背景。原因要追溯到民國七十七年的園遊會。每年在一月的時候，學校會舉辦全校性的園遊會，老師將每間教室都變成遊戲的攤位，家長在星期天帶幼兒來參加。以往園遊會的做法是，老師利用最後一個禮拜的時間將教室的桌椅、櫃子撤離，空出整間教室來設遊戲攤位，就像我們在外面看到的園遊會攤位一樣，只滿足活動需要，不特別考慮攤位情境氣氛。在民國七十七年以及隨後一、兩年的園遊會的經驗是一個轉捩點，那一年，有老師因為最後的單元活動是過新年，幼兒在活動過程中也陸續做了鞭炮、春聯、賀卡等作品，將教室點綴得喜氣洋洋，還做了花轎讓幼兒抬著玩，老師發現幼兒很感興趣，於是老師想延續原有的教室情境，將園遊會的攤位設計成「過新年抬花轎」的攤位，讓家長抬著幼兒坐花轎。這時，另有一個班級想進行尋寶遊戲，攤位取名「綠野仙蹤」，於是大家就建議將單元主題取名為「綠野仙蹤」，並將教室轉成牧場的情境，將謎題藏在牛毛上、果樹上、山洞裡，這個攤位的老師花了很大的力氣將教室布置成原野的氣氛。這一年的園遊會和往年特別不一樣，老師考慮到布置情境來營造氣氛，只是這個時候老師都還是自己動手在做情境，還沒有考慮到怎樣讓幼兒共同參與。

　　就這樣，在次年的園遊會，老師們都感覺到營造氣氛的重要，也和前一年同樣花許多時間在這方面。但是老師們也希望將園遊會的準備時間併入最後的教學主題，延長園遊會的準備時間到三週或四週，帶領著幼兒一起邊動手做邊玩情境。這一次的實驗，老師出乎意料地發現讓幼兒參與做情境的效果很好，由於幼兒參與了園遊會情境的生產過程，幼兒玩的興趣更高。

　　同時老師也因著有機會嘗試大的情境，動手做情境的能力也被激發出來。老師

慢慢也將做情境的能力滲透到平日的教學活動。譬如幼兒討論出要演戲，那麼老師不再僅止於讓幼兒有地方扮演，他還會搭起戲劇的舞台，並加上前布幕與舞台背景；又譬如主題進行森林裡的動物，老師會做一些樹、山洞、動物的家或菜圃等，讓幼兒不但有清楚的遊戲領域，也讓幼兒有了可據以想像的空間，老師發現幼兒玩得更投入且更持續。

(三)教案事後寫

在這段時間，有一個相當關鍵的改變因素，也就是事後寫教案。從第二階段的開放角落前期，在開學時就編寫好一學期的教案，到第三階段的每月月初考慮上一個月的教學情形，才編寫下個月的教案，並在月初事先發給家長；到第四個階段，改變成在老師有教學主題後，與幼兒共同去發展教學內容，而到整個活動結束後，才將實際發生的內容寫成教案。

過去由於老師將事先計畫好的教案先發給家長，為了要對家長負責，老師會希望將計畫的內容教完，於是老師會趕進度，或在角落時間，不斷誘導幼兒回到教案的範圍。在這種制度設計下，老師在教學過程中，無可避免的會處處受到原有教案的限制。當教案改變成事後寫之後，我們發現老師比較敢真正放手隨著幼兒的興趣去發展。以下的報告是在教案事後寫的情形下，觀察老師與幼兒的互動情形所做的記錄。

為了能進一步釐清問題，民國八十年，我們持續追蹤兩位有經驗的老師，以兩個月的時間，記錄下老師與幼兒的對話，希望能找出老師是用什麼樣的教學手法，來讓幼兒有這麼強的扮演興趣。從兩個月的觀察記錄中，我們整理出老師在角落時間的角色如下：

老師能覺察出孩子的想法，並以孩子的話回應之：首先老師在角落時間，不是一直在想自己要帶什麼活動，而是要去了解幼兒在想什麼。因為如果不了解幼兒在想什麼，老師將無法協助幼兒進一步發展，同時老師也因無法從幼兒身上獲得靈感，而很容易強加自己的意思在幼兒身上。

　　老師扮演成幼兒世界中的角色與幼兒互動：老師降低身分扮演成幼兒世界中的角色，與幼兒平等相處時，幼兒會因著老師的加入，而對遊戲更加認同，玩得更投入；幼兒也會因老師權威角色的去除，而更能發展自主性。

　　老師鼓勵各角落互動：我們觀察到角落互動是帶動教室整體戲劇氣氛的原動力之一，不僅可以使幼兒的想像有更開闊的空間，幼兒也會因彼此構想的相互激盪，將引發更富創意的玩法。

　　老師鼓勵幼兒讓構想以具體可見的方式呈現：將構想情境化是佳美教學中最重要的特色之一。如果扮演遊戲有更具體的背景，幼兒將更容易投入；同時也由於幼兒的構想能具體讓其他幼兒看到，也會引發其他幼兒以其相對應的扮演角色與他互動。

　　老師不斷以問題詢問幼兒：老師會在幼兒想法受限或需要協助的時候，問幼兒：「還有沒有不一樣的？」讓大家一起思考。老師也會主動拋出材料，詢問幼兒：「這個還可以做什麼？」以協助幼兒完成作品。用問題啟發幼兒，有助幼兒從不同的角度思考問題，能不斷突破思路的障礙。

　　以上是當時所整理分析出老師的角色，讓我們更加清楚知道：在一個以創造性戲劇為主的角落活動中，老師的積極鼓勵幼兒扮演以及將構想具體呈現，會有助於幼兒對學習的投入。

　　這次的教學實務研究結果，我們曾經整理成「整體角落教學法—戲劇為主導」的報告，發表在八十學年度師範學院教育學術論文發表會上，後來收錄於《與孩子共舞》一書。如果讀者想了解當時現場更詳細的情形，請直接參閱該書。

　　老師們發現教學有了情境後，幼兒玩得更投入，但是，製作情境在許多時候卻也成了老師的另一種負擔。因為情境是依老師的構想辛苦做出來的，幼兒或許在剛開始時感到好奇會去玩，但是當幼兒不想再玩該情境的時候，老師會捨不得將情境拆除，不玩的情境占據了教室的空間，反而阻礙其他活動的發展。

　　有一段很長的時間，很多老師害怕做情境，一方面也因為情境是具象的東西，老師如果沒有在一個主題之中做出立即可見的情境，也是很容易讓園長、主任或家長看出來的，有無情境曾經是檢驗老師是否努力準備教材的判斷標準。這現象就有

些像一般才藝班老師，需要不斷地讓幼兒製作作品，以滿足家長希望看到具體成品一樣。這樣的過程到底有沒有意義？

園內在這段時間和老師做了許多討論，在要不要看重情境這件事上擺盪許久，由於無前人可循，大家都在摸索，情形是未知的。有的老師感到有壓力，有些反彈，讓我們感到猶豫。而讓我們又能繼續鼓勵老師發展下去的主要原因，是看到有一些老師走出有特色的路子，雖然這時候老師主導的東西仍偏多。譬如為了讓幼兒在扮演農夫的時候能更有氣氛，老師會自己去做一棵大樹或一個水井，而在這樣的情境下，有時候幼兒會玩很久，有時候幼兒又只玩一、兩天就不玩了。有很長一段時間，大家摸索著：到底在什麼樣的情境下，幼兒會玩得比較持續，比較投入。這其實一直是困擾著我們的問題，我們在尋求一個怎樣讓幼兒持續投入的教育環境。

(四)實例

這裡我們舉新佳美的王文梅老師進行「它從哪裡來」的主題（王文梅，民88），來說明目前發展的情形。這是大班即將畢業的班級，老師在「它從哪裡來」主題開始設定的目標，是希望讓幼兒有染布和織布的經驗，這個主題進行四週。

第一天，老師問：「衣服是怎麼做出來的？」幼兒提到在某一博覽館有看過一位老婆婆腳踩機器，上面有圓圓的東西（紡紗輪），裡面有線，用腳踩踏板就會動；還有用一條一條的線，在很多線之間穿來穿去。幼兒邊說，雙手還不停地一上一下比劃著。老師接著問：「那怎樣才能讓我們的織布機也可以踩，也有圓圓轉動的東西？」幼兒在老師持續的問話中討論出織布機的架構，他們決定用鬆緊帶垂掛小積木當踏板，用小車輪子當紡紗輪，並用塑膠棒搭建織布機的架構。

老師在織布工廠（幼兒取名為「QQ工作廠」）添加染布的材料與設備（見表4-2，頁156），幼兒在這裡自己煮水、放染料與固定劑，將布紮綁放入染料水中，並用棒子攪拌，將胚布染成數種顏色與花樣。

老師再和幼兒討論：「這些染好的布可以用來做什麼？」幼兒提到可以做衣服、

裙子、枕頭、手帕等，於是老師將染好的布放在縫工角，成為「愛心設計公司」，並為設計師補充頭巾，於是來這裡工作的設計師都會戴上頭巾開始工作。幼兒用染好的布縫製自己可以穿的裙子、衣服，後來發展到縫帽子、披風。

　　一個幼兒穿上完工的裙子說要去上班，老師問她是怎麼去上班的，她說是走路去的；於是老師在團體討論時問幼兒：「馬路是怎麼來的？」幼兒提到要先用挖土機將舊的路挖起，再將沙和一種黑黑的東西（柏油）放在一個大大的車裡轉轉轉，倒出來後會黏在地上，再用機器壓平和烘乾。於是分組時，幼兒分別製作壓柏油車與烘乾車。角落時間，幼兒在地板鋪長條紙當馬路，混合墨汁、漿糊和白膠調製成柏油，鋪馬路的工人穿上工作服和工作鞋，提著裝著柏油的水桶，一路潑灑，緊接著有幼兒開著壓路機過來將柏油壓均勻，再來有幼兒駕著烘乾車（內有吹風機）將柏油路面烘乾。

　　老師問：「怎樣讓馬路有車子？」「車子的構造是什麼？」幼兒提到車子有燈、馬達、排氣管、後車廂、方向盤等，於是幼兒就用水果紙箱做車身，並安裝了會轉的方向盤，以及會動的後視鏡、雨刷、油錶和後車廂等，並將這裡命名為「福特汽車公司」，專門生產製造車子。

　　老師再問：「怎樣讓買車的人可以選擇喜歡的樣式和顏色？」幼兒回應說會有汽車展示中心，那裡有車子的樣品書，有工作人員會介紹；還有一種機器，兩邊有噴的東西可以讓車子有顏色，而且還有可以讓車子移動的機器。

　　於是幼兒就分組去製作烤漆廠的門、移動機器、汽車展示中心以及畫汽車樣品書。於是教室裡發展出「烤漆廠」，老師在這裡加添顏料、噴器、調色桶、水彩筆、工作服和亮光漆。角落時間幼兒調好色，將顏料倒入噴器內，將車身噴上顏色，烘乾、塗亮光漆，再烘乾，就將原來平凡無奇的車子烤成一台有價值的車了。

　　在「汽車展示中心」，老師將幼兒畫的汽車樣品書裝訂成冊，並加入領帶、汽車訂購單等。角落時間，工作人員很熱心地在向客人介紹各種車子的型錄，客人買車時要填寫訂購單，工作人員再將訂購單拿去給烤漆廠的人量身訂製。不久，這些訂購新車的客人就開著自己的愛車到處去展示了。

染 布

織 布

服裝發表會

鋪柏油

生產車子

烤　漆

選擇車式

㈤點→線→面的教學發展過程

　　從王文梅老師所製的「它從哪裡來」教學流程表（表4-1）來看，整個主題的發展是從織布、染布開始，牽引出製作衣服、走柏油馬路上班，馬路又發展出汽車生產與烤漆工廠，最後發展成全班的整體活動。依王文梅老師自己的說法，她的教學是由「點→線→面」，也就是先由一個攤位開始發展，然後由幼兒玩此攤位的內容牽引出相關的另一個攤位，這些點串成線，再由這些攤位漸發展成教室全面的活動，即構成面，到最後整個班級就全部籠罩在相關的活動下。

　　這是一個主題教學發展的關鍵做法，由點開始，讓幼兒與此攤位（點）有充分互動後，再由幼兒的反應往前發展，這樣老師才能放心去聽幼兒的聲音；有來自幼兒的真實參與，教學活動才會有生命力。王文梅老師在這個主題結束時，提到整間

表 4-1　「它從哪裡來」教學流程

週次	月/日	創作角	臨時角	縫工角	玩具角	娃娃家	音樂角	美術角	分享討論	分組活動
第一週	3/1									體能
	3/2							設計	Q	Q
	3/3								Q	Q
	3/4								Q	Q
	3/5							計		烹飪
第二週	3/8			愛心設計公司					鋪	鋪
	3/9								鋪、愛	鋪、愛
	3/10	Q Q工作廠	鋪柏油路					溜		親職
	3/11				特汽車公司				福	福、烤
	3/12								福	汽展、Q
第三週	3/15					烤漆廠汽車展示中心		溜球	福、Q	體能
	3/16								福	福、鋪
	3/17								愛、汽展	愛、汽展
	3/18								汽展、烤	烤
	3/19									親職
第四週	3/22						服裝展示中心	永和加油站	愛、服	服、愛
	3/23								福、汽展	汽展、永和
	3/24								永和	永和、服
	3/25								永和、汽展	服裝展示
	3/26								永和、福、特、汽展	工作人員發表會

（王文梅老師製表）

教室像個劇場，每天都有不同的劇情在上演，就像在看連續劇一樣。「從無到有的生產創造過程」的教學必然是老師和幼兒共同討論發展出來的，老師不僅要鼓勵幼兒生產創造，老師本身也是個生產創造者。

㈥物理知識活動

許多看過佳美、新佳美教學錄影帶的老師，很容易將幼兒的大量生產創造活動視為美勞教學，這方面我們必須在此說明清楚。以下分為物理知識活動和圖象語言兩方面來談。

Kamii 曾在《幼兒物理知識活動》（*Physical Knowledge in Preschool Education*）（Contance Kamii, Rheta Devries, 1993）一書中提到，最適合幼兒物理知識學習活動的判斷標準是：

1.幼兒能夠用自己的行動產生該現象。

2.幼兒能夠修正其行為。

3.物體的反應能夠具體可見。

4.物體的反應能夠立即顯現。

這些包含物體的移動以及物體特性的改變等活動，整體來說，一個好的物理知識活動的最佳判斷標準是：原始人類能夠操作的活動。

我們認為佳美、新佳美強調「從無到有的生產創造過程」教學中，有大量物理知識的活動。以「它從哪裡來」這個主題活動為例（表 4-2），幼兒以最樸素的想法與做法去織布、染布、縫製衣服、舖柏油、製作汽車、為汽車烤漆等工作中，都是他能立即看到作用物體的結果，並可以立即去修正做法，這過程中就有大量的物理知識活動。

幼兒並不熟悉織布機的構造，但他們由織布機所必須要的功能，竟然能討論出織布機的簡單構造，並將它製造出來，幼兒牽引著紡紗輪上的毛線，織出一塊布來，幼兒生產創造出一台最原始的織布機。幼兒以手邊的素材去生產創造出一輛會走動

表 4-2 「它從哪裡來」教學資源

角 落	發 展 內 容	教 學 資 源
創作角	ＱＱ工作廠	染布的材料：固定劑、顏料、電磁爐、鍋子、工作服、毛線、輪軸、夾子、桶子、攪拌棍、織布針、整理線的梳子、（編織網）、布尺、布、畫柄、筆、紙、緞帶、撐衣架
臨時角	鋪柏油路	壓路機、吹風機、延長線、墨汁、白膠、漿糊、工作服、工作鞋、報紙、再生紙
玩具角	福特汽車公司	工作服、椎子、螺絲起子、管子、工具箱、螺絲帽、螺絲、紙箱、剪刀、美工刀、大膠帶、筷子
娃娃家	汽車展示中心 烤漆廠	訂購單、收據、車子書、電話、紙、筆、生產的車、紅花、彩色筆、領帶、顏料、噴器、自產車、夾子、工作服、報紙、亮光漆、自製烘乾器、大刷子、口罩、白紙
縫工角	愛心設計公司	自染的布、釦子、帽子材料（圓形不織布、長條不織布、蕾絲）、眼鏡、衣架
音樂角	服裝展示中心	愛心設計公司自製的衣服、裙子、帽子、披風、衣服印章、印台、筆、紙
美術角	設計溜溜球 永和加油站	工作帽、95 高級油桶（紙箱）、收銀機、自製紀念品（白紙、衛生紙）、毛線、厚紙板
益智角	數的概念	自製大嘴（牙齒有活動和固定的）、紙球、數字籤、字牌
科學角	實驗哪種紙蓮花會開 光的距離變化	各種紙、水、細棒、中型手電筒、書面紙（不同色）、黑色塑膠袋
圖書角	小牛頓	新佳美圖書室

的車子，可能比帶幼兒直接去看車子的構造來得重要，因為馬達等電動的原理不是幼兒能夠理解的，電動的東西或是電動玩具對幼兒的物理知識學習並沒有太大的幫助。

㈦圖象語言

佳美的主題教學過程中，我們發現幼兒有非常大量的圖象語言的表達，這部分的發展仍有待進一步的研究與討論。幼兒的圖象創作，不管表達的是什麼，基本上他是透過一些客觀的形式去描述他對這個世界的認識，這些客觀的形式包括顏料、紙張、黏土、語言、動作等，這就像人們會以文學、音樂、美術等藝術形式表達內在的世界一樣（尹少淳譯，民81）。

我們約略看出圖象語言的表達對幼兒的意義，譬如：幼兒經由這樣的圖象語言，可以彼此相互溝通；大人也可以經由這些圖象語言而更加了解幼兒，並能進一步協助幼兒；幼兒經由這樣的意識化過程，重整了自己新的和舊有的經驗，這將使幼兒更深入了解自己與對象。所以對於尚未充分具備口語和文字能力的學齡前的幼兒，鼓勵他們使用圖象語言去探索和表達，是一個非常有意義的做法。

我們相信幼兒階段這些非正式語言操作的活動，都和幼兒以後發展閱讀、書寫和文字表達能力時的認知過程非常類似，也就是早期圖象語言能力的培養有助於後來閱讀、文字表達等能力的發展。若從這個角度看，在幼兒園裡，讓幼兒有大量圖象語言的探索與表達的經驗，不就是最好的幼稚園銜接小學的教育嗎？

三、開放角落＋主題＋情境的教室規畫

這段時期，由於老師們發現情境的創造與參與有助於幼兒的投入，老師漸漸發展出獨立於角落的情境。譬如在「我家附近」這個主題，老師將幼兒設計的家集中起來變成社區，擺放在玩具角的空間，並規畫出馬路和門牌號碼；將裝扮角變成茶

葉店，讓幼兒在裡面能夠很安心地泡茶、用陶土做茶具；將創作角布置成十字繡工廠；將圖書角布置成無尾熊書店，幼兒在這裡畫四格漫畫、玩各種益智玩具。老師利用大小紙箱、大塊布、木條，以及書桌、椅子和櫃子來區隔出清楚的範圍空間，並為每個空間標示上名稱，就像是園遊會的攤位一樣，幼兒在這樣的情境下玩得很投入（圖 4-9）。

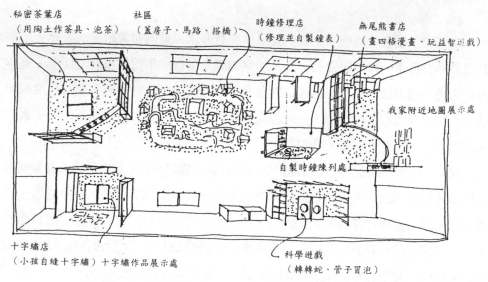

圖 4-9　開放角落＋主題＋情境的教室平面

情境就像是戲劇舞台背景，讓幼兒在一進入教室時，就自然扮演起他的角色。這段時間，老師運用各種素材來布置情境的能力愈來愈強。運用木竹條、繩索、幼兒作品來架構大空間，使幼兒的操作角落有清楚的包圍領域；運用教室內的桌子、櫃子來架構玩的道具，譬如：將桌子變成撞球台、彈珠台，利用櫃子布置成郵局櫃台、皮影戲台；或者組合桌子與積木成為店面等。這樣立體的情境架構，很容易牽動幼兒的想像，譬如幼兒會想像自己就是郵局、皮影戲台的工作人員，幼兒游走在情境之間，扮演著自己設想的角色。這樣一個個的情境攤位，就有些像 Howard Gardner 在「超愈教化的心靈」中提到的兒童博物館的概念。有了這些攤位後，原有的角落就退居一旁，只是成為提供教材或素材的工作櫃，譬如像創作角只剩下擺放工

具的櫃子，它整個的布置、格局都不一樣了；有的角落譬如圖書角，則轉成性質相近的攤位，但還是維持著基本的架構。

四、開放角落＋主題＋情境的課表

　　這段時期的課程（圖4-10）基本上延續角落後期的發展，改變的是在

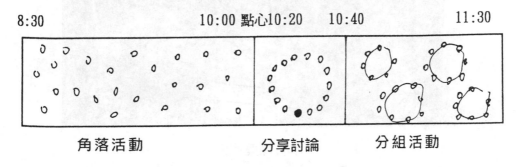

| 8:30 | | 10:00 點心10:20 | 10:40 | 11:30 |

角落活動　　　　　　　分享討論　　　　分組活動

圖 4-10　開放角落＋主題＋情境的課表

　　以下幾個地方：首先將集體討論的時間擺在角落活動之後，更突顯出幼兒在角落的自主選擇，教師也比較能不先預設立場，而從幼兒的自主遊戲中去發掘可以延續發展的活動。另外，教案也由事前周詳的計畫，改成老師和幼兒邊發展邊修正的做法，然後再依事後實際發展的情形寫成教學簡訊發給家長。這段時期再加上情境的出現，老師充分運用了課程與角落情境的特色，協助幼兒從無到有完成一個完整的生產創造的過程。

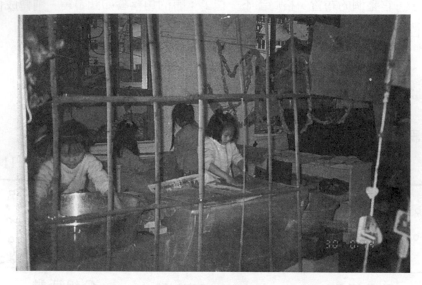

木竹條與繩索

印刷工廠

撞球台

彈珠台

郵局櫃台

皮影戲台

店面之一

店面之二

五、教師的成長

㈠教學討論會

在佳美，每個星期都有教學討論會，有時候是大家圍坐討論教學的方向與技巧，有時候是直接進入教室看各班老師在角落所補充的材料以及情境。佳美的老師都是帶班半日，另外的半日做教學準備，譬如上午帶班的老師，下午不帶班，下午的時間則用來做教學準備工作；而下午帶班的老師，上午兼公共角落的教學以及做教學準備，所以都是利用老師另外半天的準備時間做教學討論。

經過多年的經驗，我們很肯定地認為教學討論會是佳美最重要的教學團體，可以說佳美教育的成敗完全繫於老師之間的討論。當老師有了充分的教學自主空間，

希望嘗試新的教學內容與方法時，非常需要與其他老師分享教學經驗，以相互激發新構想，更重要的是相互扶持與鼓勵。我們的經驗是，參加研習會、聽專家演講，或回師院修學分，遠遠不足以取代教師從自身面臨的教學情境出發，在實踐過程中不斷反省修正的教學討論會。

㈡幼兒行為討論

　　同樣的，有關幼兒行為的討論，也是每個星期一次，有時是透過讀書會的方式，有時是直接以班上幼兒的例子來討論，有時是回溯自己的童年經驗來印證。在討論的過程中，老師們真的能夠深入感受到人的多樣性，更能了解幼兒，也更能了解自己。我們認為老師應該先是兒童發展專家。師範教育的師資培育過於重視各門學科的教學內容，較少有關兒童發展的課程，學教育的人常在還不了解教育的對象時，就一頭栽進繁複的課程、評量法、課室管理等內容上。但是如果老師不了解幼兒怎麼成長、怎麼在學習，就很難談配合兒童發展的教育。老師的引導最重要，教材如何呈現、課室如何管理是其次的問題。一位在兒童發展上有深厚基礎的老師，就能以對不同年齡層兒童的認識，配合他們的發展去統整所學的教材、評量、課室管理等，甚至自己去發展出一套教材、評量與班級經營法。

第三節　結　語

　　從以上所談的，筆者歸納佳美「主題建構教學」的特色如下：

1. 「主題」結合「角落」和「情境」一起發展：這也是佳美的「主題教學」是「建構」取向的重要因素。由於角落是由幼兒自主選擇，幼兒在角落玩出的內容最能反應幼兒的興趣與發展，於是老師就有機會從幼兒的反應中，獲得進一步主題發展的方向。也就是老師不是只透過口頭的討論，還經由幼兒在

與主題情境互動中去發展主題。而「情境」在延伸主題和提供幼兒想像空間上扮演很重要的角色，「情境」能激發幼兒持續的思考，並使幼兒的扮演能更投入。

2. 重視生產創造的過程：這是佳美教育的價值觀，相信人會在不斷自我實現的過程中，肯定自己、肯定生命。於是在教學的實際運作上，讓幼兒的學習不是僅止於口頭討論（問題、動機），而是要將腦中的構想實踐出來（生產創造過程），並實際去玩他生產出來的東西（實際應用），然後再回去修改（修正）。讓幼兒經歷完整的從「問題」開始到「解決問題」的生產創造流程，去完成對他有意義的工作。

3.「教案」事後寫：這也是佳美「主題教學」是「建構」取向的主要因素之一。讓老師可以擺脫原先的設定內容，而能放心地與幼兒討論、結合幼兒的經驗去發展。

4. 每週「教學討論」。

5. 教師半日帶班，半日準備：由於沒有採用市售教材，老師需要有比較多的時間做教學準備，因此佳美所有的老師都是半日帶班，另外的半天是做為教學準備，如：教學討論、幼兒行為討論、補充角落材料、自製教具等工作。

佳美這一路走過來，歷經「傳統單向灌輸的教學」—「半傳統半開放的角落前期」—「角落反應單元的開放角落後期」—「強調戲劇與主題情境的開放角落教學」等四個階段。本文分析了這四個階段的緣起與教學理念、教室環境與課程的差異。這些表面看來似乎不同的階段，除了最初的傳統教學期外，從開放角落前期開始，其實都有它一脈相承的發展軌跡。整體來說，這發展軌跡其實就是一個不斷在尋求讓「幼兒投入學習情境」的過程。而怎樣讓幼兒投入學習活動，也正是教育最主要在追尋的方向！

參考書目

◆中文部分

尹少淳譯（民 81）。**美術，另一種學習的語言**。Elaine Pear Cohen 原著。湖南省：湖南美術。

王文梅（民 88）。它從哪裡來。**北縣教育雜誌**。台北縣政府。

吳福元譯（民 76）。**兒童心理學**。Jean Piaget 原著。台北：唐山。

佳美、新佳美幼稚園老師家長（民 84）。**與孩子共舞**。台北：光佑。

黃武雄（民 83）。**童年與解放**。台北：人本教育基金會。

劉玉燕（民 84）。佳美主題教學──一個從無到有的生產創造過程。台灣研究基金會主辦：世界幼教趨勢與台灣本土經驗研討會。

劉玉燕（民 86）。**四一○幼兒白皮書──在公平開放中發展幼兒教育**。台北：四一○教育改造聯盟。

◆英文部分

Constance Kamii, Rheta Devries (1933). *Physical Knowledge in Preschool Education: Implications of Piaget's Theory*. Early Childhood Education.

5 人文主義課程試探

～漢菊德

摘　要

　　從宇宙的創生論觀點看生命的起源，由此發現生命的目的和意義乃是愛——創造發生的情動力，而其過程則是創造。創造中有演化，演創不停地更替推近，使生命不斷提升。這代表外在力量和生命內在自主力的兩股生命力，可充分說明教育在生命成長中扮演的角色：教育最終目的是在尊重個體自主之下實現創造之愛。

　　創造的愛是積極的，在儒家便是踐仁的功夫，能踐仁的人，生命是圓滿的，人格是成熟而完整的。愛的教育基本上是人格教育。從自我探索與發展做起，從人我關係中培養對人的愛，從物我關係中建立對環境、自然的愛，在超我中找到不變的價值與永恆的愛，完成人的統合。生命各階層的發展需求是教育要配合的。

　　課程架構便在反映生命的各層面，從每個層面上實踐「仁」的內涵：愛（情）、知（知）、勇（意），以創造和諧的社會之愛，最後表現出居仁由義的真我。所以這是一種全人教育的課程。

　　全人教育講究的是感性的，也是理性的，也是感性與理性的統整。從自我開始，便要從身體起步，透過身體感覺，透過身體認知、思維，發展而成一個知情合一的全人。

　　教學示例可用以核對理論與課程架構，由於示例展現了教學方法，便可以與國內外類似的教學模式由讀者自行做比較。

　　這幾十年來中國人受到西方的衝擊很大，無論是哪個領域，幾乎都有西方的顯學在領軍，幼教界也不例外。我們當然要多方面學習，事實上這世界愈來愈小，一個人想要坐井觀天也是不可能的事，資訊大量、迅速的輸入是不爭的事實！但多方學習並不表示是抄襲別人的觀點，當然了，這顯示了一個人的創造動機。

　　筆者在發展課程過程中是從深層地反省個人的存在意義開始，進而思考生命的目的，生命創造的起源對個人生命的目的有何關係。逐漸，筆者形成了個人的宇宙觀和生命觀，對於教育者而言，筆者認為這不是遙不可及的抽象理論，這直接關係著對人的期盼和對教育的期許。

　　在探索中，筆者發現我國傳統儒學的價值，儒家思想是中國人的主流思想，對於筆者主張的宇宙創造之源──「愛」，有深入淺出的詮釋，此即儒家的「仁」。「仁」可以整合筆者的思緒系統，原因在於「仁」不只是簡單的經世哲學，它更具有形而上的意義，有些現代儒家認為它具有一種宗教意義。沈清松（民81）主張，作為一個中國人要重新生活於中國人的價值當中，筆者總是以傳統中國的價值觀，試著給與新的詮釋，賦予它新的時代意義。沈氏認為每個人透過了解自己的文化傳統，人才能返回他自我最深沈的部分。誠然，文化傳統是自我成長的基素，了解傳統價值就能了解自我的核心是什麼，也就是自我的創造源頭，對於筆者所提出的「愛」而言，「仁」便是中國人自我的創造源頭，這真是太貼切了！這正可以使傳統活起來，也就是沈氏所謂的「活的傳統」了。

第一節　課程發展的哲學背景──生命的意義與本質

一、從生命的起源上看過程與創造

　　一般科學家都相信宇宙孕育了原始生命，而原始生命則是人類演進的源頭。關鍵的問題是，哲學家和科學家們都一致關心的，生命是創造的、抑或演化的？達爾文的進化論的確使原來宗教上的創造說發生了動搖，否認生命的形成是外在於宇宙的、超然的造物主所創造。法國著名的德日進（P. Teilhard de Chardin）便以生物學上演化的觀點說明《人的現象》（李弘祺譯，民 78），認為人不但是演化而來，而且繼續不斷地演化中。他認為生命的發展是連續性的，不是突如其來的。簡言之，如果生命是從一個物質的「顆粒」到一個單純細胞開始，它就成了「生命自然的微粒」，經過分裂，重新組合而分化成不同的生命體。這分分合合的過程其實是非常緩慢的，德日進認為生命的發展是受到地球上的化學作用和勢力狀況的變化而發生的，生命應該在一個穩定的環境中按部就班的發展，所以發展應該是緩慢的、漸進的，等環境成熟時，才能提供「足夠」的條件使生命誕生或變化。而且由無生物到高等生命所共同的大分子，其複雜性和不穩定性也說明是經過長時間的演變，而大分子又是所有生命的基本元素。

　　中國雖然有盤古開天闢地的神話，但中國人對生命的看法卻採取演進的觀點，依杜維明（民 86）的解釋，生命的過程是一種自發的、自我生成的有機過程，它具有連續性、整體性及動態性。他以「大化」來說明所有的存在都在這演化的連續體系之內，而形成鏈條不會斷裂。由於生命是連續的，因此它是整體的，像一棵樹一

樣，德日進稱之為「生命樹」，這在中國哲學中處處可見，從人到天地萬物均被視為一體，如此宇宙不斷地擴展演化、「大化」，不斷的運行，譬如說「陰陽大化，風雨博施，萬物各得其和以生」（《荀子》〈天論篇〉）。無論是儒家還是道家均視「自然」為萬物，依存於同樣的環境，同出一轍，得之於和。

至於生命的動態性，更能說明生命的創造性，如果生命是靜止的，則一切都保持其原始狀態，或呈現最理想的柏拉圖形式，那麼萬物必是整齊劃一的，事實上生命的轉化是有脈絡可循的，這樣的轉化才使得宇宙多樣化。物種轉化必不會是靜態的，生命的歷程是自我生成的，有著無窮的轉化潛能，這就是創造的潛能了，這也是古人所說「不齊」的現象。《二程全書》中說「天下之理，未有不動而能恆者也……，唯隨時變易，乃常道也」。可見變動是根本的生命現象，顯現出生命的原動力，由一生二、二生四，無休止地延續下去，沒有變動就沒有連續，也就沒有創造的永續性了。

因此，演化說並不能否定生命的創造性意義，宇宙以緩慢的速度「孕育」出原始生命，再由原始生命演化成人，這轉化的現象又是什麼呢？轉化是緩慢的，因此由一個階段到下一個階段——人類——應該有過渡的臨界區，但轉化成功的那一刻，在德日進看來，必有「內在性」，意識方面的改變，他稱之為「人類臨界點」，他認為這種心靈的突變必伴隨細胞組合一起發生，也就是，物質合成狀態增加，同時也增加了對綜合後的「氛圍」（milieu）意識，各元素重新排組後也就改變了宇宙顆粒的性質——其意識狀態，意識對組織而言，演變得愈來愈重要。這種改變必有一個不同於前階段的關鍵時刻或「萌發點」，是「演化弧」上的一個點，而這個點可以是比光速還要迅速的。事實上演化鏈線不就是由無數這樣的點連成的嗎？德日進的說法是合理的，人實在是成於一瞬間。

這樣說來演化可以稱作「演創」了，它是整體性的，從整體上看它是慢吞吞演變，從過程上看，它是靠創造才延續下去的。赫胥黎（Jalian Huxley, 1958）（李弘祺譯）認為只談宇宙論是不夠的，應該談宇宙創生論（Cosmogenesis）。的確，從中我們可以看到過程是怎麼回事。赫氏認為人的演化和生物的演化是同一個過程，但

兩者之間有一個「轉捩點」（Critical point），在這點上演化起了極大的變化，使人進而為人，而創造了人的獨特性。

　　從生物學的演進論看，從中國哲學的宇宙創生論上看，生命的轉化過程中有創造。

二、從生命的目的上看創造的基礎——「仁」

　　天文學上說宇宙是由大爆炸而形成的。大爆炸是一團「氣體」，冷卻後形成生命所賴以演化的物理環境（中國人也相信「太虛」中先有「氣」，由「氣」生萬物。但是宇宙是否完全由物質所產生的？《列子》中的「無」是一種無形無色的，而這種無形就是「氣」的本體，它的變化產生形、色、力、智、消，以生萬物，所以杜維明認為「氣」（Vital force）是一種生命力，不是純粹物質的，而是身心交融的結構）。但是科學家認為生命創生的機率是極其微小的，法國天文學家達馬里和貝蘭在《人類起源》（*Principe Anthropigue*）一書中認為有利於生命產生的諸多條件，其機率是10^{-30}次方，比零還要小（漢菊德，民 86），所以他們相信生命是有目的的。這目的又是什麼呢？

　　中國的先哲老子以「道」為宇宙的起源，根據老子的說法，「道」乃是有物混成，先天地而生的，宇宙存在「道」的特性是：「寂兮寥兮」、「獨立不改」、「周行而不殆」，這些特性在韋政通（民 79）看來就是上帝了。由「道」——這個亙古永在，極靜無形，周而復始運動不居的天地之母——產生了陰陽二「氣」，再衍生萬物和二氣生人。所以道家認為在「氣」之前是先有一個造物主的。

　　老子的「道」並沒有善惡的意義，而「氣」也不是純物質的（它無形、無色，但卻具有「智」、「力」的特質），直到儒家才發現「天」的屬性——「仁」，也就充分說明了創造背後的基礎是什麼。易經中說：「天地之大德曰生」，而董仲舒解釋說：「人之美者在於天。夫仁也，天覆育萬物，既化而生之，有養而成之……察於天之意，無窮極之仁也。人之受命於天，取仁於天而仁也。」（項退結引述《春

秋繁露》，王道通）（民 65）。創造萬物的「天」與「仁德」是不可分的，「天」滋養萬物乃是本於「仁德」，又如易經上說：「天有好生之德」，這是人在體察「天意」後的發現，「仁」這上天之德不但使宇宙萬物生生不息，也使「天」和人得以結合，將「仁」貫於人的心靈便是人「性」，達到天人合一的境地。

生命若是缺少了「仁德」，徒有創造的生命力是不夠的、不全的，有「仁」為基礎，生命才算完整。縱觀自然界所顯現的原始生命力是阻擋不住的，所謂「野火燒不盡，春風吹又生」，對於人而言，一個徒有創發力的人，心理學家梅洛（Rollo May）認為容易使人自我中心、偏執狂、自戀與權威（蔡伸章譯，民 74），梅洛認為原始生命力無所謂好壞，也會像脫韁的野馬一樣是盲目的，會失去正確的方向。弗洛姆（E. Fromm）（林逸仁譯，民 77）卻認為先天的侵略行為就是一種自然的破壞力量，但只有當向善的力量——愛，受到阻礙時，侵略性才會顯出來。梅洛和弗洛姆對人性的觀點不太相同，前者較強調原始生命力的危害面，而弗洛姆則認為人有向善的傾向，但在侵略性的破壞性衝力方面，兩人是一致的。這都是因為人在生長過程中沒有受到愛的潤澤，沒有足夠的機會觸發到或「發現」創造生命的原動力：愛，所造成的不平衡。

根據牟宗三的解釋（民 65），「仁」就是「天道」、「天命」，人要以「敬德」、「明德」來表示和決定「天道」、「天命」的意義。《中庸》中說：「天命之為性。」是指天命下貫於人，成為人性；天就是人心，人以「誠」、「敬」來肯定「天命」、「天道」的道德秩序，「天命」是指在冥冥之中有個超愈的標準在。所以感受「天命」，就要承認一種超愈的「存在」，「天」是具備神性的，「天道」不只是透過「誠」、「敬」的功能而得以肯定，更是在「人的本體」（Substance）中肯定。牟宗三視「天」為一位人格神，但和西方上帝的不同，則在於儒家認為人可以經過「誠」、「敬」的實踐和作用直接與「天」合而為一，這和基督教不同，人若不透過耶穌，是絕無可能進入天國。

項退結（民 65）發現從一切萬物的本質到人心、人性，都為「仁」所澤被，可稱之為「泛仁論」（Pandianthropism）了，但他不相信宇宙萬物是可以相互溝通的，

必有一個超越自我意識的創造者，才能與人發生溝通，產生「仁」的關係；又從上文董仲舒的推論，認為人格神遠比宇宙本體更能滿足「仁」的需要。如此，人的自我意識可以與「天」溝通了。所以孔子要說「知我其天」、「知天命」，這也是牟宗三所說的超愈感，人能踐仁而與天產生「默契」。

「天道」是要靠實踐的，這使「仁」有了超愈的意義，人與「天」遙相契合，部分儒學專家如杜維明，採取西方儒學家的觀點，不以「天」為超愈的神，而強調「仁」的實踐層面。我相信文獻中孔子與顏回有某種超愈經驗，但我採信「天」的人格化乃是因為深信中國人不分庶民、天子，不論文人、雅士，在上香拜天的時候，心中所拜的不全是一個自然法則，而是一個可以對之喃喃低語，可以信賴，懷有無限善意的溫暖的「天」，這個「天」不是神是什麼呢？雖然這「天」絕不是西方的上帝。

中國人的「天」要靠行動來彰顯，要得「仁」不靠祈禱，而是直接靠個人的身體力行，目的不在為「原罪」贖罪，而在實現人性——自我中最真實的部分——牟宗三等認為那是真我（real self）。中國人的超愈經驗是人經過長時間自生活中得到對「仁」的經驗和體會後觸及到「天」的那一時刻，是由下而上的經驗，中國人要經親身探索去發現「仁」與「天道」。現代儒學專家中對「天道」與人的遙契性的解釋持有不同的看法，認為「仁」不應該像神靈一樣附在人身上，這樣就像基督教由上而下藉聖靈與人同在而踐行「博愛」了。牟宗三分析儒家的「天」、「仁」是人文主義的，基督教的上帝是權威的。因此牟宗三等人主張「天道」下貫於人，在筆者看來並非是指神附在人身上，這應該是一種誤解，而是指：人是「天」的兒女，「天」以「仁」創育了人，人體認了「天命」而得到「天父」的真傳——「仁」，就像兒女在成長中得到父母的特質，並不是父母的靈附在兒女身上。人要主動的率「性」而行，實踐「天道」運行的原始動力——「仁」，也就是愛。「天道」雖創育了萬物與人，但要等待人去發現，「天」雖被奉以人格神——「天父」，卻是個「開放的」、「開明」的「天父」。「天」是創造和愛。

第二節 教育的終極目標

一、愛的實踐──創造的愛

「仁」的人文特色在於「仁」的實踐上，它超愈了一般宗教的嚴厲性，雖然在涵義的層次上仍具有一種神秘感。多位學者計算《論語》中提及「仁」的次數：「仁」散見於五十八章裡，計有一〇五次（《論語》中第四九八章），有時是屬超愈性的，有時則屬實踐層面，不是單指某一種德行，而是指善的最高表現，一種完整又完美的表現。

子曰：「人能弘道，非道弘人。」（〈衛靈公〉第十五章二十八節），子曰：「仁遠乎哉？我欲仁，斯仁至矣。」（〈述而篇〉第七章二十九節），這些章節都說明「天道」──「仁」的可行性，「仁」不是那麼高深莫測，心想行仁，就可以做到，「天道」不會主動的宣揚給人，是要人主動的去發揚「天道」。

行仁，其實就是一種創造的行為，「天道」本著「仁」作育萬物就是創造的愛，但如果人的智慧只領受到了這生生不息的現象，那是不完整的生命力，而這種生命力與「愛」游離有時是有傷害的（已於前文討論過），古人發現了這生生不息背後的愛，才算找到了完整的生命力──天道創造的真機，創造的愛。

根據弗洛姆（王元明，民 79），人的本性是善的，這是「第一潛能」，如果人的潛能受到阻力不能發揮，才會有「第二潛能」出現，因此邪惡是良善受阻才會產生的，基本上人性有向善的要求和趨向。人的本性也有自發創造性，所以對人會有自發性的愛，也就是創造的愛。創造的愛是有健康的人格發展的人才會發揮出來的，是具創造性的人才會實現這種愛。當然它是主動的，它的最大特性是創造會喚起愛人的能力，是建設性的。佛洛姆為創造性和愛舉出了許多超愈性的要素來，譬如尊

重、關心、責任、知識，創造性的愛不是占有而是付出，生理上的不是愛慾，因而必會具有超愈的特質。

「仁」又該怎麼實踐呢？〈憲問篇〉第十四章三十節，子曰：「君子道者三，我無能焉：仁者不憂；知者不惑；勇者不懼。」孔子指出行「天道」──「仁」有三方面：仁、知、勇。如前文所說，「仁」的意義很廣，請容筆者將「天道」層面抽象的「仁」保留為「仁」，仁、知、勇的「仁」稱之為「愛」，以示區別，畢竟《論語》裡也明言「仁」就是愛，而「愛」是「仁」的表現，較「仁」更為具體化，理應屬於實踐的層次。

二、理想的人格

表 5-1　仁的實踐性

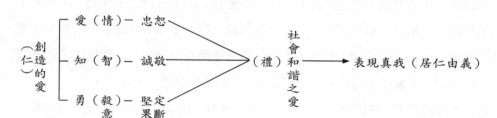

從孔子到孟子，乃至於宋明理學所給「仁」釋意，筆者試著以底下的系統說明「仁」的實踐性──如何發展理想的人格。

筆者認為仁、知、勇應該在同一個層面上，這就是所謂的「三達德」──上達於「天道」的三種德行。而孔子的「禮」和孟子的「義」則更為具體。孟子將仁、義、禮、智視為心之根，也就是指同為「仁」可實踐的基礎，筆者認為應該有層次的區別才是。

愛──它與人的互動有關，因為愛──「仁」是兩人以上才會產生的。發揮愛，在基本上與人相處要做到「忠」和「恕」。「忠」，是克盡己責的意思，對愛要有

責任感，「己欲立而立人，己欲達而達人」，有愛的人，不只在求個人得道，也要幫助別人成長。弗洛姆也主張愛的條件是責任和關心，責任是出自內心的回應，盡責任必定要活動起來，就像母親對子女的關心、責任，一定和活動結合的，並且是沒有條件的，這不正是「克盡己責」嗎？

「恕」，則是出於關心體諒，對人的了解到諒解，也就是一種包容了。關心和責任，對弗洛姆而言，也要尊重和知識配合。

知──也是智。知和理性有關，也就是說，行「天道」也要有理性或知識的幫助，否則便是盲目的。這也說明道德行為要以理性、知識為基礎，而知識的最終目標不是知識本身，而是在幫助我們達到創造的目標──愛。求知是為了愛──愛己、愛人、愛世界。

有智為基礎的愛是踏實的。智可由學習而來，有了知就會增長智能，弗洛姆認為創造的愛透過理性的思維得到知識。理性的思維是指除了事物的現象本質之外，還要包含第三度空間（陳秋坤譯，民70），理性不和實際生活脫節，也不只是現實行動的工具，它的功能是「知道」、「了解」和「掌握」，以理解的方式發現事物的關係，並深入事物的本質，找到事物的「意義」，進而據以推知未來，產生直覺。

可見理性會使人明理，會判斷、預知。而「創造性」的理性不會將認知的對象淪為工具或物化，而是對之有感覺的、有關懷的，不致忘記求知的終極目標，是一個有思維能力的智者。我認為知識不必只限定在道德知識上，與生活有關的知識，增進人類福祉的知識，一樣可服務人群，而「服務」就是愛的表現了，如果將知限定在道德知識上，會限制了認知的發展，這是中國窄化知識所造成的不良影響。

中國古人談知，是期望知能產生對「天道」、「天命」的直覺，這方面牟宗三已研究得淋漓盡致了。其實知除了對專門知識產生專業的直覺外，只要知識不限定在「內容」上，學習者能以創造的理性找到事物的關係，最後發現事理背後的意義，同樣會和創造的真理會合的。我們看到許多自然科學家領悟出宇宙的大愛，是因為他們具有創造的理性思維，也是做到了古人所說的「君子不器」，不為知識內容所限定，所物化。可見求知中，知、情要統合起來才能得到完整的學習。

　　根據唐居毅（錢穆等，民 65）的看法，從朱熹到王陽明，兩者的思想系統是有關聯的。其差別在於朱子將知識當成知識，行為（行動）是行動，知識不一定會發乎行動，而王陽明則認為知行是合一的。朱子將知行分成兩個階段，純粹的知是無好惡之情存在的，人要格物窮理以致知，這理，是事物（包括人）當然之理，譬如，朱子認為孝悌為當然之理，要對父兄等「物」顯出，格物窮理就是要仔細研究父兄的行為，了解何為孝悌。王陽明則認為孝悌之理在心裡（即良知），這「行為」之理即在心裡，行事也就屬於心了。朱子將研究的客體統稱之為「物」（包括了父兄），王陽明則以「事」為「物」。顯然，朱子為後人所詬病的是他將知識的客體隔離開，完全物化了，如此的生硬、刻板、缺乏創造性，就很難與「良知」結合了。

　　朱王二人都重視格物致知。朱子要人即天下之物，一一致其知，窮其理；王陽明說：「上達只在下學裡」，所以要「致良知」於事事物物之中。二人都是「下學而上達」，重視認知。

　　在格物致知之中要有省察、存養、已發、未發的工夫，也就是誠意、居敬、省察善惡是非及戒慎恐懼的工夫。其中王陽明將「正心」省去是相信心中本有事理。但若我們將「正心」看為調整心思，也應該是學習的準備，而「誠」、「敬」是學習時不可或缺的專心、認真的態度。

　　勇——孔子說「勇者不懼」，勇到底是什麼意義呢？專家們考察經文多處，得知勇並非純是勇敢之意。由於「仁」的包容性和涵蓋性意義，仁者便成既勇敢又敏捷的人。由於勇必須要和「愛」、「智」連起來，勇者便不再是有勇而不仁的魯夫了。一個有勇的人是當仁不讓的，他是「堅毅」、「果斷」的，勇往直前的，也是「毅」的表現。

　　相對於弗洛姆，便是他的創造的愛——一種充滿生命的活力。它是積極主動的，弗氏引述斯賓諾莎的話說：德行和力量是相同的東西（孟祥森譯，民 77），是人性（趨善）力量的實踐。

　　的確，「勇」使「仁」成為一種創造的愛，為「仁」注入了生命的活力。

　　三達德和我們教育上的知、情（愛）、意（毅）是相符合的，三者並重才能有

「仁」的完整表現，才會有平衡的人格發展。

「禮」──在一個具體的層次上表現出「謙讓」的行為來，是「仁」表現於外最重視的一環，所以孔子說要「克己復禮」，而顏回是誠摯的遵行著。「禮」是一種教養，但「禮」也常被我們批評為「吃人的禮教」，筆者想這是後人過分強調禮的形式的外在部分，而淪為教條主義所致，當然這也是我們最該警惕之處。

《論語》第三篇三章中說：「人而不仁，如禮何？」這說明「禮」需要在「仁」的基礎上，人要本著「仁」遵行禮，沒有謙讓之心徒有禮之外表就是偽君子了。「禮」的遵行必定出於對他人的尊敬和肯定。創造的愛的特性便是要透過對人的了解而表現尊重（respect）。禮乃是對尊重的表現。

此外，筆者認為「禮」也是追求社會認同的途徑之一，使我們的行為有一致性。禮是六藝──禮、樂、射、御、書、術的一種，凡此都是要身體力行的。禮可算從日常生活教育到國家、國際的禮節都本著謙遜辭讓之愛，身體的舉止言談都能清楚的被了解和接受，並被解讀為愛──了解和尊重。禮要成為創造性行為（愛），也必會激發愛的回應，使人人生活在彼此接納、尊重的默契裡，禮滋長了社會的愛，使社會更和諧。

創造的愛最後的階段是真我的顯現，一個人能充分的實踐了愛，就已經展現他（她）的本性，一個自然追求善的自我，這便是他（她）的真我，一個「率性」而行的我。他（她）的行為舉止表現都是合宜的，不偏不倚，無過無不及，他（她）是充滿活力的，彰顯了創造的本質，與天地合德。這就是孟子所謂的「居仁由義」。久居於「仁」，使人找回了真我，而能自發地將真我發揮出正當的行動──「義」，居仁由義行為變得自然而老練，到了這個境界，孟子解釋這是「由仁義行，非行仁義」（〈離婁〉下），仁義是自我的心體，不需外求、不藉外力。

創造的愛是順真我而行的，不是求自外在的權威、教條。所以一切行為自己負責，必須反求諸己，從事內省工夫，也就是自我的察覺，充分深切地了解自己，才能發現內部深層的真我。現代人文主義教育提供了我們深入又具體的自我省察方法，使我們達到「居仁由義」，想必比古人更容易些。

第三節 愛與生命各發展層面中的人格發展

　　許多心理學家為人的發展設想出一些階段，譬如皮亞傑的認知發展階段，依年齡分為四個階段，又如艾力克生（E. Erikson）以社會心理學觀點，按照順序從出生到老年提出各發展階段的危機，這些都是最珍貴的生命發展要點，雖然後來的學者對皮亞傑的觀點已提出質疑，同時也影響了今天的教育觀！

　　發展階段多採取不同的角度，譬如有偏重認知的，有偏重人格的。從艾力克生的八大發展危機中，我們可以得知，具體而言，在生命的各階段上，都是養成不同人格特質的適當時機，到最後才能聚眾德於一身，成為德行圓滿，能澤潤世界的完人。筆者將生命分成幾個層面來看，這是一種橫面的分法，這些「層面」大多數都會跨愈每個「階段」，換言之，在每個階段，都涉及到大部分的「層面」，雖然部分「層面」也會有年齡或「階段」性的影響。這些「層面」分別是：自我的層面、人我的層面、物我的層面、超我的層面。

一、自我的層面

　　從生命的「演創」觀看自我的形成，「自我」是在演化的轉捩點上，德日進認為人之為人是因為人對自己有了意識。人在一瞬間發覺了自己的存在，這是神秘的一刻，是創造的生命的火花爆裂的一刻──自我誕生了。雖然這一刻是長期醞釀的結果！

㈠自我與自我觀念

　　自我的成長是一種向善的改變過程，也是人格發展的核心，是人終身學習的課題。自我要靠自己與周遭環境的互動而成長，別人如何對待自己，從一開始人就會

透過身體、知覺感覺到及意識到，而這些便成為自我認知的基本參考，不斷地接受新的資訊，加以比對、選擇而加添、豐富自我的資料庫，形成自我與外界的互動依據模式。可見自我要健康的成長，要有健全的環境才行，而健全的環境最重要的便是人所提供的、生命賴以滋長的——愛。愛是健康的自我觀念的來源，愛使人以正面價值對待他人而建立了有利於他人自我成長的正面的自我觀念。我們常說孩子是看著我們的臉長大的，而我們的語言更是他們健康成長的基素，年幼的孩子要從別人那裡看自己，這也就是 C. H. Cooley 所謂的「鏡中的自我」（Looking-glass self）以及蘇利文（Sullivan）所謂的「reflecfed Appraisal」，隨著年紀，逐漸會自己看自己。所以自我成長有賴於人我關係。

㈡自我與身體

此外，身體更是自我形象的一部分，也是最基本的部分，孩子認識自己的身體是從感覺身體開始，孩子要和大人有身體上的互動才會感受身體，所以父母的觸摸是很重要的。身體形象因為納入了自我觀念，所以會影響到自我的信心、與他人的關係，乃至於整個的人格發展。

中國人也很重視身體，所以說：「身體髮膚，受之父母，不可毀傷。」儒家強調「仁」的實踐面，就是重視「體驗」身體的操作。因此，其身體的意義雖然並不在身體的自我形象上，而在自我的成長上，卻是重要的一環。譬如，孔子提出的六藝——禮、樂、射、御、書、術，是重視身體動作的教育，又如：「吾日三省吾身……。」其實是指行為，也就是將行為和身體看成一體了。孟子說：「反身而誠。」是指反省的意思，一切的行為、心思都與身體結合。自我成長——「由仁義行」，都由行動開始，修身的工夫即在於此。但「身」、「心」二者，儒家比較重視「心」，稱「心」為大體，「身」為「小體」，但杜維明的解讀是，我們不能只求滿足身體的慾望，如此我們就不能發揮人心的潛能了。所以，他引用了這句話說明如果我們修養「心」，「身」也會得到充分的發展（《孟子》卷七（上）第二十一章）：

「君子所性，仁義理智根於心，其生色也睟然，見於面，盎於背，施於四體，四體不言而喻。」

心靈的修為表現出來成為身體的語言（杜維明，民76）。

心理學家們認為心理、情緒的狀態會直接反映在身體上；反過來，身體的狀態也會影響身體。所以透過身體，可以表現情緒和思維，而身體與外界的互動，可以拓展認知領域和建立和諧的情緒世界，反求諸「身」，更能發掘無窮的成長資源……（《探索身體資源》，漢菊德，民88）

㈢自我成長的基本條件

自我健康的成長基本上要在生命初期便要開始獲取安全感和信任感，並且養成自主能力、勤勞、好學，並感受到尊重。

艾力克生認為嬰兒在飢餓或需要我們的時候，如果他（她）的啼哭得不到回應，他（她）會產生一種對世界的不信任感，當然也會成為他（她）人格的一部分。其實年幼的孩子經常經驗到成人世界對他（她）的不理不睬，他（她）也會產生不安全感。不信任就沒有安全感，譬如對婚姻的不信任會使人生活缺少安全感，不安全、不信任，使人採取防衛性和逃避的行為，使人不友善和缺乏信心和鬥志。

艾力克生也提出了勤勞、自主的重要，在成長過程中，如果一個孩子凡事有人代勞，凡事由父母、師長決定，他（她）會失去學習的機會，學習用心作決定、做選擇，學習勤奮，這些都是他（她）一生中自我成長的資產。傳統中國的教育就鼓勵孩子學習生活中的「灑掃、應對、進退」（子夏之君子之道——〈子張篇〉十九～十二），主動、勤勞是儒家最為人稱道的，如孔子曾說：「愛之，能勿勞乎？」（〈憲問〉十四～十八）愛護子女就要讓他勤勞。

成長中忽略了這些特質，人格形成被動、凡事懶得動腦筋，更由於無機會在學習過程中得到肯定，而得不到信心和受尊重的感覺，成為學習與情緒發展上的阻力。

總之，在自我的層面上，大人缺乏關愛，而未給與子女正確的教導，就會有這些危機產生。而這些人格特質有可能跟隨他（她）一生，如果他（她）沒有時機察看自己的話。

此外，自我成長需要有學習的能力，諸如閱讀、理解、判斷、觀察、分析、歸納等等，這些能力要自幼培育，能力隨著年齡增長，成為學習的利器。

好奇、興趣是學習的動力，在年幼時要得到滿足，捨此，學習便顯得被動而沒有效率。各種能力發揮得好，會增加信心和成就感、個人的價值感，同時也會得到應有的尊重；反之，若能力不足，或工作超過個人能力太多，會使人有挫折感、自卑感、無價值感等負面的感覺。無論正負面感覺，都影響到個人的自我觀念。

社會情緒與社會能力也是成長的重要條件，留待下文討論。

㈣從自我到真我

自我的成長中，自我觀念具有最大的影響力，教師、父母不但隨時要給兒童正面的語言幫助他們成長，而且要幫助他們省察自己，深入了解自己，調整別人所造成的自我觀念，年幼的兒童是不會自我省察的，如果任由不正確或不健康的自我觀念發展下去，自我成長就會受到阻礙。

自我察覺可以探索到自我的深層的內部，個人的潛能、感覺、情緒，而發現真實的自己，平時帶著面具的自我，此刻全部取下。自己認識了平時隱藏的想法、感受，此時都揭露出來了，重視檢查和調整，自己應該如何處理這些問題？如何誠實的對待真實的自我？

中國人將人性當成真我，如前文所述，是得自天道、天命的本性，發揮善良的本性，就是找回真我，發揮真我。我們深入的探索自我，就會發現內在原有的愛。探知真我使我們更能自主、更忠於自己、珍愛自己，自我更能表裡一致（coherence）、統整，當然，更會有愛心。

自我是一個非常廣泛的話題，自我是根本不能分出來單獨討論的，自我必定會

涉及到他人和文化。簡單的說，在這個層面上我們要：發展健康的自我觀念，透過身體了解感覺、情緒及身體形象，經由社會互動發展社會情緒，培養各種學習能力及自主、勤勞、好學、自信等特質。

自我的危機是：不健康的自我觀念、感覺遲鈍、學習力低、散漫不好學、依賴、沒有信心、自尊、不了解自己、盲目等。此外，在馬斯洛（Maslow）的需求體系中，生理的需求未被滿足，則會有匱乏性的疾病，則不在話下。

二、人我的層面

人我關係是自我成長最重要的一個層面，而儒家思想也以人我關係為其主要議題，但是我們在人我關係上是否發展得很好？在這個層面上，人到底應該有什麼樣的發展？

(一)「真誠」的人際關係

宋周敦頤說：「誠，五常（仁、義、禮、智、信）之本，百行之源也。」這是指「真誠」的意思，而「五常」實則是在人際關係中的表現，真誠是所有行為的根據，與人互動本之於真誠，表現出仁、義，事實上也是成聖之道。

孔子也在多方面的事上表達他對真誠的重視，譬如他說：「益者三友，損者三友：友直、友諒、友多聞，益矣；友便辟、友善柔、友便佞，損矣。」交朋友的條件是真誠，諒解別人，見聞多。而對於侍奉父母，也不能只在奉「養」上，他提出了「色難」的問題，是指表情、態度上的困難，而表情、態度則是真誠之表於外，表明要從內心的真誠做起。

「真誠」實在是人我關係的最基本，羅傑斯（C. Rogers）在與人交往及助人歷程中，主張首要真誠，真誠對待別人和自己（孫大川譯，民 79）。在他個人的成長過程中，我們看到他與人相處的真誠，以及如何成為他自我實現的動力和基礎。他

說，自經驗中發現，如果他有意要營造出真誠、尊重、了解的氣氛時，就會發現四周的人從僵硬刻板轉向靈活變通，生活也會從一成不變而轉向尋求發展，也使依賴變成獨立，保守變成有創造傾向，而這些都使得通往自我實現的道路更為容易，當然更會大大地促進了自我成長。

「真誠」是如此的重要，它使人我之間有更深入的了解，透過了解的建立更能彼此接納和幫助，彼此了解增進人際關係，消除了孤獨、無助感。「真誠」對待自我，使自己內外一致，面對內在的問題，進而解決問題，真誠使自我察覺更為清楚，更能坦然接受自我，發現自己的潛能和價值，找回自我。從個人到他人乃至於邦國，「真誠」都是受到鼓勵的。

(二)「認同」與歸屬感

人我關係有助於發展認同感或歸屬感，早期人類對一個人最大的威脅大概就是把他（她）逐出族外，對這個人而言，這無異是面臨死亡的時刻。現代人雖然身在人群裡，心理卻是孤獨的，當然原因很多，對社會缺乏認同感或歸屬感是很重要的因素之一。

艾力克生提出「認同」問題，使我們正視了這個問題的嚴重性，在青少年開始成群結黨的時候，就是建立認同感的時候，兒童和青少年最擔心自己不被接納，擔心自己被視為「異類」。這樣的感覺使人無法融入社會團體，而會有一些相關聯的情緒產生：不快樂、不被尊重、不被重視、不受歡迎、被排斥、孤單無助感……等。對兒童而言，可能會導致一些消極的行為，如逃避、退縮等。此外，認同感形成自我觀念，模糊的認同感自然會使自我觀念不清楚，如，在台灣的中國人也有國家認同問題，不但影響到個別國民的自我觀念，也影響到國家在國際間的行為，及外國人對個別國民的態度，國民本身徬徨的情緒等。

所以認同感及歸屬感是健全人格發展重要的因素，也是培育有創造性、生產性的愛的基礎。但孔子提出了一個問題（《論語》十三～二十三）：「君子和而不同，

小人同而不和。」意思是德行好的人與人和諧相處但不同流合污（或結黨營私），德行差的人只會同流合污而不能和諧相處。這似乎指出了某些青少年或某類人的認同方式，彼此有爭執卻認同同一個不為社會所認同的集團，使個人認同成了問題。個人所認同的小團體必定要在整個社會價值體系內，為社會所接納的前提之下，認同感才有助於健康自我的成長，而這就需要靠理性與智慧之助了。

總之，在這裡的危機是造成對自我的疏離，及對社會的疏離。

㈢建立親切關係及親密關係

人我關係中最親近的莫過於家庭成員了。全世界的人都知道中國人是最重視家庭關係的了，尤其重視子女對父母的孝敬。在論語中這些教導屢見不鮮，譬如，「父母之年，不可不知也：一則以喜，一則以懼。」（〈里仁〉四～二十一）又如「父母在，不遠遊；遊必有方。」（四～十九）「三年無改於父之道，可謂孝矣。」（四～十九）父親過世後，也要遵行他的話。韋政通（民79）認為這是那時中國是以單系親族組織為原則的社會已經定型，這種親族組織是以父子為主軸的，所以其倫理關係如夫婦、長幼、君臣、朋友，都以父子關係為準繩。單系家族也必須維持長幼的順序，如「入則孝，出則悌」，要求孝順父母之外，還要尊敬兄長。到了孟子又強調孝親和事親。總之，孔孟將孝悌視為「仁」的實踐：「仁之實，事親是也，……」而且是不能違反的，孟子說：「父母之不我愛，於我何哉！」父母不愛我，我也一樣要侍奉他們。

從這些簡單的幾個例句裡，可見父權之大，旨在維繫社會秩序、鞏固父權，父母對兒女實際上是有些「養兒防老」的心態，要求兒女絕對遵從他們的意思行事，這樣的倫理觀念現今已完全不復存在了，試想，一個要求絕對服從的家庭，加上刻板的「禮」的要求，會造出什麼氣氛？我們從未聽過過去親子間有什麼親密的談話，只知道夫妻有相敬如「賓」。如今我們看見做子女的對父母叛逆不孝，反而願意提倡恢復孝道，但是與其說恢復孝道，不如說倡導一種同理的溝通方式和民主的、平

等的家庭環境更為貼切，因為權威的可怕在於子女對它的內化，及權威造成的自主能力的喪失。做父母的絕不可能再回到過去的嚴格局面，親切和親密的親子、夫婦、兄弟姊妹之情必須建立在同理、體諒、平等溝通的基礎之上。

人文心理學家們提出了豐富的人際關係的理論與方法，不分是家庭成員、同儕之間、朋友之間都可以學習溝通和人際關係之道。譬如學習同理心，學習如何真誠的面對自己和他人，使溝通有效，學習身體語言和透過身體溝通，學習以身體與人接觸——擁抱、撫摸等，凡此，都在教我們更深切地將愛傳達出去，這些都是儒家望塵莫及的地方。

㈣同理心及離中心思維

孔子曾說：「毋意，毋必，毋固，毋我。」就在告訴我們和別人交往不能武斷（意），不能教條主義（必），不要固執己見（固），不要自我中心（我）（杜維明譯，民 86）。時至今天，這些觀點在人我關係中還是十分受用的。這不正是溝通的須知嗎？荷妮（K. Horney）（李明濱譯，民 74）認為人際關係中的危機就是自我中心。

前文中談及的「忠」、「恕」之道，也是人我關係的基石，如果我們都能做到這些，透過「愛的交流」，家庭、朋友之情已不在於權威與服從，而在於愛、尊敬與關心；人我之間不再是膚淺的形式主義，而是建立在各個成熟人格之上的建設性的愛。

整體而言，人我層面上要發展的是認同感、親近及親密關係、真誠。離中心的思維，其危機則是疏離、自我中心、認同感缺失或模糊。

三、物我的層面

這是人與環境關係的一面。從中國人的宇宙論裡可以看出中國人如何看待物我

關係，宋周敦頤說：「（陰陽）二氣交感，化生萬物，萬物生生而變化無窮焉。」因此人和自然萬物是平等的，人不是上帝按照自己的形象創造的，所謂「萬物皆備於我」，強調我與萬物的相同處，「我」具備自然一切的稟賦特質（當然也有異於自然者）。這個觀點並非表示我們還停留在原始宗教的形式，不錯，原始宗教由此作為起點，但原始宗教演變成對動物的崇拜，並有正式的崇拜儀式，原始的中國人是農耕民族，所以是拜蛇的民族，由蛇再神化成龍，終於成為中國人的圖騰；但中國人卻超愈了圖騰崇拜，領悟到「天」才是真正「作育萬物」的創始者，而發展出獨特的人文主義思想。中國人重視人與自然的關係是本著「悲天憫人」、「仁人愛物」的情懷而發的。

中國人也是三位一體，那就是天、地、人合而為一，也就是說人的氣息、脈動與天地是一致的，而人的心思能體會到這種協調感而與之互應，正如梅洛所說的，大自然的脈動與我的心跳節奏是如此一致。這表明人與自然同授之於「天」的自然生命力，這就是我們建立物我關係的基礎，也是我們要發揚光大的。

如果一個人做到「悲天憫人」、「仁人愛物」，可以說已經超愈自我了。因為他（她）的悲憫、他（她）的愛是針對寬廣的宇宙，是永遠的未來，而他（她）所領會到的和諧，是宇宙生命原有的和諧、平衡，失之，則失去了生命。用余德慧（民81）的話說：「天地有靈，天地有情，人不再視之為工具。」

除了對自然的關係外，人與自己親手創造出來的物質文明及環境也會影響到自我的成長。馬克思主義者及法蘭克福學派弗洛姆均看到西方資本主義的市場文化及科層結構所帶來的問題和弊病，人如何被物質所牽引，所物化。

弗洛姆認為西方資本主義以市場決定經濟和社會關係的標準，而貨物價值又以生產技術和勞力為其成本，因此人的技術和勞力變成可計算的物品，非人性的科層制度使人疏離了，而且喪失了個別性。

克服疏離及防止物化最重要莫過於加強感性教育，也就是情感教育。情感教育不是傳統的認知，而是透過身體與環境的接觸，體會感覺及環境所引起的情緒，如此，經過一番深刻的接觸而體會出對環境的感情。情緒教育還可以發展成藝術欣賞

及創作，產生對環境的喜愛之情，發現環境的美感。當然，人與人的身體接觸更能深切清楚地體會彼此的感覺，增進對自己與別人的了解（已於前文談過）。

筆者認為這是克服疏離感和物化最深入、直接的教育，因此，如何肯定自我、發展個別的獨特性，是教育者應努力的工作。

總之，在物我的層面上我們要發展：對自然的關愛、欣賞和有美感，對人、物的悲憫情懷，發現自我之獨特、肯定自我。

其危機是：對人、事、物漠不關心的疏離感，沒有自主、利己主義、工具主義、物化。

四、超我的層面

從中國的宇宙論裡已清楚地說明了人性與「天道」、「天命」的遙契性，此處不再贅述。據此，孔子提出了「三畏」，就是「畏天命，畏大人，畏聖人之言」，畏就是敬畏之意，要對這三者存有敬畏的心才能成聖；而成聖即所謂「內聖」，是儒家最高的人格成就的理想。「聖人」、「大人」又是什麼樣的人呢？他們是言行高潔完美，擁有未曾被物化過的「真我」和「仁」的完整表現的人，這樣一個人所關心的是眾人的心靈生活。我想這不是每個人都容易做到的一個標準，至於顏回與莊子的超愈經驗，更是望塵莫及了。

根據弗洛姆、馬斯洛等人對自我實現的看法，是一個人能將自己的潛能充分發揮出來，投入自我的工作，在工作中得到滿足，並使別人受益，這時一個人的工作已經不再純粹是為了自己，也是為了別人。因此，自我實現就已經超愈自我了，可見人文主義的超我是實際可行的。所以我們崇敬儒道德行高潔圓滿的人，但我們更願腳踏實地做一個平凡的、同樣是悲天憫人的、愛人愛己的、在行動中有積極表現的人。

自我實現的人並不是完美的人。筆者認為自我實現是否可以歸於超我的層面，要看一個人的成就動機或心態。荷妮發現在工作上自大型的人對人冷漠，對工作卻

過度投入，而對其他事沒興趣，他是一個投機主義者，只對工作的外在收穫——成就、威望、勝利——感興趣，他只在控制或征服工作，而不是在充實工作。誇張型的人又過分想像自己很重要，對自己有過多不實的期待、過分的表現慾。因此，筆者想「真實的」自我實現的人除了實現自己的能力、興趣外，必須和超出自我的、對人的關懷相結合，會覺得某些事很重要，需要有人去付出心力，一種以服務為出發點的動機，才能算是達到了超我。一個人有服務的動機並不一定來自超愈的經驗或高峰經驗，他（她）可以只是人格成熟的表現而已，是人人可以做到的。

高峰經驗是可貴的，是追求超愈的人所羨慕的。它可以幫助個人接觸到或感受到宇宙的大愛，使人真實的感覺到心身合一的忘我境界，和一種高度的愉快狀態，而清楚的體認到這種感覺乃是純粹來自無名的愛——創造者的愛。這種深切的感受，使人更能愉悅地發揮他的愛。所以高峰經驗幫助一個人淨化自己的行為動機，進入超我的層面。

馬斯洛認為（莊耀嘉譯，民79）有自我實現的人是常有高峰經驗的人，但是我認為得不到高峰經驗的人，一樣可以透過學習、了解而發展對事物的洞識力、領悟力及高級社會情緒。譬如，學習民族的神話、文化、生態的演變、人的社會問題等會產生對人、環境的關心和愛，培養出憂患意識，進入超我的層面。這就是認知學習的重要角色。但學習不能止於物理性的知識，也要有感覺情緒、價值的相關探索，不只是用腦，也要靠身體、心。

這是務實的教育者所應該做的，追求高標準的聖人境界及透過高峰經驗成聖都是沒有把握的事。

總之，在這個層面上要有「真實的」自我實現、利他主義、關懷文化、對人及環境有憂患意識（至於超愈經驗則不是必要的）。

其危機是：自大、浮誇、虛榮、有操控及征服慾、不當追求高峰經驗而引起的精神疾病。

第四節 課程結構——教育內容

根據上述自我的層面，筆者將課程以下表說明其系統結構體系：

一、就內容上看課程

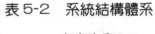

表 5-2 系統結構體系

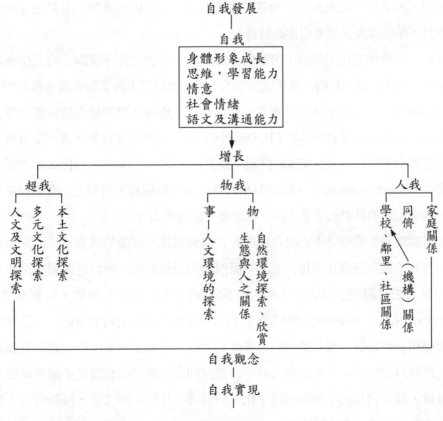

自我發展

自我

| 身體形象成長 |
| 思維，學習能力 |
| 情意 |
| 社會情緒 |
| 語文及溝通能力 |

增長

超我
人文及文明探索
多元文化探索
本土文化探索

物我
事——人文環境的探索
物——生態與人之關係
自然環境探索、欣賞

人我
同儕
學校、鄰里、社區關係
家庭關係
（機構）關係

自我觀念

自我實現

成為一個人

二、這是文化的，也是倫理的

從人我、物我，到超我層面的課程內容呈現出一種新的倫理體系。以維高斯基（Vygotsky）觀點來看，這根本是文化的。從自我的發展上看，人的心智是「超愈皮膚」的（beyond the skin）（Daniels, 1996），維氏認為人不能自動的、完全不受外界影響的情形下發展，而這影響的根源（不僅是環境），就是文化了。無論一個人多麼獨特，多麼個別性，他生來（inherently）就是社會文化的產物，文化就是人類的生活，人如何能擺脫文化的影響呢？自出生的那一刻起，便受到文化所賦與父母親的教養方式和態度，而生長中的語言、溝通方式、思想模式等無一不是在文化中學習，並且不斷的以文化調整自然的特質。

誠然，人脫離文化不但是不可能的，嚴格說，缺少文化「薰陶」的人也會顯得空洞，常見文字修養不夠的人無法做深度的思維，更談不上創造新的觀念和思想了。在自我的層面上我們重視語言、溝通、社會情緒、思維及學習能力這些基礎能力，都是在文化中獲得。但是丹尼斯（H. Daniels, 1996）注意到文化對發展可能會發生的問題是容易出現優愈感與自卑感的問題，他說維氏學院的Tulviste提出人類的活動有「多樣性」（heterogeneity），因而有相對性，人會接觸到不同的文化而不只是本土文化，各文化間的貢獻和成就不同，就會產生優愈和自卑。

這問題使筆者想到這不正是我們的教育終極目標所面臨的挑戰嗎？因此筆者想我們的教育不能只注重在文化內涵的知識層面和心智能力，不能忘記藉由這些知識及認知能力去「發現」個人和人與人之間的關係究竟應該怎麼樣。麥德莫（J. J. McDermott）指出（Lipman, 1993），我們必須了解年幼時的自我覺識，是在顯示傳承的生理和社會特質，傳承的制約力是強有力的，這就是傳承所形成的社會脈絡。每個人都有自己的脈絡，而每個人都在這豐富的自我覺察的資源裡不斷認識自我、充實自我、修正自我，不斷的省察文化中的價值，比較不同文化，得到啟示，如此使自我成長，形成自我的獨特性。

　　而現今的教育卻給兒童成套包裝好的東西，使他無從審查、比較。筆者認為這是文化產生偏見的原因，我們強調了對文化的認知和文化的心智培育功能，卻忽視了文化中的人際關係和情感。我們要培育的是「愛」文化──也就是「愛」人類的人。

　　南海實幼的新倫理體系，強調的是文化中的倫理。倫理是有情、有理的，新倫理是以現代的觀點看傳統中國倫理（見前文）。因此，文化不再只是心智成長的工具。在新倫理中：

　　　　人我關係：要反（傳統）威權、反疏離。
　　　　物我關係：要反役物，反物化。
　　　　超我層面：要反種族主義，反偏見。

　　在「人我」方面，除了家庭外，同儕關係、學校或工作的機構的文化，以及鄰里、社區的互動卻屬於一個人生活範圍內的社會關係。而現代人的疏離主要見於這個層次人際關係，所以要加強「人我」層面的課程，以恢復中國傳統的從家族之間到鄰里、社區的親近關係。

　　社區文化也包括社區內的人文環境，如各類市場、廟宇、商店，乃至於古蹟，都與個人生長的背景息息相關，也是「自我」的重要脈絡與資源。

　　在「物我」方面，包括自然與人文環境兩方面。筆者納入王陽明的看法，將事件以「物」看待，這就是人文環境探索，是指一些社會現象與問題的觀察、探討與澄清。而自然部分也不限定在物理環境，要針對人與物理環境的關係去發展，已於前文談過。

　　在「超我」方面的內容是以構成自我最深層的部分──文化為主的。將自我發展成大我，使自我能無窮盡地延續下去。但是，除了自我的本土文化之外，要重視多元文化，認識、學習和接納多元價值，使自我更為充實而有彈性。同時要在豐富的整體人類文化中探索，開拓宏大的世界觀、包容的胸襟，及對人類的責任感──

大愛。

三、從架構上看課程

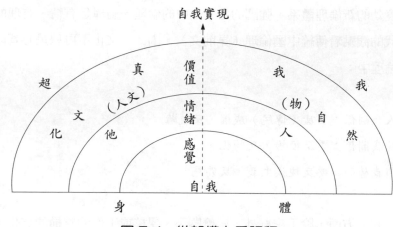

圖 5-1　從架構上看課程

（取自《探索身體資源》，漢菊德，民 88）

㈠課程是統合的

　　自我的成長有賴於人我、物我及人與文化的關係，而自我、人我、物我、超我課程不是分開實施的。在南海實幼雖然每個月有一個主題，由於只是限於準備資源，同時，也由於有其他資源一起呈現，所以幼兒可以在諸多選擇中決定自己有興趣的學習主題。主題所涉及的是涵蓋各領域的，以及統合各層面的。也就是說，主題活動包含認知、情意、語言、肢體等各方面的發展，其內容從自我到超我各層面均可能在同一個主題中涉入。月主題是教師根據課程各層面推介的基本的資源之一，教師不限定幼兒的探索範圍，幼兒不選擇與月主題相關的主題，同樣可以接觸到課程各層面的相關內容，因為無論哪個題目照樣可以統合各層面，教師要根據幼兒的選

擇再提供新的資源。

㈡結合理性與感性

　　統合是一個全人教育的理念，籠統地說，統合是統合知性與感性，統合身、心。由於自我的發展層面不是階段性的，更沒有必要分割，圖表所顯示的只是指自我的範圍逐漸擴大。羅傑斯（1983）主張：「有意義的學習，調合了邏輯『和』直覺，智能『和』感覺，概念『和』經驗，觀點『和』意義，我們若這樣學習，我們就是『完整的』了，我們發揮了所有的屬男性的及屬女性的能量。」

　　羅傑斯批評我們的教育只偏重認知，即左腦的活動，所強調的是部分而不是整體、邏輯的、一步一步的、直線式的。的確，邏輯是分析的，分析使知識支離破碎，學習得不到整體的全貌，也就是知識的意義。意義被忽視了，知識沒有把握到意義便容易淪為工具。他把這個當成男性特質。

　　所以羅傑斯主張我們同時要重視右腦，這是屬於直覺性的。直覺是以整體完形的方式運行的。他說，直覺讓我們把握的是整體的精意而非細節，直覺使人看到暗喻，使人有審美觀而非邏輯，使人有創造力。他認為這些都是女性特質。

　　筆者姑且將前者歸為理性，後者歸為感性。的確，我們的教育，誠如羅傑斯所說的，過分的一面倒向智育，在中國尤其嚴重。宋明理學家對「理」的倡導有八百年之久，到了清朝終於引起戴東原的反彈，而提出一個「情」和「慾」字，在當時是多麼叛逆，但這是具有革命性的想法！造就一個全人就必須兩方面並重，透過身體的探索經驗，感覺的深度探討，加上思維的判斷、比較，綜合出價值體系，而此一價值又要經過身體的實踐，再度的進行感覺、情緒的探討，和接受檢驗和修正。這是知行合一的，感性中有知性，知性中帶有感性。

　　南海實幼並不否定知性的重要，前面也曾談過，中外學者都主張知識會產生老練的直覺。只是在此感性受到普遍忽視之際，要特別提出感性不可忽視的一面。

　　總之，南海實幼的課程從內容到架構的特性有：

1.統整的：幼兒的主題為中心統合各層面及各領域發展。

2.知性與感性合一，兩方面並重。

3.重視人與文化的關係：文化是各個層面自我發展的背景。

4.重視人與人、物、文化中的倫理意義和精神，以把握住教育的終極目標和方向。

第五節 教學過程

一、教學流程

活動發展過程，僅以下面簡圖說明：

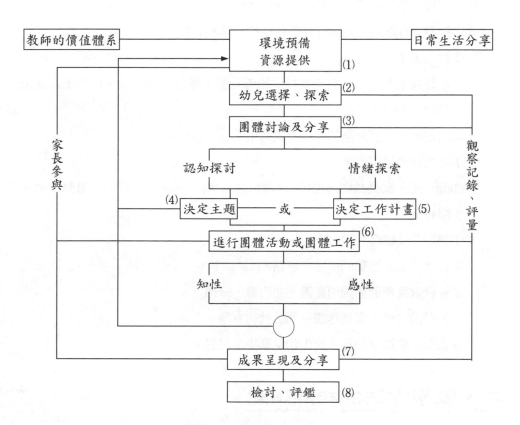

圖 5-2 活動發展過程

以下簡要說明教學流程表：

1. 教師根據幼兒生活分享及見聞中有興趣的部分及新倫理課程內容準備資源於教室各區、公共學習區及社區資源。

2. 幼兒自由探索或參觀。

3. 團體分享見聞及討論所發現的問題，有知性和感性的。

4. ⑴討論後決定要延續的主題。

   ⑵教師針對幼兒決議之主題做「資源網路」，並提供初步之資源。

   ⑶幼兒探索新資源，回到團體討論。

5. 決定接下來的計畫，並按計畫逐步實行。

6. ⑴團體執行計畫，並做知性及感性的分享和討論。

   ⑵完成工作。

   ⑶繼續探索教師及家長再度提供的新資源，進行分享討論，做新工作計畫，執行，完成。

   ⑷周而復始，直至全部工作完成為止。

7. ⑴師生計畫呈現成果之方式。

   ⑵師、生、家長共同籌畫結束活動，如劇場、展示場、賣場、遊戲活動、品嚐會等。

8. ⑴總評鑑及綜合、檢討。

   ⑵與全體檢討活動的優點和缺點。

   ⑶綜合討論整個活動的意義，並回憶、歸納。

   ⑷教師請幼兒、家長建議下個活動的方向。

   ⑸教師整理觀察記錄，做出幼兒進步之記錄。

二、教學方法的相關論點

根據自我發展的各層面，從自我、人我、物我、超我的課程內容，再配合時令、

節日、預備資源。基本上教師不設計活動，這樣的流程是根據以下幾個觀點發展而成的。

㈠學習從經驗開始

人文主義雖然不是以認知理論為主，但其人文精神則有助於發展一種建構式、以兒童為本位的教學。其基本主張在於個人都是主動的學習者。羅傑斯（1983）反對沒有生命的、空泛無用、隨學隨忘的填鴨教材灌輸給排坐整齊的無助的學生。他心中的學習是「發現，是從外界納入的，和內在『我』的真實部分所形成的」。他認為這樣的經驗才有助於學習者進步，因而學習是有意義的、有經驗的。

知識本來就從經驗而來，觀念若沒有具體事物為依據，觀念是空洞的，甚至無法形成。許多的原理、原則都是從實物的觀察而得來的，經驗提供了學習的原始資源。杜威說：「經驗不是一種呆板的、封閉的東西；它是充滿活力、不斷發展的。」（賈馥茗譯，民 78）的確，經驗不是停止不動的，而是連續不斷的。當然有些經驗是負面的、狹隘的、不利成長的，為了避免這現象，學校要提供兒童有發展性經驗的機會，也就是要擴大兒童的經驗，讓兒童多方面看，多方面接觸。這也是杜威說的「教育是經驗的解放與擴充」（賈馥茗譯，民 78）。經驗的開放，見聞增加，使思維細膩、層次提升，觀念形成更可驗證、更圓滿。

南海實幼提供幼兒多元的資源，方便幼兒從中探索，獲取多方面的經驗，南海實幼的資源有：

1.配合每月主題的資源

部分主題便是來自課程中自我發展的各層面，以及季節、節日。資源種類有圖書、影帶、園中自然設施，以及教師每月提供的社會資源參考資料等。

2.配合幼兒發展需求的資源

教室內及公用教室內的大、小積木，各類小樂器、語文設施、室外及公用教室內大動作運動設施、藝術創作設施。

3.自然結合人文的資源

室內有造紙設備、科學遊戲及玩具之設計、編織、養殖設備，室外有種植園、家禽、中式庭院的城牆、涵洞、烤肉設備、沙坑、池塘、小亭，各類花草、果樹、香蕉、甘蔗等。

以上設備前兩項中部分要經常更換，至少每月換一次，以保持經驗的更新、增長。南海實幼同時把握住經驗開放的廣度，資源不限定於主題上。此外，幼兒的家庭生活經驗回顧和分享也是重要的資源。

㈡學習來自此時此刻的興趣

有效的學習必定是人性化，而人性化的教學是適合幼兒的，幼兒喜歡的，發自內心的興趣，而不是教師和家長安排好、預先計畫好的，南海實幼雖然有每月主題，但這是資源中的一部分，並且只限在資源提供上。因此，由於資源的開放，幼兒的興趣不會被限定在月主題上（月主題融入了幼兒決定的主題）。

此時此刻的興趣不是教師觀察或間接得知的幼兒興趣，更不是參考發展的常模標準、教師所推想的發展需求，而是幼兒當下生活中感到有趣的，由幼兒直接表達出來的、純粹的、沒有實用上的工具性目的之興趣。這種興趣來自驚異與好奇。蘇格拉底的 Wonder 和杜威提出的 Curiocity，在筆者看來是逐步地接近興趣，如果驚異、好奇能有機會繼續下去便有了學習興趣，所以大人要把握住幼兒的疑惑和好奇心，使之成為有力的學習動機，如果一切的疑惑都由大人迅速、直截了當地解決了，幼兒就無法去經驗一次學習歷程，也就無法滿足他的興趣了。因此，重視幼兒的興

趣，就是站在以幼兒為中心、幼兒本位的人文主義的立場，羅傑斯也有完全相同的主張。

㈢學習是建構的過程

以兒童為中心、重視兒童的操作和以經驗為學習基礎，便有可能發展出建構的學習。傳統灌輸的方式和固定的教材不能留給兒童思考的機會，學習易成為被動的、靜態的、記誦式的。所以建構的學習要建立在開放的基礎上。

從皮亞傑和杜威到維高斯基都主張知識由建構而來，所不同的是皮亞傑未強調社會互動對認知建構的重要性。心理學家們多認為基本上學習是先由身體與外界的互動，取得原始資源，參照內在原有認知架構，加以取捨、整理而成新的知識。所以學習有身、心雙方面的參與。感官提供的原始資訊，要經過運思的過程，這也是儒家所主張的，我們不是用眼睛看，用耳朵聽，而是用「心」看，用「心」聽。這樣的過程，就是建構了。外界環境包括人及其歷史文化及與物的互動，構成了心智成長的脈絡，個人在其中尋求意義。

互動提升思維層次。最常見的互動就是同儕間的交談或交換意見了，而成人對於思維中錯誤的提示，使兒童看到問題所在，也是很重要的，但是成人不能給與過多的提示而成為告知，這也許是鷹架作用的尺度問題。

這樣的過程也就是我們所知道的社會性認知，維氏所謂的Interpsychology。有專家用外在（Extra）將範圍擴大至與物的互動，如玩具等。環境是建構的脈絡，心智的成長有個人內化，即所謂的Intrapsychology及社會互動兩個步驟完成了建構。

在南海實幼，幼兒在環境資源中自由選擇個人的興趣，充分的探索後便進入團體，分享和討論探索的情形，所有的疑難和問題都拋給團體，經過一番意見交換，彼此提供觀點、訊息見聞和解決的方案。這樣的互動產生彼此的腦力激盪，幼兒各自在同時調整內部的思維，接受新的意見加入或修改原有的架構。這個社會互動的時間便是團體討論，幼兒對於有興趣、有疑惑的問題會計畫繼續探索下去，此刻便

產生了方案。

㈣團體文化及校園脈絡

前文提及學習的開放條件，但進入團體互動時，互動是否能成為學習有效的助力，就要看團體所營建出來的氣氛了。人文學家如弗洛姆及羅傑斯無不強調一個自由的社會環境對人格發展的重要，而賦與學習自由是羅傑斯所大書特書的，「自由」是營建一個團體或機構開放文化的第一步。

「自由」開放會營造一種安全感，在自由的環境裡沒有人怕說錯話，沒有人感受到無名的壓力，每個人都學會尊重、接納、包容、寬恕。團體氣氛是一團和氣，向心力強。這樣的團體是一個有「愛」的團體。

有「愛」的團體是教師開放的態度所營造的，開放的教師不會以個人的價值觀去論斷幼兒，他（她）體諒幼兒的處境而隨時給與支持，他（她）允許幼兒的犯錯，他（她）多用正面的語言，他（她）會激勵幼兒去思想。在開放的環境裡，幼兒之間的互動頻繁（Don Harnachek, 1995），溝通是多層次的、多面的，幼兒的社會關係廣闊而不限於局部，因此整體的關係和諧，彼此誠懇、彼此支持，這樣的凝聚力，Schmuck（1992）認為會促進學習的專注力，提高學習興趣，成就慾望的內在動力。的確，幼兒要在團體互動中學習，而一個支持性的團體才會有助於學習，有凝聚力的團體使合作、計畫執行順利，彼此之間相互協助，而整個校園，包括全體的教職員及家長都是支持幼兒發展的力量，隨時提供支援。而教職員工及家長的接納、尊重，及積極的精神和工作風格，無時無刻不在影響著幼兒的成長，形成了幼兒的生活、學習脈絡。

「文化」是長時間營造出來的，也就是開放的作風要持之以恆，使之蔚為風氣。再者，如果只有一個班級開放，這個班級在全園的環境之中，便會薄弱無力，容易受到不良的影響，因此班級文化要以校園文化為其脈絡，才能真正形成「文化」。

在課程內容中筆者以文化作為「超我」層面的學習素材，而真正的課程要包含

整個學校的潛在課程，也就是校園及班級文化，南海實幼在這方面已營造出一種包容、開放、積極進取的校園文化，已在《成為一個人的教育》一書（漢菊德，民87）裡，特別說明這些校園文化的重要。而潛在課程就是幼兒學習的脈絡。

　　在南海實幼，團體是由人文主義的精神發展出來，以羅傑斯、莫里諾（J. Moreno）式的互動方式，營造出接納、支持的團體文化為基礎，成為分享及討論的資產——無論是知性的，或感性的。

㈤學習應配合發展中的緩衝期

　　筆者認為如果我們相信皮亞傑將兒童心智發展依「年齡」分成四個階段，而以為在某個年齡前就絕對不能學習某方面的能力，學則無效，也許會太武斷了些。因為每個人的發展是不一樣的，不同的生長環境就有不同的發展，有些人早些，有些人晚些；再者，更重要的，發展是演創過程，而不是單純的創造，所以當某種能力顯現出來之前，有一段很長的演化期，使這能力逐漸成熟，並不是在七歲時我們看到的能力就是當下才有的，七歲之前就已經在慢慢形成了，這段時間就是維高斯基所謂的「臨近發展區」（ZPD）。

　　如果我們的教育在這個時段是空白的，在道納生（M. Donaldson）看來，就不只是不應該了（漢菊德等譯，民86）。而在這段時期如果我們疏於教育，只等待自然的成熟，就是在浪費兒童的時光，成長是要靠學習，不是靠自然的發展。

　　當然我們要當心，幫助兒童成長並不是揠苗助長，不是惡補、不是填鴨！而是兒童在豐富的文化環境裡，經過支持性的社會互動，得到提攜。這是一個上文所述及的開放的、溫暖的學習環境中悠然的成長，但此一學習情境和脈絡中的悠然成長不是放任或置之不管，而是在愉快的氣氛中享受團體參與和完成稍帶挑戰性工作的成就感。

㈥學習應有身體的涉入

前文已談過身體在各層面上的重要性。無論是認知活動或是感性活動，身體的涉入是不可缺少的，事實上所有的活動都是以身體活動為基礎的。在認知方面，身體是攝取外界資訊的管道，因此，身體有障礙的人，如感官或動作方面的不便，會使學習緩慢、不便。皮亞傑認為「行動就是思想」，思想需要經過身體的操作過程，如感官動作期、具體操作期，才會有建構性思維的內化，如果沒有行動，知識無從構成。知識不是直接由外界承襲而來，而要透過身體與環境的互動，學習者是主動的、是構思者，而不是被動的接受者，在建構的過程中，身體參與扮演著主要的角色。

身體對情緒更是直接的關係，所以要從身體及身體與他人、環境的互動中學習情緒與感覺。臉上的表情、身體的姿勢可以看出一個人的心情，但心理學家金巴多（P. G. Zimbardo, 1979）認為身體與心理關係會交互影響，但卻不單純，因為情緒的表現方式不但有文化的因素，不受認知評估（cognitive appraisal）的影響。但是，理性判斷的影響力也要看情緒的強度及速度而定。由於這乃是爭論性的問題，筆者認為學習情緒、感覺是可以從它與身體的關係上開始，有部分文化的因素使我們更能對之有共識，更能正確的認識情緒。但認知能力強，譬如對不同文化的身體表現方式熟識，會因老練而產生迅速的直覺。此外，認知對價值澄清此一階段是有絕對的幫助，只是那已是由情緒進入理性的活動階段了。基本上，純粹情緒本身的探索是藉身體感覺而不藉分析的，但是探索不能止於此，而仍要往前進行與理性結合，才有統整性的學習。

在南海實幼，身體與情緒、情感教育的關係並不只是在上述身體語言，如面部表情、姿勢、手勢等方面，還在於身體與別人互動中所培育出的尊重、信任、合作、關心；與環境互動所體會到的關懷、珍惜、責任等。所以透過身體與外界的接觸，探索情緒、發現自我，與高級社會情緒，將自我帶入真我與超我中。

身體的互動與心理劇（J. L. Moreno, 1892-1974）觀念及羅傑斯、舒茲（Schutz）等所發展出的助人歷程有關，使身體活動具有意義和功能。在南海實幼，筆者歸納了與身體互動有關及相聯結的活動類型，計有：

1. 身體動作與身體接觸

藉著身體動作感覺身體與情緒的關係，譬如用身體雕塑探索感覺與情緒。珍妮斯（Jennings, 1993）認為，身體動作會傳達一種訊息，藉以建立彼此的關係，如透過「信任跌倒」的活動，以體會出對對方的信任。又如，身體靠近表示親近，身體遠離代表距離等。

2. 角色扮演

以某個角色去體會個人的情緒問題和滿足情緒需要，譬如扮演對角色和替身可以體會出不同立場的感覺，扮演自己羨慕的角色如「公主」、「大力士」，可以體會和滿足情緒需要。

3. 顏色和造型的應用

使用各種色彩如彩墊、彩帶表達情緒，身體各種造型說明情緒和想法。

4. 語言溝通

扮演進行中用語言對話及活動結束後分享，在幼稚園要針對活動過程中發生的事件做價值澄清，溝通中要注意應用支持性語言及同理心。

5. 自由想像

由情境中聯想，譬如為故事人物想像，在那種情境中其人際關係、感覺情緒會如何，及會有什麼發展等。

6. 沈　　思

對幼兒而言，沈思並非冥想，是短時間的休息，幼兒可以閉上眼睛聽音樂，回想剛才的經驗。沈思後起身，對著想過的東西說話或自言自語，發揮「空椅子」的效果。

7. 創　　造

創造活動除了自由扮演外，還有繪畫、集體詩創作，及戲劇計畫及演出，都是幼兒自行創作的。其中繪畫與詩是活動的延伸；角色扮演是幼兒自發的創造性活動。感性部分的身體活動詳閱《探索身體資源》（漢菊德，民88）：

(1)團體的會心時間：教師根據幼兒特別問題與需要計畫肢體互動活動。

(2)休息時間或活動銜接時間：譬如分區探索活動後，進教室討論分享之前的時間。

(3)大型親子或全園活動：大型活動中的前導暖身活動。

(4)方案中的感性活動：方案中隨時根據方案內容所設計或發展出的感性活動。

(5)家庭親子活動：南海實幼在親師簿「悄悄話」中計畫每週一個感性活動，提供家長與子女做肢體的接觸。

㈦溝通與閱讀在學習中的角色

語言與溝通在教學和學習中有不言而喻的重要性，問題是語言要到哪種層次才有助於學習。道納生（1980）認為如果我們不提升語言層次，我們的思維層次也無法提升。她看到一般教育體制內不重視語文教育，以致造成嚴重的學習困難。語言和思維有不可分隔的關係，但是語言必須提升到書寫的層次才能記載人類文化，人才有可能在文化中成長、發展。口語語言是永遠無法達到這個任務的。

因此，語言的學習要加強書本閱讀。書本的好處是記載下來的文字有足夠的時間使閱讀者停下來思維，與書本產生互動，而且書沒有時間、空間的限制，可以隨

時帶著。通常書本有著較現場更詳盡的說明，只看現場是較浮面的。

在幼稚園裡幼兒識字不多，閱讀時有時會要求教師或較大幼兒唸出來。同儕間自動自發的互動，使認字很快，每個人都認識自己的名字。在南海實幼，教師會將幼兒自己說過的話集成一首詩，寫出來掛著，也會將平時的兒歌、諺語寫出來掛著，幼兒隨時可以兩、三人一起唸，在學習過程中常有親子活動，請家長和幼兒一起剪貼報上的字，所以幼兒會識字的很多。閱讀在南海實幼似乎不成問題，再加上幼兒讀物不是以文字為主，而是圖文並陳，容易了解也容易學到新字。

南海實幼的閱讀不是傳統的朗讀，而是在生活中培養愛書的習慣，在自然的情緒下接觸文字。南海實幼的幼兒雖不學寫字，但每個人都知道「去圖書館查書」、「去查資料」，而且不待教師提示。

三、教學發展與沿革

南海實幼根據上述人文主義精神與理念，發展出建構式的教學，在發展的過程中不斷的發現問題、解決問題而形成今天的模式。

讀者請參閱前節「教學過程」的流程圖。教學發展的過程中所發現的問題和改進情形如下：

㈠開放學習區方式的開放性不夠

南海實幼籌備期間，在計畫開放的方式之前，檢討其他幼稚園所採用的方式：開放各領域學習區→回到大團體分享→分配固定小組，交叉輪流由教師設計和帶領的各領域活動，如認知、數概念、語文活動等。

這樣的流程看來是自由開放的，但幼兒在團體分享中經驗及疑難問題當場就得到了老師或同儕的回應、解答，幼兒的興趣並沒有被重視。所以，筆者認為幼兒並沒有被充分的接納，幼兒的意願有被壓抑住的可能。

其次，接下來的小組，其意義是開放後的補充學習，但完全在教師的設計和主導之下，亦沒有幼兒的參與。整體而言，一般的學習區，幼兒的自主只在學習區時段，筆者認為開放性不夠，如果學習區的資源不足，更新緩慢，則幼兒受到的限制會更大。

因此，在南海實幼，團體分享中幼兒的問題留待給幼兒自行解決，幼兒的興趣被接納，由幼兒決定接下來的活動。前文已談過，這在南海實幼是一種堅持──學習是發自幼兒的興趣，而不由教師觀察後決定。

這樣的改變，也有以下的意義。

㈡純學習區的方式，幼兒得到的經驗被中斷

如果開放教育只是指在某個時段內的開放，而時間一到，一切就要叫停，則幼兒在上時段的探索經驗就無法延續下去，無法延續意謂著一切的探索都是浮面的，不只是知識面的膚淺，也是思維上的膚淺。探索止於眼前有限的知識，思維止於簡單的觀察、比較，因為時間已到，沒有機會再繼續探索下去。

這也就是開放教育（當然不只是指幼稚園的學習區）為教育家們所詬病的地方，開放淺化了知識；在別的教育階段如此，在幼稚園也是如此。

為解決這個問題，筆者主張幼兒先前的探索經驗應該讓它繼續下去，使幼兒有機會做深度的探索，而且滿足好奇和興趣。

如此，筆者在民國八十年提出了「延伸活動」，以求學習完整，取代一般幼稚園的小組教學。「延伸活動」就是早期的短期方案。

㈢純學習區的方式，幼兒在設計階段沒有參與感

學習區內的設備及後續小組教學內容都是教師策畫的，幼兒沒有參與。教師設計資源是必要的，但是教師只提供最原始的資源，將其組合、整理使之意義化則是

幼兒的工作。在純粹學習區的教學環境中，幼兒也會使用一些資源，這類資源是既有的（教師預備的）、操作性的，這些能力是基本的，應該受到重視，但幼兒很少有機會跨愈眼前的資源及從情境脈絡中去思考其他的可能性以及學習尋求相關資源，這便涉及到計畫的工作了。

教師將資源「整理」在先，幼兒自然沒有機會設計、策畫了。道納生認為人是會計畫的動物，計畫也是高層次的思維（漢菊德、陳正乾譯，民 86），可見計畫對思維的提升是有幫助的，計畫之有助於思維是由於它會涉及到對未來的預想，道氏說這是人類所獨具的能力。當然了，計畫的過程是複雜的思維過程，幼兒學到的是更多方面的思維能力。

因此，「延伸活動」提供了這樣的機會，讓幼兒一起計畫下一步的工作，並能群策群力、按部就班地切實執行。民國八十年，筆者要求在「延伸活動」之前和進行中，讓幼兒練習作計畫。

㈣單純學習區方式，幼兒反思和建構的機會太少

學習區之後的團體分享由於沒有延伸活動，幼兒沒有機會對經驗做一番反思，建構也不能深入和充分，團體經過充分的討論後，會將原來凌亂的資訊整理出來，建構出他們的看法，幼兒會用某種方式將他們的想法呈現出來，或用語言、符號，或用繪畫和造型。沒有此一過程，幼兒的經驗就沒有意義可言了。

誠如杜威所說（賈馥茗譯，民 78），反思的過程中有自己的邏輯（連貫性、次序性），它是有秩序的、合理的，仔細而徹底。所以反思是一種理解知識的過程，它要求實際的佐證，如果沒有理解，經驗就是雜亂無章。反過來說，如果我們不在情境中去思維，思維不僅沒有用，而且永遠不會創造發明，不會作計畫或解決問題。

「團體分享」成為深入的「討論」，而「延伸活動」是以不同方式「整理」先前的探索，同時也因實際需要而逐漸延長時間。如此一來，探索活動的深入性不只在知識的深度，也在思維的深度。

(五)延伸活動更能培育高級社會情緒

幼兒選擇學習區是個別性的，每個幼兒依照個人興趣選擇而組成小組，由於幼兒幾乎每天更換，時間是短暫的，小組成員每天都可能不同。但延伸活動逐漸延長時間後，小組成員可以一起工作一段時間，容易培育出責任、恆心，此外分工合作、互助更是顯而易見的表現。情意與社會情緒在學習區內當然亦可得到培育，但延伸活動中更為明顯些。

總之，南海實幼以人文主義為基礎的建構式教學，是開放教育的補充，也是開放的極致。

第六節　教學過程示例

教學約可分為三類，簡單說明如下：

一、資源探索

這是學習區裡的資源。教師根據課程系統每月提供資源，由自我、人我、物我到超我，計畫相關的資源如教具、書籍、錄影帶、錄音帶，以及社會資源的訊息。學習區的領域，計有：語文類；大小積木；科學類如玩具製作、造紙、動植物觀察及種植、養殖；藝術類如捏陶、繪畫；生活類如各類烹飪焙製、燒烤；大動作活動類等。資源有全園共用的和各班自備的。

每月課程系統中的主題配合相關領域呈現，由此發展出方案或延伸活動，未被選為方案主題的則僅止於淺探，也是全人課程中重要的一環。

二、共同時間中的課程

星期一為共同時間，分別進行：每月一次慶生會，為配合餐點作業，全園定同一天；每月一次演練式的安全教育；每月一次市府政令所推行的強制性課程，如兩性教育。此外每個星期一固定進行假日生活分享，及河洛語推行日。其實兩性教育、保健活動已在日常生活教育中進行，由於市府相關單位經常以此「打擾」行政工作，增加了許多繁瑣的報表工作，為了卻麻煩只好集中在一天，以便整理報告。

假日生活分享行之有年，是教學主題重要的來源。

此外，大型活動如爸爸日、母親節、年節的慶祝、畢業日等均可以配合某個主題進行，如兩性角色、多元文化、科學遊戲、從過去到未來的生活探索等等。

三、深入探索的專題──方案或延伸活動

這是由資源探索或假日分享而來的主題，也是一般人所稱的方案教學。但在南海實幼，方案是很不一樣的。以「光與影」為例，說明如下。

選擇這個主題為例，主要是因為西方幼稚園也曾做過這個主題，因而容易做比較，以顯示南海實幼方案不同之處。

方案主題產生是由幼兒的生活中發展而來，由幼兒決定，也可能在課程計畫的資源範圍內由幼兒探索發現而來，也可能不在此範圍內。「光與影」起於元宵節燈籠的生活經驗分享，來自民俗節日及社會資源──燈會。

(一)整體活動過程

請見表 5-3。

表 5-3 台北市南海實幼實驗幼稚園專題活動簡錄

班級：

主題：光與影		指導老師：素秋，佳惠
日期	活動過程	活動性質
29/2	團體分享：燈籠，肢體模仿，念兒歌	分享、感性
1/3	做「鼓仔燈」，編節奏，敲念兒歌	創作
	影片欣賞，蠟燭的光，10 萬個為什麼	認知
2/3	介紹皮影戲	藝術、認知
7/3	自製偶，演皮影戲→人影戲	創作
8/3	踩燈光──手電筒移動	操作、認知
9/3	人影造型，表演故事	肢體創作
10/3	討論：太陽與影子的變化	總結、應用
10/3	團討＋人影造型＋戶外寫生──影子	創造、認知
15/3	團討：彩色影子，光源有那些？	認知
	肢體活動──彩色影子	
21/3	團討：太陽與月亮的對話	認知互動
22/3	團討：光速，彩虹的形成，筷子折射	操作認知
	圖書分享及教室布置	閱讀、計畫
23/3	布置教室：月亮、太陽、星星、彩虹	計畫
24/3	說故事：顏色是怎麼來的？	感性、認知
	討論：太陽和影子／布置	認知、計畫
27/3	親子集分享	情意
30/3	操作：時鐘的數字	操作、認知
31/3	討論：布置環境：室內、室外	計畫

續表

主題：光與影		指導老師：素秋，佳惠
11/4	兒歌創作：影子／肢體活動：主人與影子	創造
12/4	討論開電影院	計畫
14/4	布置電影院	操作
18/4	電影：膽小獅特魯魯的劇本	創造
21/4	繼續討論與操作電影院各種設備	操作、認知
25/4	討論與操作：演出預備	計畫、操作
26/4	演出試驗	操作
28/4	實際對外演出之討論事項	計畫
2/5	製作票、邀請卡、逃生地圖	創造、設計
3/5	邀請鵝鴨班	情意互動
4/5	邀請無尾熊班	情意互動
5/5	邀請藍鯨班	情意互動
6/5	邀請彩虹班	情意互動
參與之家長與義工		

設計：漢園長菊德　　　　　　　　　　　　　製作：陳美紅

㈡資源網路

　　主題確定後，教師和幼兒在團體討論中分享所知道、所想到的有關主題的事物，教師採納幼兒所提，並與其他教師、家長、專家等討論該主題相關的事物，將這些原始的概念歸類、整理成一個系統表，作為準備和提供資源的參考。在南海實幼，教師隨時要補充資源，例如，教師發現幼兒對影子演戲特別有興趣，便提供童話書，由幼兒自行發展出紙影戲。

　　因此，南海實幼的「內容分析表」或資源網路在發展中視幼兒需要而定，是開放的，至少在主題確定的初期不能封閉網路。網路以幼兒興趣、經驗為主，跟著走，但在一定的範圍內，以免太廣。因幼兒經驗尚待開發，教師、家長們所了解的事物有助於選擇、提供資源，應該加入系統內。

㈢「光與影」在課程中的系統

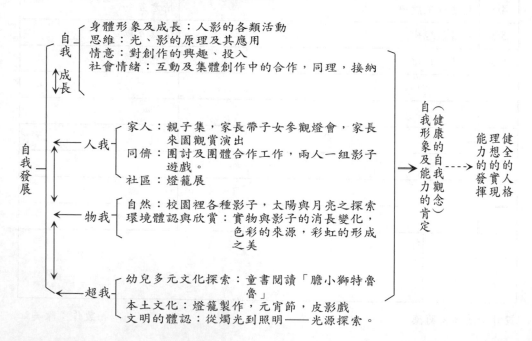

㈣活動摘要──重要環節與過程舉例

1.元宵節感性的延伸

　　每年的元宵節全園都有抵擋不住的節慶氣氛，因為這裡靠近中正紀念堂的燈會，年年此時孩子們常自動地帶來燈籠。到了教室，接下來就是猜燈迷的活動，再過幾天便接著搓湯圓了。這個班也不例外，他們分享了各式各樣的燈籠，進行一連串的感性及創作活動，例如：

(1)念兒歌：

　　「舉鼓仔燈」，是河洛語兒歌，一面唸一面配合動作。兩天後請幼兒自己配節奏：//:♩ ♩/♩ ♩://

　　　　　　　//:♩ ♩ ♩ ♩/♫ ♫ ♫ ♫/♪ 𝄽://

　　幼兒一面敲一面唸。

(2)討論燈籠的結構和材質，如何自己來製作

　　C ：用牛奶瓶做。

　　　：用紙做。

　　　：用養樂多瓶做。

　　　：點蠟燭。

　　　：蠟燭會燒到瓶子，瓶子會融化。

(3)肢體活動

　　扮演蠟燭，幼兒身體隨老師口述而改變姿勢和動作，「點著」、「熄滅」、以及由長到短逐漸的「融化」。

　　扮演各種瓶罐遇到蠟燭的變化，增加身體的接觸及互動。

(4)製作不同材料的燈籠，團體分享及討論

　　哪些材料是透光的？

蠟燭的位置、亮度及安全。

燈籠的光除了蠟燭還有電燈泡。

(5)**觀賞影片「蠟燭的光」**

　　對話例一（T：教師，C：一群幼兒）

　T：這些光從哪裡來的？

　C：手電筒。

　　：太陽。

　　：電。

　T：晚上呢？

　C：月亮。

　C_1：我知道！從電池。

　T：學校的燈管有沒有電池？

　C_2：有電線，電線有光。

　C：電線接起來。

　C_2：有電公司。

　C_3：講話的那個也要電。

　T：（複述）電真好，又有光，講話也要電！

　C：要少用電！

　T：你們認為最大的好處是什麼？

　C：給我們光。

　T：如果沒有電呢？

　C：可以用蠟燭啊！

　　：紅綠燈也有光。

　　：車子也有光。

　　：火柴也有光。

　　：阿儀說紅綠燈有光，可是不會照到。

2.進入「光與影」

由蠟燭進入了對光源的興趣與討論

(1)呈現傳統皮影戲，請幼兒自由操作，試用並決定燭光或電燈

(2)配合學習區，幼兒自製一些紙偶，到視聽室使用大布幕演戲，試用並決定
燭光或電燈為光源。

(3)表演人影戲，幼兒在白色落地布幕後表演簡單的故事，請其他幼兒猜是誰
在表演？演的是什麼？

3.探索光與影

(1)觀察身影的大小變化，用燈光照射幼兒身體，發現影子會隨燈光變化形狀
和大小。

(2)隨影子的移動，幼兒踩自己的影子及相互踩影子，發現影子因重疊而消失。

(3)用手電筒移動，讓幼兒去捕捉燈光。

對話例二（Ｔ：教師，Ｃ：一群幼兒自由發言）

C_1：小朋友對影子和手電筒最有興趣。

C_2：可以演皮影戲。

C_3：關掉燈手電筒就會亮亮。

C_4：可以玩影子遊戲，抓燈的光。

C_1：不會浪費教室裡的燈。

C_5：開大燈可以踩影子。

C_6：手電筒放這邊就會有影子。

Ｔ：現在我把手舉得高高的（手持手電筒照射幼兒），看影子有什麼不一
樣？

Ｃ：變大了。

Ｔ：（將手往地面移）現在呢？

C：手（影子）變小了。

T（打開投影燈，由站立處慢慢往前走。）

C：影子愈來愈小了。

T：昨天你們看到阿泰站在幕（大白布幕）前和幕後有什麼不一樣？

C：身體不一樣高。

：前面比較小，影子比較長。

：前面不會變，影子會變。

T：我們再來追影子，追別人的影子。

（幼兒活動時，教師不斷變化燈光角度及位置，同時提問）你摸到（或踩到）別人的影子了嗎？

C：有！

好快喲！

好高，跑來跑去摸不到。

老師，怎麼影子不見了？

T：停！不要動，看看是怎麼回事。

C：和我的合在一起了。

：我知道，老師在我這邊照，我的影子在小文的上面。

T（兩位教師從不同角度照射，喊停請幼兒觀察。）

C：影子變成兩個了。

：因為佳佳老師也在照。

：老師走動，影子跟著動！

好棒啊！好好玩喲！

(4)本日結束活動：大布幕身影秀。

幼兒用肢體扮演動物，有小兔子、奔馳的馬、老虎及蝸牛、蝴蝶、青蛙，教師為他們照射。

(5)次日陽光豔麗，到庭院用身影做記號，核對時鐘，形成一個鐘面。

4.彩色的影子，彩色的光

皮影戲的彩色偶及身影戲，均可在布幕前清楚地辨認出不同的色彩，幼兒發現影子並不都是黑的。

教師預備各種顏色的玻璃紙，請幼兒自己試試看，幼兒將玻璃紙包住手電筒，照在白布上，照在天花板上，到處照，其他幼兒玩追逐、捉、摸的遊戲。教師將手電筒照射小朋友，請幼兒仔細觀察。

T：小朋友看到什麼？

C：玻璃紙顏色不一樣，照出來的光也不一樣。

　　紅的就有紅光。

　　照在身上，身上就有顏色，臉也是有顏色。

　　可是地上還有黑影子。

　　我知道，因為身體不會透明，玻璃紙透明。

教師帶幼兒到庭院觀察，幼兒知道不用手電筒只用玻璃紙就可以照出彩色的光影。

T：還有什麼是彩色的？

C：都是黑的。

　：紅花也是黑的。

　：樹也是黑的。

　：有，彩虹，彩虹有很多種顏色。

　：我們來故彩虹城堡。

T：為什麼做彩虹？

C：因為彩虹是光（我們正研究光）。

T：太陽的光，有紅……。

C_1：橙、黃、綠、藍、靛、紫。

C_2：可是為什麼看不到七種顏色？

C₃：用手電筒照可以看到彩虹。

C₄：彩虹的顏色最後是白色。

T：什麼時候會看到彩虹？哪裡有彩虹？為什麼我沒看到？

C₅：有時候下雨也可以看到彩虹。

C₆：爸爸和我去洗溫泉的時候就有彩虹。

C₇：彩虹是人家畫上去的。

C₈：有太陽和雨才有彩虹。

C₆：溫泉從上面流下來，水上面有彩虹。

C₃：用手電筒照。

T：你們要不要試試？

C：要噴水像溫泉才行。

C：像下雨。

於是他們用水管噴水在小游泳池裡，教師請幼兒先用手電筒對著噴水照，看不到彩虹，教師再用鏡子對著太陽就折射到噴水上了。幼兒興奮不已。

下一步他們便設計為彩虹建造一個家。

對日光與月光好奇，而有太陽與月亮的對話（略）

5.其他感性活動與創作

(1)團體的感性創作：影子。

影子啊，影子。

你為什麼天天跟著我呢？

影子啊，影子

你為什麼是黑黑的？

因為有光和太陽。

所以我天天跟著你。

保護你，喜歡你！

⑵讀過「膽小獅特魯魯」之後，做身體由小變大，由大變小的變化。

⑶肢體活動：主人與影子

兩人一組，一人為主人，一人為影子，影子要亦步亦趨地跟著主人的動作，相互對調，活動後分享感覺。

⑷閱讀童話故事後改編故事：膽小獅特魯魯

在一個美麗的森林裡，有一隻獅子叫特魯魯，牠的膽子很小。有一天，在森林裡牠遇到一隻螞蟻，特魯魯覺得很害怕，小螞蟻就唱了一首歌告訴牠：

我是一隻小螞蟻，

我不是壞東西，

膽小獅不要害怕，

我唱歌給你聽。

膽小獅聽了小螞蟻這麼說，就很高興的和它牽手出去玩。走著走著遇到了一隻綠色的小螳螂，特魯魯害怕極了，說：「好可怕的螳螂，我好害怕哦！」

後來來了一個小精靈，告訴牠一個咒語：「ㄐㄐㄇㄇ，ㄐㄐㄇㄇ變！」這個咒語可以讓特魯魯勇敢起來，特魯魯念了之後果然變得很勇敢，把螳螂給嚇走了。

⑸其他繪畫活動

探索色彩是怎麼來的，色彩的變化。

前文述及之皮影、紙影、身影戲活動。

6. 開電影院

決定以電影院為結束之綜合活動。活動舉例：

⑴例一：幼兒計畫

T：電影院裡有哪些設備？

C：有燈光，照在布上（銀幕）。

：演電影時要暗暗的。

：要有逃生門和招牌（標示牌）。

：放音樂的。

：椅子。

：售票口。

T：有銀幕、燈光、播音設備、坐椅、逃生門、售票口，它們要安置在哪裡呢？畫一張平面圖好嗎？

幼兒在討論過每項設備的位置後，製作了一張電影院的平面圖，準備按照圖上的位置一一設置上去。這些設備分別由不同的小朋友負責，在團體中討論過後，分組去進行。每個小組的工作都會在團體中報告分享，由其他幼兒給與建議。

⑵例二：銀幕

T：銀幕的位置你們認為應該在這邊？怎樣才能直立起來？在這裡有什麼問題？請你們想想，並做討論。

C：要靠旁邊，走路才不會碰到。

：椅子放在中間。

：釘在牆上。

：貼在玻璃窗上。

：不行，不行，電燈要從布的後面照出來，靠太近會燒到銀幕。

：那就離遠一點呀。

：那銀幕會倒，怎麼站起來？

：用一些木棍做兩個架子，銀幕綁上去。

：腳要像樹一樣才不會倒。

：像掛衣服的那種。

T：還有什麼其他方法嗎？

C：老師用繩子綁在布的兩邊，吊起來掛在上面的鉤鉤上（天花板上的掛

　　鉤）。

　：這樣會擋住我們的大壁畫。

　：太亮了，影子會看不清楚。

　：那就釘在這邊的柱子上比較暗。

　：很好！可是電影院還是太亮。

　：那就貼黑紙呀，關上燈就暗了。

T：大家決定用哪種方法了嗎？

C：釘在這邊柱子上，後面貼黑紙。

幼兒決定後，在老師的協助下將牌樓用黑紙貼滿，擋住陽光，中間掛銀幕，沒有製作支架。

(3)**例三：製作燈光**

T：要怎麼製作？用什麼做呢？

C：可以畫星星貼上去。

　：可以畫燈貼上去。

　：用玻璃把燈罩起來。

　：玻璃太重會掉下來，會破掉。

幼兒舉出各類瓶子、盒子，類似最初做燈籠的討論。最後決定試試它們的透光性，再行裝飾：

C：可以把它們掛在一條線上。

　：下面剪一條一條的，再折起來。

　：剪一些星星貼上去。

　：也可以用玻璃紙。

做成一串各式各樣的燈，再討論如何裝置電線。

C：裝燈泡就可以了。

　：可是電線太長，掉到地上會跌倒。

　：還要插頭，插頭哪有那麼多個？

：可以用分開的那種，有很長一排好幾個。

：也不夠。

：那用電池。

Ｔ：你們可以試試看，還是明天再想想別的方法？

幼兒繼續討論，想到用聖誕節用過的一串小燈，不用電池，很輕，只要將做好的燈籠套裝上去即可，但是他們認為燈光太弱，便決定換成大燈泡，每間隔一個裝一個（相距約 30 公分）。由於自己不會裝置，請水電行幫忙，幼兒將間隔距離量好，做記號，並在旁觀察修改過程。

⑷例四：逃生圖及其他標示

沒有教師的提示，幼兒在做計畫中就提出逃生門的設備及其他標誌，現在他們要真的做出來，雖然簡單但很重要！同時也看出幼兒心思的細膩。

Ｃ：剛剛我們在娃娃家有無尾熊的小朋友問電影什麼時候演。

Ｔ：他們為什麼知道我們要演電影？

Ｃ：因為我們有招牌。

：我們還要畫進來要注意什麼。

：（畫）不可以吃東西（的標誌）。

：要畫一個圈圈，裡面畫一根煙，然後打××。

Ｔ：噢！禁止吸煙。

Ｃ：（畫）不可以大聲說話（的標誌）。

：可是媽媽帶我去看電影有拿爆米花給我吃。

Ｔ：那我們可不可以請他們吃東西？

Ｃ：可是看電影請他們吃東西有點怪！

：我們可以畫地圖告訴他們可以從哪裡出去。

Ｔ：噢，逃生圖，是嗎？

Ｃ：教室有滅火器。

：要趴在地上爬。

：為什麼？

：因為那裡有我們呼吸的空氣。

T：你們看這裡有一個火災警示器！

C：老師我們來試試看！

　　幼兒實際演習火災逃生。

C：我們可以寫「逃生門」。

：可以有服務人員，告訴他們從哪邊逃出去。

他們再次演習假設有煙霧如何逃出去，然後將標示牌製作好貼在他們決定的位置。此外，其他標示牌如禁止吸煙、喧嘩等也製作好，貼妥。

7. 偶影戲演出

(1)複習劇本，製作紙偶

回想他們改編的「膽小獅特魯魯」，根據故事中角色製作紙偶。

C：我們可以用一根棍子。

T：你是說做棒棒偶。

C：也可以用手套進去。

：像做布偶一樣。

還有人建議用人演，頭上帶偶的頭套或面具。但最後還是決定做棒棒偶。

幼兒知道會透出色彩，所以他們為偶塗上明亮的顏色。

幼兒決定以森林為背景，並根據舊經驗，用投影片畫森林，打在布幕上。

(2)邀請客人看電影

決議邀請五個班級：彩虹、貓熊、小天使、寶貝、無尾熊。共演三天五場。

首先要設計和製作邀請卡，除了這五班之外，也邀請園長、各辦公室主任、阿姨等。卡片各自設計。

現場工作分配：

C：火災時告訴他們怎麼逃。

：一個門口站一個。

：要有人帶觀眾對號去座位。

：兩位就可以了。

：有人要負責在電影票上蓋印章，蓋了才可以進來。

：對，要有兩個人蓋。

：我覺得還要演戲和主持人。

T：還有呢？

C：演戲的旁邊，再找人來說。

T：你是說配音嗎？

C：是。

所以工作人員共有：服務員、售票員、逃生門服務員、查票員、演員、配音、主持人、排座位及貼座號。

他們的座位號碼，決定不用數字而用花作符號。

決定好演出的日期。

⑶互動方式

T：你們外面海報上寫一場三十分鐘，多出來的時間要怎麼辦？

C：請他們參觀。

：請他們到幕後去演。

：到外面去玩手電筒和影子。

8.結束之團體分享

⑴現場的分享

與前來參觀的幼兒分享作品及回答他們提出的問題，有針對故事內容質疑，有針對做偶好奇。

⑵回顧與檢討

回想做過光與影的活動，光和影的特性。

感性活動的分享早已分別在當場進行過，所以只分享最後戲劇的感覺以及在現場發現的問題，如秩序應該如何改進。

四、家長參與

在南海實幼家長參與是多元的，大致有以下方式：

㈠組成家長會

推動社區親職教育講座，與園方合作出刊《南海實幼傳真》季刊，合辦全園活動如爸爸日、園慶、母親節、年節等活動。

㈡通訊

有每週家庭通訊、聯絡簿「悄悄話」，內容為教學理念說明及親子家庭活動，及觀察記錄報告。為《南海實幼傳真》寫文章。

㈢家長每日參與工作

協助教室雜務、管理圖書館、帶領沙坑或種植等學習區活動，每日來園與教師會談。

㈣參與參觀接待

為參觀團做簡報，帶領參觀環境。

㈤參與教學

以「光與影」為例，帶幼兒參觀元宵花燈展，並配合「親子集」，家長提供錄影帶和書、皮影戲資源及有關光的知識和觀點。在家和幼兒製作燈籠，提供造型所需的材料，和幼兒一起閱讀，及平時的剪報、回應「悄悄話」等。

五、評　量

由於南海實幼的教學活動是幼兒發展出來的，經驗和情境與學習的關係非常密切，幼兒在脈絡中建構知識，因此，我們的評量也與脈絡有關，從脈絡中去了解幼兒，而不以標準化的發展指標為唯一評量。

我們的評量是過程的、是形成的，所以教師要根據現況敘述經過情形，從中看到前因後果，而加以詮釋行為的意義。因此，看似相同的行為在不同的情境脈絡中，意義就不同了，對幼兒的評量就較多些人性、少些武斷。

一方面教師的看法得到尊重，一方面筆者又整理出一般性的行為指標，分為自我觀念、語言、認知、社會情緒、情意、生活自理、生理發展等領域，請教師參考這些指標詮釋他（她）的描述，並以作品或照片為佐證。

這種評量每兩週透過「悄悄話」向家長報告一次。教師會利用「教室日誌」記錄重要的團體教學生活活動，以及個別輔導融合的幼兒和日常表現。

在「光與影」中，張素秋老師根據觀察和記錄，歸納幼兒的進步如下：

㈠學習解決問題的能力

小朋友對於設計電影院有很高的期望，覺得應該像外面的電影院一樣，有浪漫的燈光、震撼的音響、吸引人的情節……等。過程中，當然也就遇見各式的困難與

難解的問題，例如如何在光線良好的室內營造出電影院的氣氛，而且又可以清楚的看出小朋友演的皮影戲。在一次又一次的嘗試，從簡單到複雜，從小手電筒到一盞盞小燈泡，甚至大燈泡如何聚光，營造出大家最滿意的感覺。無論硬體的布置或是細節的設計，都能在錯誤中不斷的修正學習，從最早跟著年長的做個執行者，到後來有了自己的主見。

㈡勇於嘗試不同的工作經驗

在活動中，有多次分組的機會，每有新的計畫產生，總是會贏得小朋友一窩蜂的選擇機會，特別是對於一些中班的孩子，在開電影院的活動裡，他可以勇敢的選擇一些簡單的工作，即使有稍嫌困難的部分，也有大班的孩子給與協助，例如製作電影票、剪票、燈光、音效等工作都是他們樂意且可以勝任的。在活動中，孩子們可以不怕失敗，並在失敗中累積更多的經驗，創造新的工作經驗，選擇較難的工作，顯示出他們的成長。

㈢增進彼此合作、溝通、協調的能力

在開電影院的過程中，很多都是小朋友自己討論、計畫、著手執行、分配工作的，而且需要大班帶中班、男生女生的意見交換下才完成的。班上幼兒無不發揮截長補短、互助合作的精神，偶而或許有些的意見不同，但為了工作的完成，大家會彼此溝通，採納最好、最可行的意見，特別是戲劇演出的部分，需要充分的合作，包括配音、主持、道具、演出者……等，若沒有好的溝通、協調是很難完成的。

㈣敏感於生活經驗

「光和影」這個活動，對小朋友而言都不會太陌生，而且是與我們的生活息息

相關，大至日月星宿，小至蠟燭燈泡，都能引發極熱烈的討論。甚至無論是在戶外活動，或是教室、回家、路上都會聽見小朋友興奮的說：「這裡有影子！」「這個影子是××的影子！」「晚上也有光，是從路燈來的。」還有的家長反應小朋友回家後到處找光和影子，還要求和爸媽玩踩影子的遊戲。雖然這些活動並不是很陌生，但對於原來不注意，視為當然的事，變得特別敏感，愈能激發小朋友探討的興趣，並會將學到的運用在生活中。

㈤對科學產生濃厚興趣

會主動提出問題來尋求解答，甚至自己會在書本中找尋答案。例如彩虹的出現是白天還是晚上？為什麼有彩虹？會幾個好朋友圍在一起探討光的強弱，拿不同大小的手電筒來實驗，察覺出較強的光，影子較黑較明顯，而且比較燙。從原本一開始受到別人的影響，較被動的吸收相關的知識，到逐漸能自己主動去發現問題、解決問題、創造問題，對玩科學產生濃厚興趣。

六、說明與感言

上述教學模式與其說是國外某種教學的本土化，不如說是用西方的觀點來詮釋本土。整個的教學演革只是單純的在追求充分開放的一種過程。因此，如果說這是建構式教學，那麼建構式教學就是開放的必然結果，的確，對筆者而言，建構好像是自明之理。所以南海實幼的教學並不盡然是外國的方案教學。事實上各家對筆者的影響主要在思想、觀念方面，至於方法，筆者喜歡自己去研究，請教師嘗試，所以關於方法的書，筆者常在實施後才參考。筆者習慣以批判的態度看國外的東西，不會崇拜什麼，筆者有意的、努力的想做得不一樣，是否真的做出特色，有待專家去評估。

無可爭論的，課程的理念是本土的，而教學方法的某些觀念也已在前文談過，

除此之外，現僅就南海實幼的教學過程所呈現的及特有的作風，提出以下看法和說明，並與國外的方案教學做比較。

㈠教學能充分實踐課程理念，並以身體涉入、統合

教學以感性為貫穿，而感性活動又以愛的全人人格教育為目標，「光與影」透過各類身體涉入的活動與認知密切結合，而不是借助於教具。身體的感性重視對身體的反省，認識感覺和情緒，在「光與影」裡，還有人與他人的互動，如「主人與影子」、身影戲中彼此的互動等，以及紙偶影戲中大自然的題材內容，這些都是深切的感情教育，培育深厚的人我、物我關係。在感性中，幼兒間只有分享、同理，沒有認知、討論、批判。但是，在另外一端，則有認知性活動，探索和討論與光、影有關的知識性及思維性問題。

課程中理性與感性透過身體動作統整，既平行，又能融合，具備全人教育的人文主義色彩。

㈡多元、彈性的開放形式，建立討論、分享的文化

在南海實幼，凡事都訴諸討論和分享。提希曼等人（Tishman, et al., 1995）稱之為思維的文化，使教學活動每個環節都顯得深思、細膩。但我們認為教師的引導有時是必要的，我們無法否認鷹架理論，因此建構方式不限定在過去老的開放模式上，不是只有最簡易的生活經驗，分享，戲劇區自由扮演，建構性造型中的互動及扮演，譬如大小積木及方案成品。凡此教師均可放手由幼兒自由交談。而戲劇及故事創作，問題解決，亦可在教師簡短的引領後交由幼兒自行討論。

對於年幼、新生及辯證性的問題、複雜的情緒問題，需要有教師的引導，採用的方法多是國外團討專家的建議，加上筆者個人的意見。其實筆者認為只要不講究「可行性」，仍可交由幼兒天馬行空；如果強調效果、可行，如方案的主題，則教

師要以提問的方式給與適時的提醒，或至少在滿足了他們的想像之後，再回到現實面繼續討論。若凡事都引導，我們就看不到幼兒想像、創作的燦爛。

引導不只是基於鷹架理論，而是有實際的需要，只要幼兒之間有互動，整個過程仍屬建構的。

在南海實幼，另一種互動則是幼兒之間的小組討論和分享，上述學習區、生活分享等活動，筆者主張可立即就地分享，在民國八十年即曾成功的實施過，原因是班級人數太多，與國外不同，所以要以小組方式進行。方案中的討論則要特別安排小組，結束後回到大團體分享、報告。小組討論教師完全不參加，大團體的綜合分享才由教師主持，而「主持人」絕非在回答問題，只是協助、推動討論分享進行而已，所以要適時的複述、提示，以激發發言，像一般會議主持人一樣（如果讀者質疑，那是因為您所看到的主持人都是不會主持的）。

無論是哪一種討論，教師的引導都要盡早抽身，也就是將鷹架折除。

至於情緒分享，則完全排除知識，並與身體動作相隨。

㈢學習強調幼兒的主動意願

「光與影」由幼兒對燈籠的光延伸出來，來自生活中的發現，以後的發展也跟著幼兒的興趣及對問題的疑惑、好奇走。由於身體動作豐富，使幼兒愈發投入，並在活動中表現出驚異與興奮。南海實幼所有的主題都由幼兒決定，意見紛歧時採取表決，這是南海實幼所強調的一點。我們不勉強給他們一些高深的知識。除非在我們預備的環境中「發現」，例如光的折射現象不過是點到而已。但可在行動探索、操作中加強思維能力，如計畫、預估、預想、分析、解決問題、綜合、歸納等。這些能力雖然在「光與影」的主題本身中發揮的不多，但在應用上——「電影院」的發展過程中則十分豐富。

㈣重視文化

自我發展透過身體與文化結合，進入超愈個人的大我中。從社區的次文化、本土文化到多元文化都可與主題配合。有本土的皮影戲「光與影」，也有現代的童話「膽小獅特魯魯」等。而「光與影」的主題更是由民俗文化——元宵節的花燈展延伸而來，花燈展則是全台北市的社區民俗活動。這個主題自始至終都是很文化的。

㈤書本使學習有深入發展的可能性

幼兒探索經驗有直接經驗和書籍、資料兩方面配合，相互印證。從「光與影」中看到了南海實幼重視幼兒閱讀，已養成了使用圖書室的習慣。我們不能讓學習的全程都仰賴直接經驗，這是不可能的，也沒有那麼多的資源可以參觀、使用。從幼兒的學習過程中可得知，身體動作與操作、行動使幼兒有深切的體驗，會激發學習；但書本、錄影帶，尤其是書本，會使探索更深入、想像空間更大。幼兒呈現出來的作品及意見，多來自書本的觀點和錄影帶、圖片的影像，童話所發展的紙偶戲劇等都是如此。

藝術創作是幼兒的、是多元的、是生活的！

「光與影」的主要參考書有：

影子遊戲	（光復）	天亮了	（童馨園）
神奇的光	（華一）	拜訪太陽公公	（華一）
亮晶晶的星星	（華一）	地球和天空	（理科）
月光	（上誼）	誰吃了彩虹	（信誼）
小黑鳥	（台灣英文雜誌社）	膽小獅特魯魯	（信誼）
夢遊彩虹國	（光復）	彩虹不見了	（華一）
電影的發展	（理科）		

㈥童詩創作

童詩集體創作是南海實幼的特產，無論在學習區或探索的活動或方案主題相關的活動中，都會有童詩產生。童詩是孩子的感覺、情緒的表達，可以看出孩子的思維方式和他們對世界的想法，童詩可任由他們的想像奔馳，南海實幼童詩之豐富可以出版童詩集。對「光與影」也有感言。

㈦造型在現實與虛擬之間，結合藝術與科學

現實與虛擬都發展成建構式學習，是一波一波思維和情緒的整理工作和呈現方式。但在南海實幼兩種方式有明顯的不同。認知的呈現重視思維的深入，所以透過造型在功能、實用性上做精密的思考。藝術創作有繪畫、造型，但不要求幼兒向「外表的相像」處模仿，譬如大壁畫中沒有這類的討論和測算過程，又如電影院的燈完全不要求真實性，造型但憑幼兒的喜好，各有獨特創意都十分可愛，而可愛之處在它們不成比例，不真實！這樣的成品結合了藝術與科學。

南海實幼沒有藝術專任才藝老師，因為我們強調創作的過程，我們認為藝術是個人情緒、自我的表現，如果我們給與「過多的」美學指導，像才藝班那樣，會破壞了幼兒原來的表現。藝術活動來自學習活動的激發及日常生活，那是他們的內心世界，一種觸動或感覺，如果我們給他們過多意見或更改作品，會令他們不解——「我覺得不是這樣的！」當然了，教師要啟發而不是放任不理，要給以基本的技能和素材。

藝術教育在南海實幼是在日常生活中及作品的欣賞，從欣賞中培育美感，幼兒會將這種美感和薰陶融入在作品中。幼兒要多欣賞作品，某些技巧也會在作品欣賞中「發現」、「感受」，或經教師指點而「領悟」到，就像他們欣賞名畫時所得到的。

此外，創作屬於感性教育，也和戲劇及其他活動融合，是另一種思維的方式。幼兒自編的戲劇和童詩屢見於日常的教學中。

藝術創作是幼兒的、是多元的、是生活的！

(八)戲劇創作

每個方案均有戲劇，有些是由故事、戲劇發展成方案，有些是在過程中，配合相關主題的童話、神話、傳說等發展出戲劇，有些則在最後以戲劇方式收場。戲劇發展由劇本、道具、角色分配到演出均由幼兒自行運作，戲劇是藝術創作的，預備過程是科學的、認知的。戲劇的形式是多元的，有人的演出，有各類偶戲，有混合的。「光與影」則配合主題做成紙影戲。

七、與國外方案教學的比較

(一)就主題而言

根據 Katz 和 Chard 的觀點，參考上述說明，簡單比較如下：

二位採取 Dearden（1984）的主張——方案要重視是否能立即應用在生活裡？是否能平衡課程？是否能為未來生活做準備？有沒有別的地方學得更好？

南海實幼的方案來自生活中，但不侷限在生活裡，Katz 等人似乎有同樣的看法，因此他們列出的方案有社區的，也有太空旅行、沙漠、甚至於黑洞等。筆者對生活經驗的看法是，也包含接觸到的媒體和書本，基本上必須是幼兒的興趣。

南海實幼方案也是在訴求課程的平衡，所不同的是，重點在彌補舊式開放形式對知識的淺化和幼兒經驗、興趣的中斷，如前文所述。此外 Katz 等人以社區類方案為補充課程之不足，在南海實幼，社區本身就在「新倫理」課程體系中，不是補充

的地位。

　　至於是否能立即用在生活裡，筆者認為是可以的。每個方案，無論主題是什麼，都與生活教育結合，在學習過程中必涉及生活面的種種問題。但在南海實幼，並不特別強調知識本身或某個主題，必須是能立即可應用的，我們強調的是 idle interest，而不是實用主義。

　　基本上，所學到的知能、思維能力、情緒等各方面的發展，當然對未來是有幫助的。在南海實幼這個觀點是就個人自我發展而言，而不是指社會的實用價值。等到幼兒長大後，社會將有變遷，我們只能將「個人」準備好。Katz 等人不願孩子幻想，筆者當然不主張「過度」讓幼兒幻想，但筆者重視幼兒的想像力，想像是創造、發明的第一步。想像使童年更美好，南海實幼的課程是知性與感性並重的，能滿足孩子的想像。

　　Katz 等人認為幼兒可在校外學到的，在園裡不必學，例如假日、節慶等。但方案是深入學習，南海實幼十分重視這些來自社區的活動，如「光與影」就是社區的節慶活動，在社區中無法做深入的探索，這是最能引起幼兒學習動機的題材，如此才能和生活結合。

㈡就活動面而言

　　顯然南海實幼的感性部分豐富得多。單就戲劇而言，南海實幼的幼兒規畫發展的能力，是 Katz 書中小學生的程度。Katz 所描述的學前階段的戲劇活動，如超市、醫院，是南海實幼的造型活動完成後，在其中進行的自由遊戲扮演，在南海實幼這是自由扮演，「戲劇」則更為正式，如前文介紹。

　　其他的感性活動如童詩創作、身體動作之情緒探索、文化探索等，都是南海實幼特別強調而在國外不明顯的。

　　國外似乎以認知為主。

㈢ Katz 和 Chard 所建議的光影內容（陶英琪等譯，民 87，頁 96）

　　有的孩子會研究光影變化，包括記錄每天光影的比例與濃度，做成表格，將特定東西或棍棒置於校園各處，觀察它們影子的長度和角度變化。大孩子或許應該試著用不同顏色的透明材料，像玻璃紙之類的東西作實驗。他們還可以蒐集各色太陽眼鏡，再預測並觀察這些眼鏡對影子的濃、淡、光度、顏色的影響。假如大孩子已經很能掌握時間概念，不妨考慮自己作個簡單的日晷。有的孩子負責觀察附近商店，或鎮上商店所用的各式遮陽棚以及百葉窗，然後向班上同學報告觀察心得。

　　請參考比對南海實幼的簡錄表，可以看出南海實幼方案的人文主義色彩。

參考書目 >>>>

◆中文部分

王元明（民 79）。佛洛姆人道主義精神分析學。台北：遠流。

牟宗三（民 65）。中國哲學的特質。台北：學生。

牟宗三（民 78）。中國哲學十九講。台北：學生。

李弘祺譯（民 78）。Pierre Teilhard de Chardin 原著。人的現象。台北：聯經。

李明濱譯（民 74）。Horney Karen 原著。自我的掙扎（*Nenrosis & Human Growth*）。台北：志文。

杜若洲譯（民 65）。Cassirer Ernst 原著。人的哲學（*An Essey on Man*）。台北：審美譯叢。

余英時等（民 65）。中國哲學思想論集清代秦篇。台北：牧童。

沈清松（民 81）。中國人的價值觀。台北：桂冠。

谷瑞勉譯（民 88）。Berk L. E. 和 Winsler A. 原著。鷹架兒童的學習（*Scaffolding Children's Learing*）。台北：心理。

杜維明（民 86）。儒家思想。台北：東大。

余德慧（民 81）。中國人的生命轉化。

孟祥森譯（民 77）。E. Fromm 原著。愛的藝術（*The Art of Loving*）。台北：志文。

林逸仁譯（民 77）。E. Fromm 原著。生命之愛（*For the Love of Life*）。台北：南方。

韋政通（民 79）。中國傳統思想的現代反思。台北：桂冠。

孫大川譯（民 79）。Maslow A. H. 和 Fromm E. 等原著。人的潛能和價值。台北：結構群。

唐君毅（民 65）。心物與人生。台北：學生。

陳秋坤譯（民 70）。E. Fromm 原著。為自己而活（*Man for Hinself*）。台北：大地。

陳珫華譯（民 65）。E. Fromm 原著。理性的掙扎（*The Sane Society*）。台北：新潮文庫。

梁啟超等（民 65）。中國哲學思想論集先秦篇。台北：牧童。

莊耀嘉編譯（民 79）。馬斯洛。台北：桂冠。

項退結、梁啟超等著（民 65）。中國哲學思想論集。台北：牧童。

賈馥茗編譯（民 78）。Dewey John 著。我們如何思維（How We Think）。台北：五南。

僑委會印。論語（中英文對照本）。

蔡伸章譯。（民 74）。羅洛梅原者。愛與意志。台北：志文。

漢菊德編著（民 87）。成為一個人的教育。台北：光佑。

漢菊德編著（民 88）。探索身體資源。台北：心理。

漢菊德、陳正乾譯（民 86）。M. Donaldson 原著。兒童心智（*Children's Minds*）。台北：遠流。

錢穆等（民 65）。中國哲學思想論集宋明篇。台北：牧童。

蘇昌美（民 78）。愛的哲學。台北：東大。

◆英文部分

Daniels, H. (Ed.) (1996). *An Introduction to Vygotsky.* Routledge, London, N. Y.

Don Harnachek (1995). *Psychology in Teaching, Learning & Growth.* Allyn &Bacon, Boston, London.

Frosnot, Catherine Twomey (Ed.)(1996). *Constructivism*. Teachers' College Press, Columbia University.

Kolb, D. (1984). *Experiential Learning*. Prentice-Hall, London.

Lipman, Matthew (1993). *Thinking Children and Education*. Kendall/Hunt Publishing Co. , Dubuque, Iowa.

Pollard, Andrew (1996). *The Social World of Children's Learning*. Cassell, London.

Rogers, Carl (1983). *Freedom to Learn*. Merrill, N. Y.

Tisherman S. et al. (1995). *The Thinking Classroom*. Allyn & Bacon, Boston, London.

Vygotsky S. (1978). In Cole, M. et al. (Eds.), *Mind in Society*. Harvard Vniversity Press, Carnbridge.

Vygotsky, L. S. (1962). *Thought & Language*. The M. I. T. Press.

Wood, David (1995). *How Children Think & Learn.* Blackwell Publishers Ltd., Oxford.

Zimbardo, P. G. (1979). *Psychology & Life* (10th ed.). Scott, Foresman & Co., Glenview, Illinois, London.

娃得福幼教課程模式之理論與實踐

6

〜林玉珠

摘　要

　　源自於德國史代納思潮的娃得福幼教模式，是一個以史代納靈性科學為基礎、重視宇宙自然，重視身、心、靈全人平衡發展的教育。透過創意遊戲、藝術活動等教學內容的安排，達到其目標——培養人成為一個自由的人，讓人有能力定義自己的目標、指導自己的生活。

　　本章將先探討娃得福的哲學起源，再探就其教育的理念、目的，最後提出娃得福教育在本土的實踐，作為應用此模式在課程使用的參考。

第一節　娃得福幼教模式之歷史源流

一九一九年九月七日史代納（Rudolf Steiner）在德國司徒加（Stuttgart）創立了世界上第一所十二年制的「自由娃得福學校」。短短幾年間，在史代納一九二五年去世前，德國漢堡（Hamburg）也設立了史代納教育學校；接著，荷蘭一所、英國兩所……。漸漸地，史代納教育運動展開了。一九二八年，紐約也有了美國的第一所史代納教育學校。二次世界大戰前，地球上已有十六所分設在德國、英國、荷蘭、美國、挪威、瑞士、義大利等地的史代納教育學校。歐戰結束後一年，僅西德境內，就達到二十四所之多。從此，史代納教育成為一股不可擋的教育風潮，學校的數目愈來愈多，成長愈來愈快。一九八〇年代晚期，擴張的速度更曾達到一年一百所之多。截至目前為止，八十年的歷史，全球約有五十個國家設有六、七百所從小學至高中的十二年制史代納學校，而學前教育機構更是不計其數。根據瑞士歌德館發出的雙月刊（1998）連烏克蘭基輔也有公立學校加入了史代納教育的行列。當今，除了教會組織的學校，史代納教育運動堪稱全世界最大的非宗教團體教育運動（Childs, 1995, p.18）。

一九九四年，筆者承史代納學校校友 Garth Naude 先生之引介，赴澳洲作短期研習。因深受其崇尚自然，回歸人性本質，落實善、美、真的教育所感動，而將之引回台灣，並從此加入全球的史代納教育運動。史代納教育的引進，對個人而言，是學習上的大躍進；相對於台灣逐漸物質化的教育生態，筆者常思量，若能因史代納教育理念的加入而能有所意識、覺醒，還給孩子應有的童年，那更將是筆者夢寐以求的心願、孩子的幸福了！

一、 史代納教育創始人—— 魯道夫史代納博士

有人說：「史代納本人就像一所大學。」（Maher & Shepherd, 1995, p.33）因為不僅在教育的領域，在許多方面，如哲學、神學、社會學、心理學、政治、經濟、建築、醫學、藝術、戲劇、舞蹈、園藝、生物互動農業（bio-dynamic agriculture）等……，史代納總能以個人獨到的洞察與革命般的創造及整合能力，對當代及後世人類提供明燈般的光照與指引。

七歲開始史代納就常有心靈體驗，長大後他才了解他所經驗的世界有一部分是超愈一般人感覺之外的心靈世界。如此特別的生命經驗對史代納的學習與發展有極深的啟示與影響。更重要的，當「心靈」的門為他開啟，心靈科學的研究任務自然降臨在他的身上。

史代納指出，人的生命乃存在於物質與精神世界之間。過度重視自然科學，將使人偏向物質，導致心靈退化，除非我們能找到一平衡的相對影響力量，否則靈性與物質間的溝通橋樑將很難出現。因此，如何呈現問題的所在，使人看得清明，進而將靈性的動力與學問帶入我們生活的物質世界；如何賦與科學的解釋，使人能心悅誠服地了解心靈性世界的真實與重要，成了史代納不可旁推的任務。

攻讀研究所之際，史代納曾擔任一位十歲腦水腫兒童 Otto Spech 的家庭教師。當時，許多醫生都斷定 Otto 有嚴重的學習障礙，然而史代納以他個人在生、心理學及身、心、靈上的專門研究，經過兩年的努力，他治癒了該童。這男孩後來進入一所很好的學校就讀。長大之後，甚至成為合格的皮膚科醫師。這段結合身、心、靈的教學經驗，奠定了史代納往後的教育大業。

史代納曾寫過一篇討論歌德的童話故事「青竹絲和美麗的百合花」（The Green Snake and the Beautiful Lily）的文章，這篇文章促成史代納獲得特別的榮譽，並受邀於神智學會中演講。後來，史代納成為神智學會的一員，最後還被推舉為神智學會德國分會秘書長。

　　成為神智學者之後，史代納仍然繼續自己在心靈科學上的研究，一九〇九年，當他的研究愈來愈成熟，愈來愈完整，他開始以心靈研究的結果與精華演講，史代納並且將該心靈的學問命名為人智學（Anthroposophy）。

　　一九〇二至一九一二年間，當史代納以神智學講師身分受邀於歐洲四處旅行講學過程中，他發現了建築藝術之美，進而深入學習、研究建築藝術。數年之後，當人智學團體成熟之際，史代納即以他在建築上的學習與研究，再加上十年的鑽研工夫，親自設計並監工完成瑞士多拿賀（Dornach）的人智學總會「歌德館」（Goetha-num），他甚至還彩繪了歌德館的室內屋頂。令人扼腕的，一九二二年除夕，歌德館遭狂徒縱火焚燒。

　　史代納與人智學成員奮力重建歌德館，重建後之建築雖仍維持史代納的原圖與原貌，但為保護堡壘，原木的建材改以鋼筋混凝土替代。如今，歌德館仍巍峨的矗立於多拿賀的山丘上，歌德館建築成為世界「有機建築」的重要史蹟，歌德館優美的景色成為世界觀光旅遊的重要景點，而歌德館四周靈秀的園藝，更是史代納有機園藝與生物互動農業的代表。

　　人智學一詞源自希臘文，意為「人類的智慧」（anthropos-sophia/Human wis-dom）。為表明嚴謹的「科學」研究過程及驗證結果，史代納也稱人智學為「心靈科學」（spiritual science）。人智學是一個研究人類生命本質及精髓的學問，也是「自然科學」的補足。自然科學談的是物質、物理的問題；人智學則著重探尋生命存在的起源及本質，企圖解開人類生存及命運的奧秘（Steiner, 1973）。人智學強調人與宇宙間的實質關係，啟發人對自然、宇宙的認識，喚醒人類連結自然、宇宙的靈性，並呼籲人對自然、宇宙存感恩與敬虔的心（Childs, 1995, p.23）。人智學的終極任務在於教導人如何以正確、客觀的觀察及方法走進靈性世界的學習，以發展現代及未來人類的福祉。

　　史代納與專攻吟誦與說話藝術的妻子 Marie von Sivers 對音樂、舞蹈與語言藝術有極濃厚的興趣。他們共同創作、發展出以肢體運動表達音樂與語言之美的「優律司美」（Eurythmy）舞蹈藝術。「優律司美」可分為兩種：一種是「看得見的語

言」，另一種是「看得見的音樂」聲調的優律司美舞蹈。語言或音樂雖然看不見，但它們有其一定的內在運動。「優律司美」試圖將這隱藏在內在的運動，透過肢體動作彰顯出它們的原貌。「優律司美」的應用也有兩個重要發展方向：一方面是一般律動及舞臺表演藝術；另一方面則是治療。透過優律司美的治療，許多身體病變或特殊障礙的兒童或成人獲得了具體的改善。近年來，在歐洲大陸，有更多的機關、企業團體運用優律司美幫助員工作身、心、靈的統整。

二十世紀初期，歐洲成了戰場。為健全國家體制，重整社會秩序，史代納結合法國大革命中的自由、平等、博愛三大理念，提出具體落實的新理念：

1. 在文化、知識、宗教等精神靈性領域上自由。

2. 在政治、法定權利上平等。

3. 在經濟事務上互助、博愛（Childs, 1995, p.4）。

人類有三個根本的生活領域：物質世界的經濟生活、生命知覺攸關的人權生活，以及社會、個人的靈性生活領域。國家要能健全發展，這三個生活領域必須清楚的區分並彰顯明確的功能。史代納提出：國家不是一個單一體，而是一個靈性、權利、經濟的「三政共和體」（the Three-fold Commonwealth）。「三政共和體」的每一政體就如同人的思想、情感及意志力一樣，分可各自獨立作業，合則成一完整個體。「三政共和體」的最高指導原理也就在於分則每一政府均能以靈性自由、政治平等、經濟博愛各自指揮所有事務；合則三政協調，形成國家最高政體，使社會成為合一的整體。「三政共和體」的運動方向可分為：

1. 靈性上，關心所有源自個人內心產生出來的「文化生活」活動。

2. 權利或政治上，尊重「生命權利」，單純處理人的關係。

3. 經濟上，關心物資的生產、分配及消耗；統籌「物資的生產、管理與服務」（Childs, 1995, p.15）。

史代納的政治理念雖然沒能成為世界上任何一個國家的體制，但其他的理想：音樂、舞蹈、戲劇、哲學、神學、社會學、心理學、自然醫學、有機建築、生物互動農業與有機園藝等……，他所遺留下來的這許多工作，如今已遍及全世界，並占

有相當地位。他的心血，特別是教育，也已綻放出美麗的花朵（Childs, 1995, p.4）。

二、世界上第一所娃得福學校的誕生

一九一八年，第一次世界大戰結束，一度傲視全球的德軍，在前線失利，軍人返回故土，沒有食物、沒有衣服、沒有工作，甚至有人連家也沒有了。大部分的公司都倒閉了，由愛彌爾莫特（Emil Molt）先生在司徒加（Stuttgart）所領導的 Waldorf Astoria 煙草工廠是少數的倖存者之一。莫特總裁是位傑出的商人，也是積極的社會改革者，他非常熱衷於史代納「三政共和運動」的理念。關懷員工的他注意到工廠裡大部分的工人都是他過去員工們的兒女。他們與上一輩的父母過一樣的生活，處一樣的階層，得一樣的機會……，沒有改變！他希望改善他們的生活，為他們建一所幫助超愈階級限制，卻又保有他們善、美、真的學校。他請教史代納能否為他的員工子女規畫這樣一個邁向「自由」的教育，史代納給與非常肯定的答覆，但他提出四個條件：

1.這個學校必須開放給所有的兒童。

2.這個學校必須男女合校。

3.這個學校必須是十二年制一貫教學。

4.這個學校的經營主持人必須是直接與兒童一起工作的學校教師；同時，政府及經濟的干預必須減至最低。

莫特答應了，史代納旋即展開建校的籌備工作，並將這所學校命名為 Free Waldorf School（筆者引進該教育入台之初，將 Waldorf 譯為娃得福）。史代納在為這所自由 Waldorf 學校甄選教師之時，並不特別要求正式的教師資格；他選擇有生活經驗、真正愛孩子，並願意對新觀念開放的人成為教師。教師人選決定之後，以「人智學」為教育哲學基礎，史代納立即為教職員進行訓練。課程涵蓋：人類研究（The Study of Man）、教師論壇（Discussions with Teachers）及實用教學（Practical Advice to Teachers）等三部分，這些課程後來集結成冊，成為全世界娃得福師資訓練課程的

必備參考。

一九一九年九月七日，自由 Waldorf 學校開學，典禮在司徒加公園內大禮堂舉行，有一千多人參加典禮。史代納在開幕致詞時說：「這是一個結合活的科學、活的宗教、活的藝術和靈性生命的新教育……。」從這一天起，全球性的史代納教育運動便正式開鑼！

第二節　娃得福幼教模式之理論基礎

在教育的領域裡，史代納是有史來第一位清清楚楚提出身、心、靈發展理論的哲人。他重視身、心、靈發展，不是口號或空談，而是真正深入、紮實的研究心靈世界，完成靈性科學理論。他將靈性科學的啟示運用在生活各層面；幫助人認識存在於宇宙自然間各領域的生命發展；並深入現代教育的方法與途徑（Blunt,1995, p. 104）。娃得福教育即以史代納靈性科學（Spirit Science）為基礎，是一重視宇宙自然，重視身、心、靈全人平衡發展的教育。

史代納指出，除非人能完整的了解人，否則人只能教育人的一部分，至於沒有教育到的部分，往往受動物性的衝動所支配（Blunt, p.104）。人若能如此敏銳的洞察生命與生活，人可以了解：一個統整的教育絕非從理論或意識型態開始，而是從「人是有機的，是具有身心靈的整體」的生活形成的（Blunt, 1995, p.107）。「生活即教育」是顛撲不破的教育真理，我們進入世界的生命，進入人類的生活；生命與生活反應出人類真正的教育需求。綜而言之，教育的工作，應體悟個人本質與身、心、靈安頓及總體的均衡發展；更需引人和諧、合一的相處，以使社會生命形成和諧的文化，這是教育的目標，也是生命的目的。

十五世紀以來，教育興起，物質主義流行。透過生物學、物理學、解剖學等的學習，人們對身體的認識，早有進步的學問（Fox, 1982, p.18）。然而，對人類心靈（soul）與靈性（spirt）生命的關注與認知卻非常貧乏。由於心、靈缺乏關注，社會

問題愈來愈多。史代納指出，物質的生活世界，其實包含了完整的物質身體及心靈與靈性的發展。一個特別強調智力的教育代表的是一種物質的迷失，許多現代化的國家，不當的重視純智力的價值，而使得個人與社會的生命變得蒼白、貧瘠、百病叢生……，人類耽溺在物質生活的迷失裡。因此，當今的教育需負起更大的擔當，教育的過程需成為一治療的過程，幫助個體與社會回歸心靈、靈性生命的體驗與實踐，人類的世界才有進化的可能（Blunt, 1995, p.104）。

幼兒時期所發生的一切是決定人一生身體、智力、個性及道德……等發展的重要因素（Childs,1995, p.24）。史代納說，幼兒的生命福祉是否受到照顧會影響幼兒一生的兩大課題：一是自由的問題，一是命運的問題（Steiner, 1948, p.1）。因此，了解什麼是幼兒的生命福祉，認識孩子真正的需要，是教育工作者應竭力深入探討的問題。

一、身、心、靈三位一體的人類結構

在預備了解史代納的靈性科學之時，有一個很重要的觀念：我們必須先放棄直線性的思想。當研讀時，我們有時候也許覺得歧異，但只要再多讀一點兒，拐個彎，常常另一個解釋就能消除前一個歧異的問題了（Soesman, p.8）。

史代納（1920）說：「任何讀我《玄密科學》（*Occult Science*）一書的人，應該像讀小說那樣，將自己完全交託。那真是一本密密麻麻、文字叢林般的書，我其他的書也一樣。讀書時，唯有那些堅守意志，決心讀出書中蓬發之氣的讀者，才能使一本書像一個音樂總譜，在他心中譜出一段真實的樂章。」

史代納是一個用字極為嚴謹的人，特別是對自己在靈性科學上的專有名詞都是經過深思熟慮後訂定的，以下要探討的，如：身體（body）、心靈（soul）、靈性（spirit）的用詞，四位一體的以太體（etheric body）、星芒體（astral body）等都是限定在靈性科學上的專業用語，與一般人的定義多有不同，例如一般人常將心與靈交替使用，或把以太體想成實驗室中的以太氣體，這對史代納的靈性科學而言都是

不適用的（Childs,1996, p.87）。

　　人的身體承載著心靈與靈性，身、心、靈應是合一的整體。人以身體的感官接受外界的刺激與事實；以心靈將事實的印象轉換成與自己有關或有意義的判斷。但是，具神性的人類發現：人若總以一己之心判斷過生活，人必遭受情緒的困擾；人有能力放棄一己之好、惡，能冷靜觀察、探究事物的本身；能還事物本相，以事物的觀點探究事物；能靈性的思考事物與環境間的關係……（Steiner, 1994, p.23）。

　　我們知道身、心、靈需要成長這個事實，可是，如果我們生存的世界沒有一個關心身、心、靈成長的教育理念與環境，我們的身、心、靈就很難順利成長（Fox, 1982, p.21）！

㈠身體（body）

　　我們的身體是一個感官體，我們透過這感官體與外界接觸，吸收外界的訊息。我們以同樣的感官觀察人，觀察礦物、植物和動物。身為人，我們與礦、植、動物等三種存在形式不同，但我們之間卻有緊密的相關性。如同礦物，我們以自然物質建構我們的身體，因為這個存在形式，我們能被看見；如同植物，我們有細胞再生能力，因為這個存在形式，我們成長與繁殖；如同動物，我們因外在刺激形成一己的內心世界，因為這個存在形式，我們感知環境，並以外在印象形成內在經驗。人類與動物最根本的不同在於：人類屬於唯有人類才有的人類存在形式（Steiner, 1994, p.24）。

㈡心靈（soul）

　　人的身體感官接收外界事物之後，外界事物的印象就轉進人的心靈範圍，形成個人的內心世界。內心心靈世界中有感知作用（sensation），感知作用是心靈世界的主要工作者。當心靈生命受感知作用攪動，就生出快樂與不快樂，喜歡與不喜歡等

相對情感（feeling）。爾後，經由身體來的意志（will）衝動及靈性來的思想（think-ing）規範，人從行為中表露出內心情感。心靈與身體感官、驅使情感行動的意志力以及靈性規範的思想有極密切的相關。因此，思想、情感、意志形成心靈生命中最重要的三個能力。

心靈存在身體與靈性之間，沒有身體就沒有內心世界。心靈生命以物質身體為基礎，又以靈性世界中的思想能力為主導。也即是說，心靈深受感官世界中的身體和靈性世界中的思想力所影響（Blunt, 1995, p.54）。心靈在身體與靈性兩極之間因此造成兩大需求：

1.從人身體的特性，心靈受制於身體的自然需求。

2.從人靈性的特質，心靈受制於思想、良知法則的管轄。

心靈的二分生命法則，使得一般人誤以為人是二元的存在體：一元是物質的，一元是精神的（Childs, 1996, p.87）。但就史代納的觀點論，在精神層面裡則尚有心靈與靈性之分……。

㈢靈性（spirit）

靈性是人類本質的中心，思想是靈性的表達工具，我們透過思想展現我們的靈性。想想我們的思想：我們不會漫無目標的從一個感官印象流至另一個感官印象，我們也不會任意的反應外界對我們的刺激，因為我們有靈性思想的指導，我們透過思想感覺作用，我們透過思想我們的行動，進一步客觀了解事物以及環境的知識；創造出一理性而連貫的生命。正確的思想能指引我們正確的知行方向，使我們成為有目標的生命體。　思想與觀念形成人類覺悟（conviction），人類最高的情感及理想，如利他主義、愛好和平、四海皆兄弟，甚至保護自然環境，都是由人類靈性思想中的專注精力、堅忍不拔和事前的周全計畫所達成的（Steiner, 1994, p.29）。

了解身、心、靈的本質之後，回到教育的領域，將身、心、靈的認知應用在生活中或教室裡，教育工作者應努力保護幼兒的身體感官，提供合宜的環境，啟示幼

兒美麗、健康的內心世界，進而誘發幼兒活潑的思想，培育他們靈性的關懷與愛。

二、四位一體的本性與特質

就史代納的人智學，或稱靈性科學研究而言，人是一非常複雜的組織。針對不同的解析需求，史代納發展出三位、四位、七位，甚至是九位一體的人類研究。其中最基本，最能幫助人進入學習的是四位一體的理論。四位一體包含物質身體、生命體、感知體及自我體（Childs, 1996, p.89）。

人類的四位一體在出生前即已在母體內形成，但各有不同的成熟期：物質身體在母胎中受母體保護，約十個月左右成熟出生；生命體則需時約七年左右，當幼兒的乳牙開始脫落，即是生命體出生的表徵；感知體約在青春期十四歲左右出生。最後，大約二十一歲左右，自我體出生，此時也是傳統觀念裡「成人」的開始（Childs, 1995, p.32）。每一個剛出生的身體都是新生兒，都還稚弱，約需二、三年的時間才能漸趨穩定成熟，自如的運動其功能。

㈠物質身體（physical body）

人類的身體包含三個主要部分：頭、胸、四肢。在頭部，我們有神經感官系統掌理感知、收訊與思想；在胸腔，我們有心肺律動系統湧現情感世界；在四肢，我們有活躍的四肢代謝系統負責執行生命任務。頭部位置最高，它居前、在上指引方向；心肺居中負責調節頭與四肢上下兩極的發展；四肢進入行動……。

人類借重物質身體執行靈命計畫，但人類的物質身體與一般物質同屬無生命的存在，與礦物界（mineral kingdom）的物質有共通的特性：物質會毀壞、腐朽（Blunt, 1995, p.53）。物質壽命的長短與品質的良莠尚有賴人的愛護與保養。例如幼兒的感官不受強烈聲、光、色彩的刺激干擾；不使孩子的心肺緊張，不威脅、不恐嚇、不施壓；給孩子有足夠活躍的時間，使他的四肢有健康的「累」的機會，鼓勵孩子多

動手，多做家事，使他雙手靈巧……等，都是護養幼兒物質身體的好方法。

㈡生命體（life body），或稱「以太體」（etheric body）

如同磁力使磁鐵產生吸力現象，「生命體」造就人的生命現象。生命體不是物質，是一種能量形式。生命體使物質身體內的體液運動，能再造細胞使人成長，它對物質身體做造型（formative）的工作。人的生命體與植物界（plant kingdom）和動物界（animal kingdom）的生命體有共通的「生命存活」的特性（Steiner, 1927, p.10）。生命體雖眼不可見，但從人的體態活躍或倦怠、動作輕重或緩急、靈敏或遲鈍、生活規律或散漫都可感受生命體的活力程度。生命體必無時不刻與物質身體同在，若離開身體，人的生命就結束（Blunt, 1995, p.55）。

生命體在人體內專心做器官及身體建造、塑型等的工作，生命體專注建構身體器官的幼兒階段，也是幼兒自我中心的階段。等到兒童六、七歲左右，生命體出生。生命體出生也代表思想能力的誕生，它的工作也由器官建構轉為思想的能量。

史代納強調，想像力是由內而外自發性的開展，而認知教導則是由外而內的灌輸。兒童六、七歲掉牙前我們可以培養幼兒豐富的想像力，但千萬不要急於教導認知。認知需要正式思想的能力，教導認知就是運用尚未出生的能力，那會強迫生命體早產（Gloeckler, 1989, p.28）！

㈢感知體（sentient body），或稱「星芒體」（astral body）

感知體是感知情感、知覺的作用體，是痛苦、快樂、衝動、想望、熱情等的情感存在形式。植物沒有感知體，植物只具備物質身體與生命體。動物有感知體，動物的感知體與人類的感知體有共通的特性，動物有本能，有衝動……（Steiner, 1927, p.14）。生活中，人的感知能力如味覺、嗅覺、視覺、溫度覺等，以及情感能力如愛、恨、情緒、興趣、勇敢、怯懦、人際關係等都屬感知體的範圍。

㈣自我體（ego）

　　相對於其他體，自我的成長速度很慢。自我在身體裡大約要等到人二十一歲以後才會有比較明顯的活動（Blunt, 1995, p.60）。

　　自然宇宙間只有人類具有自我體，自我以雙足作為支持的根基，成為地上至高的受造物，自我體是人類高階心靈的工具（Steiner, 1927, p.17）。自我體使人類的發展獨立於感官世界之外，由於這獨立於外界的能力，有些宗教家認為自我含有一部分神性。生命過程中，人的心靈、靈性愈成長，自我即愈能成為自己的統整者；自我決定人的責任感、輕誑或穩重、存在價值、自我概念、命運、生命史等的發展。高層次發展的自我可以高尚化及淨化人類一體四位的其他三位（Blunt, 1995, p.55）。自我若能向高階發展，對生命體做工時，人就可能改變習慣、傾向、性情和記憶……，甚至改變原有的工作；對星芒體做工時，人的慾望、衝動或熱情就有可能轉成洗鍊、淨化；對物質身體做工時，人的外觀、面貌、姿勢、動作等都有可能改變（Blunt, 1995, p.57）。

　　從四位一體的理論可以深入了解人的內在重要元素，了解人的不同發展階段，進而知道如何觀察人、幫助人。人不只有物質的外表，人有活力充沛或萎靡不振的生命體，有熱情或冷漠的感知體，有全神貫注、高尚趨神性或散漫、低俗趨物化，甚或不知魂在何方的自我……。教育的對象是人，教育事業要做的是教育「人」的事業。如何引導兒童走向四位一體和諧的全人發展應是每一位教師的天職。

三、四種性情

　　我們每個人都是有機的四位一體。當人的物質身體、生命體、感知體、自我體四位一體互動時，通常會某一個體較強於其他體而主導其他體，這個主導體就形成我們四種不同的性情：土相（melancholic）、水相（phlegmatic）、風相（sanguine）、火相（choleric）。又因為我們的七年出生論：七歲生命體出生，十四歲感知體出生。因此，兒童與成人性情的主導體會有所變化：七歲兒童的風相是因為生命體的主導，而十四歲以後則是由感知體主導了（Anschutz,1995, p.65）。簡言之，七歲至十四歲兒童的性情主導是：

生命體：風相。

感知體：火相。

自我體：土相。

物質身體：水相。

人類需要四個七年認真生活才能成為成熟、平衡的人。性情的轉變是漸進式的，性情的發展主要在七至十四歲之間（Harwood,1995）。因此，四種性情在幼兒階段都只是雛形，只有敏銳、用心觀察的老師才能察覺，但也只需做為參考。反而身為教師的非常需要深入性情以增加自我了解與自我成長。性情最大轉變發生在十四歲，以後則漸趨穩定。十四歲以後的性情主導則是：

感知體：風相。

自我體：火相。

物質身體：土相。

生命體：水相。

十四歲之後，當物質身體主導時，人的感官即靈敏銳利、體察深入、多情體貼，形成土相性情。但因其生命體、感知體及自我體等心靈機制相對居下風，心靈即多隨性發展，常感情用事，易陷入鬱悶、痛苦、煩惱。當生命體主導時，水相形成。具活力的生命體使人有幸福及舒適感，因此水相人多身體豐滿、步調緩慢、自在、與世無爭。但水相人因多沈醉於「內在」，少向外開展，世界顯得狹窄少色彩。當感知體主導時，風相性情形成。風相人情感豐富、知覺快速、敏銳、流動、變易、活潑、跳躍、舞蹈、富節奏感、受人歡迎。但因感知體「心在外」的特質使得風相人常忙得團團轉、身材清瘦，而太多的吸引也使他難以專一、專注，做事易虎頭蛇尾。自我體主導火相性情。自我體是四位一體的總管，火相人眼睛炯炯有神，走路

步伐穩定，急進有主張，做任何事意願都很強，是果斷的領導人；但當自我過度掌權，通常會壓抑其他體的發展，因此火相人傾向專制冷酷，身材矮短（Blunt, 1995, p.97）。

史代納說我們不應該模塑兒童適應社會，而是要幫助他發展個人的特質與長才（Blunt, 1995, p.96）。性情只是特質，沒有好壞。教師應深入了解每一位兒童，發現他不同的性情，進而幫助他「均衡」發展。而且，雖然理論上人可依性情劃分，但一個人與另一個人的性情也不是截然不同的，因為主導體之外的三個體也在我們的體內做工（Blunt, 1995, p.96）。以下是不同性情的進一步描述：

㈠土相性情

接近土相孩子必須有耐心，他通常是安靜、內向、退縮、敏感、脆弱、憂慮、愛哭、動作慢、自覺渺小，對世界沒什麼興趣，講笑話對他也沒有幫助；但他記性好、邏輯性佳、求完美、重實際、冷靜、穩定、體貼、具同情心；土向孩子喜藍色，也應多給藍色，學齡前幼兒看顏色的反應與大人不同，他們看見的顏色是實際顏色的「補色」，例如給藍色，他除了看見藍色，也會自然的看見藍色的補色橙黃色。橙黃色的溫暖與喜樂可以幫助土相的孩子開朗起來。無論幫助任何性情都應順勢操作，應以他的心情接近他。土相人生命很嚴肅，充滿煩惱與焦慮，若能說這類型的故事給他聽，可引起他的共鳴，產生同情；了解別人也有苦痛時，對他而言是一大釋放（Wilkinson, 1993, p.62）。

㈡水相性情

水相人是思想家、科學家、數學家等意識型的人，喜一個人玩；他穩重、冷靜、小心、值得信賴、富同情心、願意助人、可以讓步，這在幼兒期即可看出潛能，但仍須持續開發。水相孩子需要綠色以使他的內在感受補色紅色的熱情；做大量他喜

歡做的事情可以幫助他清醒、進入世界（Wilkinson, 1993, p.63）。

㈢風相性情

風相性情的代表色是黃色。他活潑，或許該說太活潑了，他急急忙忙的飛來飛去。他話多、主意多、樂觀、熱情、社會化；但易變、耐性不高。他一件事又一件事的參與，不專心、記憶力差、吃得少。對風相性情者，要給大量、多樣化的事物以吸引、滿足他，甚至使他飽足到累了，他就會穩定下來；另一個有效的方法是多給風相者橙黃色，橙黃色對幼兒會產生藍色的經驗，這種藍色經驗可以使他安靜、專注（Wilkinson, 1993, p.62）。

㈣火相性情

火相性情的人溫暖、精力旺盛、激進、愛表現、自信滿滿、自動自發、有擔當、領導慾強，但脾氣暴躁、固執、喜歡吃肉……。火相孩子喜紅色，看紅色時，經驗綠色；柔軟的綠色使孩子感覺安定、恬靜和柔軟，所以應讓火相的孩子生活在紅色裡，如：房間貼紅色的壁紙，讓他穿紅色的衣服等。勤於觀察、熟習幼兒的性情，給大量、合宜發展的活動以用掉他旺盛的精力，以在他脾氣爆發之前，就適當的導入正軌（Wilkinson, 1993, p.61）。

四、物質身體與心靈的關係

如前所述，人類的身體主要包含頭、胸、四肢三個部分，形成身體三元系統。人類乃透過物質身體三元系統中的感官，將外界的經驗形成內在心靈生命。心靈溝通身體與靈性，當心靈通到靈性的頭部，就形成思想，通到身體四肢，就形成意志。心靈具有思想、情感與意志三大能力（Aeppli, 1968, p.2）。物質身體三元系統「由

上而下」成長，心靈三大能量「向上」成長，它們在四肢／新陳代謝／意志力感官系統，在神經／頭／思想感官系統，在律動／心胸／情感感官系統中交會協調，幫助我們形成和諧、活生生的個體。

㈠物質身體三元系統與心靈三大能量

心、靈的世界，也許虛無飄渺，但它們無時不刻都在我們的生活與工作之中，只要我們仔細觀察、深入體驗，我們一定能感知它們的存在，因為心、靈意識與物質身體緊密相連；而且心靈及靈性的感知會在人類的生命現象中產生作用，會在成長過程中轉變成物質，在人的物質身體中露出痕跡（Steiner, 1994）。

1. 神經／頭／思想感官系統

神經系統在「物質身體」面的發展主要在頭七年，二十歲左右完成作業，而真正的「心靈」啟動則在青少年階段，十五到二十一歲左右最相關。物質身體主要特徵之一是冷、靜及死亡過程，物質身體受損，神經系統亦受損，神經系統的器官及構造一旦遭受損害，神經細胞本身即無法再生。

神經系統的中心在頭部，但組織卻貫穿全身，分佈到人體組織末稍。頭是全人的縮影，也是物質身體的代表。頭是思想的工具，但「思想」並非透過某單一感官知道別人的思想，而是透過整體的活動知道，即使是認知的思想感官活動，也一定有意志力的本質在裡面（Blunt, 1995, p.60）。

頭部有呼吸的鼻子聯繫胸腔律動系統，有飲食的口連接四肢代謝系統……，在該部分，人是一統合的神經／頭／思想感官系統的生命存在體，為人的初階感官活動作綜合服務（Aeppli, 1955）。

神經感官系統有兩大功能：一是感官意識（sensing）；一是內在理解（perceiving）。即一以感官意識周圍環境，一以內在理解解釋感官意識所得的知覺（McAllen, 1999）。

與「思想」最相關的主要是聽覺及語言覺，本系統的每一個官能都有思想的力量在裡面，史代納稱之為「高階」或「思想」感官，也是「自我」的感官，但所感應的不是自己的「自我」，而是別人的「自我」，因此也是社會性發展的感官（Aeppli, 1968, p.10）。

2.律動／心胸／情感感官系統

七歲之後兒童的胸腔律動系統趨向穩定，兒童的動作、生活變得愈來愈規律、富節奏，喜歡有節奏的遊戲，最後，心跳與呼吸以四比一的比例建構了該系統的規律基礎。心、肺規律運動及情感和諧發展是七到十四歲兒童中最重要的發展階段。

律動系統中「生命體」最活躍，但情感卻與律動系統關係最緊密，該系統的每一個官能都有情感的力量在裡面。因此史代納稱律動系統發展出來的感官為中階或「情感」感官。這組感官將我們與世界相連結，提供世界的訊息，讓我們知覺周圍的世界。由於這組感官易「感情」用事，養成過程中若缺乏適當引導，有可能成為人類心靈與世界交接的戰場（Cornelis, p.55）。律動系統經由呼吸連結身體其他兩系統：

(1)藉由新陳代謝與消化、呼吸與血液循環連結。

(2)呼吸進出頭腦，與神經感官系統相連：吸入時，我們壓縮腦脊髓液進入腦；呼出時，壓縮腦脊髓液返回身體（Bott, 1996）。

3.四肢／新陳代謝／意志力感官系統

幼兒階段中代謝系統活潑的開展，約在二十一、二十二歲左右才成熟。代謝系統的主要器官是橫隔膜以下的胃、腸、肝，及四肢等，這部分體腔內的所有器官都一直不停的活動，因為每一個官能裡都有意志的力量，史代納稱該系統為四肢／新陳代謝／意志力系統。代謝系統所發展的感官稱為「初階」或「意志」感官（Aeppli, 1968, p.10）。

代謝系統一方面將物質世界中具重量及質量的食物轉成熱量，並與體內的營養

及全身的動作連結，使個體運作、進行轉化（Buhler, 1979）。例如：人將食物吃進身體，透過消化系統結合、攪拌、分解……，進而轉化為人體新陳代謝過程中所需的養分與熱能。另一方面，四肢的肌肉骨骼系統功能使人能活動、動作、直立，向世界展現個體意志，貢獻一己之力。

代謝四肢系統與全身組織密切聯繫，但「感知體」在新陳代謝四肢系統裡最活躍，且「自我」最早作用於人的四肢。幼兒最明顯的表達即是主導、急進而有意見的四肢系統。因此，當幼兒的手到處摸索、腳到處跑跳時，幼兒的意識就從四肢的使用中被喚醒。

代謝系統透過消化與血液循環律動系統連結；透過意志活動與神經感官系統合作無間：代謝四肢系統與意志緊緊相扣，而意志激動的背後，也伴隨著一特別的代謝形式，驅使神經感官進入思想活動操作過程（Blunt，1995）。因此該階段的教育工作者應透過自由創意遊戲以引導幼兒四肢開展，漸漸喚醒幼兒的思想與情感能力（Aeppli, 1968, p.7）。

心智過程不單由頭部的「思想」完成，乃經由三元系統的參與而形成概念、判斷、結論……。律動系統中，「感覺作用」將情感的概念反映到頭部，頭腦感應後進行理解判斷，從而形成概念；代謝系統中，「意志」主司發起，也發動決策與結論，再交由頭部形成概念或意識。情感與意志主動發訊給頭部，頭部必須與情感與意志合作，才能形成概念與意識（Blunt, 1995, p.60）。

㈡十二種感官

人透過身體的感官與外界接觸，在園所裡，我們「聽」老師和孩子們甜美的清唱，快樂的「聞」飯菜香，「看」孩子們專心用手捏塑蜂蠟……。當所聽、所聞、所看進入我們，我們的內心就形成一獨自的心靈情感世界（Salter, 1987, p.72）。感官給我們感覺作用，給我們思想內容，是我們營養的供給者，也是我們行動的推動者。史代納說感官是我們生命的泉源，從感官經驗中，人類得到心靈內在生命的滿

足。因此，官能受損或毀壞，有時可能比肢體殘缺更嚴重（Davy, 1983）。

每一個感官都有其獨特的官能，但每一個官能絕非獨自工作，它需要其他官能的輔助，例如：我捧起一杯茶，觸摸著杯子，感受陶器的粗糙，感受茶的溫熱，看著茶水的顏色，看著水氣裊裊……，經由許多官能，我建構出「一杯茶」的概念。

根據史代納的研究（Blunt, 1995），人類的感官可區分成初、中、高三階，十二種感官。這十二種感官分佈在神經、律動及新陳代謝系統裡，並結合心靈的思想、情感、意志力量形成：

初階意志感官：觸覺、生命覺、自我移動覺（sense of self-movement）、平衡覺。

中階情感感官：嗅覺、味覺、視覺、溫覺（temperature sense）。

高階思想感官：聽覺、語言覺、思想覺（concept sense）、自我覺（ego sense）。

因限於篇幅，本文僅就出生到七歲發展期間最相關的初階「意志感官」及七到十四歲發展期間最相關的中階「情感感官」做簡介。

1. 出生到七歲發展期間最相關的初階意志力感官

(1) **觸覺**：觸覺幫助我們感知自己身體的邊緣與界線，觸覺感官彰顯出幼兒的成長。透過與外界物體的接觸，我們的身體經歷自己與外界的界線，這時，我們察知的不是他物的內在本質，反而我們更感觸到的是自己的身體。嬰兒需要碰觸嬰兒床一百次左右，他才知道自己的身體與嬰兒床的界線。當與世界接觸，我們與自己的一部分接觸，我們接觸到自己的內在本質。人類的「覺醒」也即是感觸知覺界線的觸覺官能來的。我們愈覺醒，就愈知道自己。從人智學的奧秘觀點，當幼兒長到兩、三歲，能說出「我」字時，也是他能以自己的手觸摸全身的時候（Soesman, p.17）。

(2) **生命覺**：生命覺深入身體的每一方寸，透過生命覺，我們進入生命的歷程，覺知生命中的各種狀況。生命覺會立即反應身體的舒服或不舒服、滿足或

飢渴、精神飽滿或疲累……，生命覺中最彰顯的是「痛」。「痛」在我們身體脫序、為作警示及修復的動作時出現。痛是生命官能的明示，我們應該感謝我們的大、小痛。沒有生命官能我們就不覺得痛，沒有痛，人類永遠無法成長。痛指引我們方向，從痛中，我們學習適當的擺放自己。沒吃過苦痛的人永遠無法幫助人，沒有痛的經驗，人無法發展同情與熱情。潛意識裡，為了獲取痛苦的經驗，孩子一再跌倒……。「疲勞」也是生命覺重要的表達。現代兒童限於空間環境與過度保護，多有過度感官刺激，如看電視、打電玩等景物快速閃過的疲勞，少有真正身體運動的疲勞。其實，適度的身體疲勞對身體成長是一劑良方（Soesman, pp.22-24）。

⑶ **自我移動覺**：自我移動覺不是移動的能力，而是一主觀「感知」自己身體正在進行移動的能力。感知移動時，我們以觀察、經驗的角度參與自己的移動運作，身體反而成了外界。幼兒從無意識的移動開始，慢慢感知自己的移動，他學走、學跑、學跳，最後，他自由的掌握自己的移動，自在的在宇宙空間裡活動。自我移動覺也是「意志」的最明顯表達，從幼兒感知身體移動開始，移動覺會漸次發展至感知抽象思想的移動。它不只使人的身體進入自由的掌握，也使人的思想獲得自由（Soesman, p.32）。

⑷ **平衡覺**：平衡覺的中心位置在我們的耳朵裡，在具有三度空間結構的半規管（semi-circular canals）裡。但我們的平衡覺不全然來自身體，也是來自環境，來自地球中心。我們從感知地球的重力中心，從環境外界與人體的關係抓住自己的身體平衡。平衡覺使我們感知上、下、前、後、左、右，且不致跌倒。如果我們失去地球中心的感知，平衡覺就失靈。例如在海上，在船上，我們會覺得暈眩……。平衡覺也是「我」的根基地，透過平衡覺，我們察覺「我」的身心靈經驗，然後我們以「我」站出自己的立場，我們以「我」個人的行為與世界接觸（Soesman, p.52）。

2.七歲到十四歲發展期間最相關的中階情感感官

(1)**嗅覺**：我們透過呼吸空氣聞嗅，嗅覺與空氣元素間有極度密切的關係。我們聞，把外在的東西「聞」進來，我們不只是聞進鼻子，也聞進血管。就這個觀點，我們與外界沒有界線。我們無法切掉與外界的關係。嗅覺很容易被無辜冒犯，當我們聞臭，又無法離開時，我們有被強迫的憤怒，因為我們不能停止呼吸。我們也透過嗅覺知道東西壞了，地方髒了……，嗅覺造就了衛生學的開始。嗅覺容易感情用事，聞到臭味時，我們生氣；聞到香味時，我們快樂。當我們清潔環境，清潔自己時，乾淨、清潔的味道令我們快樂！而聞到敬香、馨香時，我們有聖潔的感覺……，嗅覺啟發了道德的開展（Soesman, pp.56-62）。

(2)**味覺**：味覺不像嗅覺那樣令人覺得受逼迫，味覺必須等我們願意張開嘴，像打開門一樣，允許外界的物質進來。在味覺上，我們更顯得是出擊的一方，我們總想加點特別的味，雖然吃或品味很主觀、很個人。我們坐下來吃，閉上嘴巴，就像關起門來。無論我們吃什麼，在嘴巴裡，我們與物質有一段談話，一個雙向的溝通……，因為吃進去的物質會變成我們身體的一部分。因此「吃」發展出兩個準則：

- 吃下去的東西健不健康？ 吃東西時，我們站在裡、外兩世界的界線上，外面世界的物質即將進入我們，即將變成我們體內的物質。

- 若將味覺想成灌溉施肥的過程，想著世界灌溉我們，我們升起反饋世界之情，從而我們形成「品味」能力。當穿衣、布置、園藝、妝點環境時，我們其實就在灌溉世界，形成世界的「品味」。品味是人類文化，是我們對世界的灌溉（Soesman, p.77）。

(3)**視覺**：眼睛是個不可思議的器官，當張開眼時，世界向我們開放。只要看一眼，我們就捕捉到了外在世界的一切。而且，張開眼睛時，思想的世界也開始跟隨，視覺因而產生了廣闊的內在與外在的視野空間，我們也因而

對世界有了整體的概念……。科學種種也即是追隨視覺世界的結果。眼睛是頭腦的一部分，頭腦透過眼睛尋找光，在光與暗之間我們看見了色彩，結構出美的色彩概念。色彩也揭示世界的內在本質與心靈，不同的顏色對人產生不同的情緒影響：當看到黃色，我們想到光，我們覺得開心；當看到黑色，想到黑暗，我們覺得憂鬱……（Soesman, p.100）。

(4)**溫覺**：人的第一個感官應該是溫覺。從溫暖中，我們顯示出願意參與世界的興趣；從冷漠的態度中，我們顯示出拒絕世界的意思。溫暖與冷淡、參與或拒絕、喜歡或不喜歡都是我們心靈最基本、最原型的表達模式，心靈的最原始是以情感問世的。透過溫覺，我們感受外界的溫暖。有溫暖的感覺，我們才有合作的意願，才能與世界同在。人類喜歡散發出溫暖，也樂意接受外來的溫暖；人類喜歡與周圍的世界溫暖地往來（Soesman, p.102）。

第三節　娃得福幼教模式課程要素之內涵

一、教育目的

邁向自由是史代納對人類成長的衷心理想，史代納說：「我們最大的努力一定要放在培養自由的人，讓人有能力定義自己的目標，指導自己的生活。」（Wilkinson, 1990, p.14）

每個人都從純淨的靈性世界進入，都期望與遺傳的物質身體連結。進入身體，不只是進入身體組織，更重要的是如何能藉著身體作靈性的表達。離開神的世界，帶著神的祝福，小嬰兒降臨世上，穿上物質身體進入人世間……。剛開始，他的身體不聽使喚；心、靈也埋藏在身體的深處不得發揮。嬰兒需要時間，特別是當所進

入的身體不一定合身時，他需要扶持與引導，以使身體靈活為他所用，以使隱形入身體的心、靈得以自由發散光輝……。

史代納（1922）認為人類的地球任務在於實現靈性，教育的藝術在於教師能有「全人成長」的知識，能了解兒童在不同階段的發展與需求，以有效地幫助兒童的心靈順利進入物質身體，實現身體的生命目的。教師若不了解人，他就只教育人的一部分。以目前台灣「唯智」取向的教育即有「片面」教育的遺憾。

教育的目的在於回應人性本質，回應人類真正需求，因此，教育應建構在生活之上。幼兒階段，就身心靈實踐面而言，應強調身體器官組織的長成，強調意志能力的發揮，並培育感恩的心。透過健康的身體、溫和的心、強壯的意志可以幫助未來人類成為思想、情感、意志和諧統整的個人：在思想上清明，在情感上有深度的愛，在意志上精力旺盛……，同時這樣的思想、情感與意志就成為道德的過程，人就在物質的世界裡實現人的靈性。

二、教育內容

娃得福教育絕不追求烏托邦，絕不過度理想化，絕不為理想社會預備兒童，而是按照實際生活、生命本質與真實社會所朝向的目標預備兒童（Blunt, 1995, p.16）。

史代納從沒給過現成的課程，他最關心的是教師是否了解「人」（Blunt, 1995, p.109）。若教師能認識人類身、心、靈的發展與需求，他自然能從對人的了解轉化人性的課程設計（Childs, 1995, p.2）。史代納指出：課程設計時，教師應結合當地的本土文化，以創造適合當地發展的工作計畫（Fox, 1982, p.46）。不同的國家有不同的文化體制與課程需求。在歐洲背景下的史代納教育，在東方或南非本土未必合用。只要教育原理不變，課程的設計與實施應因時、因地有重新的創造（Childs, 1995, p.6）。

史代納教育課程理念的重點在於回應兒童身、心、靈發展的需要，幫助他們開展和諧的情感、創造的意志及自由思想的能力。兒童生活在幻想、想像、情感及意

志裡，他們需要的不是形式、概念，而是想像、節奏與活動的教學。因此，教學上一定要以藝術的元素點燃（Steiner, 1922, p.118）。歌唱、水彩畫、蜂蜜蠟捏塑、手工、故事……等都是身心靈、思想、情感、意志的發抒，也屬於藝術的範疇……。而「創意遊戲」是在幼兒諸多學習中一項最本能、也是最重要的學習發展。

人有與生俱來的個別能力，每個人的能力各有長短。課程的發展方向應重視培育個人既有的潛能，並加添個人後天的能力。史代納教育重視兒童的頭、心、手的發展（Childs, 1996, p.169）。頭代表人的思想，心代表情感，手代表意志。從需求、發展與預備上考量，在幼兒階段，幫助幼兒發揮模仿與意志的能力，建立規律的生活習慣與基礎，乃是課程發展中最重要的基石。娃得福幼教即以此模仿、意志力、規律性三元素展開幼兒的各項生活課程學習活動。

㈠創意遊戲

在娃得福，幼兒每天最少各有一次戶外、一次室內的自由創意遊戲時間，每次約在四十分鐘左右。

遊戲絕非打發時間。遊戲中，幼兒不覺得自己是幼兒。遊戲是長大、是工作、是未來世界的預備（Edmunds, 1992, p.29）。遊戲提供時間與空間，使幼兒將生活推到最細緻、最深入的地方。遊戲中，幼兒將生命經驗轉變成遊戲，在遊戲時間中重新建構、統整新經驗。遊戲提供幼兒發抒心靈、展現自由的創意（Edmunds, 1992, p.29）。只要是幼兒由內而外自發的、自創的任何遊戲，幼兒都覺得有趣、快樂。遊戲結合幼兒天賦本能的意志、幼兒歡喜的心，以及幼兒創意想像的思考。能結合意志、情感及思想的遊戲是最能幫助人身、心、靈平衡發展的活動（Fox, 1982, p.34）。

七歲之前幼兒遊戲可分為三個階段：「身體的遊戲」、「想像模仿的遊戲」及「有目的的假裝遊戲」（Dancy, 1989, p.145）。

1. 身體的遊戲

　　幼兒在剛開始熟習自己的身體時，他的遊戲重點是純動作的技巧練習，如跑、跳、爬、翻跟斗……等。這些動作是幼兒肌肉成長及運動技巧練習很重要的部分。七歲前，幼兒的身體動作受四肢／新陳代謝／意志力系統支配，他的驅力和精力也來自該系統。就靈性科學言，幼兒的外在動作反應他的內在成長。例如：嬰、幼兒一再地疊積木，是為了要弄翻積木，弄翻積木讓他得到很大的快樂。他一再疊，一再弄翻的建構、毀壞過程，表示他的器官正健康的在執行同化及異化作用的成長過程。而兩、三歲幼兒的螺旋狀的、圓圈圈的、上上下下線條狀的塗鴉，也是幼兒內在生命動力的表徵。教育工作者若熟習「人的成長知識」，他就可以從幼兒的活動中閱讀出幼兒成長的奧秘，可以更幫助滿足幼兒的需要（Dancy, 1989, p.145-146）。

2. 想像模仿的遊戲

　　兩、三歲左右，幼兒的純動作無法充分表達他的精力。他轉而追求「想像中的假裝遊戲」。「假裝」來自日常生活的模仿，幼兒的遊戲不是實用主義的，他不需要真的完成什麼。他「假裝」的吃，「假裝」的喝。他不分好壞的模仿，不分好壞的「假扮」環境周圍的人的動作、姿勢，甚至心情，他都完全模仿。他看大人吵架，他就模仿大人的生氣和謾罵。因此，在幼兒面前我們應謹慎言行動作及情緒的品質。三到五歲，「假裝」與「幻想」的能力更彰顯。幼兒將一個玩具幻想成另一個他想要的東西，他把一塊木頭想像成一匹馬，過一會兒，同一塊木頭可能變成汽車……，這是幼兒運用高階創意想像的開始（Dancy, 1989, p.147）。

3. 有目的的假裝遊戲

　　幼兒四歲半、五歲左右開始玩「有目的」的假裝遊戲。他們會說：「我們來假裝……。」這個階段的遊戲特色是，幼兒開始社會化導向，他們有想要做的人，想要做的事……。除了「假裝」之外，他們的心智開始想像、形成圖象思考（Dancy,

1989, p.149）。他們能在遊戲前，事先計畫好要玩的遊戲和角色的分配等……。

㈡故事

在世界各地不同的娃得福園所裡，教師會依兒童年齡大小，同一個故事有可能每天重複說，說一至三個星期不等，之後才換新故事。

1.童話故事的智慧

童話故事是兒童九歲之前重要的精神食糧，在世界各地不同的娃得福園所裡，教師會依兒童的年齡及需求，慎重的選擇合宜的故事說給他們聽；甚至為了幫助兒童內化故事的藝術與智慧，使故事成為兒童生命中喜樂、安定以及智慧力量的泉源，同一個故事往往會反覆說許多次。

史代納提出，任何仔細觀察兒童遊戲的人會發現：兒童常夢幻般的遊戲。他在夢幻中自在開放、創造、揮灑自己……，並且不間斷地建構自己的樂園。一次次遊戲，一再再輕敲著兒童的心靈，兒童夢幻的心開始向他的內在意識甦醒……。兒童的心漸漸甦醒，兒童慢慢的離開夢幻，最後，失去樂園……；慶幸的，換來的是人類成長所需的覺醒的意識。因此，兒童的成長過程，一方面可以說是如夢似幻，另一方面卻是進入自己、發現自己、自我覺醒的過程。童話故事的本質蘊含了從夢幻至覺醒的圖象，這種內在夢幻情境很類似於兒童所處的夢幻式成長階段意識。童話故事一方面反映、共鳴了兒童的夢幻需求，另一方面則溫和的預備兒童，使他不致驚嚇，而能從容甦醒，能充滿勇氣的開展人生，有信心的邁向未來社會（Staley, 1993, p.86）。

史代納說童話故事的世界與兒童的世界在本質上是一樣的。童話世界裡流暢的想像力、無限轉化的可能性、平凡人從智者身上領受生命的真理，以及故事中絕對的道德……，對兒童而言都是真實的（Dancy, 1989, p.179）。透過童話故事各個角色的生命經歷以及其間隱喻的教訓，教育的力量自然地與兒童的生命交融流動。童話

故事根本上是兒童教育中最直接、最合適、最能滿足兒童的教育形式（Salter, 1987, p.101）。

童話故事起源的時代就是人類的童年時代。從生物發生論的觀點，兒童的成長過程即是人類的進化過程。在久遠的古代，人們生活在夢幻、天真無邪的童話故事階段裡，那時人類的智慧尚未開展，一如兒童，是人類智力開發前的階段（Staley, 1993, p.88）。

古老的童話故事裡隱藏了很深的智慧。一個完整的童話故事濃縮歷史，並隱喻、呈現人類的生命歷程，隱喻、呈現人類在地球上的命運（Staley, 1993, p.89）。生命發展過程中，人類遇見困難、驚險，經過患難、奮鬥，最後重生、成功，進行慶祝……，這是童話故事的典型。典範的童話故事一方面引導兒童走入人類的發展，使他看見生命的挑戰、害怕與驚恐；一方面鼓舞他勇敢的挑戰困難；最後啟發兒童善良、憐憫的心，以幫助孩子成功跨愈困難、跨愈生命的戰場，產生康復的力量……；同時也使孩子對看不見的神的世界產生敬虔、熱愛的情感，並使他品嚐智慧思想的果實……。

容格（Jung）及史代納都曾經談到：童話故事中的所有的角色都是我們自己，是我們每一個人不同的面或內心中不同的部分。王子與公主，剛強與溫柔，他們的人生，身體、心靈與靈性的經歷，他們的問題，他們的喜樂……，都是我們自己……。

生命的成熟是一個從混沌走向統整合一的過程。一個新生命需要完整的生命藍圖，使兒童對未來生命、未來世界產生憧憬與盼望，童話故事是生命多采多姿的指引良師……。童話故事多以「盛大的婚禮」喜劇收場，因為盛大婚禮的結局代表問題的圓滿解決、心中各部分的統整合一（Dancy, 1989, p.176）。

2.故事治療

在娃得福園所裡有各種不同類型的故事：童話故事、生活故事、生日故事等，還有，幫助幼兒解決問題、修正幼兒偏差行為的「故事治療」。

「故事治療」說起來難，做起來不難。「故事治療」主在解決幼兒身心靈發展

上的困擾。老師運用史代納教育的巧思，將這些困擾轉化變形，注入故事之中，成為故事中有待克服的問題；讓有困擾的幼兒重新經歷困擾的原型，並觸動、激發他解決問題的意志。最後，在故事中指出解決問題的方向，使主角成功地解決問題。故事「同理」幼兒的問題，「溫暖」幼兒的心靈，提供幼兒反思的空間。這樣的故事對幼兒內在生命所產生的影響遠比說理、恐嚇或要求等更能徹底幫助兒童解決困擾他的問題（Dancy, 1989, p.184）。

3.布偶戲

娃得福幼兒課程活動中，同一個布偶戲每星期演出二至三次，並一再反覆、持續約兩、三個星期或更久的時間。

老師依故事的需要預備好布偶，並以桌子為舞臺，鋪上柔和色彩的絲綢、棉紗布以及木頭、石頭、貝殼……等素材，布置出布偶戲的場景。當一切就緒，老師又拿起一塊很大的絲綢布，把整個場景完全遮蓋起來。這時，幼兒才慎重的被邀請進教室，他們進到教室，安靜的坐在椅子上。老師開始輕聲的吟唱布偶戲的歌曲，古弦琴也傳出柔美的聲音。幼兒充滿著期待的眼神，老師慢慢地掀開絲綢布幕，剎那間，幼兒發出輕聲的驚喜和讚嘆！

舞台上柔和、豐富的色彩吸引著幼兒，老師穩定的聲音敘述著故事，幼兒的眼睛隨著老師移動的手……。布偶在舞臺上遊走，幼兒的呼吸與血液跟著活躍起來。這一股活力直接進入幼兒的生命體（Zahlingen）。

對幼兒而言，布偶戲是一個真實的立體空間，一個內在生命的教導。簡單而美麗的布偶戲呈現在幼兒眼前時，幼兒與戲同在。看著布偶一步一步，慢慢的移動演出，幼兒的心沈浸在安定、健康的氣氛裡。

布偶戲的構成是一個整體的創造：有簡單的布偶、有幼兒成長所需的故事、有柔和的歌聲、音樂、色彩與氣氛……。布偶戲讓幼兒溫馨、喜樂，願意打開心靈的空間歡迎它的來臨（Zahlingen）。看過布偶戲之後，喜愛模仿的幼兒很快地也開始演出。簡單、透明化的布偶戲可以喚起幼兒的感官發展，刺激幼兒的語言與動作，

鼓舞幼兒發展中的創造力、想像力……。

㈢藝術活動

1.色彩的經驗

娃得福幼兒課程活動中，色彩經驗的水彩畫每週一次，時間通常是安排在星期一。蠟筆畫則隨活動需要，隨時都有可能進行。

幫助幼兒開展藝術的能力是我們所能給與幼兒的最好的禮物。孩子不一定要成為藝術家，但是如果孩子能認識色彩，發現快樂，孩子就多一項精神的財寶了。水、空氣、食物是物質世界的糧食，供應我們身體營養；色彩滋潤我們的心靈，是我們的心靈糧食。心靈的真正本質是彩色的（Dancy, 1989, p.191）。「藍色的憂鬱」、「黑色的星期五」、「有人的人生是黑白的，有人的人生是彩色的」、「他的心是黑的，我的心是紅的」……，都是心靈的經驗與用語。色彩與心靈、情感有直接的關係，有些顏色使人寧靜，有些顏色令人不舒服。我們通常從物質的屬性看色彩，但從內在的心靈視野，我們看見的是色彩的本質（Dancy, 1989, p.193）。

幼兒的眼睛所看到的顏色與大人所看到的顏色不一樣。大人看見顏色，幼兒看見的經常是顏色的補色（Dancy, 1989, p.192）。兒童的情感深受色彩的影響，對幼兒而言，補色的內在經驗比外在的色彩更強烈，更直接影響幼兒的心靈。

幼兒期學習色彩非常重要。幼兒期所經驗的世界是整體的，是內外不分的。幼兒不只感知外在的色彩，也覺察色彩的內在特質。幼兒能洞察色彩自然、真實的內在狀態。但這能力到了小學之後就漸漸消失了。那時候，他們對色彩的本質及色彩影響的覺知已然萎縮……。因此，教師要儘早讓孩子生活在色彩裡，在色彩裡工作（Muller, 1986, pp.10-11）。

為幫助幼兒進入他應有的夢幻童年，娃得福教師特別讓孩子在「泡濕的畫紙上畫水彩」。這項幼兒水彩藝術僅止於「純色彩」經驗，我們不以技巧切入，不鼓勵

幼兒畫出定型或具像的畫。教師也制止自己問孩子畫什麼，畫的是什麼意思……
（Dancy, 1989, p.193）。我們著重的是：純色彩的經驗以及水彩交融的柔軟可以波
動孩子們的心，調和他們的性情，使他們的心靈能漸漸甦醒，使他們的身體感官和
四肢能更加敏銳（Dancy, 1989, p.199）。在「濕上加濕」的水彩畫中，色彩與水的
交互作用所產生的重疊或波流，對特別聰明或過早熟的孩子是一項很好的拉回。這
些孩子往往太講求技巧而有僵化、稜角太分明的傾向。其實，單純的色彩經驗，只
要給時間，一樣可以發展出精湛的技巧。

2. 了解兒童圖畫

根據研究，七歲以下的幼兒，不管他什麼時候開始畫圖，一定是從兩歲的塗鴉
期開始。若超過兩歲，他也一樣得從塗鴉開始，只是他的速度會快一些，然後就會
停留在他自己的年齡期裡（Dancy, 1989, p.201）。

從 Hanns Strauss 和 Michaela Strauss（1978）對幼兒圖畫的研究，每一個幼兒的
圖畫都是在反映他自己的發展。孩子的成長是從頭、胸、四肢順序發展的，孩子也
從畫圓圈人，到畫胸腔發展的「樓梯人」，到畫放射狀的手腳四肢……。

畫圖是一種心靈能力，心靈是意志、情感、思想順序覺醒的。因此，幼兒的圖
畫發展可概分三期：

⑴三歲前幼兒的創造，純粹跟著動作走，動作到哪裡，就畫到哪裡，他的創作
　來自夢幻的律動性四肢系統。

⑵三至五歲的特色是想像畫，他讓畫出來的圖畫帶著他的想像走，當圖畫出現
　時，他會自己告訴你他在畫什麼。

⑶五歲以後幼兒心中已經有了確定的想法或圖象，當他去拿顏色時他很清楚自
　己要畫什麼（Dancy, 1989, p.201）。

藝術活動拓寬幼兒的生命經驗，藝術活動是一種能力，也是自我表達的方式。
因此，重點不在畫什麼，而在經驗什麼。畫什麼是可以看得見的物質表面，而經驗
則是看不見的心靈世界（Dancy, 1989, p.193）。父母師長不須要求孩子畫出什麼，

更不須急著安排幼兒畫畫課；反而我們需要觀察幼兒是否能自發性地透過遊戲或藝術由內往外展現自己，是否有意願美化自己，而不是從外往裡灌輸他。

3.蜂蜜蠟捏塑

蜂蜜蠟捏塑通常每週一次，進行時間依幼兒年齡與需要決定，約二十到三十分鐘左右。

蜂蜜蠟捏塑是很受孩子們喜歡的藝術創作活動之一。孩子沈浸、專注在捏塑的時間很長，常常一做就好久都不肯離開。幼兒剛開始蜂蜜蠟捏塑時，最享受捏、揉、搓、拉純動作的快樂，等四、五歲以後他就變得很有創意、很有技巧了。

蜂蜜蠟很香，很乾淨，可以一再地反覆使用。捏塑蜂蜜蠟時，蜂蜜蠟接受幼兒小手的溫暖。捏塑過程中，溫暖、柔軟的蜂蜜蠟很滿足幼兒的觸覺感官。他會更快樂、更自由、更富創意的捏塑蜂蜜蠟。

蜂蜜蠟捏塑進行之始，教師會將約一、兩公分直徑大小的蜂蜜蠟小圓球交到小朋友手上。然後，小朋友以兩個手掌很滿足的掌握，老師唱歌或講一個簡單的介紹蜂蜜蠟的故事。之後，孩子們手中的蜂蜜蠟因手溫而漸漸變軟。這時，小朋友就可以開始自由的造型捏塑了。

如同其他藝術活動一樣，教師不指導孩子如何造型捏塑。怎麼做都是好的，因為藝術是內在經驗的表達，不適合以外來的主意指導，亦不適宜迎合外來的要求。教師只要記得模仿原則，與孩子們一起認真、快樂、感恩地做就好。

4.幼兒手工

國外有許多娃得福園所將手工活動開放在創意遊戲時間裡。在台灣，我們則是每週進行一次。工作時間依幼兒年齡，五歲以上幼兒約進行三十分鐘；五歲以下，原則上老師做，幼兒則依自己感覺，可以「模仿」老師「做」，也可以自在地去遊戲。

手工活動在娃得福也是常常令幼兒捨不得停止工作的快樂活動之一。孩子們在

「做」東西時總是覺得很滿足。娃得福教育鼓勵幼兒「做」出真正實用的，可以拿來玩或使用一段時間的東西。在台灣，孩子在畢業前至少會完成一個布娃娃、一條娃娃被、一個遠足用的背包。此外，他們還在烹飪課中學會做饅頭、包子、壽桃⋯⋯。

娃得福教師要常常「做」「事」讓幼兒模仿。在幼兒創意遊戲的平常時間裡，教師本就一直「做」著事。老師可能「整理」孩子們的玩具，可能「編織」一個幼兒可以裝東西的手提袋，或「縫製」布偶戲裡的娃娃、小朋友們要玩的小動物⋯⋯。幼兒看了之後，興起想做的心，老師就與幼兒一起「做」手工。

手工是人類的基本能力與創意行為。幼兒常常看、常常模仿著做，就可以活潑幼兒身體精細動作的靈巧，增強幼兒的工作能力、創意及美感判斷。尤其當幼兒親眼看見物質轉化的過程：一塊布變成一個娃娃，一團毛線變成一匹馬⋯⋯，對成長中的幼兒是一個很好的鼓舞與教導。

5. 與幼兒一起唱歌　DEG Ⓐ BDE

幼兒的園地應該像是一個充滿歡笑和歌聲的大家庭。一個充滿歌聲的家一定是一個充滿情意的快樂家庭。歌唱是最健康又最簡單的音樂行動，孩子們喜歡邊唱歌，邊手足舞蹈。有「做」出來的「動作」可以更幫助孩子「看見」歌。看得見就容易模仿，易於學習。

三到五歲間的幼兒正是心胸呼吸系統的主要成長階段，唱歌可以健康幼兒的心、肺及呼吸功能，也是身、心、靈整體平衡發展的最好幫助。史代納說，如果你能給足夠的時間陪孩子唱歌，你一定會發現，當孩子唱歌時，孩子就是樂器。每一個人都可以成為樂器，在歌聲裡，人的內心會有幸福的感覺（Dancy, 1989, p. 213）。

在娃得福，最不同於一般音樂教育的是我們對九歲以下的兒童教導「第五天韻」（the fifth mood）的歌曲。第五天韻是以 A 為中間音，DEGABDE，上下完全五度的音程。第五天韻的歌曲沒有半音，有空靈、寬廣的空間感，力量清柔，有漂浮、循環不停、餘音繞樑、流動盤旋的既穩定又自由的感覺。

　　為什麼教導「第五天韻」？主要原因在於第五天韻有音樂原型（archetypal）的特質，是很理想的無阻礙的音樂學習媒體。透過第五天韻的歌唱能幫助發音的抑揚及清晰歌唱的發展（Oram, 1994, p.2）。它是一條無論初學或深造，或所謂的音痴，或沒有節奏感的大人或小孩都相當容易進入的學習路徑（Knierim, 1970, p.iii）。第五天韻更是一具有心靈醫療效果的音樂。史代納說，第五天韻是來自天上的音樂，不是屬世的音樂（Oram, 1994, p.2）。它對剛來到地球的新人類在「道成肉身」（incarnating）的過程中提供柔美的銜接與甦活的幫助。

三、教育方法

㈠幼兒的認知本能：模仿

　　教師若能深入了解幼兒，教師就能善用幼兒的本能，以加添孩子自我成長的能力。例如發展中的幼兒有天賜的「模仿」認知本能，有永不挫敗的堅強「意志」力量。因為強烈的模仿與意志能力的發展，幼兒大膽的迎向滿足自己「成為人」的種種需求。如果沒有模仿與意志，幼兒不可能完成三歲前走、說、想的需求。

　　「模仿」是幼兒潛意識裡對生命熱愛的表現。從遊戲中，我們很容易發現幼兒熱情、認真的「模仿」大人。如果大人對生命的熱愛沒被破壞的話，如果大人的活動有他們一半的熱情和認真，我們應該會成為不同的人（Edmunds, 1992, p.21）。

　　模仿本能一方面來自潛意識，一方面出於需要。幼兒的心是夢幻的，靈是睡眠的，因此，長篇言詞解釋或說教，幼兒不一定能吸收。但對大人所「做」的行為、舉止、表情，甚至只要是感官感應到的思想、感覺或態度，幼兒都很容易吸收、模仿。因此，幼兒教育的重點不在我們對他說什麼或教什麼，而在於我們是否是一個值得模仿的人（Fox, 1982, pp.34-51）。我們如何預備適當的環境，如何在幼兒面前表現出高尚的道德情操，如何有方向的引導幼兒的意志，使幼兒能發揮善美真的模

仿與創造能力。

在幼兒教育階段，老師做任何事，幼兒看了，內心就會產生「模仿的衝動」（Blunt, 1995, p.123）。幼兒是完全的感官體，他的身體對環境完全的開放，他與周圍的環境完全同在。他在環境中呼吸，由感官吸入環境中所發生的所有事，再以模仿行為呼出他所吸收進去的。模仿是幼兒的自然本能（Childs, 1996, p.119），模仿可分為三個層面：

1. 幼兒看見一個活動，立即模仿。

2. 幼兒看了一個活動，過一會兒再模仿。

3. 幼兒看了一個活動，幼兒「成為」他所看見的……。

大人所有內在語言與外在語言都會影響孩子的「成為」（Oldfield, 1999, p.3）。幼兒看，幼兒模仿，幼兒「成為」他所看見的……，這是大人應該負責的事。例如霸道的父親不會有尊重人的兒子，因為兒子模仿了父親不講理的言行態度，兒子「成為」霸道父親的再版。

模仿不是一成不變的，模仿是吸收、消化、重新創造，進而成為自己能力的過程。幼兒模仿大人的每件事，每件事都傳進幼兒體內，甚至轉化成幼兒的心、靈和身體器官。

㈡幼兒的心靈能力－意志與教育的方法－反覆

意志（will）在人的物質身體內工作，它的任務是喚醒夢幻中的心及睡眠中的靈。意志有極大的潛能可以驅使人作日常瑣事，也可以驅使人完成偉大、艱困的任務。嬰兒期，意志力驅使小娃娃完成人類初期的大事：走路、說話，及基本的思考能力（Childs, 1996, p.117）。幼兒期，意志驅使幼兒模仿、創造、學習。

意志是做事的能力，我們的社會向來強調智力商數 IQ；近年來心理學家開始呼籲情緒智能 EQ 的重要。娃得福可以再加上一個 DQ 智能（"doing" intelligence）。DQ 智能就是做事的智能。幼兒的一切都是「做」中學來的，都是「意志」發揮做事

能力的結果，幼兒的教育應包含在「做」裡面（Edmunds, 1992, p.22）。

　　意志的意識特質是「睡眠狀態」的，人之初始，在行使意志時是無知而魯莽的，新生兒手腳胡亂揮舞，即是「睡眠狀態」的意志表達。如何喚醒和疏導意志的意識，歐飛爾（Oldfield, 1999）的建議是：

　　1.引導心靈中的「思想與情感」能與意志作健康的交流，使人在作決策時能產生自動化的反應。

　　2.驅使「自我」能主導「思想、情感與意志」，從而使人成為自主的人。

　　一個心靈和靈性尚在「夢幻」與「睡眠」中的幼兒，意志與意識就無法真正結合。因此，幼兒總是無法真正自我負責。為增進幼兒「自我」與「心靈」的功能，教師最好的方法是：

　　1.設計適合幼兒模仿的活動。

　　2.示範，使幼兒模仿。

　　3.反覆執行，使形成規律。

　　反覆形成規律也是鍛鍊意志的好方法。同樣的事情反覆的做，如生活習慣、風土民情都是經過意志一再反覆，再加上清醒的意識結晶而成的。反覆可以培養強壯的意志，可以增強決心、果斷，可以影響思想的深度……（Childs, 1996, p.118）。

　　規律的生活不是用說的，而是在日復一日、週復一週、年復一年的重複執行典型大、小不同的固定工作形成的。規律對意志、情感及思想都有特別的功效，規律可以安定幼兒衝動的意志，使意志有方向；強化及和諧幼兒的情感，使幼兒從內心感覺安定、穩重與力量；規律是邏輯的，早年規律的生活可以為幼兒未來邏輯思考奠定良基（Oldfield, 1999, pp.4-5）。

　　規律生活導引幼兒自我指導，形成幼兒內在的自我力量。同時，規律的生活健康幼兒的生命體，進而建構健康的身體器官。在娃得福園所裡，規律的生活經驗，典型的課程活動增強幼兒自我規範的力量。教師與幼兒也因此建立了溫馨、穩定、條理的社會氣氛（Childs, 1996, p.118）。

㈢教師的成長：預備與訓練

教育的方法出於教師對人、對生命、對生活的看法。史代納創立第一所學校時，他所遴選的教師不一定都是受過專業教師訓練的，但全都是人智學的學習者（Childs, 1995, p.17）。這些人看待兒童是神靈性的一部分降臨到地球，兒童是具有神之本質的新生命（Fox, 1982, p.28）。因此，他們以最敬虔的心面對兒童，感謝他們給自己機會與他們一起學習。這種**宗教般的情操**，使得史代納教育的教師在面對孩子的問題時，仍能自然地泉湧出熱情與愛心，而經驗過這種師生關係的孩子，也因而發展出同樣的情懷（Wilkinson, 1993, p.79）。

對史代納教育而言，教學是一人類交往的關係體驗（Wilkinson, 1993, p.78）。教育的起始與完成在於師生的人性關係。一九二二年，史代納在牛津演說時，勉勵教師們的一段重要的話，如今被全世界的娃得福教師尊為金律：「**以感恩敬謝的心接納從天堂來的孩子，以愛教育他，以帶領他進入人世間的真自由。**」（Wilkinson, 1993, p. 36）每一個被敬虔、愛與自由充滿的兒童，他奧妙的心、靈就自然地從日常生活中發現他所想要完成的事。

正確的教育方法不是把兒童塑造成事先想好的基模，而是要**喚醒、強化那原就在他裡面的能力**。教師應幫助個人肯定並運用自己的能力，以開展自己命運的力量，並賦與自己生命的意義與目標，以使他自在的進入世界，成為身心靈自由的個體（Steiner, 1996, pp.40-41）。如果教育與教學不是灌輸，不是勉強，而是為滿足這樣的人性需求。那麼，敬虔、愛與自由就是每一位教師在教育工作上幫助兒童時應有的態度與目標，也是最重要的教育方法之一。

教師的工作必須建立在**對人正確而深入的了解**（Fox, 1982, p.20）。除非教師能真正了解兒童的本質，教師無法完成正確的人的關係。所謂正確的人的關係是師生靈性生命的交互關係。教師應從奧妙的心、靈關係中啟發兒童，使兒童發現自己，進而發動自己去「做」成就自我的事。因為真正能成就兒童的是兒童自己。學校裡

最偉大的教師不是教師，而是孩子自己。孩子才是自己真正的、偉大的教師（Blunt, 1995, p.106）。兒童是一絕對的身、心、靈整體，在身、心、靈的成長上，教師應注意：

1. 以人之本質、四位一體的觀念做為教學工作的觀念。

2. 具備幼兒的專業知識，知道活用能進入幼兒生命的知識。

3. 能讀出兒童的需要，能因兒童的不同特質施教（Blunt, 1995, p.109）。

教師所能影響的人，常常超過他的想像。因此教師應常常自我省察，更要常常將孩子放進自己的思想裡。娃得福教師在**臨睡前有一個例行的靜思時間**，他讓班上所有的孩子都來他的思想裡走一遍。思想過程中，教師就能保持對孩子現況的了解，並從而更深入找出幫助幼童成長的方法（Wilkinson, 1993, p.84）。

教學是一種藝術，藝術要透過**藝術的形式**表達，藝術形式的表達可以收人心，可以開人心。有了心的參與，想學什麼、做什麼就容易多了。可惜的是，現代教育趨勢總多物質取向，多從表面的成果思考教學的方向，以致許多人步入教育的陷阱，表面上看起來好像學習很多，而內心卻是空虛的。教學怎能放棄心、靈的成長而獨尊物質呢？

此外，為更深入幼兒教育，教師一方面應持續自我教育，一方面應結合團體智慧。全世界的娃得福教師無論在教學、教師會，以及訓練上均有明確的組織協助教師更專業的成長。

史代納說：「教育的主要問題不在兒童，而在於教師。」而教師的主要問題則在於訓練（Childs, 1995, p.16）。預備使教育過程進行流暢，訓練使教育工作有效進行（Blunt, 1995, p.116）。史代納重視教師與兒童的「人性關係」。因此教師最重要的預備是進入深度生命有關的知識（Blunt, 1995, p.105）。台灣娃得福師資教育課程綱要：

1. 教育理論

(1)史代納的人智哲學

(2)胚胎學與生命頭三年

(3)身心靈的教育與七年發展論

(4)十二種感官發展

(5)四種性情

(6)非營利機構要義——學會組織的發展

2. 藝術與創作

(1)娃得福的音樂教育——第五天韻

(2)晨頌課程設計

(3)優律思美基礎練習——四種元素、呼吸、母音、個體與社群、人與宇宙的經驗與練習

(4)人聲合唱、混唱

(5)木笛吹奏

(6)布偶娃娃製作：棒針娃娃、枕頭娃娃、羊毛娃娃、羊毛布娃娃

(7)歌德水彩畫

(8)粉彩繪畫

3. 幼兒研究、實務操作與討論

(1)晨頌

(2)故事的藝術

(3)童話故事解析、講述、創作

(4)說故事及如何為幼兒選擇故事

(5)布偶戲演出

(6)幼兒觀察研習

(7)幼兒的遊戲發展

(8)創意行為規範

⑼幼兒圖畫研習

⑽入小學成熟度評估與預備幼兒觀察

⑾慶典預備：幼兒生命中的慶典

4.閱讀專題

5.教師內在生命成長

⑴教師的金律與內在生命成長

⑵生命史初探

⑶內在生命成長回顧

⑷傳記研究

四、教育評鑑

　　史代納教育界人士重視教育的過程，但對人或教育作評鑑一事顯得興趣缺缺。八十年來少有史代納教育的學者願意把時間花在這個工作上，有人甚至認為以八十年論述評鑑實在言之過早（Childs, 1996, p.13）。

　　根據一九八一年十二月號德國雜誌 Der Spiegel，一份由政府製作的史代納學校與公立學校畢業生的比較研究報導，教育部（the Bonn Department of Education）延請了三位科學家，訪問到一千四百六十位出生於一九四六及一九四七年的娃得福學校畢業校友。結果發現史代納學校學生有「超正向的結果」（prevailing positive result），因為僅學業成就一項就令教育決策者驚訝。有22%的受訪者，在中學就學期間就已通過「Abitur」考試（大學二年級程度之鑑定測驗），而其中有40%通過測驗的受訪者是完全的史代納教育學生。他們沒有上過任何其他學校，這樣的成績幾乎是公立學校的三倍（Field,1981）。

　　該研究同時統計史代納學校畢業生的職業，在教育及社會的領域約20%，醫學

的有 12%，語言藝術領域的有 12%。法律或技術的職業比較不是他們的興趣。他們重視自己的興趣、性向、一般及個別的能力，此外，他們的特質是較社會性傾向及利他主義（Field, 1981）。

以最近美國史代納教育畢業生而言，他們有進入大學的，有就業的。他們發現自己有比別人更特別的能力：他們深入事理，很有見地，他們不僅能自我幫助，也常能給與同學或同事幫助（Staley, 1993, p.1）。

在二十世紀末前，論及評鑑，也許最明顯、有力的證明是德國有一百四十所以上的史代納學校，其中大部分有三、四十年以上的歷史（Childs, 1996, p.13）。

 娃得福幼教模式之台灣本土化情形

一、娃得福幼教模式本土化之歷史沿革

㈠澳洲娃得福教育之旅的省思

台灣孩子的禱告詞：「保庇阿公、阿嬤食百二；阿爸大賺錢；阮鵝讀書。」

澳洲之行是一趟豐富的教育之旅，其中最深刻的體驗是澳洲娃得福人溫暖、無私及奉獻的生命態度。反思台灣社會急功近利、缺乏愛心與公德。筆者努力思想：究竟台灣這五十多年來發生了什麼？想想自己的童年，筆者自問：是什麼影響當今台灣人的生命觀、生命態度？一個清晰的畫面自腦中升起，童年的筆者拿起三炷香，口中唸著阿嬤教導的禱告詞：

「保庇阿公、阿嬤食百二；阿爸大賺錢；阿珠鼇讀書。」

筆者突然頓悟！健康、利祿、功名是筆者的，也幾乎是全體台灣人民五十多年來共同的祈願！

再檢視台灣的現況，我們的願望都實現了：醫療進步、人民富裕，碩士、博士滿街跑！可是，今天的台灣卻發現更多問題！而我們仍然許著同樣的願望。願望外的問題，或者說願望所帶來的問題，我們如何解決呢？

人人都有許願的權利，過去五十年來，台灣人共同許下的願望已經達成了，面臨新的紀元、新的未來，我們如何針對當今的問題許下不一樣的新願？

㈡台灣娃得福教育的誕生

思想生命的真理，每個人的生命都是有限的。從出生那一刻起，我們就開始奔向死亡。短短幾十個寒暑之間我們真正想經驗、想完成的是什麼？如果從此刻看向死亡，我們希望在墓誌碑上刻下的一段話是什麼？生命終結時想要留下些什麼？能留下些什麼？台灣人古來的三願：健康、金錢與名利是否真能滿足台灣人類族群的需求？能否解決我們當今的問題？我們有沒有比現有的更遠大的夢和理想？

澳洲娃得福教育的內涵在筆者心中孕育起新的願望，史代納尊重身、心、靈成長的教育理想成了筆者生命中的教育理想。此刻也許是筆者一生中最重要的一刻，筆者開始要做一生中最重要的一件事。筆者決心結合一群熱愛生命、熱愛自然、熱愛人類智慧工作的教師朋友，組成一個重視人類身、心、靈成長的教育學習團體；尋一處有花、有草、有樹木、回歸自然的空間環境；一起以尊重人性本質、透過藝術形式的教學以及溫馨的愛啟發兒童；進而以身、心、靈的發展模式，共同鼓舞起台灣教育改革的風潮……。

終於，台灣第一所實踐史代納教育的娃得福幼兒學校在台中誕生了！一處有花、有草、有樹木的自然空間環境裡；幾位有共同生命理想：愛己、愛人、愛孩子，愛

自然、愛工作的教師們聚集了，我們要同心協力建築起台灣人身心靈自由的教育大業。

二、娃得福幼教模式本土化之實踐面

㈠台灣娃得福幼教模式課程設計

台灣娃得福幼兒教育以史代納教育哲學為基礎，並考量本土自然環境、民俗傳統、生活與文化，設計適合本土的幼兒生活課程。我們以國外行之有年的史代納幼教課程模式為骨架，再加添中國二十四節氣以及台灣重要節慶為肌膚，並將春、夏、秋、冬四時的變化、大自然的景觀及傳統文化上對四季的人文關懷特色融入課程之中。例如：在春天，我們說春天的故事；在「晨頌」中舞蹈、唱春天的歌、唸春天的詩；出去看春天的景色，體驗春之神如何喚醒、滋潤、妝點大地的生命：老師帶孩子在花園裡、附近公園裡摘剪花朵；引導孩子經驗春天的「百花齊放」，以春天的花朵布置教室；演春天的布偶戲、歌詠、頌讚春之美；幼兒「創意遊戲」時間，老師也陸續為每個孩子親手製作花娃娃；舉辦一年一度的「春之慶典」……。我們與孩子深入經驗春天、感受春天。「春」的經驗，時序的循環、生命的更新，我們如何與宇宙大地和諧共處的過程都進入幼兒的身體與意識……。

㈡台灣娃得福幼教模式課程內容

1.娃得福幼兒作息課程

成人童話小王子的故事中說：「真正重要的東西是看不見的。」（施麗薰，民80，頁105）「一個很簡單的秘密：只有用心靈，一個人才能真正看得明白，單是透

表 6-1　娃得福幼兒作息課程表

時間	星期一	星期二	星期三	星期四	星期五
8:00-9:20	歡迎小朋友／戶外創意遊戲				
9:30-10:00	晨　　　頌				
10:00-10:30	早點心				
10:30-11:00	水彩畫	蜂蜜蠟捏塑	日文歌謠	烹飪、手工	英文歌謠
11:00-11:40	創　意　遊　戲				
11:45-12:00	故　　　事				
12:00-3:00	午　餐　與　午　睡				
3:00-3:30	午　點　心				
3:30-4:00	大班戲劇扮演／創意遊戲	布偶戲	大班戲劇扮演／創意遊戲	布偶戲	大掃除
4:00-5:20	放　　　學／戶外創意遊戲				

過雙眼看不見事情的真相。」（頁 88）「眼睛是盲目的，人必須透過心靈去看。」（頁 99）

　　台灣娃得福的課程表是看得見的，然而看不見的比看得見的更重要。因此本章節「台灣娃得福幼教模式本土化之實踐面」擬就課程表上看不見的，卻又是史代納幼教原則中最重要的：以「活動、模仿與示範、規律與反覆」引導幼兒有目標、有方向地發揮意志；以需要意志的活動提供幼兒適當的感官刺激，並發揮他想像、創造的遊戲與工作能力；以規律富節奏的生活經驗薰陶幼兒，以預備他成為「感恩，有愛、有責任感」的成人；並以「從心所欲，不踰矩」的規範預備他邁向自由的未來做進一步分享。

2.活　動

(1)故　事

娃得福是一個充滿故事的園地。教師透過不同的故事豐富預備幼兒的生命經驗與生命價值。故事主要包含大自然與童話，以及生活與故事治療等。

娃得福教師講故事絕不讀故事，而是與幼兒面對面，眼睛對眼睛地講。因為故事是溝通，是圖象思考、抽象思考的預備。教師應儘可能清楚、具體地描述情境，幼兒則從專注的傾聽中塑造故事的情境。

講故事時不一定排排坐，可以有不同的形式。有時我們圍成一個圓，點上蠟燭，坐在地板上講；有時大家圍坐在圓桌前聽故事；有時老師以身體為布景，「演」出故事。教師也結合說、唱藝術講故事，以引導孩子更悠遊於故事的美與藝術之間。孩子們經驗多了，自然躍躍欲試，勤於模仿。從不斷地模仿中，幼兒熟習了音樂、語言、思考及自我統整的能力。

※故事治療範例

史代納說：「當今的教育應具備有治療的功能。」故事可以用來幫助修正幼兒的偏差行為。故事治療在台灣娃得福園所裡幫助許多幼兒克服生活上的問題，使他們重新快樂起來。以下是中中的故事治療範例：

剛入學時，中中看起來是個有力氣的、又勇敢的男生。但有一個比中中早入學的女生對中中的來臨覺得不舒服，她開始欺負他。中中難過，可是剛開始還是撐著。幾天以後，我覺得中中需要幫助了。就在這女生又欺負中中時，我說：「中中，我知道你心裡一定覺得很難過！」中中一聽，看了看我，突然眼淚嘩啦啦一直流，哭了起來。我抱著他、拍他、安撫他……。出乎預料的，這一安撫，中中掉入了哭的深淵，約有半年之久……。

那期間，中中就像是得了身心無力症的孩子。中中不動手、不動腳、不動口、不願意自己吃飯，不肯走路……。他說：「我沒有力氣，你餵我

吃飯。」「我沒有力氣，你幫我穿鞋。」「我沒有力氣，你背我走路。」幾乎任何事，他都沒有力氣。他挑食，幾乎所有出現在他面前的食物他都不喜歡。他不吃香蕉、不吃蘋果、不吃魚、不吃蝦……。當他一再說不要時，我想起 Peggy Day 老師教導的「編故事」。老師們先編香蕉的故事，編一個小女生和一個小男生種香蕉的故事。說那株香蕉樹如何接受陽光及雨水的滋潤，如何接受勤勞又快樂的小朋友的照顧，最後香蕉樹終於長大，結出一串串香蕉的故事……。老師也帶著他們唱歌、跳舞。我們就是太陽，就是雨；我們幫助秧苗快快長大……。孩子們很喜歡歌，也喜歡舞……。後來，我們又說蘋果的故事、唱蘋果的歌，說芭樂的故事、唱芭樂的歌，說、唱魚，說、唱蝦……。就這樣，一個接一個的故事，只要遇上幼兒的問題，我們盡可能地編成故事、編成歌、編成舞，與孩子們一起經歷解決問題的過程。

有些辛苦地，三個月後，一位老師因受不了服侍中中的身心無力，挫敗離職。雖然如此，我們仍然不停地說故事、歌唱、舞蹈……。日子一天天過去，中中一天比一天好起來了。

中中剛來時其實是脆弱的，只是男生的脆弱常常被教導隱藏在心底深處。慶幸地，他在一個允許脆弱的地方，排山倒海地將他所有的脆弱傾倒出來。這一傾倒，他修補了自己成長過程中意志及情感發展上的問題。

四個月後，中中轉變了。他停止了哭泣，願意自己拿湯匙吃飯，不再拒絕食物。五個月後，中中愛上了香蕉、愛上了蘋果、愛上了芭樂、愛上了魚、愛上了蝦……，他什麼都愛吃！中中每天快樂地來、快樂的玩，又很會幫老師和小朋友的忙。甚至放學了還捨不得回家。

經過了好久，當 Wendy Duff 老師來台灣為我們作教師訓練期間，有一天，我和他談起中中的成長過程。當談到中中吃的問題之後，Wendy 老師說：

"I was thinking about Jong Jong and eating. How "eating" —taking in the earthly substances—is part of incarnating process. Some children need a lot of help to take in food and make it part of them. It is like they are digesting the world. "

（譯註：我想到中中和飲食，「飲食」— 吃進地球的物質 — 是人成就肉身的一部分，有些孩子需要許多幫助才能吃進食物，然後消化成他們身體的一部分，這好像他們消化這個世界一樣。）

中中已經上小學了，那個階段的中中真的需要「吃進並消化」食物與世界的幫助。他完成了那個階段的「道成肉身」。之前還曾聽說他作文很有創意，能力很好，有文章被刊在校刊上；又聽說中中得了台中縣縣長模範生獎。多麼美好的回饋！這是家庭、學校與中中共同的榮譽。每個孩子都潛藏了豐富的能力寶藏，父母與師長都應努力發掘。

⑵遊戲：展現幼兒的意志、情感與思想

意志是學習的原動力，七歲以前是孩子意志發展的關鍵期。遊戲和模仿則是孩子們「揮灑」意志的時間與空間，請看娃得福幼兒如何玩：

有一天，我和云鉉老師進倉庫找東西時，無意間發現一捆紙筒。我說：「這東西應該拿出去給孩子們玩。」就這樣，十個左右的紙筒進入了戶外遊戲場。孩子很眼尖的，一有新玩具，他們立即就知道了。我不知道他們將如何玩紙筒，但是我知道「玩具愈簡單愈好」。這麼質樸簡單的素材，我相信孩子們一定會玩出名堂來的。

這紙筒是中空的，有自然的土黃色，長約一‧五公尺，直徑約十公分。

第一天，小朋友拿起紙筒，有跨騎在胯下當馬的，有當刀、槍的。不過，很快就被老師制止了。老師請他們想想若不玩刀、槍的話，可以怎麼玩。結果，有小朋友當竹竿撐著跳起來，老師說：「跳得好！」

第二天，有一個小朋友拿繩子穿過紙筒，打個結把紙筒背起來，好像背畫捲、背書包、背一把弓箭或什麼的。一會兒，好多小朋友背上都掛著一個紙筒，在院子

裡晃來晃去。老師微笑著，打招呼說：「好帥啊！」

　　第三天，一個小朋友拿兩把學生椅相對排好，然後，在椅子上放一個紙筒。又拿來一片木板，把木板穿過椅背上的橫桿，木板在紙筒上滾出橫桿。他說：「影印機印好了！影印機印好了！」原來木板變成紙，紙筒變成影印機的滾筒了。我問他：「你以前看過影印機嗎？」他很小聲，很神秘地說：「有一天下午，有一個叔叔來辦公室修理影印機，被我偷偷看到了！」我想起前兩天辦公室換碳粉，但是他沒有進去辦公室呀！我們很少讓小朋友進辦公室的呀！我說：「你太厲害了吧！瞄一眼就知道了？」

　　第四天，紙筒被放在磨石子地上，好幾個紙筒上架了一張大木板，與紙筒呈十字交叉形狀。有幾個小朋友坐到木板上去，有幾個小朋友在外面推。架了紙筒的木板就像木筏，在水面上划動開來。每划一點出去就會有一個紙筒浮出水面，孩子們把這個紙筒再接到前面的木板下面，露出一個接一個，孩子們把木筏划到對岸去了。划來划去，不亦樂乎，老師們說：「好好玩喔！好好玩喔！」

　　第五天，也是在磨石子地上，小朋友各自拿了一個紙筒、一塊木板。他們在紙筒上橫架木板。然後，站到板子上去。他們想在紙筒上划蹺蹺板！結果，有人失去平衡摔了跤，但是沒哭，沒放棄。一個個摔跤了，一個個站起來了。又踩上去，又摔跤了，一次又一次，一次又一次。有些人還在摔，但已經有些人在板子上找到平衡點了。這些人，開始向右滑，在某個點上止住。再向左滑，在某個點上止住。左滑，右滑，右滑，左滑，像特技演員般，他們的身體平衡在有滾輪的木板上。自得其樂，自在地滑過來滑過去，精彩極了。老師和孩子，有緊張的，有興奮的，大家哇哇哇地叫不停。

　　第六天，幾個小朋友拿了六把椅子，同方向的，向著泥土坑並排成兩列。他們先在椅子上架些木頭，像是建造什麼複雜的機器，又拿來兩個紙筒，分別向天的插在椅子兩邊。接著，有兩個小朋友坐前面的兩旁邊椅子，手上各拿了一把鏟子，把鏟子插進高高的紙筒裡。第二排中間的椅子上也坐了一個小朋友。一切就緒之後，聽得他們三個人開始叫：「高射砲來了！高射砲來了！」突然後座的小朋友一聲令

下「開砲！」高射砲上的兩把鏟子射向泥土坑去，「砰——！」大家都笑開來了，好興奮！有人跑去撿鏟子回來：「砲彈來了，砲彈來了。」高射砲又在指揮官的命令下砰、砰、砰，威力十足地不停發射。砲彈全射完了，有人跑進泥土坑撿砲彈。等所有的人都離開泥土坑，高射砲又重新開始發射。

一個多星期過去了，孩子們的創意還在繼續。這般發明，豈是老師能教導的？作為教師，重要的是如何提供創意的素材、想像發揮的執行空間以及支持他們。孩子的才華就有可能展露無遺。

⑶兒童戲劇

從孩子們的遊戲裡，我們無意間發現他們非常喜歡扮演。因此，我們特別安排大班小朋友每週二、四下午，大約各四十分鐘左右的戲劇時間讓小朋友過戲癮，滿足他們表演創作的心……。

兒童戲劇實在是一個集學習於一堂、非常有趣的統整學習的活動；是幼兒意志力、情感及思考；是時間、空間、專注、應變和自我成長、自我表達、自我開發等能力的有趣探索。娃得福幼兒的戲，沒有導演。老師只做兩件事：一是陪孩子決定戲碼；一是決定角色，其餘的就全交由孩子們自由發揮。我們訝異地發現，平時大人們認為不容易的預備工作，竟是孩子們快樂的泉源。曾經有一次，因為時間有限，我對他們說：「我們只演戲，不要布置和裝扮好了。」結果全班嘩然。他們抗議，他們堅持很快可以布置好舞台和裝扮，他們說：「我們很會裝扮和布置啊！我們只要一下下時間就好了啊！」孩子認定演戲是一個整體，裝扮是戲，舞台布置是戲，演戲也是戲；不像大人只重結果，不要過程。教育中重要的就是過程啊！

演出的戲碼一般都是由孩子們提議，以少數服從多數為定案。由於娃得福的故事都是一個星期反覆說的，每個孩子對每個故事的印象都鮮明、清晰，所以任何一個故事都可以為戲。至於選角色，一般而言，愈小的孩子，愈堅持選擇代表良善一方的國王、皇后、公主、王子……等較完美的角色。等年紀長大些，他們就願意嘗試各種不同的角色了。「成長」使他們可以更自由地進出自我與角色之間。

⑷心靈對話

解決問題是幼兒發展非常重要的能力之一。我們認真觀察孩子們面對困境時的反應，觀察孩子如何創意想像，如何想出解決問題的方法。當不斷觀察與學習，我們發現孩子們的潛能真是令人驚嘆。

※對話範例：在我們每一個人裡面都有一個好人、一個壞人

那天，我手上有一本書，書的封面是一座山的圖畫，有小朋友說：「山！」接著，小朋友就開始說「山」。每個人說的都很有趣，特別是耕晹的。耕晹說：

「山，遠遠的看是山，可是一走近了，山就是樹！」

「哇！耕晹好高明喲！耕晹好好！」璽文一副覺得耕晹很聰明、很了不起的樣子，其實璽文自己也很聰明，但他總很能肯定別人的好。

璽文話剛說玩，鈺婷緊接著就說：

「耕晹才不好呢！耕晹昨天欺負我。」

「才沒有，是鈺婷自己，他本來說要讓我玩的，結果後來他又不讓我玩了。」耕晹急著解釋。

「那……，那是因為房子太小了呀！」鈺婷很委屈地說。

「哦！有人說耕晹很好，可有人覺得耕晹不好。」我說。

「對啊！因為我們每一個人裡面都有一個好人、一個壞人。」柔柔馬上接著說，同時，在胸前兩手分別輕輕握拳，交換地舉高代表好人與壞人。

「嗯，柔柔說我們每一個人裡面都有一個好人、一個壞人。」我做出認真思考狀，然後問：「你們想做好人？還是壞人？請舉手讓我看看。」我看到所有的小朋友都舉高了手。

我說：「不錯，所有的人都舉手了，你們都想做好人。那麼，我請教你們一個問題，像剛剛鈺婷和耕晹的事，你們能不能用好人的方法想出解決問題的辦法？」

詠晴立刻舉手說：「可以請他們兩個站一站，想一想。」

「嗯，不錯，這是一種方法。你覺得這是好人的方法嗎？」

詠晴看了我一下，沒有回答，好像有點必須重新思考的樣子。

「請問還有沒有別的、不一樣的『好人的』解決問題的辦法？」我又問。

芳瑜說：「我可以陪耕暘玩，我跟他做朋友。」

我說：「真好，你看到別人沒有朋友，你就去作他的伴，很有同情心。好！」

小潔說：「我可以找另外一些人跟鈺婷玩。」

「很好，你們都願意彼此做好朋友，幫別人忙。」我說。

中中說：「我還有別的辦法，如果鈺婷覺得房子太小了，他可以把房子蓋成兩個那麼大，這樣，耕暘就可以一起玩了！」

「耶！中中，這真是個了不起的好辦法！」我說。

璽文說：「如果你想蓋直直的房子，可是旁邊有人，你不能蓋的話，那你可以轉一個彎蓋過去，這樣房子也可以很大。」

「對，你的辦法真好！你們好會想事情喲！」

接著，因為時間關係，我說：「鈺婷，你覺得好一點了嗎？還有耕暘？如果我們碰到問題的時候就想辦法解決，你們兩個也許也有其他不錯的解決問題的方法，這樣我們就不需要彼此不高興了，我祝福你們兩個能成為好朋友……」鈺婷和耕暘彼此對看，相視而笑。

這是一段我與園所裡一群五歲左右的孩子的對話，短短幾分鐘的聊天討論，我又一次被小朋友們驚人的創意和解決問題的能力嚇一跳，深深地被他們能有彼此相伴、照顧的心感動。我著迷於他們的認真、執著、愛人、愛社會的態度；雖然他們難免遇見問題，但是他們勇於提出、坦然面對，經過集思廣益，不止解決問題，他們的關係更形親密了。

㈢台灣娃得福幼教模式教學法

娃得福教育的實施更重視的不在於教學法，而在於身心靈健康的教師以及擁有身心靈教育的活知識。因此，所有的教學法，對我們而言，永遠都是教師的預備與訓練的過程：一是教師的自我成長與教育，一是教師更深入了解史代納的身心靈知識。台灣娃得福教育追隨史代納的教育原理與教學原則，雖已有六、七年的實踐，但對於進入娃得福教育的殿堂，尚有許多需要學習之處。

1.教師的預備

每一位新進教師均需經過多次的面談，因為娃得福幼教的工作不只是一個工作，而是生命觀念、生命理想的實踐與學習。娃得福的教師一方面需要教學，一方面必須終生進修學習，這樣的工作對有些人也許是夢寐以求的，但對另一些人也許是負荷。面談的重點在於彼此的認識與了解，娃得福會清楚地介紹園所自己，應徵的教師也需要如此，我們希望與幼兒一起工作的教師能清楚地知道自己要什麼、想做什麼，我們希望他人格成熟，有自我認識，能自我期許。

應徵教師必須預訂一天參觀幼兒課室全程活動，以及一次以上的讀書會及一般教師訓練課程，以了解實際工作流程與進行模式。

經面談、參觀、讀書會等活動，也經雙方認同合作意願後，新進教師將有二～三天的團體或個別職前訓練。

成為娃得福幼教的工作人員之後，經過不斷的學習會更加深對史代納教育理念的了解與喜好。從認識史代納的教育觀與生命觀，從史代納對老師的敬虔、愛與自由的請求中，教師受到莫大的鼓舞，教師受到最大的影響是「覺醒」。

台灣的教育，自古來，除了教導孩子學知識、學智能，我們沒有給孩子心性的成長空間，沒有培育孩子靈性的學習，當認清教育本質之時，我們開始心疼我們的孩子，我們覺得這職責已非我莫屬，我們心甘情願付出我們的身、心、智慧和時間，

我們情願深入台灣孩子的心性與靈性做啟發與開導的工作。

我們認為，每一個出生的嬰兒都是從天上來的天使，在天上，天使們原都是「合一」的，進到母胎裡成為胎兒，胎兒與母親是合一的。胎兒出生，漸漸長大，兒童成長，仍然需要與母親有合一的感覺及經驗。人，終其一生都在追尋合一的經驗，然而，人類可能在冷淡人或被冷淡；攻擊人或被攻擊時與人失去合一，人開始覺得不舒服，覺得生病，嚴重時，甚至失去生命意義與重心。

人不只需要與人合一，人需要與自己合一，與大自然、宇宙合一，台灣娃得福教師欲成就身、心、靈教育的工作，必從實踐合一開始，從與自己、與同事、與幼兒、與工作、與環境開始合一，因為這是美好生命動力的基礎與源頭。

令人欣慰的，六、七年來，教師愈來愈喜歡自己，愈喜歡自己從事的工作、同事與幼兒。除了剛創校時的教師有些更動，後來，除非我們送老師出國留學必須補替新人，幾乎少有流動。顯然，合一的觀念給了我們很好的教導。創校元老之一的楊靜宜老師，在最近的「生命史」分享聚會中說：「我一生中最重要的一件事是進入娃得福。」他這句話是我們每個人的心聲。

2. 教師與教學理念

學前教育機構是幼兒一生中的第一個大社會，這個階段的經驗對他的終生有絕對重要的影響，如何在幼兒跨出人生重要的第一步時，為他奠定良好的基礎，是每位心中有愛的父母與師長樂於辛勞的責任。在娃得福的園地裡，從理論面，也從國外教師給我們的教導中，從幼兒活動中，從課程的背後，我們領悟到我們正努力在做的是如何給幼兒一生一個好的開始：

(1)重視人性的接觸和愛

現代社會的幼兒，醒著的時間大部分是在幼稚園或托兒所裡渡過，我們深刻體會幼兒溫馨家庭的愛的需要，因此，我們盡一切可能營造園所成為家，使園所有家庭的氣氛與功能。從每天疼愛的陪伴，撫愛的擁抱，溫柔的梳頭，安靜的工作，和平的分享時刻，直到快樂的節慶……。老師用心、細心的照顧，一方面建立幼兒安

心、安全的「歸屬感」，一方面也給與孩子好的感覺，讓孩子有世界是「善」的感覺。當幼兒長時間的接受關心與愛，幼兒也會發展出對周圍的人、同伴、環境與玩具的關心與愛，關心與愛是幼兒社會行為最好的教導。

⑵盡最大可能給與幼兒世界上一切最好的

對幼兒身、心、靈健康的成長而言，最好的不一定是最豪華或最貴的，在吃的方面一定是新鮮的、切塊適中、少油膩、少調味料的、簡單的食物；在衣物穿著使用上，盡量教導父母能注意給幼兒穿柔軟、天然質料的，以使幼兒身體健康、舒服，行動輕鬆、方便；在心靈上，以敬虔的態度、慈愛的心、引導幼兒「從心所欲，不踰矩」。

⑶重視與大自然世界的接觸與探究

對小朋友而言，自然世界是個奇妙的資源，大自然的水、火、空氣、泥土、動物、昆蟲、植物……等都是幼兒對大自然的探索與接觸的好對象。我們鼓勵幼兒探究大自然的興趣，教導他們以尊重的態度相待大自然，探究大自然並不是要他們學很多大自然的知識，而是幫助他們從好奇的探索大自然中獲得快樂，並進而學習關懷，對大自然有關懷，與大自然能和諧共存的意識，將是他們往後對世界、對人關懷、負責的根基。

⑷重視柔和的聲、光、色彩

幼兒所有的感覺器官都還在成長，需要小心的呵護，過度聲、光、色彩的刺激會傷害幼兒感官系統的正常發展，而且容易引起感官系統的過度緊張而影響幼兒情緒及學習。因此，娃得福教育絕不使用收音或錄音的機器替代人的聲音，更不希望幼兒看聲、光、色彩及內容都太強烈的電腦或電視螢幕。與幼兒相處，我們溫柔地說話，與幼兒直接地應對，我們少用強烈的日光燈，我們多點起溫馨的燭光，我們的牆壁是清爽柔和的粉紅色彩，我們小聲地教學，以自己的聲音唱歌，那是活的音樂，以自己的聲音說故事，以自己的眼光慈愛地與幼兒四目相接。

⑸重視反覆的、規律性的課程安排

幼兒時期良好生活習慣的建立，能大大地幫助人一生的健康和幸福。在當今繁

忙的生活中，我們設計規律的課程生活，期使孩子能有一充足、從容的時間學習，此外如獨立的穿衣穿鞋、坐下來吃飯等生活點滴也被視為學習的一部分，教師預備足夠的時間，使幼兒能真正地身體力行，自我成長，這樣，不但幼兒的性情能平穩發展，學習更能落實至深度的精神本質之內。

(6)重視模仿的能力

七歲前「模仿」是幼兒學習的主要能力，幼兒模仿他周遭所有的人、事、物，他學貓叫，學狗吠，學救護車、學摩托車的聲音，學同儕的表現，學大人的一言一行，甚至情感、態度都一併消化，因此，我們必須表現美好的態度，思想高尚的心念，從事有意義的活動，做一個值得幼兒模仿的對象。

(7)重視自由活動

開放教育的目的在於形成獨立的人格、思想與行動能力，唯有提供幼兒個人行使自由意志的時間，自由支配其所好的機會，將來，幼兒的個體化才有可能達成。在自由的、充足的遊戲時間裡，幼兒將周遭吸收、模仿來的一切，以遊戲方式表達出來，這是幼兒了解及消化，進而創造世界的方法。遊戲對幼兒的現在及未來生活是「實際」且「必要的」，仔細觀察，幼兒自己看遊戲絕不只是「實際」而已！遊戲是幼兒的自我啟發，經「由外而內」的吸收，再經模仿「由內而外」地流露創造的學習過程。

(8)重視好的觸覺感官的玩具材質

天然素材的，簡單不規則的，可以讓幼兒作遊戲主人的，任幼兒操作的玩具是最好的玩具，像木頭、石頭、貝殼、毬果、布……等。天然的素材形狀不一，有天生的生命紋理，紋路是粗糙的，機器造的塑膠類製品沒有生命，摸起來光滑，沒有感覺；幼兒玩耍時，不同的天然素材啟發幼兒敏銳的觸感經驗，這經驗對幼兒將來的深度學習是一項非常重要的指標。

3.教師在職訓練

娃得福在台灣是一個全新的教育，筆者在一九九五年暑假，因機緣參觀研習娃

得福教育而深受感動，當下發願，決定返台後從零開始建造娃得福天地。

　　帶了五十本左右的史代納幼教專書回台灣，每日專心自修，找到台中的地點後，更快樂地埋頭苦幹起來。感謝世界各地的娃得福幼教先進不辭辛勞，帶著奉獻的心陸續地來到台灣，幫助開創的工作，他們從蒔花種草到教室布置，到理論與實務的教師訓練……。時光荏苒，推動台灣娃得福教育的熱情仍然增溫之中，但畢竟這一切都是新的，生疏、缺憾在所難免。為彌補不足，亦相信勤能補拙，自當虛心求學。六、七年來，感謝娃得福教師與部分家長的參與，我們能持之以恆的執行在職訓練工作：

　　　　(1)每週一晚上七點～九點，娃得福教師作專業成長的聚會，聚會內容包含「自我」與「工作」的學習。

　　　　(2)每週二、四，教師利用幼兒午睡時間進行教學研討與幼兒研討聚會。

　　　　(3)定期的人智學讀書會，教師及家長聚會探討史代納教育哲學。

　　　　(4)每年舉辦為期三天兩夜的研習大會。

　　史代納的人智哲學是整個娃得福教育體系的源頭。如果我們只會教學，只會把教室的牆壁漆成粉紅色，掛上紗布窗簾，放進一些天然素材的玩具，玩一些娃得福教育裡的花樣……，只知其然，不知其所以然的依樣畫葫蘆，我們就是讓自己停留在「身」的物質的表面，我們很容易迷失在這樣的教學叢林中。因此，六、七年來，透過各項不間斷的研討會，透過書籍的研讀與國外教師的教導，工作上，我們獲得了相當實質的協助，釐清了許多教學上的迷惘與困惑，而幼兒也從我們一天比一天更快樂的成長。

　　誠如史代納說的：「教育的主要問題不在兒童，而在於教師。」教師的主要問題則在於訓練（Childs, 1995, p.16），訓練是教師最需要的助力（Blunt, 1995, p. 116），在一個尚未設立娃得福師資大學的台灣，我們只得付出更多的心力邊做邊學，所以，目前台灣的每一位娃得福老師可以說既是老師，又是學生，以下是台灣娃得福幼教師的進修工作：

　　　　(1)**國內在職進修**

• 短期密集師訓：平均每年會有二～三位的資深娃得福教師從世界各地來台做義務性的指導工作，每次約一～六週不等，指導教師在白天作幼兒與教師教學觀察，晚間則依需求為教師安排密集師訓，並於結訓時發給短期師訓證書。自一九九八年起，德國一善心團體集資支持德國老師 Horst Hellman 每年暑假來亞洲幫忙教師訓練的工作，感謝神，在台灣創業維艱中，我們總能遇到良師志願從遠方來。

(2)國際進修

• 國際會議：全球約有五十個國家設有六、七百所左右的十二年制史代納教育學校，而學前教育機構更是不計其數，這全世界的機構工作人員可以說都是我們的同事或家人，每年，在瑞士的總會，在世界各地的大大小小機構都定期舉辦各項專業領域的大、小會議，以備全球的工作人員進修及作為聚會溝通的管道，筆者自一九九五年認識史代納教育至今，一直積極地參與各項世界教育會議，所到之處包括瑞士、澳洲、印度、泰國、菲律賓……等地。最令人感動的是瑞士總會總想辦法提供旅費補助給遠道、經費不足的參與者，史代納娃得福教育的社會充滿著豐富的無私的愛，這已經是最直接、明顯的教育，這愛滋養了全世界所有的工作人員，這愛使我們覺得自己很有力量，可以為自己、為別人做許多事。

• 教師留學：史代納體系的學習領域相當廣泛，全世界有近七十所成人教育學校，科系遍及教育、特教、醫學、藝術、音樂、舞蹈、農業、建築、經濟、哲學、神學……等，所有的學習都有趣而吸引人。為幫助教師們能更進一步學習與進修，甚至能出國求學，跨愈教育，進入其他的學習領域，延伸不同的專業，以備將來更能為人服務，更能幫助台灣未來人類在身、心、靈上的生命品質。我們享受與全球史代納教育團體持續保持密切往來的機緣，我們更感謝莫爾本史代納師資大學曾提供我們教師全額獎學金與免費住宿的支持與贊助，我們得以一年保送一位老師出國，作為期兩年的進修，目前我們已有三位老師學成歸國、參與工作。

㈣教育評鑑

創立台灣娃得福的過程是一個歡喜的學習過程，我們學習敬虔，學習愛，學習自由，學習合一，學習使我們生出能力。一個溫暖如當年我所經歷的澳洲娃得福的社區慢慢地在這裡形成。感謝所有的家長、老師、孩子以及周圍關心娃得福教育成長的朋友，因為大家同心協力，這個溫馨、美麗的教育理想社區開始落地生根。

1.娃得福幼師培育

六、七年的努力，我們最滿意的是為台灣未來人類在教育上做更多紮根的工作—師資培育。目前我們不只有完善的園所內師資培育，我們甚至延伸、對外開放娃得福幼兒師資教育班，如今已進行至第三屆。

2.台灣娃得福的教師與小朋友特色

如果有人問娃得福的小朋友：「老師今天在學校教你什麼？」很多小朋友可能會說：「不知道！」如果有人問：「你今天在學校快樂嗎？」小朋友都會說：「快樂！玩得很快樂！」有家長說跟親朋好友介紹娃得福很好，可是如果有人問：「娃得福教什麼？」他們就答不上來了。他們只知道有唱歌、遊戲、說故事、布偶戲……。

娃得福教師真的沒教孩子什麼，娃得福老師最重要的任務就是幫助孩子成為身、心、靈自由的人。他用心、刻意地陪伴孩子長大，他提供適合孩子發展的空間環境，他不干擾孩子的成長，他幫助他們展現才華和能力。

娃得福教師的特色在於他的工作及他呈現出來的模式：

敬虔的態度，尊重孩子、肯定孩子、接近孩子；

真心地愛孩子，付出父母般的愛，以彌補當今繁忙父母無法付出的父母愛；

身體力行，作孩子的好榜樣；

給孩子時間、空間及自由想像的權利，加添他創造的能力；

透過藝術的形式美化教學，使幼兒的學習是透過情感的學習；

學習釋放教學內涵的精神與美，例如教唱歌時，能將歌及歌詞的美表達出來；

營造安詳喜樂的生活氣氛；

孩子犯錯時，要直接地告訴他，並教導他如何能做得好；

不干擾孩子，不說教；不罵，要教；不說教，說故事。

透過努力，經過時間，運用娃得福幼教原則，我們看出孩子們呈現出不一樣的特質。當然，這些特質多是依序漸進的，比如剛來園所的孩子，教師以「良好關係」原則幫助他，他開始喜歡上學。接下來，教師以「意志力」活動原則幫助他，他開始喜歡遊戲與工作等等。現在我們可以綜括他們的特質：

能快樂地上學；喜歡上學，專心上課；

能自在地工作與遊戲；能在戶外自在地跑、跳、爬樹；

享受飲食，不偏食；

能誠懇地說對不起；能原諒人；

能玩過玩具後收玩具；能尊重團體所定的規矩；

細膩體貼，關心人，有愛心，少自我中心；

性情穩定，EQ 好，很少有負面的想法、說話及暴力行為；

會交朋友，與人和平相處，有很好的人際關係；

好奇、勇敢；

遇挫折能勇敢地站起來；

能知道自己要做什麼，能說出自己的需要；能自我表達；

喜歡生活中的一切，能讚美，能感恩；

能尊重人，能在不影響別人的權益下，自由地工作與遊戲。

3.台灣娃得福畢業生追蹤

畢業生兒童戲劇：八十七年七月，我們有六位小朋友畢業，為保持並延伸娃得

福小朋友們美好的學習經驗，並輔助他們幼小銜接，我們特別開了一個一週返校一次的「中流砥柱成長營」。課程主要內容為藝術活動，其中最令孩子們興奮的仍然是他們從大班開始就很喜歡的戲劇活動。以下是他們演一齣戲的過程記錄，故事是獅子和兔子，因為加了大班的冠銓，所以共有七人參加演出。

※故事內容

在森林裡有一隻凶猛的獅子，這隻獅子每天獵殺動物。動物們又擔心又害怕。有一天，動物們聚集在一起開會，牠們決定好一天送一隻動物給獅子，免得獅子隨時的襲擊，牠們派聰明的狐狸去告訴獅子牠們的決定。

狐狸見了獅子，對獅子說：「獅王啊！您何必那麼辛苦，每天自己打獵呢？我們一天送一隻動物來給您好了！」從此，獅子每天在洞口等待動物送來。

有一天，輪到兔子了，兔子遲到了，獅子非常生氣，等兔子來了之後，獅子就破口大罵：「為什麼這麼晚才來？你知道我肚子快餓扁了嗎？」

兔子說：「對不起！對不起！請原諒！我因為在路上被另外一隻獅子耽擱了一會兒才遲到的。」兔子停了一下，繼續說：「獅王呀！他說了很多、很多您的壞話！他污辱您呢！」

獅子王聽了，很生氣地吼叫起來：「什麼獅子？帶我去看看！我要宰了牠！」兔子為獅子帶路，牠們朝一口井的方向奔去。

當獅子的眼睛瞄向井裡的時候，兔子說：「王啊！請您仔細地瞧瞧井裡的那隻獅子。」獅子看見了水裡自己的影子，但是，牠以為那是隻真獅子。牠凶猛地罵道：「你這個膽小鬼！」他才罵完，水井裡的那隻獅子也回罵牠：「你這個膽小鬼！」獅子生氣起來了，牠更大聲地罵回去，井底那邊也再罵回來；罵回去，又罵回來，罵回去，又罵回來⋯⋯，牠生氣到極點了！最後，再也忍不住了，牠使盡了全身的力氣撲向井底⋯⋯。

故事結束，稍微討論之後，孩子們就迫不及待地選角色，他們不是要演獅子，就是要演兔子，最後只好猜拳決定了，兩個猜贏的小朋友高興地得到他們想演的角色了，其他的五個有些失望地說：「喔！」

接著，有人說他演狐狸好了，沒角色可演的小朋友臉色難看起來，我說：「沒關係嘛！你們多演幾次就可以輪流了！」可是他們仍然很失望，我說：「你們等一下嘛！等一下就可以輪到你演了，忍耐一下嘛！」

在一旁的耕暘若有所思地說：「我演開會的人好了。」

我說：「好！那你們開始準備吧！」

奇妙的事發生了，在準備過程中，沒角色可演的冠銓走過來問我：「我可以演獅子的影子嗎？」

我看著他央求的表情，說：「好啊！」他很快樂地走開，忙著裝扮去了。

隔一會兒，中中站在高高的椅子上，張開雙臂問我：「我可不可以演老鷹，每天送東西去給獅子吃的老鷹？」窗外的風吹進來，吹起他綁在手臂上寬寬長長的淺粉紅色紗布，真是好看，他一副已經打扮好的樣子。

我說：「好啊！」

柔柔全身上下用各種顏色的紗布五花大綁，綁得滿滿的，手上拿著根棍子，我看不懂她在做什麼，她問我：「我可以演送給獅子吃的羊嗎？可以嗎？」

我說：「好！不過妳手上拿著棍子？」她正努力地把手上的棍子綁在身上，可是又綁不上去，一次又一次，不肯放棄，她再接再厲地試各種方法，我很想知道這到底是怎麼回事。

她說：「我是烤羊啊！烤羊被綁在棍子上烤啊！」

我恍然大悟，原來柔柔要演出的是一隻烤好的羊。

他們很用心地預備，就這樣，每個人都有了角色，他們歡歡喜喜地演出自選的或自創的角色。

仔細地回味整個過程，我忍不住地讚嘆，多麼富創意的孩子！當沒有角色可演時，他們竟然能創造角色，多麼勇敢啊！我們真該以兒童為師了。當今，許多大人

社會的人遇到問題時，多聽天由命，或怨天尤人，少有人能用心想到開創新局，有人抱怨懷才不遇，怨嘆命不好；有人婚姻觸礁，嘆所遇非人；若有孩子吵鬧，是我上輩子欠他的吧！好像我們的命運總是操控在別人手中，我們只能等待被分配，被揀選；我們極少發揮創意，毛遂推薦，幫助自己擠進社會舞台；我們極少更新生活，重整溝通，再造家庭新氣象。

經過娃得福教育的幼兒卻有這個能力，社會不給我地位，我就自己創造地位，你不給我角色，我就自己創造角色，這是生命學習非常重要的功課。他們解決問題時很自在，感覺很敏銳，又很有創意，他們總令我在想起他們時，心底生出甜甜的感覺，回想他們初來園時，我真為他們的現在感到慶幸而驕傲，他們的進步可圈可點，中中原是什麼都不想做，只想別人為他服務的；柔柔剛來的時候，有好長一段時間，大家圍著圓圈站著唱歌時，她既不參與，也不理人，總是橫躺在某個角落裡；冠銓剛來園時，眼睛不敢看人，遠遠地就急著避開與老師的接觸，我們花了一年以上的時間，他才慢慢地能接受擁抱，正眼無懼地與老師相視而談，進而主動地說話，主動地與其他小朋友的家長打招呼、談話，現在他是個很自在、很快樂的孩子，人際關係也很好。在戲裡，在僅有的幾個有限的角色之外，他竟是第一個主動要求演出獅子影子的孩子。

如今他們都長大了，進入了不同的小學，在不同的學校裡，他們個個表現優秀，都作了班長、排長等幹部，他們讓我覺得與有榮焉。這樣的教育真是值得，孩子們快樂的回應真是件令人滿足的大事！

最近參加一個從美國、香港等地來的表演藝術團體 Connection 的研習會，主講者闡釋戲劇的功能及戲劇對孩子的三個重要意義：

1.藝術的經驗。

2.教育的意義。

3.社會性的能力與經驗。

我思想著，娃得福小朋友演戲的全程即是藝術的經驗。他們演技高超，戲感十足，從布景、道具到化粧，無須教師指導，統統自己完成。他們是藝術家！以娃得

福身、心、靈教育而言，孩子透過親身的演出，四肢的開展，意志力有目標的導向全劇的完成，他們的心發揮了溝通情感、意志力、思想等的能力。他們靈性的思想帶領他們自創角色，走出困境，開創新局。在社會性的發展上，他們自助人助，解決問題，互助合作，同儕之間情意更濃。

三、台灣娃得福幼教模式本土化與原版之比較

這六、七年來，筆者不斷參加國際研習，盡可能與世界各國的娃得福教師保持密切聯繫。一方面向國外教師討教教學的現況與問題，一方面也統整、省思自己的教學。個人覺得，在教室與教學的情境呈現上，本土與國外大致相同。所不同的是文化、國情、價值觀以及教學者舊有的學識與思考模式。筆者因多年在心理諮商上學習，在幼兒問題的處理上與原版比較時就產生出不同的風貌。例如：

(一)國外娃得福幼教師多用故事的隱喻解決幼兒問題，台灣娃得福則再輔以心理輔導。

(二)國外娃得福幼教師更守護幼兒純真夢幻的心靈發展，台灣的整體環境則過早喚醒幼兒。

(三)國外娃得福幼教師年齡多在四十歲以上，台灣娃得福的教師多在三十歲左右。

(四)國外的幼兒多上半天課，或一星期上兩、三個早上，台灣娃得福的幼兒全部上全天。

在創立台灣娃得福之始，在尚未有專業的娃得福師資之前，筆者白手起了家。因此，在創始時，教學上多以輔導原理與技巧出發。雖效果不錯，但從史代納人智學的觀點，那樣的處理不見得正確。討論、講理、溝通是利用幼兒的頭腦解決問題，換牙前階段，講理會耗用幼兒以太體的能量。以太體孕育階段，幼兒不適合邏輯、條理式的思想訓練。在這個階段，幫助幼兒成長最好的方式是透過引導幼兒的意志力向有目標、有意義的工作上去，讓他看到、經驗到好的、美的、善的。讓他喜歡、樂於模仿，從中，他們發揮創意的想像力。若必須處理幼兒問題，一個適合的，富

含指引方向的溫馨故事，更能滋養幼兒的心靈，使問題緩和改善。

　　中國人是一個推崇智力的民族。我們迷信以為書讀得好即表示智力較高。自古來「唯有讀書高」的觀念即是明證。我們肯定會讀書的孩子聰明，但我們不一定肯定會做家事的孩子能幹。「聰明」是台灣父母對孩子的期望與要求，因此，台灣的孩子從小就很「聰明」，很有「常識」或「知識」。殊不知這樣做會剝奪、削弱幼兒心、靈的開展。在身、心、靈發展上，我們比較鼓勵孩子在物質的知識層面上增長，比較無視於兒童的心、靈的需求。在一個大人扼殺兒童童年卻不自知的居住環境裡，台灣的娃得福顯得勢單力薄。在幼兒身、心、靈發展上，夢幻是成長，也是需要，但對強調智能表現的台灣，這是一個很大的對比。因此，守護幼兒夢幻般的心靈，以備將來更大的開展，台灣娃得福顯得比較困難；但在國外，有較多人了解夢幻心靈對幼兒一生發展的重要，國外娃得福幼兒較多夢幻心靈的發展空間。

　　國外的老師常說，大學、研究所剛畢業，腦子裡裝滿了新知識的二十多歲的年輕人教中學生剛剛好；有了一些人生經驗，知識也消化得差不多的三十多歲的人最適合教小學生；學前教育的幼兒則需要充滿智慧的，早把知識內化成為生活點滴的四十多歲的人，因此，每次開國際會議時，我總遇到一群成熟、美麗又有智慧的四十幾歲、五十幾歲的幼教老師，但他們充滿活力與自信，從他們的身上、眼裡，我只看得見永恆的青春；反觀台灣的幼教生態圈，以二十幾歲占絕大多數，有些幼保科畢業的則連二十歲都不滿，孩子帶孩子，令人憂心；台灣娃得福的教師也尚年輕，多在二十多歲、三十歲以下。教育在台灣想來也是近五十年的事，五十年前小學畢業的人口也許是受教育中最多的一群，因此。想要找到四十幾歲、五十幾歲的幼教師，也許還要再等一段時間。

　　國外的幼兒多上半天課，或一星期上兩、三個早上，台灣娃得福的幼兒全部上整天。台灣以經濟掛帥，人人為工作賺錢忙碌。有許多父母做完月子就把小娃娃送到保母家，這娃娃就這樣開始他的一生。台灣人的家庭生活經驗愈來愈少，歸屬感愈來愈難找尋。隨著成長，兒童被送到不同的地方接受訓練。每個地方可能教他不同的知識與技巧，但知識與技巧不能溫暖他的心。台灣的父母大概還不太感覺事態

嚴重，學前教育機構也多不鼓勵上半天。這是台灣人一起造就的幼教生態。國外的娃得福父母深知童年對一個人一生發展的重要，他們大部分都能認真地挑起父母的職責。父母的職責不是付學費請老師教或請保母帶，而是願意付出時間與真愛，與幼兒一起共渡他們寶貴的童年時光。

四、娃得福幼教模式本土化的困難與問題

以娃得福教育在台灣的成長而言，從園所內老師與小朋友們的工作與進行來看，我們覺得我們真是幸福的一群，我們好像生活在快樂的天堂裡。但當我們迎臉向外時，我們看見許多娃得福幼教模式本土化的困難與問題。問題最多的是家長，而家長的問題在於台灣本土的大眾文化。在台灣教育一元發展的框架裡，在這種環境下成長的一般家長，要立即接受新的教育很不容易，以下是筆者這些年來所見到的現象：

(一)包裝的問題

中、南部的家長認為場地愈大的、愈氣派的、色彩愈鮮豔的、有大型遊樂器材的、有人工草皮的、有電視電腦的幼兒園所才是最好的園所。所以中、南部有許多收托兩、三百名以上幼兒的幼兒園所，也有五百名左右的大型幼兒園所。家長在硬體設備上有這般期待，他們也就從外觀、從物質的表象選擇幼兒園所。而我們娃得福的場地太小，又太自然，不夠氣派。有時候想，如果我們像西方國家一樣，當成立新的娃得福園所找不到合適的場地時，就以車庫、院子為場地開始課程的話，我們大概就收不到小朋友了。曾經有家長耳聞娃得福園所的教育好而特地來參觀，但在看過場地之後，興趣就大減了。因此，如何能有一個更大、更舒適的場地，如何能傳達自然環境與遊戲場類型對幼兒發展的影響，是台灣娃得福需要努力的方向。

㈡流行的問題

　　台灣有許多流行，幼兒教育也跟隨流行，現在幼教流行全美語教學、電腦教學、才藝教學……。市場的流行造成家長的擔心，家長擔心如果他的孩子沒跟上流行，就會輸在起跑點上。「輸」是父母認為最不應該發生在他孩子身上的事。我們不是全美語教學，沒有電腦，才藝教學又不夠多樣化，不能炫耀，不能滿足他們的需求。

㈢一般家長對幼教的認知問題

　　有些家長送幼兒進園所是為了能先上一些小學課程，他們希望老師能教注音、教數學。有些家長不要求教注音和數學，但他們換湯不換藥的希望老師教自然、天文、地理、科學等知識。孩子學了知識就會令他們覺得他們的孩子很聰明，有學問。這些家長要求知識的觀念相當固執，而娃得福為幼兒將來更完整的發展，努力保護幼兒的感官，不在幼兒階段強加知識給孩子。

五、台灣娃得福幼教本土化後的自我定位

　　很感謝在短短近七年的時間裡，我們有了許多支持者，家長一個告訴一個，我們的小朋友愈來愈多。如今，近七年了，我們累積了一些寶貴的經驗、更認識台灣的幼兒、家長、師資與師院體系。我們發現，在幼教的生態環境裡，我們竟是非常特別的一群！

　　經過近七年的努力，過去我們覺得本土化的困難與問題，竟在大夥兒的堅持下解決，我們也早忘記那些走過的問題。感謝娃得福教育已在台灣生了根，我們甚至已推展到了小學。有愈來愈多人加入娃得福教育的行列，我們也希望台灣有更多的孩子可以接受完整的身、心、靈教育。

目前我們已形成一個師資培訓團體，而師資的培訓也已進行到第三屆了。由於創所人的心理諮商背景，在研究發展上，除了遵循史代納的身、心、靈教育理念之外，對史代納提出的「心靈」理論與實務，傾向有更深入的學習。因此，在師資教育上無論是對內或對外的推廣上均更強調這方面的理論與實務處理能力。此外，每班至少接納一位特殊幼童，實行融合式教育，對特殊兒童如唐氏症、自閉症，或一般學習障礙、情緒障礙等兒童已有多人成功的案例。

六、總結──娃得福幼教模式特色

㈠幼兒方面

1. 強調身、心、靈自由的全人發展；重視幼兒意志、情感、思想的發展。
2. 強調簡單、規律與反覆的生活。
3. 愛護幼兒正在成長中的感官，強調健康的感官經驗，例如：

    教室內沒有書、錄音機、音響、電視等機器；

    老師用自己的聲音唱歌，幼兒也用自己的聲音唱歌；

    老師親口「講」故事，幼兒專注傾聽，進而培育幼兒「主動」思考及「圖象」思考的能力；

    不用運動器材做體能，用自己的身體做靈活身體的活動。
4. 重視幼兒「模仿」的本能；重視幼兒從「做」中學，從工作中培育幼兒「意志」的能力，從「意志」工作中喚醒幼兒意識、思想的能力。
5. 規範三要素：不傷己、不傷人、不傷物。

㈡教師方面

1. 強調營造和諧的社會發展環境，引導幼兒與人相親相愛。
2. 以身作則。
3. 讓幼兒「看」得見的正向、積極、認真、快樂的做事態度，以形成幼兒的「工作保護膜」；

   讓幼兒「看」得見的對人、事、物「感恩」的態度，「做」一個值得幼兒模仿的人。
4. 有機的身體：親自唱歌、說故事、體能動作……。
5. 幫助父母對待幼兒：教他，不罵他；說故事，不說教。
6. 重視自我教育與「靈命」成長。
7. 同事間相親相愛、彼此幫忙。
8. 重視學校、家庭與幼兒相親相愛，合一成長。

㈢家長方面

1. 幫助父母與園所密切合作，建立幼兒健康規律的生活，保護幼兒身體、器官健康成長：

   正常的飲食與睡眠、不遲到、不晚歸；

   不讓孩子看電視、玩電腦，不帶幼兒到吵雜、熱鬧、容易興奮的場所……；

   九歲之前不帶孩子搭飛機、出國；

   多讓孩子做家事，以幫助他身體靈巧。
2. 幫助父母建立溫馨和諧的家庭氣氛。
3. 積極參與園所每月所舉辦的家長成長營。

㈣環境方面

1. 酷愛大自然，戶外空間花草樹木生機盎然。
2. 教室以具「穩定」作用的粉紅色油漆牆壁。
3. 以自然素材，半透明的棉紗布布置室內家具。
4. 提供幼兒來自大自然材質的玩具，大部分的玩具都是由教師或父母手工製作而成。

㈤行政方面

1. 親師合一的幼兒生活規範，園所像一個大家庭。
2. 有清楚的未來藍圖：幼兒園所、小學、中學、成人教育、師資教育班、治療村等。目前已有幼兒園所、小學、成人教育與師資教育班。
3. 教師每週固定有一次課程研討、一次個案研討、一次在職訓練課程。
4. 每學期期初、期末共有兩次家長會；每月有一巡迴一週的家長成長營，每位家長最少要參加一個晚上的課程研習。
5. 為更加深每位教師、家長與園所的和諧工作，每學期與每位教師、家長各有兩次個別成長會談。
6. 每個月一次以上對外開放的定期讀書會。
7. 鼓勵參加由本所創立的「人智哲學發展學會」所舉辦的各種課程及國際學術交流會議。
8. 在研究發展上，對史代納提出的「心靈」理論與實務，傾向有更深入的學習。
9. 對外開放師資教育班，分享史代納理論與實務處理。
10. 實行融合式教育，接納特殊兒童與一般學習障礙、情緒障礙等兒童。

參考書目

◆中文部分

施麗薰（民 80）。小王子。台北：漢藝色研。

◆英文部分

Almon, J. (1993) . A *Deeper Understanding of the Waldorf Kindergarten: Articles from the Waldorf Kindergarten Newsletter 1981-1992*. Waldorf Kindergarten Association of North America, Inc.

Aeppli, W. (1968) . *The Care and Development of the Human Senses: Rudolf Steiner's Work on the Significance of the Senses in Education* (V. Freilich, Trans.), 1-7 Sussex, UK: The Steiner Schools Fellowship in Great Britain.

Anschutz, M. (1995) . *Children and Their Temperaments* (T. Langham & P. Peters, Trans.) . Edinburgh: Floris Books.

Blunt, R. J. S. (1995) . *Waldorf Education Theory and Practice: A Background to the Educational Thought of Rudolf Steiner*. Cape Town: Novalis Press.

Bott, V. (1996) . *Spiritual Science and the Art of Healing*. Rochester, Vermont, U.S.A. : Healing Arts Press.

Buhler, W. (1982) . *Living with Your Body* (2nd ed.) (L. Maloney, Trans.), 18-41. London: Rudolf Steiner Press (Original work published 1978).

Childs, G. (1995) . *Steiner Education in Theory and Practice*. Edinburgh: Floris Books.

Childs, G. (1996) . *Education and Beyond: Steiner and the Problems of Modern Society (*3rd ed.) . Edinburgh: Floris Books.

Cornelis, J. M. *The Twelve Senses: An Introduction to Anthropostophy Based on Rudolf Steiner's Studies of the Senses*.

Dancy, R. B. (1989). *You Are Your Child's First Teacher*. California: Celestial Arts.

Davy, J. (1983). *Hope, Evolution and Change*. U.K.: Hawthorn Press.

Edmunds L. F. (1992). *Rudolf Steiner Education: The Waldorf School* (4th ed.). Sussex: Rudolf Steiner Press.

Field, R. (1982). *Research on Waldorf School Graduates*. Government-Sponsored Study Comparing Graduates of Waldorf and State (Public) Schools.

Fox, H. (1982). *The Kingdom of Childhood*. London: Rudolf Steiner Press, Hamilton, L. News from the School.

Gloeckler, M. (1989). *A Deeper Understanding of the Waldorf Kingergarten*. Waldorf kindergarten Association of North America, Inc.

Harwood, A.C. (1988). *The Way of a Child* (Reprinted), 98. London: Pudolf Steiner Press.

Kischnick, R. (1993). Children's Play. In *Waldorf Schools: Kindergarten and Early Grades,* 117. NY: Mercury Press.

Knierim, J. (1970). *Quintenlieder: Music for Young Children in the Mood of the Fifth*. Rudolf Steiner College Press.

Maher, S. & Shepherd, R. (1995). *Standing on the Brink― An Education for the 21st Century: Essays on Waldorf Education*. Cape Town: Novalis Press.

McAllen, A.E. (1999). Twofold Man as Archetype. In M.E. Willby (Ed.), *Learning Difficulties: A Guide for Teachers - Waldorf Insights & Practical Approaches* (2nd ed.), 6. Fair Oaks, CA: Rudolf Steiner College Press.

Muller, B. (1994). *Painting With Children* (2nd ed.). Edinburgh: Floris Books.

Oldfield, L. (1999). Creative Discipline. *Melbourne: Star weavings* (No 21 Autumn Winter), 2-5.

Oram, P. (1994). *A Change in the Year*. Stuttgart, Germany: Waldorfschulen.

Reynolds, C.　An Idea Ahead of its Time: Steiner's Visionary Waldorf School. *The Tarry Town Letter*, 14.

Salter, J. (1987) . *The Incarnating Child*. U.K.: Hawthorn Press.

Staley, B. (1993) . Introduction. In *Waldorf Schools: Kindergarten and Early Grades*. NY: Mercury Press.

Steiner, R.　(1973) . *The Education of the Child*　(27th ed.) . New Delhi, India: The Rudolf Steiner Education Society.

Steiner, R. (1973) . *The Four Temperaments*. Wardha, India: Samyayog Press.

Steiner, R. (1994) . *Theosophy*. N.Y.: Anthroposphic Press.

Steiner, R. (1994) . *Understanding Young Children: Excerpts from Lectures by Rudolf Steiner Compiled for the Use of Kindergarten Teachers* (Reprinted.), 8-9, 21-22, 24-27, 29-31, 37, 106-108, 118-119. The Waldorf Kindergarten Association of North America, Inc. (Original lecturing from 1907-1924) .

Wilkinson, R. (1990) . *Commonsense Schooling*. Stourbridge England: The Robinswood Press.

Wilkinson, R. (1993) . *Rudolf Steiner on Education: A Compendium*. U.K.: Hawthorn Press.

Zahlingen, B. (1982) . *Plays for Puppets*. The Waldorf Kindergarten Association.

7 方案式課程與教學

～吳嫈華

摘　要

　　由克伯屈（Kilpatrick）所倡導之方案教學，在美國中、小學教育中廣泛的應用。其主張學校的課程要用直接的、功能性的方式來組織，亦即以各種有目的的方案，讓學生採用一連串的行動來解決問題。本章中，將先簡述方式課程的歷史源流與理論基礎，次者提出本土化發展的概況，以提供研究方案課程在本土幼教實踐之參考。

第一節　方案式課程與教學之歷史源流與理論基礎

一、方案教學法之歷史源流

　　克伯屈（Kilpatrick）本人在其所著《*The Project Method*》（1918）文中表示：「『Project』一詞不是我發明的，不是我開始將它應用在教育領域裡的，我也不知道它存在多久了⋯⋯」（p. 320）。雖然克伯屈不是方案教學的創始者，但作為一位倡導者，他是當之無愧的。由於他一九一八年一文的發表，使得美國許多小學均在教室內爭相採用方案方式進行教學。

　　方案教學法的出現與二十世紀初期進步主義（prograssism）教育思潮和科學化的兒童研究運動（the child study movement）有關。當時上述的兩種教育思潮都是反對當時的學校教育目的，認為當時的教育目的都流於形式主義（formalism），課程偏於學科教材的型態，而在教法上則只側重記誦及機械練習。「方案教學」的提出即在反對傳統上的課程組織以「科目」（subjects）型態為本位。克伯屈主張學校的課程要用直接的、功能性的（functional）方式來組織。換言之，即以各種有目的之「方案」（the project），讓學生採取一連串的「行動」去解決各種「問題」。

　　在美國，杜威和克伯屈提倡方案教學法在教育上的應用之同時；在英國，自一九二〇年代起，伊沙克（Isaac）也開始提倡方案教學法；自一九六七年普勞頓報告（Plowden Report）發布後，近二十多年來，英國小學主要的教學方式之一就是方案教學法（Katz & Chard, 1989）。

二、方案教學法之理論基礎與特性

克伯屈定義「方案」為：「一個有目的的活動或經驗。在活動中，學生內心為此項目所驅策，而決定其活動的計畫、進行的步驟，學生有學習的動機。」（黃昆輝，民 75，頁 252）此一定義提出了方案的目的性、計畫性、兒童的角色。方案教學強調學習過程中的積極參與、做中學以及解決問題目標的導向，和杜威的「問題解決法」（problem solving）與「做中學」（learning by doing）理論很有相關。杜威「問題解決法」的五個步驟為：發現問題；確定問題的性質；提出假設及可能解決的方法；推演這個假設所適用的事例；觀察與實驗假設後，決定接受或排斥假設。但克伯屈認為只有在行動中才能求得知識，知識唯有依賴行動方能完成，「問題解決法」過於侷限於思考層面，而忽略行動，所以另外擷取杜威「做中學」的見解，提出方案教學（黃昆輝，民 75）。因此方案教學可以說是杜威「問題解決法」與「做中學」理論的具體運用，其教學之主要目的在提升學生解決問題的能力；其教學方式強調「做」的「過程」。

第二節 方案教學本土化之發展概況

民國八十年前後，國內民主社會已然成熟，在尊重個人價值的呼籲中，「開放教育」的理念也逐漸被國人接納。擁有開放教育理念的人士開始把教育的重點放在「孩子怎麼學」而非「教師怎麼教」。

陳伯璋、盧美貴二位學者在其所著的《開放教育》一書中提到：開放教育是一種「經驗課程」或稱「活動課程」，此課程的特色是「課程統整化」、「教材生活化」以及「教學活動化」（民 80，頁 13）。學前教育因為受到傳統的束縛較少，實踐理想的阻礙比較容易克服。有心人士秉持著上述三項「統整化」、「生活化」以

及「活動化」的特色，發揮開放教育的辦學理念。然而在教學方法轉換成本土化之時，因時、因地、因人的不同也各有差異，在當時各式不一之「教學法」的名稱也因而被一一提出。

民國八十一年，國立新竹師範學院幼教系簡楚瑛教授在新竹市舉辦「方案教學」第一次講座，獲得多名公、私立幼稚園教師熱烈迴響。之後因而展開「方案教學」的推廣計畫。志同道合的教師成立了讀書會，邀請簡楚瑛教授與會輔導，利用每週三下午研討「方案教學」相關之教育理念及實務上的瓶頸與困惑，當時就有慈心幼稚園的林培鈞園長、黃玉慧主任及竹師實小附幼的林瑞清、賴素靜老師採行「方案教學法」。

民國八十二年，簡楚瑛教授與竹師實小附幼的林瑞清、賴素靜兩位老師合作，在該班進行臨床教學，落實了理論與實務的結合。

同年相關「方案教學」的發表文章有：

一、簡楚瑛教授在《教育研究資訊》發表「義大利瑞吉歐學前教育系統對我國學前教育之課程與教學的啟示」。

二、呂翠夏教授在《國教之友》發表二篇文章：「從活動中學習──方案教學的實施方法」及「方案教學又一章：方案教學與傳統教學之比較」。

民國八十三年初，國立新竹師範學院幼兒教育學系舉辦「方案課程發展模式研討會」，會中邀請義大利瑞吉歐（Reggio Emilia）的教育工作者和國內四所幼稚園分別分享其教學經驗（註：參考《研習手冊》）。

國立新竹師範學院附設幼稚園教師賴素靜、林瑞清在本年度將採行「方案教學」的心得寫成文章，獲刊載於《幼教資訊》中，其主題分別是「方案課程幫助孩子提升自信心，獲得成就感」、「淺談方案課程中行政支援的重要」、「實施方案課程成果之一──幼兒解決問題的機會與能力增進了」。

民國八十四年二月份的寒假中，新竹市政府教育局舉辦為期三天的幼稚園教師研習課程，邀請簡楚瑛教授介紹「方案教學」，其中除了介紹「方案教學」的教育觀之外，也探討其「實施方式」、「空間規畫」、「發問技巧」、「檔案整理及實

例分享」，爾後利用週末下午舉辦為期八場次的「方案教學」研究會，針對教師在實務上之困惑來相互切磋，使之對課程的設計與活動的進行更得心應手、靈活運用。此年度「方案教學」的研討在幼教界活絡起來，分別有：

一、台北市立師院兒童發展中心辦理「公私立幼稚園教師在職進修」研習活動，邀請簡楚瑛教授介紹「方案教學的理論與實務」，另邀請台北市立南海實驗幼稚園、台北縣佳美幼稚園、新竹市慈心幼稚園及高雄經一幼稚園分享教學實務經驗，讓更多的幼教老師認識「方案教學」。

二、國立新竹師範學院附設幼稚園教師賴素靜、林瑞清再度發表「『跳遠』方案」之文章於《新幼教》期刊。

三、高雄經一幼稚園園長侯天麗在《新幼教》發表「一扇開向幼兒心靈的窗子——管窺方案教學」一文。

四、高雄經一幼稚園教師蔡淑芬在《新幼教》發表「朋友你在哪裡？方案教學初探」一文。

五、新竹市慈心幼稚園教師黃玉慧在「台灣省政府教育廳國民教育巡迴輔導團」編印的《幼教科教材教法研習資料》中發表「恐龍世界：一個方案課程的實例」。

　　而在該年的八月至八十五年七月，新竹市慈心幼稚園教師黃玉慧被延聘為「台灣省政府教育廳國民教育巡迴輔導團」幼稚教育科的輔導員，擔任全省巡迴輔導的工作，不遺餘力地推廣「方案教學」。慈心幼稚園更抱持著開放的胸襟，提供給對「方案教學」有興趣的幼教夥伴至該園觀摩的機會，不但讓更多幼教人認識「方案教學」實務，透過與外界的交流，讓該園的「方案教學」更臻理想圓融。

　　民國八十五年，台北市立師院兒童發展中心再度辦理「公私立幼稚園教師在職進修」研習活動，邀請國立台灣師範大學附設實驗幼稚園、台北市立南海實驗幼稚園、台北縣佳美幼稚園及高雄經一幼稚園分享教學經驗，同時也辦理了「我所知道的方案教學」專業討論會，共計八場次。

　　國立新竹師範學院附設幼稚園教師賴素靜、林瑞清發表「自己開冰店——冰果店主題的方案教學」之文章於《新幼教》雙月刊。

　　民國八十六年，除了現場幼教老師的實務經驗分享於期刊之外，也有多位學者翻譯或發表相關文章，例如：

一、陳芊莉翻譯美國學者 Gandini 所著《幼兒教育的理論基礎》一文，刊載於《師友》。

二、林育瑋、王怡云及鄭立俐合譯美國幼教學者 Chard 所著《進入方案教學的世界（Ⅰ）》（*The Project Approach*）一書。

三、蔡慶賢翻譯美國幼教學者 Chard 所著《進入方案教學的世界（Ⅱ）》（*The Project Approach*）一書。

四、國立屏東師院幼教系教授陳淑敏在《新幼教》發表「從建構主義的教學理論談教師專業成長──以義大利雷吉歐市立幼教系統為例」一文。

五、新竹市立幼稚園教師吳燮華在《幼教資訊》發表「『彩色蠟燭』教學方案」一文；另外一篇文章「破繭而出──方案教學理論與實務」，則獲國立新竹師範學院收錄於該院發行的《教育改革理念與做法》一書中。

六、國立台灣師範大學家政教育系研究生江怡旻碩士論文以「幼稚園方案教學之研究」為研究主題。

七、新竹慈心幼稚園教師黃玉慧、姜麗敏在《我們的教育》中發表「走在開放教育的路上」一文。

　　民國八十七年有關「方案教學」的著作與文章如下：

一、國立新竹師範學院幼教系教授林麗卿在《幼教資訊》發表「追求豐富深入學習──方案教學法」。

二、張軍紅、葉秀香、陳素月合譯 Loris Malaguzzi 所著《孩子的一百種語言──義大利瑞吉歐方案教學報告書》（*The Hundred Languages of Children Reggio Emilia Approach*）。

三、陶英琪、陳穎涵翻譯 Katz 和 Chard 所著《探索孩子心靈世界》（*Engaging Children's Minds: The Project Approach*）。

四、台北市南海實驗幼稚園園長漢菊德編著《成為一個人的教育～南海實幼對全人

教育的詮釋》，介紹該園的課程模式與「方案教學」之實務。

綜觀近八年來「方案教學」在國內的發展，自從國立新竹師範學院附設幼稚園教師賴素靜、林瑞清等二人，在簡楚瑛教授的輔導下，將採行「方案教學」的心得寫成文章發表於《幼教資訊》後，獲得現場幼教老師的熱烈迴響，且鼓舞了實務工作者的勇氣，開始嘗試把教學經驗轉換成文字。當時適逢國立新竹師範學院幼教系創編《新幼教》雙月刊，提供幼師心得分享、經驗交流的園地，一時之間投稿蔚然成為風氣，無論是讀者或是執筆者，也從中獲得省思與成長。

而近一、二年相關「方案教學」在國外的實務經驗也陸續被翻譯，提供教師教學之參考。然而國內的幼稚教育環境有別於國外，諸如：教育行政體系、教師編制、家長的參與度皆有差異，因此教師在實行上仍須考量地域不同、文化差異之因素，不宜全盤接受而應適度轉換，以切合本土教學的環境。

第三節　方案教學模式本土化之實踐面

當初在考慮要改變原本的教學法去嘗試「方案教學法」之時，患得患失之情緒在筆者的內心沈浮著。因此有很長一段時間的猶豫與躊躇，擔心會遇到瓶頸、挫折而導致教學活動的中斷，失去了原本「重視孩子學習興趣」的美意。因此總盼望著有實際的教學模式可供參考，這樣的希求可能不只筆者個人單獨的渴望，從出版社近年來陸續發行幼教實務書籍就可窺見一斑。為了增加參考實例，在筆者個人曾經探索過的教學實例中，提出以下二則以供參考，讓觀望者不再猶豫，產生信心而開始嘗試。

■準備教材與實際教學活動的流程

㈠例一：【主題：美麗的遊戲──「蠟燭」方案】

（註：本文全部使用化名）

1. 動機產生：華欣帶來南瓜造型之蠟燭，激起孩子想要擁有「南瓜造型蠟燭」的強烈慾望。

2. 滿足孩子的慾望：教師們看到孩子的興趣，也重視孩子的感覺，著手尋求資源，設法讓孩子的願望有實現的機會（聯絡家長並獲贈少許的蠟燭原料及溶解蠟油用的茶壺）。

3. 蒐集資料、實物，展示各式蠟燭，並討論製作之方法。

4. 做模型：利用教室內現有材料來製作模型，例如：布丁杯、養樂多瓶、紙盒、瓦楞紙、紙杯……等等。

5. 做蠟燭：溶解蠟塊，製作蠟蕊。把蠟油倒入模型中。

6. 拆模型：若想點燃自製的蠟燭，利用紙杯或瓦楞紙當模型的孩子得把模子拆掉。結果有人拆壞了，心得分享的時候孩子萌發續做之念頭，但是家長贈送的原料用完了。

7. 緊急措施：教師緊急討論，決定向園長爭取購買材料之經費，日後再補填採購單，獲得園長首肯，當天下班後立刻至化工材料行買整塊的白蠟；至美術材料行買水溶性的色料（紅、藍、黃三種顏色）。

8. 再嘗試：孩子嘗試用石頭、木棍、鐵鎚、鐵釘等器具把整塊的蠟油敲成小塊，投入茶壺中溶解；在教室內尋找資源回收物品當容器；孩子自己調配喜歡的顏色；設法使蠟蕊直立不傾斜，不被埋入蠟油中才可以點燃，結束後有作品展示、心得分享與討論。

9. 再嘗試：經過作品展示之後，孩子欣賞到他人的美麗蠟燭，也想再創作不同顏色、形狀的蠟燭；更有孩子想在短時間內製造多份蠟燭，於是考驗孩子問題解決的能力，結束後有作品展示、心得分享與討論。

10. 燭光午餐：午餐時關燈且拉上窗簾，點燃各式各樣的蠟燭，配上優美的音樂，享受一頓輕鬆自在的午餐。

11. 營火晚會的蠟燭：營火晚會的校園巡禮，需要燭光營造氣氛，自製蠟燭正好可以派上用場。

㈡例二：【主題：「蝴蝶快出來」方案】的教學流程

1. 激發興趣

觀賞「美麗的蝴蝶」錄影帶。影片內容：

(1)介紹蝴蝶的蛻變過程（卵→幼蟲→蛹→成蟲）。

(2)蝴蝶的自我保護能力（蝴蝶翅膀的保護色、毛毛蟲長有分泌臭氣來退敵的「臭角」及複眼功能）。

(3)戶外採集蝴蝶幼蟲。

2. 校園尋找蝶卵、幼蟲、蝶蛹、蝴蝶

(1)孩子利用自由活動時間在校園尋找蝴蝶、毛毛蟲及蝶卵。

(2)藉由孩子無法近距離觀察而引發討論：如何親近蝴蝶？

(3)肢體創作音樂遊戲：由第二項第一則的觀察蝴蝶來模擬蝴蝶飛舞姿態。

(4)畫出「蝴蝶」（透過影片及第二項第一則的觀察來了解孩子對蝴蝶形體的初步概念）。

3.蝴蝶生態、習性的基本認知

(1)圖片介紹蝴蝶的成長過程。

(2)圖畫書導讀：故事串連蝴蝶成長過程。

(3)故事敘述一個女孩觀察蝴蝶的成長過程。

(4)設計蝴蝶造型：繪畫、黏土捏塑、剪紙拼貼、回收物設計組合等。觀察孩子對蝴蝶的形體概念有無變化。

4.高峰植物園昆蟲之旅

（期待見到蝴蝶滿山谷的景象，卻因雨天潮濕而落空。）

5.飼養毛毛蟲

（家長提供）

(1)觀察毛毛蟲、蝶蛹。

(2)分辨、分類貯存毛毛蟲的食物。

(3)研究蝴蝶的食物。

(4)調配糖水的濃度，觀察蝴蝶最喜歡吸食的濃度。

(5)由實際發生的問題來思考並討論「繼續飼養」或「放生」。

6.介紹並觀察蝴蝶的型態與特徵

（觀察標本→口頭發表→畫圖及自創蝴蝶立體造型）

(1)頭、胸、腹的身軀；二對翅膀（形狀、色彩均「對稱」）；六隻腳；複眼；觸角、口器。

(2)設計蝴蝶造型：繪畫、黏土捏塑、剪紙拼貼、回收物設計組合等（觀察孩子對蝴蝶的形體概念有無變化。作品中出現「翅膀對稱」及「尖長口器」的蝴蝶形體設計）。

7.種植白菜

目的：吸引「紋白蝶」來產卵，進而觀察其成長至羽化的過程（選擇白菜係因為生長快速，等待的時間較短）。

(1)討論種植的方法和植物生長的要素。

(2)動手播種。

(3)討論並觀察「菜葉被誰啃食？」

(4)討論菜葉被啃光後毛毛蟲去哪裡了？並搜尋。

8.自然之旅

菜園覓蟲賞蝶。

(1)走訪菜園欣賞成群飛舞的蝴蝶。

(2)尋找蝴蝶幼蟲並分辨幼蟲種類及其食物之異同。

(3)飼養毛毛蟲及飼養箱之保持清潔。

(4)將自菜園摘取之菜葉分類與保存。

(5)畫出「菜園之旅」的情境。

(6)討論蝴蝶有無害處？菜園如何防止蝴蝶幼蟲的侵犯。

(7)比較「蝶與蛾」的差異。

(8)討論蝴蝶外形色彩的作用。

9.第二次種白菜

目標：種出漂亮的白菜。

(1)討論如何種出漂亮的白菜（鬆土、播種之技巧）。

(2)覆蓋紗網的技巧（孩子已經思考到如何避免被蝴蝶侵入產卵，變成毛毛蟲而啃食菜葉）。

(3)觀察與等待（澆水、移除毛毛蟲……等工作）。

10. 遊　戲

(1)音樂創造遊戲：模擬「蝴蝶的一生」（由卵→幼蟲→蛹→蛻變蝴蝶→飛舞）。

(2)機智遊戲：「花與蝴蝶」（蝴蝶如何藉由身上的色澤來躲避敵人的攻擊）。

11. 歌謠創作

「蝴蝶」、「出來吧！蝴蝶」。

12. 白菜採收

與購自市場的白菜比較，並安排烹飪活動：洗、切，煮白菜豆腐湯及炒白菜。

上述教學流程在第一～四項都屬於激發興趣的階段，直到第五項飼養毛毛蟲，才算真正進入主題教學活動中。考慮到流程或許過於簡略，可能會有讀者不解，為什麼「蝴蝶」與「白菜種植」有關聯呢？且又是種了兩次的白菜？有關蝴蝶方面在下文會陸續談到，這裡就簡略敘述「蝴蝶」與「白菜種植」的關係。

㈢「蝴蝶」與「白菜種植」的關係

1. 養毛毛蟲

怎麼找毛毛蟲呢？丹丹帶來了六隻綠色毛毛蟲，她的飼養箱太小，因此徵得丹丹的同意，把毛蟲移到預先釘製好的紗網飼養箱，一次約可留滯七～八人觀察，增加互動的機會。

第一天，毛毛蟲把丹丹帶來的樹葉吃光了，丹丹帶著友伴在校園尋找類似的樹葉，摘了一大把月橘的葉子，但是毛毛蟲不吃，第二天仍不吃。孩子在先前的介紹

中知道毛毛蟲會依品種不同而口味不一，因而認為是葉子不合毛毛蟲的口味，另外又採來了朱槿和榕樹葉，但毛毛蟲仍未食用。隔天，發現牠已結成蛹，才恍然大悟，原來蟲不吃葉子是因為要結蛹，而不是口味不對。

由於毛毛蟲結成蛹的時間太短，孩子觀察的興趣仍然濃厚，因此設計較為自然的戶外觀察課程。由書籍上得知，白菜極易種植，短時間內就會開花，屆時會吸引紋白蝶產卵，孩子可以作一系列的觀察。因而決定在「蝴蝶快出來」的方案主題中，延伸出「種白菜」的「案中案」。

2.種小白菜

因為紋白蝶的變態時間短，等待觀察時間亦短，因此便準備飼養紋白蝶。該蝶幼蟲喜歡白菜、甘藍菜、油菜等十字花科的植物為食，而以小白菜最易生長與便宜。在考量到時效與經濟之下，選擇了「種植小白菜」，目的是「吸引蝴蝶來產卵」。花開了，蝴蝶飛來了，也產卵了，不久變成毛毛蟲了，孩子的重心轉移到觀察毛毛蟲，然而不到五天，菜葉尚未長高到五公分卻全被啃光了，毛毛蟲也逐漸消失了，遍地搜尋仍無著落。師生都充滿了疑惑，想要找到答案，因此又再一次地種了白菜。

3.再種「小白菜」──漂亮的白菜

白菜被蟲吃光，尚未觀察到毛蟲脫皮至結蛹的過程，課程不算完整，因此安排了「菜園之旅」。

菜園之旅回來，孩子都知道菜葉中的小洞是蟲吃的，由這項觀察中引伸出一個矛盾的問題：菜農種菜為的是要賣菜賺錢，如果養了蝴蝶，產下一堆卵，孵出一群毛蟲，把菜葉吃光了，那菜農要如何賣菜賺錢維生呢？我們第一次種的白菜，第二層的葉子尚未長出來就被蟲吃光，因此把握此機會和孩子討論「怎麼樣才能種出漂亮的白菜」。

我們又重新種了小白菜，為了要種出漂亮的白菜，這次比較謹慎了。孩子在鬆土、播種（種子不再密集灑下，孩子會讓種子有距離地排隊）之後，覆蓋上紗網，

孩子拿出慣用的膠帶來黏接紗網和花盆，但是紗網和花盆都是尼龍製品，膠帶黏接不上，教師問他們：怎麼辦呢？用綁的？縫的？釘的？……孩子試了各種方法，最後發現釘書機可以把網子釘牢，他們仔細謹慎地圍好網子，開心地澆水去了。

4.期盼滿園蝴蝶飛舞

往後每天早會結束，首要課題是澆水與觀察，互相比較哪一組的菜葉長得多、長得大，放學時家長也會和孩子一起觀看討論。有一次，孩子掀開網子觀看，沒有覆蓋好，被蝴蝶飛進裡面，宜芳看到立刻趕牠出去，但為時已晚，一週後我們又發現了毛毛蟲。孩子把毛毛蟲搬移到飼養箱內，以防止菜葉被啃食，打算等牠羽化成蝴蝶時再放生，孩子說：「我們的校園將會有愈來愈多的蝴蝶。」

雖然「蝴蝶快出來」的教學主題已經結束，但是孩子仍然不時地在花叢間、榕樹上尋找毛毛蟲的蹤跡。別班的孩子在榕樹下發現了黑黃相間的毛毛蟲，也會趕快跑來邀請我去看。除此之外，剛出生的小蚱蜢是新發覺的寵物，孩子利用自由活動的時間開始追蹤、觀察、研究蚱蜢了，顯示孩子已經擴大對四周環境的注意。

上述二則教學實例，可以發現有其差異。在「蠟燭」方案中可以看到孩子對一件事物的執著，透過嘗試、討論、修正的過程，讓作品符合自己的要求。從「發現問題」而去「思考解決的方法」，並「修正到滿意的程度」，是屬於比較完整的「方案教學」。而在「蝴蝶快出來」的教學方案中，由於教學目標的不同，著重於尊重生命態度的培養，需要解決的難題較少，也少有修正的過程，只有在最後，又延伸出「再種小白菜」的相關教學方案，才再讓孩子有機會去思考：「如何種出漂亮的白菜」，因此或許有老師會質疑：「蝴蝶快出來」是屬於「方案教學」嗎？我這樣做到底對不對？要怎麼做才是真正的屬於「方案教學」呢？這些疑惑將在下文有所釐清。

第四節　方案教學的疑惑與困擾

　　上文提到筆者在考慮改變教學法之時的忐忑情緒，戒慎、顧慮及擔憂的比重雖然偏高，但是在看待「人」的價值觀已經轉向。因此，對於幼兒除了尊重其興趣、兼顧其個別差異之外，更重視其思辨能力與習慣的培養。因而選擇師生互動頻繁的「方案教學法」來進行教學，決定把角色從「知識的傳授者」轉變為「生活經驗的提供者」及「解決問題的協助者」。然而在採行之初，因為缺乏經驗而導致課程零散拼湊，學習經驗無法完整；部分幼兒漫無目的、無所事事，因而造成教室的脫序失控，使得原本立意甚佳的尊重形同放任，這是始料未及的。部分幼教夥伴得知筆者嘗試探索「方案教學」，常會好奇地問筆者一些問題，而這些問題也是讓她們猶豫、遲疑去探索「方案教學」的因素，今將這些困擾綜合歸納如下：

一、何人擁有主題的決定權？

二、事先擬定教學計畫適宜否？

三、「方案教學」到底有什麼特色？

四、教師介入的適切性？

　　在累積多次的教學經驗及不斷省思的過程中，筆者領悟到一些心得，今就以自身本土化的幾個教學實例來探討上述困擾。

一、何人擁有主題的決定權

　　「方案教學」的內容宜切合幼兒的興趣、能力及發展，並且與幼兒日常生活經驗有密切關係者為佳。為了在幼兒廣泛的興趣當中掌握教學方向，不致漫無目的，學習活動必須有一個「主要的議題」——概稱「主題」。「主題」讓學習活動有中心探討點，由中心探討點再擴展或延伸，有著某程度的規範，不致偏離，內容才得

以深、廣。因此「主題的產生是否符合『方案教學』之精神？」是個頗重要的前提。在筆者的教學情境裡，主題的產生方式概略分為「教師自行決定」、「師生互動產生」、「幼兒興趣發展而成」及「激發幼兒的興趣」等四種，探討如下：

㈠教師自行決定

「教師可不可以自行決定主題？」「教師自行決定主題是否違背方案教學之精神？」此等問題讓許多現場教師感到非常困惑。起初筆者也以為「重視孩子的興趣」就是「跟著孩子的興趣走」。然而，「孩子的興趣卻是跟著『感覺』走」。想要從孩子眾多感興趣的事物中取其一來當教學主題，並不容易，因為孩子的「感覺」是隨性的、是瞬間變換的，教師很難有效地導引至深廣的探討。林麗卿教授提到：「方案主題的決定固然是以幼兒興趣為主要考慮，但是，有經驗的老師更應注意如何引導、統整及延伸幼兒的興趣成一共同關切的方案。」（民 87，頁 8）這句話中提到了一個重點：「引導、統整及延伸幼兒興趣的重要性。」因此教師有責任從班上幼兒紛雜多樣的興趣中，決定出一個幼兒能共享的主題。在「落實開放教育的態度」之下，「教師先行決定主題」在筆者的經驗裡並非就是違背「方案」理論，筆者重視的是：在決定教學內容與方向之前，不允許僅由老師們單方面的來決定學習內容，而是需要和孩子互動討論。了解孩子的過往經驗，使其能「推陳出新」，激發孩子對新事物的興趣，而產生好奇的、積極的、主動自發的態度來投入學習活動，這個過程是絕對不可忽略的。在筆者的教學實例「蝴蝶快出來」的主題決定，是由老師產生動機，再設計各種活動激發出孩子的興趣，才展開相關探討活動的。其過程如下：

「老師，中中把撈起來的蝌蚪丟掉了。」
「老師，奇奇把蝸牛踩死了。」
「老師，佑佑拿樹枝把蚯蚓切成兩半。」

「老師，……」

面對著孩子的告狀，教師疲於處理，孩子對自然界的另類生命充滿好奇，但卻缺乏尊重，雖然一次次的循循善誘，但孩子仍不能體會另類生命的重要，不時有人去侵犯牠們，教師苦惱著要如何才能讓孩子萌發對小動物尊重及愛護的態度？

第二個學期開始正逢初春，三、兩隻蝴蝶在校園內飛舞著，想到救國團曾發起「十萬個蝴蝶飼養家庭」的活動，於是興起帶領孩子「飼養蝴蝶」的念頭，期盼透過與大自然結合的飼養過程中，除了讓孩子了解蝴蝶生態之外，也讓孩子認識生命的奧妙，進而培養尊重生命的情操。

雖然我和搭班老師的心中已有定案，卻不能單方片面地立即進行教學，因為「方案教學」重視的不僅是老師的「教」，也重視孩子的「學」，因此我們設計了數個激發學習動機的活動，說明如下：

為了引發孩子對蝴蝶的興趣，首先安排觀賞「美麗的蝴蝶」錄影帶；並在校園內尋找蝶卵、幼蟲、蝶蛹、蝴蝶；安排高峰植物園昆蟲之旅；以及飼養毛毛蟲等前置活動。

觀賞過「美麗的蝴蝶」影片之後，孩子對影片中的那隻長有「臭角」用來退敵的毛毛蟲感到好奇，也對其中的野外採集蝴蝶產生興趣，自由活動時間，孩子拿出放大鏡在校園內尋找蝶卵與蝴蝶幼蟲及追著蝴蝶觀察，進入教室後教師請孩子描述觀察心得，孩子迫不及待輪流發表：

「我看到兩隻蝴蝶，是白色的。」

「蝴蝶一直飛，都不停下來，害我們都看不清楚。」

「蝴蝶停下來的時候，我跑過去，牠就飛走了。」

「我看蝴蝶停下來的時候，我沒動，牠飛走了以後，我用放大鏡找，找到了一顆卵，被別人弄不見了。」

孩子不停地發表剛才追蝶尋卵的經過，語氣上有些無奈與挫折。看到孩子們失望的表情，我便引領他們展開了一場「如何不嚇跑蝴蝶、如何近

距離觀察蝴蝶」之討論。從孩子的發表中得知他們知道這些常識，只是看到蝴蝶時因興奮而將之拋諸腦後，因此在一陣對話過後，我才試著問：「如果我們嘗試養蝴蝶，不知道適不適合？」孩子高興地叫：「好耶！好耶！」

於是在期盼蝴蝶破繭而出之下，產生了「蝴蝶快出來」的教學主題。

㈡師生互動產生

「方案教學」在決定主題之初，教師需要花費較長的時間運用各種方式，例如：在教學情境中、在問話技巧中、在角色扮演中，來發現或導引孩子探索新事物的興趣。除了激發孩子的思考之外，也了解孩子的興趣方向與認知基礎，因此在決定主題之前，師生是對某中心議題有交集的互動，而非單方面、分別地發現新議題。今以「蝌蚪變青蛙」的例子來說明：

> 水池裡面住著一群剛出生的小蝌蚪。孩子發現後，常流連在水池邊探索，有時為了撈起蝌蚪而不慎失足落水沾溼衣褲，但仍不減興趣。看到孩子的好奇，且蝌蚪變青蛙的過程較為特別，因此在初夏季節，校園環境即是天然的資源，我們擬定進行有關「蝌蚪變青蛙」的主題，並著手蒐集相關資料。
>
> 我們激發孩子興趣的動作有：選取青蛙變態的圖片，加以翻拍並製作成圖卡，讓孩子玩遊戲；準備飼養箱，陪孩子一同撈蝌蚪、養蝌蚪，方便孩子的觀察；圖書角放置相關書籍……等，藉以等待適當的時機。
>
> 飼養箱旁，孩子觀察蝌蚪時的對話如下：
>
> 宜玟：「咦，牠的身體旁邊好像凸凸的。」
>
> 侑宣：「牠以後會變成青蛙喔！牠會先長出後腳，再長出前腳，尾巴會變不見。」
>
> 美華：「變成青蛙以後牠會吹氣球喔！」

文賢：「阿嬤告訴我，給青蛙吹到氣，脖子會變大。」

孩子七嘴八舌地談論著，我和劉老師根據蒐集而來的資料開始介入孩子的談話，引導孩子從「青蛙會吹氣球？吹什麼樣的氣球？」這個最感好奇的問題開始探查，從這個活動開始我們正式進入「蝌蚪變青蛙」的主題。

㈢幼兒興趣發展而成

教學主題題材不虞匱乏，但是在倡導「以幼兒為中心」的前提下，教師必須具備敏銳的觀察力來發覺孩子的興趣。實施方案的新手教師初期似乎會覺得困難重重，但在累積經驗之後，相信能夠逐漸掌握到幼兒興趣，並發展成為共同探索的主題。舉例如下：

例一：「彩色蠟燭」教學方案

實習老師原本採用單元活動設計教學法，在「環遊世界」的單元中，透過錄影帶介紹各國著名的民俗節日。影片中出現了美國的萬聖節時的南瓜面具與燈籠，之後的分組活動有燈籠製作及面具製作。翌日，華欣帶來了父親製作南瓜造型的蠟燭，孩子整日圍著南瓜蠟燭研究，並提出做南瓜蠟燭的請求。我們四位老師雖然不熟悉蠟燭製作卻也不忍掃興，只好立刻以電話請教家長，得知製作蠟燭的材料取得方便，且家長願意提供少量原料給我們嘗試。當天下午，老師們進行討論達成共識，決定順應孩子的興趣，將教學重點放在蠟燭製作。且得到行政方面的及時支援，隨時可以補充材料，活動進行無中斷之虞，因而產生了「彩色蠟燭」方案。

例二：「我住的地方」教學方案

進行「我住的地方」教學主題時，孩子在走訪附近的 7-11 統一超商之後，分組活動之一是提供紙材讓孩子設計包裝紙，有七、八位小朋友連續

兩天都選擇「設計包裝紙」，似乎對設計包裝紙產生興趣。我留意到孩子的這項連續行為，增加提供此部分的相關資料與素材，且藉由展示與分享來讓孩子的包裝紙設計得到建議而更有創意、更讓自己滿意，因而產生了以小組方式來進行的「包裝紙設計」方案。

㈣激發幼兒的興趣

以上是在原本的主題活動中因興趣轉移而延伸出來，形成的另一個方案主題的實例。在與幼兒相處的過程中，發現幼兒對許多事物具有強烈的好奇心，基於這樣的好奇心，幼兒對事物的興趣其實是很容易被激發出來的。因此，當一個主題告一段落，在教師方面沒有迫切需要進行的教學主題，且孩子的興趣也不明顯的時候，我們並不急著決定新的主題。而是花一段時間，以各種技巧來觀察或激發出孩子的興趣，再共同決定新主題。以「我的身體」之教學主題為例：

當某個主題告一段落，新的主題尚未產生的空白時段，時值春、夏交替季節，感冒幼兒有逐漸增加的趨勢，我們打算帶領孩子探討如何維護自己身體的健康。

在雨過天晴的早晨，帶領著幼兒在廣場遊戲奔跑，當大夥兒感覺疲倦停下來時，我用手撫著胸口說：「哇！我這裡跳得好快哦！」孩子紛紛模仿、互相比較，我再問了幾個問題：「你的感覺如何？」「知道這是哪個部位嗎？」「為什麼會跳得這麼快？」「是不是一直都跳得這麼快？」「一直這樣跳動，對身體有沒有影響？」「坐著不動五分鐘之後會是什麼情形？」……孩子針對我的問話七嘴八舌地討論，並且時而跑步、時而休息地比較研究，孩子似乎開始對身體內部結構產生好奇，接著再放映「人體大奇航」的影片加深興趣，因而產生「我的身體」的教學主題。

從孩子一次又一次的熱烈回應，展現出不同於過去「以教師為教學主體」的靈活與熱忱，經驗告訴我們：「兒童的能力並非是薄弱的。」教師不妨放緩腳步，提供充裕的時間讓孩子有思考的機會，不必急於要求孩子展現知識的結果。教師宜營造空間、創造機會，讓孩子得以同儕互動、合作參與、獨自思索等各類方式來建構新知識，讓孩子成為教學的主角。

而主題的產生著眼在孩子的學習動機，引起學習動機的因素愈多，學習動力愈強，興趣也愈持久，探索範圍才得以延伸擴展，那麼孩子就可以成為教學活動的主動者，教師也落實了「以幼兒為中心」之教學精神。

二、事先擬定教學計畫適宜否

當初筆者以為「方案教學」既是重視孩子的興趣，教師就不宜事先做教學計畫，而應跟著孩子的興趣走。經過多次探索之後，才頓悟到這是誤解了「方案教學」的特性。「方案教學」雖然是開放教育理念，重視幼兒的發現與興趣，但是為了避免教師只顧著追逐幼兒的偶發興趣，而偏離正在進行的教學主題，遠離預定的教學目標，而未能達到深度、廣度及解決問題的效果。教師預先規畫「教學藍圖」是有必要的。「教學藍圖」可以幫助教師「設定教學目標」、「事先構思可能進行的教學活動」及「幫助教師檢視與省思」。

㈠教學目標的設定

教學主題決定之前，教師的腦海中必然潛藏著教學目標；等到主題決定，則應清晰確立教學目標。教學目標明確，教學活動與內容才有依循方向，有方向才不至於偏離主題。我們要重視孩子的偶發興趣，並且把偶發興趣適時且適機地導引至深入完整的探討，而不是追逐著孩子不斷變換的偶發興趣，導致天天更換主題，後者會讓教師來不及準備教材，也無法讓學習連續完整，更達不到學習內容的深入。舉

教學主題「校園植物」偏離至「昆蟲」的例子如下：

> 「校園植物」正在進行中，僅止於激發興趣的發現、觀察階段，尚未
> 進入相關內容的討論、探查、認識等活動，卻因連日來的大雨，逼使蚯蚓
> 鑽到地面上來。孩子對蚯蚓產生興趣，為了導引孩子對蚯蚓不尊重的戲弄
> 態度，老師將探討話題轉移到「蚯蚓」。然而不到三天，雨過天晴，蝴蝶
> 出現，孩子跟著半空中的蝴蝶追跑，「蝴蝶」又成為教學的重點話題了。

改變教學法之初，由於只看到「重視孩子的興趣」，因此當孩子對一件事物產生興高采烈的情緒時，筆者就即時轉移探討重點配合孩子的興趣。但是孩子是很好奇的，尤其是自然景象變換快速的春季，一會兒蝴蝶、一會兒蚯蚓、一會兒蝸牛，孩子樂陶陶地每天都有新發現，卻讓筆者疲於奔命，掌握不到學習的深入、連續與完整。如果當初筆者在決定「校園植物」之後、教學活動展開之前，已經確定教學目標，當孩子對小動物產生興趣，筆者必然會判斷這樣的興趣是可以深入探討或只是一時興起。若是一時興起，則採隨機教育或另找時間來引導，而原本的「校園植物」仍然繼續進行，不致驟然中斷，學習就不至於支離破碎了。舉以下達成目標的「彩色蠟燭」教學方案為例：

> 當孩子的興趣專注在於蠟燭製作之時，因為孩子即將畢業，為了畢業
> 前的營火晚會所需持拿的蠟燭，我們和孩子透過討論共同決定了這次的主
> 題目標：做一盞晚會使用的蠟燭。而孩子也朝著目標把蠟燭的顏色修正到
> 自己最滿意的程度才罷手，沒有偏離方向。

「彩色蠟燭」的教學目標看似單一，其實在過程中孩子歷經失敗、挫折，鍥而不捨地不斷嘗試、修正，終至滿意才停止，已經包含了「同儕合作的人際關係」、「解決問題的能力」、「顏色調配之技能」等周邊衍生而出的潛在目標。「方案教

學」的主要目標愈是單純就愈是明確，也愈容易達到深入，然若是在教學活動過程中發展出相關的次目標，教師也無須排斥。

㈡事先構思「可能進行」的教學活動

規畫教學藍圖，可幫助教師據以尋找資源（圖片書籍等參考資料、人力協助、其他物資協助……等）、設計教學活動、準備教學材料。在規畫教學藍圖之時，教師宜簡單繪製「教學網路圖」，而之所以簡單，為的是保留彈性以因應幼兒的學習發展，來調整內容及方向。

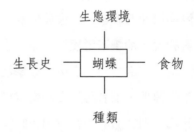

圖 7-1　「蝴蝶快出來」教學方案的網路圖

根據網路圖先設計一些教學活動，雖然不一定完全照計畫來教學，但能以備不時之需。事先設計教學活動，除了用以引導孩子的興趣之外，也可以先評估執行的可能性，並假設突發事件之可能與因應對策。（例如：萬一尋覓不到毛毛蟲該怎麼辦？萬一孩子不斷地弄死毛毛蟲或隨意地抓蝴蝶，或孩子在進行了一週仍無法有效回應……等，教師該如何應對？）事先擬定好對策，會使教學活動的發展更為順暢。

以下即是進行「蝴蝶快出來」教學主題的事前預定活動：

1.介紹蝴蝶型態、生態與種類等基本認知

採用方式：閱讀書籍、圖片；觀看標本、錄影帶；團體討論；分享舊經驗。

2.戶外尋找蝴蝶幼蟲（十八尖山或高峰植物園是新竹市兩處生態豐富的自然公

園，地點近，交通方便，適合自然之旅）

目的：⑴親子郊遊；提供本班家長聯誼、互動的機會。

　　　　⑵擬將尋得的毛毛蟲帶回飼養。

3.飼養蝴蝶

目的：⑴觀察與記錄生長過程。

　　　　⑵由飼養觀察中，看著毛毛蟲逐漸長大，蛻變成蝴蝶，因而認識蝴蝶生命的奧秘，再從而萌發尊重生命的態度。

4.種植蜜源植物

目的：吸引蝴蝶來產卵，展開系列觀察。

取得方式：購買或野外採集。

5.參觀市政府所屬的花卉苗圃

目的：認識蜜源植物並善用資源（此苗圃的花卉種類繁多，包括蜜源植物，該苗圃會贈送小盆花給參觀者帶回種植）。

6.參觀蝴蝶園（木柵動物園蝴蝶館）

目的：期望孩子看到各式各樣的真實蝴蝶在飛舞，感受到蝴蝶的存在，並欣賞其美姿，增強孩子與之和平共處、愛護尊重之情操。

7.其他相關小動物及植物

說明：因為預設到戶外教學時，孩子必然會發現其他的小動物，例如：昆蟲、蜘蛛、蚜蟲……；而在介紹蜜源植物時，也會涉及相關植物，重心雖不在於此，但孩子的發現與興趣仍不可忽略，在不偏離主題太遠之前提下，也須適當地準備以為因應。

8.教室內相關之活動

美勞、歌謠、律動等創作；分組活動；角落活動；歌曲、遊戲……等等。

　　在實際教學流程中會發生部分預擬的教學活動，因不可抗拒的因素受阻礙而無法執行。如：參觀苗圃之計畫因該苗圃內部整修而無法成行，取代的是種植白菜與購買柑桔盆栽。而參觀北市動物園的蝴蝶館亦因當時正逢口蹄疫事件，動物園暫停

開放以及家長之顧慮而取消，取代的是到菜園賞蝶。替代的活動在效果上當然略遜於預擬活動，但卻是變通的權宜之計，這也突顯出「教學活動備案」的重要性。

㈢藉教學計畫幫助教師檢視與省思

當教師決定了主題，即應開始做教學計畫，預測可能發展的路徑而事先準備教材，聯絡參觀事宜。若計畫中的活動有可能受阻，不妨事先安排備案活動，以使教學得以連貫順暢，避免等待材料的補充而讓孩子失去或轉移興趣。同時也可以藉著教學計畫檢視教學活動是否合宜？教學準備是否周延？孩子的反應如何？這些問題在展開教學活動的同時，即得同步省思或檢討或修正，茲提出個人的省思記錄與之分享。

1.例一：「蝴蝶快出來」教學方案的片段省思記錄

「蝴蝶快出來」的教學目標在於「了解蝴蝶生態」、「認識生命的奧妙」、「培養尊重生命的情操」等三項。而為了「了解蝴蝶生態」，安排了戶外探察活動，卻遍尋不著蝶卵及蝶蛹。解說老師告訴我們：「蝴蝶出現在有陽光的日子，陰雨天是難見其蹤影的。」針對此缺失，筆者在教學日誌上記錄了這一段省思：

> 「在我的認知裡頭，總認為春天是所有生命展現活力的開端，因此安排在初春時候飼養毛毛蟲，沒有想到三～四月雨量大，氣溫低，陽光微弱，導致戶外教學難以安排，直到高峰植物園自然之旅當天，經由解說老師指點，才得知蝴蝶喜歡陽光，喜歡暖和的天氣，因此要進行這個主題時，最好選在每年五～十月間，本次進行教學活動期間，未見到滿園蝴蝶飛舞的景象，是一大遺憾！」

雖然對於本次活動的不夠周延而有著遺憾，但是這樣的省思卻是日後再進行相

關活動的修正參考，也讓筆者領悟到廣泛的閱讀主題相關書籍是教學前必要的準備。

2.例二：「蝴蝶快出來」教學方案的活動發展路徑

在預測可能的發展路徑時，原本的教學計畫分成「蝴蝶的生長史」、「蝴蝶的生態環境」、「蝴蝶的食物」、「蝴蝶的種類」等四部分來探討，然而在實際進行時，孩子對「蝴蝶的種類」與「蝴蝶的生態環境」的興趣較缺乏，把重心放在飼養與觀察蝴蝶的生長過程方面，而有了下列的修正：

原本的教學計畫因為孩子的興趣而修正，並著眼在孩子容易接觸與觀察的生長史上。但是為了賞蝶在走訪菜園之後，孩子發現別人種的菜怎麼那麼漂亮，菜葉沒有被毛毛蟲啃食，因此提議再種一次小白菜，這次要種漂亮的小白菜，所以在「蝴蝶快出來」主題接近尾聲之時，延伸出另一個方案——「種小白菜」。

三、方案教學到底有什麼特色

開放教育的推廣已有多年，對應其理念衍生出來的教學法在幼教界的應用上也推出數種。許多教師疑惑地問：「方案教學法」和其他教學法有何不同？不都是同樣以孩子為學習本位、重視孩子的興趣嗎？那麼為什麼要分成「發現學習」、「主題教學」、「萌發教學」那麼多種教學法？的確，筆者自己也有相同的疑惑，但是對其他教學法因為沒有研究，缺乏實際的體驗，筆者說不出它們之間的異同；然而在實施「方案教學法」之後，個人對「方案教學法」所領悟到的特色有如下數點：

㈠培養思考、分辨、判斷的解決問題能力

「方案教學法」其教學步驟強調觀察、觸摸等實際體驗，第一次接觸後會發現問題而提出討論，並思考解決問題的策略。根據策略進行第二次的修正操作，再度發現問題、再討論、再思考，而再修正，經此不斷思考、修正，直到作品完成。在分享與討論的時候，透過與同儕或教師的對話，培養善意的辯解態度及接受建議的雅量，過程中充滿思索與挑戰，而激發出解決問題的能力。舉「彩色蠟燭」方案中解決問題的實例說明：

1.做模子

當蠟油被熔化了之後，必須有容器來承裝蠟油，等待凝固。部分孩子忘了準備容器，只好在教室自個兒尋找。有的找到紙杯、有的學老師用瓦楞紙塑型、有的發現了養樂多空瓶，而萱萍則發現了布丁杯。

萱萍並非把布丁杯拿了就用，她用美工刀，把布丁杯割掉了四分之三，僅留下約二公分的高度，看起來就像一朵花。

由於孩子迫不及待的製作興趣，想要做蠟燭的人必得自己找到模型才可以灌入蠟油，在自主意味強烈且素材豐富的教室裡，萱萍的這項發現讓筆者感到不可思議的驚喜。

2.蠟蕊怎麼固定

蠟油未乾，燭蕊無法固定挺直，會沈入蠟油中而無法點燃，但是要一直抓著燭蕊嗎？等到蠟油乾了、燭蕊固定了，時間也到了，那就無法做第二個了！

銘洋發現這個問題，他找到黏土將蠟蕊的材料——棉線先固定在杯底

之後再加入蠟油，他成功了。有的孩子則用透明膠帶來固定卻無效。由於
教師本身也很喜歡嘗試，但又不能一直抓著燭蕊置孩子而不顧，因此取來
原子筆，用筆蓋部位夾住燭蕊，再橫放於容器上面，就可放手做其他的事
情。孩子也想模仿，但是有筆蓋的筆不多，於是美華找到髮夾夾住燭蕊，
侑萱則拿剪刀小心地夾住燭蕊再橫放於容器上，難題就解決了。

在此看到了孩子自己尋找解決問題的方法。雖然孩子曾經求助於我們，但是看
到我們的忙碌，知道求助老師是花時間的。在窮則變，變則通之下，果真思考出解
決的方法來。

㈡追求完美──鍥而不捨的做事態度

過去為了鼓勵孩子用心參與、動手嘗試，對孩子的學習態度是「重視過程，不
計結果」，立意甚佳卻不夠圓滿。方案教學鼓勵孩子不斷嘗試與修正，透過一次次
的修正，培養出孩子追求完美、鍥而不捨的做事態度。例如：

1.雙層蠟燭

自從製作蠟燭以來，教室內的回收物資被徹底地利用，若來不及補充，
活動就有中斷的可能。

筱梅的布丁杯已經注入二分之一的蠟油，她把蠟油調成了紫色，看到
萱萍做出粉藍色的蠟燭，她非常羨慕地也想要這種顏色，但是教室內已經
沒有容器可利用了。筱梅不輕言放棄，最後她嘗試在快要乾的紫色蠟燭上
再倒入調成粉藍色的蠟油，沒想到凝固了以後，卻形成上藍、下紫兩層不
同的顏色，筱梅未預料到會有此結果，興奮地逢人炫耀。

筱梅並沒有因為容器已經用完而放棄她的想法，嘗試之後果真如願，
這種態度值得鼓勵並嘉許。

2.滿意為止

國彬第一次放入一湯匙的藍色色料，成品分不出是藍色或黑色；第二次他只放入三分之一匙的色料，成品是深藍色；但他想要的是粉藍色，因此他再嘗試第三次，仍然不滿意；在第四次時，他學萱萍使用牙籤，在尖端只沾一丁點色料，終於得到滿意的結果。

在不受限制與約束下，孩子隨意添加染料的顏色與分量，藉由不斷地嘗試、再度嘗試、三度嘗試……，終於獲得滿意的結果。雖然耗費較多的時間，但是其成就是建立在努力且鍥而不舍的嘗試上，而其經由建構得來的經驗，是難以遺忘的。

㈢過程和結果並重的整合活動──成果發表會

「當一個方案結束後，可以舉辦發表會增強兒童的學習效果。發表會可以是對班上的、同年級的、全園的或是對家長的。這樣做將可增進班級內或是園內同學間的感情與模仿學習的作用，也可以增進家長對兒童學習的了解與支持。這裡須強調的是，發表會的重點在溝通而不在評鑑成品的好壞。」（簡楚瑛，民 83，頁 49）所以在主題活動結束前，教師宜透過各種活動方式幫助孩子統整所學習的知識或技能。簡單敘述本園曾經舉辦的發表會型態及內容：

1.班級內部的發表會

⑴作品展示：和孩子共同布置一個展示區，或壁面或角落的情境布置，將孩子的成品擺置上去。除了觀賞之外，也可讓孩子自己介紹作品，或是輪流發表觀賞心得，互相欣賞創意及刺激聯想。而角落的布置則可以設計成「角色扮演」的方式，讓孩子感受並體驗。例如：

　　教學主題：開醫院。當醫院布置完成時特別舉行了「開業儀式」，儀式中有來賓剪綵，請國彬、雅芳分別去邀請園長及家長蒞臨參加。剪綵後的來賓致詞，曾媽媽問：「我生病時可不可以來這裡給你們的醫生看病？」許多孩子紛紛點頭同意，只有翠華回答：「不可以。」問她為什麼不可以，她回答：「因為這是假醫院，生病要到真的醫院去看醫生。」儀式落幕後，孩子們依照自己的興趣，選擇當醫生或護士或掛號處人員或病人之角色，忙碌地展開了各項扮演遊戲。

　　上述例子雖然只對少數家長發表，但是藉由剪綵讓家長看到孩子的表現，透過家長與孩子的對話，除了檢視孩子的認知有否被混淆之外，也激發孩子對主題活動的更深入探討。而其後的角色扮演活動，除了實現平日想像之期望外，也是生活經驗的重塑。

　　(2)歌謠創作：教師引導孩子就所學習之經驗，透過回憶及思考，用言簡意賅的方式表達，藉以統整所學，教師也可以藉此評量及省思。提供一則創作過程實例：

在探索「蝴蝶快出來」的教學主題臨結束前，我們玩了創作歌謠的遊戲：

　　‧引導過程

教師：「蝴蝶最小最小的時候是怎麼樣？」

孩子：「是卵變成的。」

教師：「『卵』是怎麼來的？」

孩子：「蝴蝶生的。」

教師：「蝴蝶生下卵之後呢？」

孩子：「會變成毛毛蟲。」

教師：「變成毛毛蟲之後呢？」

孩子：「牠會吃很多樹葉」、「會變成蛹」、「會變成蝴蝶」、「會生毛

　　毛蟲」、「會吸花蜜」……。

　　‧共同創作

教師：「知道蝴蝶是怎麼變成的嗎？第一句要從什麼地方開始呢？」

成瑋：「蝴蝶生個卵，跑出小毛蟲。」

肯恩：「肚子餓了吃樹葉。」

成瑋：「吃飽了，長大了，就結一個蛹。」

慧慈：「咬破蛹變成蝴蝶飛出來了。」

（孩子一口氣說出這麼多詞句，至此停頓下來，教師把孩子說的詞句寫在白板上。）

教師：「講到『變成蝴蝶飛出來了』就結束了嗎？」

成瑋：「還要結婚。還有『吃花蜜』沒有說到。」

教師：「那要怎麼編比較好呢？」

成瑋：「找一個同伴來結婚。」

肯恩：「大家一起吃花蜜。」

教師：「『吃』花蜜？對蝴蝶來說，花蜜用『吃』的嗎？」

肯恩：「『吸』花蜜比較好。」

（曾經介紹蝴蝶的口器像吸管，因此會有以上之對答。）

　　教師把所有引號部分的句子唸了一遍之後說：句子有的長，有的短，我們一起唸唸看，是不是很通順。於是在師生邊唸邊改下，最後決定的內容如下：

‧創作成果

蝴　　蝶

蝴蝶蝴蝶生個卵，跑出一隻小毛蟲，

毛蟲餓了吃樹葉，吃完樹葉結個蛹，

變成蝴蝶飛出來，找個同伴來結婚，

大家一起吸花蜜。

(3)故事接龍：老師自行決定或者和孩子共同討論和主題相關的故事名稱。老師先敘說第一段，之後讓孩子採用接龍方式圍繞主題邊說故事。老師在瓶頸時或偏離主題時，宜適時地導引回來，透過此方式可以檢視孩子的認知，或是藉此來修正。例如：「蝌蚪找牙齒」的故事接龍（省略實例，請參考《新幼教》雙月刊第七期「小小編劇家——蝌蚪找牙齒」）。

2.班級交流的發表會

有個班級進行「開商店」的教學主題，在一切準備就緒商店開張的當天，邀請全園師生蒞臨參觀採購，該班孩子除了提供自製的商品之外，還要負責宣傳、接待、介紹及整理商品、收錢……等等。而別班的孩子則必須準備「紙銅板」（在紙上用鉛筆擦印硬幣圖案再剪下來），當他購買商品時還要去湊足定價上的金額。在這樣的交流中，除了該班獲得實際經驗之外，其他班級的孩子也學到如何採購及金錢概念。

教學主題「巧手天工——資源回收」結束時，在該班舉行展示會，發表地點雖然選擇自己的教室，但是也透過邀請動作，歡迎全園師生蒞臨參與，一時之間該班教室車水馬龍、人聲鼎沸。不同班級的孩子在此相遇，倍感新奇興奮，整個校園氣氛頓時活潑、熱鬧，透過這樣的交流，孩子觀摩到不同層面的創作，擴大了孩子的學習領域。

3.全園發表會

全園發表會的型態通常採用舞台表演方式，例如：主題「造型變！變！變」、「睡美人」、「大家來演戲」、「戲劇——七矮人」……等等。當孩子在主題接近尾聲時，會期待舞台表演快點到來，孩子除了表演本身揣摩的角色外，還要學習與友伴合作共同創作造型，設計邀請卡、海報等來邀請全園師生共襄盛舉，而多數家長也會特地請個一、兩個小時的假來參與盛會並拍照留念，除了給與孩子最大的鼓勵之外，也為孩子的童年留下美好的回憶。

當小班幼兒欣賞舞台發表會之後，也會期待將來自己能有上舞台表演的機會，且開始發展出一系列的扮演活動。

四、教師介入的適切性

當教學的主體轉以「兒童」為中心，教學活動是「教」與「學」的互動時，教學不再僅止於傳授知識，對教師而言極具挑戰性。

倘若教師本身對方案教學的理念仍不清晰，便會時時存疑教學活動的適切性，尤其在於最具方案教學代表性的瑞吉歐系統中，認為教師角色是：兒童的夥伴、協助者、引導者、記錄者以及研究者。其中以「引導者」的角色最令教師本身疑惑，「引導者」的定義為何？可不可以「教」？可不可以「介入」？何時介入？茲以下列個人的教學實例來探討：

㈠教師介入

教師該不該介入孩子的活動？何時該介入？介入到何種程度？這疑問與矛盾似乎常存在於教師的心中，顯示出教師的戒慎嚴謹，期望自己的態度都是對孩子有利的。然而許多問題唯有現場教師根據當時的觀察判斷來決定如何介入，是最合宜的，

當教學情境改變時，可能介入的方式又須有所調整了。以個人在「蝴蝶快出來」教學方案的部分對話內容來闡述「何時介入」、「介入方式」、「介入的程度」以及「教與不教」等之考量：

㈡何時介入──把蝴蝶留下來或是放生

孩子非常好奇蝴蝶的口器，想看看牠吸花蜜的樣子，因此未徵詢教師的意見，擅自在校園內採摘盛開的黃鵪菜及立鶴花，放在飼養箱內餵食蝴蝶，然而蝴蝶並沒有吸食花蜜的動作。孩子說：「好可憐喔！都沒有吸花蜜，這樣會餓死的。」孩子向教師尋找解決的方法，師生找出相關圖書共同尋找答案，知道可以調配糖水來餵食。孩子利用豆花空盒裝糖水放置於飼養箱內，蝴蝶卻常跌落糖水中。孩子怕牠淹死，自己又不敢去救牠，怕傷害到牠脆弱的翅膀。因此每當蝴蝶又跌落糖水中，立刻要老師搭救，部分孩子不希望牠死掉，但也有部分想留著觀察，雙方有著衝突的對話：

「我們放牠出去找花蜜。」

「不要，我要看牠怎麼吸花蜜。」

「但是不放牠出去，牠會餓死掉。」

「只要天天採花蜜餵牠，就不會死了啊！」

「沒有用的啦！我們採過了，牠都不吃！」

「你看牠一直飛，一直想出去。」

「不要，放出去就看不到他們結婚了。」

二派人馬在「放生」與「繼續飼養」的衝突中都堅持己見，教師在角落觀察著他們的辯論。自由活動結束，戶外的孩子陸續進到教室，為了引導孩子們做決定，教師臨時抽掉預定的分組活動，改為說故事時間。

上述範例中已提到介入時機，如：「幼兒向教師尋找解決的方法」以及「教師

臨時抽掉預定的分組活動，改為說故事時間」。教師在旁一直密切注意孩子的發展，第一次等待孩子請求協助時才介入，介入的方法是師生一起翻閱書籍查詢；第二次「是否放生」的爭執中並沒有立即的直接介入，而採團體說故事的方式來間接介入，過程如下：

㈢介入方式

故事內容摘要：

「有一隻小小的紅鸚鵡，在樹林裡快樂地飛舞，翅膀不慎被樹枝刮傷，跌落地面無法再飛翔。有一個名叫小恩的小朋友，和家人到森林郊遊，拾起小鸚鵡帶回家細心照料，小鸚鵡痊癒之後，不吃不喝一直嘗試撞開籠門飛出去，小恩雖然捨不得鸚鵡離開，但為了讓鸚鵡活下去，終於放出了鸚鵡，小恩的愛心受到了許多人的讚美。」

故事說完後，在孩子的發表中都肯定小恩放走鸚鵡的作為，透過表決，一面倒地贊成放生，還蝴蝶自由。

孩子把飼養箱拿到戶外，打開箱門，手指頭輕敲著紗網，要幫助蝴蝶飛出去。蝴蝶不知道是因為餓得沒體力，或是還沒領悟到飛行的訣竅，飛不起來而跌落地面。孩子拿榕樹樹葉輕輕地把蝴蝶撥至另一片樹葉上，再移至石榴盆栽的樹葉上，因為那兒有花，也避免被小朋友無意中踩死。

把情意的培養當成教學目標，雖然是抽象的，不容易有具體的成果。但是透過「蝴蝶的飼養」，激發起孩子重視異於人類的弱小動物，不再隨意置之於死地。且藉由團體的互動、同儕的影響，孩子學習到替對方設想的「同理心」，倘若隨時把握機會教育，持續潛移默化孩子此等情操，相信能夠尊重弱小動物生命的孩子，在「人」的世界中，也會尊重他人。

透過說故事的方式，孩子一方面被故事所感動，另方面受同儕互動之影響，爭

執和平落幕，也算是介入成功。

㈣介入的程度

上述範例中亦概述了教師介入的程度，當教師故事說完之後就靜觀其變，沒有再多干涉，孩子後來放走蝴蝶的一幕令筆者感動，以下再提出一則介入程度的實例：

　　春假結束後，菜苗也冒出來了，短短的大約二公分高，因為曾被泡在水中之故，有一些葉子黃黃的。孩子很高興地圍著觀看，澆水的熱度不若春假前，但仍頻繁。一天午後，孩子大叫：「老師，快過來！快過來！快啦！快啦！」急急如律令，立刻趨近一看，原來孩子發現菜葉中有毛毛蟲，難掩興奮之情地大叫，一時之間孩子圍滿了花盆四周。

　　放學時天氣陰霾，似乎要下雨，孩子用枯葉把毛蟲帶進教室，怕雨滴會傷害牠。

　　教師：「毛毛蟲必須住在屋子裡面嗎？」

　　丹丹：「因為快要下雨了。」

　　教師：「喔！是要下雨了！那樹上和菜園裡的毛毛蟲怎麼辦？」

　　小恩：「牠們會自己躲在葉子下面。」

　　教師：「不知道我們的毛毛蟲會不會躲雨？」

　　小恩：「應該會吧！」

　　教師：「要不要試試看？」

　　丹丹猶豫了一下，又把牠放回花盆中。

這次的介入應是屬於較深的程度，在「要不要試試看？」這句話中，教師試圖影響孩子的行為。雖然孩子真情流露地關心毛毛蟲是值得欣慰的事，但是這個主題的最初目標是培養尊重生命的情操。然而教學也不能只顧單項目標而違反自然生態，

我們另有一個目標，即：認識自然界生命的奧妙。毛毛蟲是自然界的其中一種生命，自有其生存之道，應該讓牠回歸自然，無須過度保護。這個哲理對五歲的幼兒來講是艱深難懂的，但是透過自然法則的飼養，孩子經過了「體驗」此一過程，是可以了解的，所以教學是要符合自然，而非矯枉過正。

㈤教或不教

這是兩個極端的看法，其實在學習的過程中，教師的導引即可歸類為「教」，而「教」並非大錯特錯，只是要思考教的方法是否合宜？是直截了當地告訴孩子方法還是有提供孩子思考的空間？此問題在範例主題中亦曾出現：

> 孩子顧不得剛才介紹的種植方法，好玩似地迅速把泥土放入花盆裡，拿起白菜種子撒下去，急忙地裝水、澆水，「水」才是他們的樂趣。只要課餘，就有孩子前往關心的澆水，上午八點、十點、中午飯後、下午點心後，只要是自由活動時間，就有人去澆水。為了節約用水，我們曾告訴他們：「水澆太多是沒幫助的。」「中午的時候盡量不要澆水。」孩子問：「為什麼？」於是我們做了實驗，其一：拿二杯等量的水，一個在早上時候拿出去戶外，一個在中午的時候拿出去，並測量蒸發的時間。其二：拿把青菜泡在水中多日，讓孩子觀察結果；透過實驗，孩子終於不再時時刻刻地澆水了。

上述內容顯示教師「教」了小朋友，但採用的是實驗方法而不是直接講授的方法，透過實際操作所得的經驗轉換成認知，是印象深刻的，難以被遺忘的。其實除了動手做的經驗是很合適的「教」之外，團體討論對於「教」也是很有幫助的。透過教師的發問技巧，引導孩子激盪腦力，答案就在孩子的一人一句當中顯露出來。至於操作時技術性的指導，視孩子個別差異而決定指導的步驟與程度，若全無該方

面的舊經驗之時，或是孩子的能力發展與年齡有大幅落差時，教師指導的步驟可能需要細膩且周全些。

五、結　語

雖然許多理想的教育理念、教學方法來自國外，但是會因為環境、人文等之不同，而宜有適當的轉換。教學是一門藝術，可以運用的方法有許多種，但是卻沒有一種方法可以全盤被模仿。在國內採行「方案教學」就無法和義大利瑞吉歐的「方案教學」相比擬，不僅是在行政系統上、教育輔導體系上、家長的人力支援上以及師生比例上，國內在各方面都顯得單薄些。除了期待將來這些支援能逐年補充之外，自立自強的方法唯有教師本身累積教學經驗，提升教學技巧來根據自身的教學環境做適度的轉化。

我們先別提國內、外的比較，而把範圍縮小到教師自我，就以我個人而言，同一位老師、同一間教室、同一個教學方案，卻因為每一期孩子的特質不同，而產生不同的發展方向。在提倡教學本土化之時，或可不僅止於國內、國外之區分，教師更須因地制宜、因材施教，方能落實「開放教育」。

參考書目 ▶▶▶▶

◆中文部分

江怡旻（民 86）。幼稚園方案教學之研究。國立台灣師範大學家政教育系碩士論文。

呂翠夏（民 82）。從活動中學習——方案教學的實施方法。國教之友，45 卷，第 2 期，第 27-32 頁。國立台南師範學院。

呂翠夏（民 82）。方案教學又一章：方案教學與傳統教學之比較。國教之友，45 卷，第 3 期，第 18-21 頁，國立台南師範學院。

吳嬡華（民 87）。破繭而出——方案教學理論與實務。教育改革理念與做法，第 289-323 頁。國立新竹師範學院。

吳嬡華（民 87）。「彩色蠟燭」教學方案。幼教資訊，第 92 期，第 24-26 頁。

侯天麗（民 84）。一扇開向幼兒心靈的窗子——管窺方案教學。新幼教，第 5 期，第 28-33 頁。國立新竹師範學院。

林育瑋、王怡云、鄭立俐譯（民 86）。進入方案教學的世界（Ｉ）。台北：光佑。

林麗卿（民 87）。追求豐富深入學習——方案教學法。幼教資訊，第 86 期，第 7-11 頁。

張軍紅、陳素月、葉秀香譯（民 87）。孩子的一百種語言——義大利瑞吉歐方案教學報告書。台北：光佑。

陶英琪、陳穎涵譯（民 87）。探索孩子心靈世界。台北：心理。

陳芊莉譯（民 86）。幼兒教育的理論基礎。師友，第 355 期，第 20-23 頁。

陳淑敏（民 86）。從建構主義的教學理論談教師專業成長——以義大利雷吉歐市立幼教系統為例。新幼教，第 14 期，第 7-11 頁。國立新竹師範學院。

黃玉慧（民 84）。恐龍世界：一個方案課程的實例。台灣省政府教育廳國民教育巡

迴輔導團研習資料，幼教科，第 34-53 頁。

黃玉慧、姜麗敏（民 84）。走在開放教育的路上。我們的教育，第 4 期，第 54-59
　　頁。

黃昆輝（民 75）。克伯屈教育思想之研究。國立台灣大學教育研究所集刊，10 輯，
　　第 177-302 頁。

漢菊德（民 87）。成為一個人的教育～南海實幼對全人教育的詮釋。台北：光佑。

蔡淑芬（民 84）。朋友你在哪裡？方案教學初探。新幼教，第 6 期，第 43-46 頁。
　　國立新竹師範學院。

蔡慶賢譯（民 86）。進入方案教學的世界（Ⅱ）。台北：光佑。

賴素靜、林瑞清（民 83）。方案課程幫助孩子提升自信心，獲得成就感，淺談方案
　　課程中行政支援的重要、實施方案課程成果之──幼兒解決問題的機會與能力
　　增進了。幼教資訊，第 44 期，第 12-25 頁。

賴素靜、林瑞清（民 84）。「跳遠」方案。新幼教，第 6 期，第 28-30 頁。國立新
　　竹師範學院。

賴素靜、林瑞清（民 85）。自己開冰店──冰果店主題的方案教學。新幼教，第 9
　　期，第 61-64 頁。

簡楚瑛（民 82）。義大利瑞吉歐學前教育系統對我國學前教育之課程與教學的啟示。
　　教育研究資訊，1 卷，第 6 期，第 111-121 頁。國立台灣師範大學教育研究中心。

簡楚瑛（民 83）。方案課程之理論與實務──兼談義大利瑞吉歐學前教育系統。台
　　北：文景。

◆英文部分

Bloom, S. S., Kratchwohl, D. R., & Masia, B. B. (1956). *A Taxonomy of Educational Ob-jectives-The Classification of Educational Goals, Handbook Ⅰ, Cognitive Domain.* N, Y. : Mckay.〔黃光雄等譯（民 72）。認知領域目標分類。新竹師專。〕

Harrow, A. J.（1972）. *A Taxonomy of Psychomotor Domain.* N. Y. David Mckay.〔黃光

雄等譯（民72）。技能領域目標分類。新竹師專。〕

Katz, L. & Chard, S. (1989). *Engarging Children`s Minds: The Project Approach.* Norwood, N. J. : Ablex.

Kilpatrick, H. W. (1918). The Project Medhtod. *Teachers college Record, 616 (4)*, 319-335.

Kratchwohl, D. R., Bloom, B. S., & Masia, B. B. (1964). *A Taxonomy of Educational Objectives-The Classification of Educational Goals, Handbook II, Affective Domain.* N. Y. Mckay. 〔黃光雄等譯（民72）。情意領域目標分類。新竹師專。〕

Simpson, E. J. (1966). The *Classification of Educational Objectives- Psychomotor Domain.* University Press of Illinois.

8 蒙特梭利課程模式

簡楚瑛（第一～三節）
張孝筠（第四節）

摘　要

　　隨著國家經濟快速發展、父母重視幼兒教育，幼教機構為吻合家長需求，自一九八五年國內引進蒙式教育至今已有一段時間，目前有許多的幼教機構採用蒙式的教學法進行教學。

　　雖然蒙式課程最初係為特殊兒童設計，但其後蒙氏認為若用於正常兒童身上定能獲得更大效果，因而從自身的教育理念中發展教具、設計課程，後來果然受到全球矚目。

　　蒙式教學中除透過「教具」來達成生活訓練與學習外，對於環境規畫與師資訓練均有一定的要求。本章中先自蒙氏的教育理念開始，進而介紹其教具與教師的角色，最後提出在台灣實行蒙式教育的現況與期望，盼對台灣目前蒙氏教育提供一些啟示。

第一節 **蒙特梭利課程模式之發展源流**

　　蒙特梭利出生於醫學背景，她對教育感到興趣的契機始於一八九六年，蒙氏當時正擔任助理醫師的工作，她的主要工作就是訪視羅馬城各個精神病院，尋找智障兒童並將之集中，然後進行治療。自此，蒙氏開始接觸到教育領域。從此開始，蒙氏除了不斷地從觀察中去了解幼兒外，她更受伊塔（Jean Itard）和塞根（Edouard Seguin）的理論和教具所影響，逐漸地發展出她的教育理論與方法。

　　原本蒙氏所接觸與關心的對象是智障的兒童，但接著她認為她的理論與方法若用在正常孩子身上，一定能獲得更宏大的效果。一九○七年，在羅馬一個貧民窟成立了第一個「兒童之家」，此係蒙氏首次將她的理論與方法應用在正常孩子身上，結果得到全球的矚目與喝采。一九一三年元月，蒙氏開辦了第一屆國際蒙氏教師訓練班，自此開始，蒙氏除了遊走世界推廣她的教育理念與方法外，也積極地培育師資。同年蒙氏初次到美國講說其學說，深受眾人所喜愛，但也成為爭議的焦點。影響蒙氏學說普及的關鍵因素之一是克帕屈克（Kilpartrick, 1914）對蒙氏學說的批評與反對，這代表學術界未肯定蒙氏的學說；加上蒙氏要求師資培訓工作，都要由她負責，不願授權教育學術單位，連教具製造商都要經她授權才可以製作蒙式教具，而她授權的廠商又少，上述種種因素都再再地影響蒙氏教育在美國的推展與普及（Goffin, 1994; Hainstock, 1986）。

　　除了上述因素外，海特（Hunt, 1964）亦分析蒙氏學說未被接受的主要因素是其學說思想與當時潮流不合。重要差異點包括：

一、蒙氏強調三、四歲小孩所經歷的經驗對他未來的發展有很大的影響力；而當時的觀念是小孩的發展是受先天所決定，受遺傳所影響的。

二、蒙氏強調教育介入有益於小孩智力的發展；而當時的觀念是，智力是固定不變的。

三、蒙氏主張，教育應基於小孩子主動學習的動機；而當時的觀念是，所有的行為皆來自於外在的刺激。

　　海特（Hunt, 1961）和布魯姆（Bloom, 1964）的著作指出早期環境對小孩智能發展深具影響力，因此強調早期教育的重要性。上述著作等於為蒙氏學說做了背書，同時配合著美國當時社會教育改革的呼聲，使得蒙氏教育再次地風行美國。所謂六○年代之社會教育改革的呼聲，係源自於蘇聯於一九五七年發射出第一枚人造衛星，頓時刺激到向來以舉世第一自居的美國人，在震驚之餘，就開始檢討教育制度和學校課程，並將教育目標轉向讀、寫、算基礎能力和認知能力的培養，以及加強及早開始的教育。蒙氏學習中之個別化教學、早期學習以及行為改變技術之隱於教具中等特色，均被認為是當時教育中所需之良方，蒙氏教育遂再次盛行於美國。雖然蘇聯發射了人類史上第一枚人造衛星促使蒙氏教育在美國重生，但由於蒙氏師資培育制度獨立於學府之外，使得美國大部分師資培訓課程中絕少提及蒙氏教育的內涵、貢獻以及從事相關性研究，使得教育人士對蒙氏教育所知有限；加上水準參差不齊的蒙特梭利學校在各地成立，家長和許多學校將蒙氏教育之特色放在早期學習和讀、寫、算之教具上，而忽略了教具後面所要達成之目標所代表的意義。上述種種因素，使得蒙氏教育在美國發展是否成功？至今尚無法下一定論。

　　在一九一四年～一九三五年間，蒙氏學說在歐洲非常盛行，後來由於二次世界大戰爆發，蒙氏與墨索里尼政府時生摩擦；德國納粹警察亦下令禁止蒙氏教育的實施；西班牙內戰爆發，使得蒙氏教育在歐洲的推廣工作受到影響。自一九四六年開始，歐洲各國再次歡迎邀請蒙氏重建與推展其教育學說。一九五二年蒙氏過世，她倍受尊崇，並三度被提名角逐諾貝爾和平獎。

第二節　蒙特梭利課程模式之理論基礎

根據蒙氏及其門徒之著作（Montessori, 1964, 1966, 1967; Standing, 1957；相良敦子，民 80；岩田陽子等，民 80a；岩田陽子，民 80b；石井昭子等，民 80），歸納蒙氏課程模式基本理論基礎之重點如下（按：蒙氏課程模式無論是理論基礎或是實質內涵，均延伸至十八歲左右，唯本著作係以幼教為主，因此所涉及之範圍以〇歲至八歲為主）：

一、蒙氏「兒童發展」之論點

蒙氏強調兒童與大人是不一樣的，兩者雖然都是人類，卻有完全不同的心智；兒童仍在不停地成長與變化，而成人已經成長到一個一定的標準了。因此，在教育過程中，就不應以大人的價值觀與行事原則來約束幼兒，不應忽視兒童內在生命力的步調、節奏、需要與價值意識。

蒙氏認為兒童成長的過程是有既定之「自然程序表」的。人類到了二十四歲左右才算是真正完成成長階段，而兒童期之發展階段約到十八歲結束，在此之前，蒙氏將之分成〇～六歲、六～十二歲、十二～十八歲三個階段，每一個階段都有其不同的特徵。在十八年的歲月中，各階段之特徵不斷地蛻變，直到達到成人的標準，在發展的過程中是無法跳躍過任何一個階段。因此，教育就是循著兒童自己內在的法則所進行的活動。當教育是順著生命的法則進行時，孩子就會充滿生命力，呈現喜樂、希望、愛、秩序與主動學習的現象；反之，若教育的活動是違反生命法則的，那麼生命力就會被扭曲，呈現悲哀、失望、憤怒與被動等現象。

由於蒙氏理論有關兒童期發展階段的內涵與兒童學習的本質息息相關，因此筆者將之放到兒童學習之本質部分去談，就蒙氏對發展之一般特性的看法歸納如下：

㈠每個生物體之發展皆根據早已註定的模式，蒙氏將發展分成三個階段：

第一階段：○至六歲，變化時期，可分為：

1.○至三歲：吸收期（無意識）。

2.三至六歲：吸收期（有意識）。

第二階段：六至十二歲，單一成長期，稱為中間期。

第三階段：十二至十八歲，變化時間可區分為：

1.十二至十五歲：青少年期。

2.十五至十八歲：青春期。

十八歲後，將不再有變化，這個人將只會變老而已。

㈡心智與身體之發展皆靠從環境中吸取資源。

㈢從外在環境中攝取到的資源，經過動態的消化過程，被吸收到主體內，成為個體的一部分。

㈣在發展過程中，身體與心智兩個層面必須平衡互動發展，才能產生正常的行為，否則會有偏差行為出現。

二、蒙氏「兒童學習」之論點

㈠產生學習與持續學習的動力來源

蒙氏認為人之所以有學習的慾望是其內心有股「自然朝外發展的內在潛在力量」或稱為「生命的衝動」影響所產生的。

當兒童反覆做一個動作時，兒童即與所接觸的事物產生生命上的交流活動（此即為學習）。兒童在反覆的動作中，其心智活動方式亦不斷地變化、成長，直到反覆動作的結果令兒童滿意時，兒童內心會有種成就感、滿足感，這種感覺會促動他不斷地探索，不斷地產生自發性的學習行為。亦即，兒童藉由重複的行為來開發自

給的心智活動，透過本身的力量來提升自我；同時，那股內在力量，不但突顯他個人的特質，並引導他向前邁進。

(二)學習形式

本著作以成長的第一階段的學習形式為主，加以敘述蒙氏的論點。

第一階段是指〇至六歲階段，屬吸收期，蒙氏稱這個時期兒童的心智為「吸收性心智」，吸收性心智之本質與運作方式屬神秘不可解的部分，連蒙氏自己都未提出清晰的觀點。第一階段又可分成兩個時期：〇至三歲期和三至六歲期。

〇至三歲期兒童的心智雖也是不斷地從周遭環境中吸取影像、印象，但是這種學習的過程是在無意識狀況下進行的。初生兒是空白的，透過「從無到有」創造經驗的累積，然後才逐漸建構自己的意識生活。蒙氏以攝影過程來比喻兒童從無意識到有意識的學習。蒙氏說：吸收性心智的運作和攝影類似，其對影像的攝取是從無意識的黑暗處開始，在影像被沖洗出來後，才變成意識的一部分，而成為個體永久的所有物。

兒童是如何從無意識學習轉換成有意識的學習呢？當嬰兒開始動作時，他那海綿式的心智已在意識中開始吸取環境中的資源了。然後透過又是遊戲又是工作的過程，孩子一再重複地操作他早已透過無意識心智所攝取的資源，意識的心智遂逐漸地建構出來；亦即孩子是透過雙手來發展自己，運用雙手作為人類心智發展的工具，無意識的心智必須透過操作四周物品所得之經驗才能成為有意識的心智。有關「無意識的心智必須透過操作四周物品所得之經驗才能成為有意識的心智」的理論基礎與實務上的做法可以感官教具來說明。

蒙氏認為心智的發展與生理的發展是一體兩面，兩者糾結在一起，是不可分的。人透過身體的感覺器官將其內在之心智與精神活動與外在的物質世界聯結在一起。兒童心智有一種傾向，即會從物質物品中抽取該物品物質的特質，而此特質的性質是抽象的，觸摸不到的，從此可建立一套抽象概念。亦即透過五官的感覺吸收環境

中的影像，然後透過反覆地操作，感官所擷取而得之經驗逐漸地擺脫了物質，而形成抽象的概念。蒙氏強調這種抽象化過程會將心智提升到一更高的層次，抽象化過程是否得以進行取決於兩項要素，首先是具體的物質或物品必須絕對清晰，其次是兒童的心智必須達到某種成熟的程度。

蒙氏認為教育就是順著兒童的特性、自然法則去協助兒童心智的成長。兒童心智的發展有其一定的自然法則，兒童內在有追求成長的動力，促成兒童會重複地操弄他在環境中接受到的刺激，為更高層次心智活動做準備。

為了能協助兒童發展，蒙氏即針對兒童學習上的特性去設計教具，希望在不違反自然法則之下，幫助兒童在有秩序的環境下，在敏感期時透過感官的反覆操弄，去擷取具體事物中之抽象概念。因此蒙氏教具存在的意義在協助幼兒整理自環境中接收到的刺激，並使之萃取成抽象概念，進而提升其心智之發展至另一更高境界；蒙氏強調其教具不是要帶給兒童新的影像與刺激，不是用來教導某些概念的，而是用來補助兒童心智發展的工具而已。

因此，就兒童期第一階段（○～六歲）而言，可以說前三年是機能創造時期，後三年則是創造機能的進一步發展。在○至三歲時期，兒童毫不費力地自取其周遭環境攝取成長所需之資訊；到三至六歲階段，兒童的自我有意識地引導他的學習，所以第一個成長階段的主要目標是有關人性自我的發展。

(三)敏感期

敏感期係指有機體在成長過程中，在一特定的時期裡不可抗拒地會受到環境中的一些特定因素所影響。敏感期相當短暫，主要目的是幫助生物獲得某些機能或特性，過了這些特殊時期，感受性便會消失了。

蒙氏相信在敏感期時，兒童具有特別的感受性，讓他特別注意環境中的某些現象，而忽視其他的。當敏感期達到高潮時，心智就像是一個探照燈一樣，照亮了環境中的某些部分，而其他部分則相對地模糊了。此一照明的結果，使得原本無序的

狀況，出現了秩序與條理。

　　蒙氏根據觀察兒童的記錄，認為兒童第一階段是幾個重要機能發展的敏感期：語言、秩序、感官和良好行為。因此，蒙氏強調應多加利用這個最佳學習的契機，如果兒童在成長過程中，漏掉了幾個敏感期，他依然會長大成人，但這位成人和它原本可能或應該有的成就比起來，可能就會遜色許多。蒙氏認為當兒童錯過一次敏感期，即代表他喪失一次以特別方式使自己更完美的機會。

　　在敏感期的驅策下，兒童的學習如能配合其成長的順序，其學習效果將是驚人的。有關語言、秩序、感官和良好行為之發展的關鍵期在○至六歲期間，因此蒙氏教具中有許多教具是針對這幾個特殊能力而發展出來的學習工具。

　　在幼兒所經歷的敏感期中，最令人感到興趣之一的就是蒙氏所謂的「對秩序的敏感期」。蒙氏認為兒童自一歲至三歲左右，對空間和時間之事物的秩序性特別敏感。此時的兒童會要求環境中每樣事物都應放在原來的位置上，而且每天的作息也要很規律。蒙氏認為兒童此時對秩序與規律的要求是因為他必須透過環境來建構自己，欲將自環境中所攝取之影像有秩序地存在自己心智內，必須以外在事物能維持秩序為基礎，這樣孩子才能積極地將環境的事物保存在固定位置或用在正當途徑上。換言之，蒙氏認為兒童生下來原本是一片空白，他需要不斷地吸收外界的刺激，才能不斷地成長；但她又主張兒童有選擇刺激之主動性。因此，當外在環境之刺激進入時，兒童會將之理出一個秩序來。此時若環境本身即具秩序性時，兒童的學習就更容易，否則會增加兒童的困擾，形成學習的障礙。所以蒙氏教具的特色之一即相當有秩序的感覺；教室的規畫也相當地有條理，其旨在透過有秩序的教具和教學管理來協助兒童的學習。

三、蒙氏的「自由觀」

　　蒙氏認為她的教育方法是以自由為基礎的教學法。蒙氏強調兒童應有權利選擇自己要做什麼和決定自己工作要做到什麼程度的權利，但是實際觀察教學時會發現，

蒙氏會要求兒童依一定的程序來使用工具。因此，蒙氏學校或被批評認為是太放任兒童的學校，要不就被批評是太壓抑兒童自發性的學校。到底蒙氏教育是尊重兒童的教育？還是屬於放任式教育？這就得看蒙氏理論中「自由」的概念了。

史坦利（Standing, 1957；徐炳勳譯，民 81）以哥德的話來表達蒙氏的自由觀：「自由的無上快樂，不在做你喜歡做的事，或環境誘惑你去做的事，而是能在沒有阻礙或限制下，以直接的方式做正確恰當的事。」由此可見蒙氏所主張之自由是有限制的自由。蒙氏認為「小孩會在許多的誘因中作選擇，但他只應該選擇他知道的事情。……小孩的選擇是在我們呈現給他的選擇之間作選擇，才是真正的選擇。」因此蒙氏所主張的自由，是要在兒童先有了知識和紀律之後才能擁有。蒙氏認為做你想做的事並不表示你就得到自由了，而是要做正確的事。真正選擇的自由，必須以具有思考與推理能力為基礎，因為每一次選擇的動作，都必須先有心智上的判斷。所以蒙氏認為除非兒童已經知道如何使用某教具，否則就不應自己選擇該教具。由此又衍生出一個問題，就是教具的功能在哪裡？蒙氏設計之教具所代表之意義又與一般人所了解的或有所出入，有關教具的部分將會在後續之章節探討，但此處因涉及到自由的問題，因此略作引述。蒙氏每一樣教具都有其特定的目標，譬如感官教具的目標不僅在於培養兒童對刺激物敏銳的感覺，終極目的是在讓孩子建構出像顏色、重量、質地等抽象概念。因此蒙氏說一般人認為兒童進到教室裡，可能是出於好奇心而選擇某樣工作，事實上，激發兒童學習的不是好奇心，而是當他對某一件事了解後，會自動地開始廣泛地活動，此時活動的目的是為了心智上的成長。當兒童對某項工作有了認識後，他就可以隨著自己的喜好來進行工作。

在蒙氏理論中認為自由與紀律是一體的兩面，透過教師向兒童展示邁向紀律的途徑，之後經長時間的培養，兒童內心會漸漸形成紀律。到了那時候，兒童便能自己選擇想做的事，並會自發性地集中注意力去做。所以蒙氏說：兒童並未被允許去做「任何他喜歡的事」，他只能「自由選擇好的與有用的工作」。

第三節　蒙特梭利課程模式之內涵

　　有關課程模式之內涵擬從課程的四大要素——「目標」、「內容」、「方法」和「評量」——去分析敘述。蒙氏之理論基礎、課程要素彼此間都具有環環相扣之關係，彼此是息息相關的，因此文中有時會反覆出現一些蒙氏的觀點或是課程的內涵，旨在將理論與實務合併來看時，確實難以避免這種重複申述之現象。

一、教育目標

　　蒙氏對新教育的定義是：配合幼兒邁向成熟之前的變化與蛻變時期，協助其成長。由於蒙氏認為兒童的發展有其自然的秩序表，因此主張教育必須順從生命的法則進行，協助兒童逐漸地展開其內在的潛力。

　　蒙氏一方面強調兒童有內在主動學習的動力與潛力；同時，指出其發展的目的是為了成長，兒童不斷地、努力地創造「未來的他」——成人。教育是為了進入世界而作準備。蒙氏認為我們不能讓兒童在毫無準備情況下，把學校門大開，讓他進入世界。外面的世界既複雜且具危險性。學校為兒童準備的環境是在保護兒童的成長，但終極目的還是要兒童進入世界，因此進入世界所需作的準備，培養完美的人格，也是教育的目的之一。

　　協助兒童開始自己內在的潛能與為進入世界作準備的教育目的是從兒童個人的角度來看教育目標。其實從蒙氏所呼籲，提倡兒童地位的觀念，以及由於對兒童偏差行為產生原因之解釋，和認為教育目的在重建成人與兒童之間美好關係的角度來看時，蒙氏的教育目的在社會改革。蒙氏曾提到：「兒童與成人社會的兩個不同部分，彼此應相互合作、交流、扶持。……但迄今，人類社會的進化，還只是繞著成人的希望打轉。因此，當我們建立此一社會時，兒童一直被我們所遺忘。正因如此，

人類的進化只能比喻為一條腿的進化。」蒙氏認為若能將重心從成人轉移到兒童身上，我們將能改變文明的軌跡。蒙氏積極地至世界各國宣傳她的教育理念，其支柱在於蒙氏認為唯有透過兒童教育的推廣，社會改革與世界和平的問題才得以解決。

二、教育內容

蒙氏教育內容以感官教育為核心，繼而發展出系統化的讀寫、算術、史地、幾何、文化等教育內容。本著作以日常生活教育、感覺教育和算術教育為重點，簡述其內涵及其與理論和教育目標之關聯性。

㈠日常生活教育

蒙氏教育目標既強調符合兒童發展的特性，也強調為未來世界作準備。日常生活練習的直接目的在於由具體的學習過程、教師指導下的反覆練習和從不停的活動中不斷地調整自己心智的發展，以養成獨立、自主的能力與精神；同時，因為透過不斷地活動，促進兒童意志力、理解力、專注力、協調力以及良好工作習慣的發展，以為未來的學習鋪路。

基本上，日常生活練習之內涵可分為四類：

1.基本動作

包括：走路、站、坐、搬、摺、倒、縫、切等動作。

2.社交動作

主要內涵包括：不增添別人的困擾，能站在他人立場思考等行為，如打招呼、致謝、道歉、物品的收授、用餐的禮儀、應對的方法……等行為。

3.關心環境的行為

係指對人類以外之生物、無生物的關心，譬如：美化環境、照顧與飼養動植物等行為。

4.照顧自己的行為

譬如：穿脫衣服、刷牙的方法、穿脫鞋、剪指甲的方法等獨立自主所必須學的行為。

日常生活練習之內涵會受國家、地區、地理與文化的影響而有所不同。

㈡感覺教育

蒙氏認為透過感覺教育可達到兩個基本目的：

1. 從生物學角度而言，感覺教育的目的在於幫助幼兒各種感覺的發展。因為感覺教育是培養兒童心智發展所需之能力。蒙氏認為，三～六歲階段是各種與心智發展有密切關係之感覺逐漸發展的時期；而此敏感期所潛在之內在生命力必須受到外界環境的刺激才能得到充分的發揮。因此，所謂教育就是從外界提供各種刺激物，以使與生俱來的各種感受能力得到充分的發展，而這些刺激物就是感覺教育。透過感覺教育來獲得心智發展中不可或缺的各種抽象概念。

2. 從社會學觀點來看，蒙氏認為兒童為了適應實際生活和未來的時代，必須對環境有敏銳的觀察力，因此必須養成觀察時所必須要的能力與方法，感覺教育即在訓練每位兒童成為一個觀察家。感覺教育之內容係由視覺、觸覺、聽覺、味覺和嗅覺五種感覺教育所組成，感覺教具基本上是由十六種所構成，但感覺教具並不完全是十六種，因為廣義地說，所有的蒙特梭利教具（數學教具、語言教具、文化教具）皆含有感覺教具的元素。

各感覺領域之目標與各教具的名稱略述如下：

1. 視覺教育

(1)目標：教育兒童辨別物體大小、顏色、形狀的視覺能力與培養大小、顏色、長短、形狀等抽象概念。

(2)教具：包括有圓柱體組、粉紅塔、棕色梯、長棒、彩色圓柱、色板、幾何圖形嵌板、幾何學立體、構成三角形、二項式及三項式。

2. 觸覺教育

(1)目標：教育兒童各種觸覺，如手接觸物品的皮膚覺（觸覺）、溫度感覺、實質認識感覺、用手握持的知覺及壓覺（重量感）等，與培養各種觸覺之抽象概念。

(2)教具：包括有觸覺板、布盒、溫覺筒、重量板和幾何學立體。

3. 聽覺教育

(1)目標：聲音的強弱、高低、種類（樂音的音色）的辨別能力。聲音的種類有無數種，難以製作特別的教具，可從實際生活聽到的聲音或各種樂音進行分辨練習，以及培養兒童對音樂的抽象概念。

(2)教具：包括音筒和音感鐘。

4. 味覺教育

(1)目標：用舌頭來感覺味道的教育和對味覺的抽象概念。

(2)教具：包括味覺瓶。

5. 嗅覺教育

(1)目標：用鼻子來感覺嗅覺的教育和對嗅覺的抽象概念。

(2)教具：包括嗅覺瓶。

前面，筆者敘述了蒙氏感覺教育的目標和內容等相關的問題，接著談的就是這些感覺教育內容之組織與呈現的順序情形，以及其所依據之理由。

蒙氏認為兒童內在生命力的推動使得兒童在無意識之間自外在環境中吸收了許多的資訊；又由於兒童有追求秩序感的內在動力和敏感期，因此兒童會將其吸收來的資訊予以建構，使成有秩序的知識。教育的目的就是在協助兒童完成其內在生命力的追求。蒙氏認為提供有秩序性的教具就是在協助兒童順利地發展其對秩序感的要求，並建立有秩序的知識。我們對周遭事物的認知方式就是透過對事物的仔細觀察與比較各種事物之基本特性而進行「辨視同一屬性之物體」、「分類」、「排序」等心理作業。因此，蒙氏感覺教育的組織原則是依：(1)同一性的認知（recognition of identities）；(2)對比性的認知（recognition of contrasts）；(3)類似性的辨別（discrimination of similar），將感覺教育分成三種基本的認知類型。教具呈現的原則也是依(1)→(2)→(3)之順序實施。在使用感覺教育時，蒙氏將第(1)項說成是配對（pairing, P）；第(2)項說成是序列（grading, G）；第(3)項說成是分類（sorting, S）。教具的呈現順序也是與認知過程有關的，例如：發現同一物體最容易；其次是將同一種類的東西依某種特質（如由大→小或反之）排成漸進層次的階段；而後將各種東西分為若干類別或分門別類的工作是最困難的，因此蒙氏感覺教具係依這種認知過程之難易程序而產生 P→G→S 的呈現順序（岩田陽子，民 80，頁 14）。

(三)算術教育

蒙氏認為環繞在兒童周遭的事物多不勝數，但是萬事萬物中之共同屬性（大小、形狀、顏色、重量……等）是有限的。透過感覺教育，兒童的感官、注意力的集中，去協助兒童掌握抽象概念及其間之關係，明確地掌握事物或現象的思考與態度是蒙氏數學教育的大前提。因此，蒙氏算術教育的教育目的有二：

1.讓兒童有系統地學習、了解邏輯性的數量概念，奠定未來學習的基礎。

2.培養幼兒對整體文化的吸收、學習以及形成人格時所需的判斷力、理解力、推理力、想像力等。

前面提過蒙氏教育內涵以感覺教育為核心，進而發展到數學教育、語言教育和文化教育。感覺教具中的「配對的操作」可以培養兒童發現配對和「等值性」的關係；「序列的操作」可以培養兒童了解整體與部分的關係，這些關係的了解，有助於兒童進一步學習。

蒙氏算術教育之教具及各教具的目的略述如下：

1.目標：理解至 10 為止的量與數，認識數量與數字。

包括之教具有：數棒、砂數字板、數棒與數字板、紡錘棒與紡錘棒箱、0 的遊戲、數字與籌碼、使用數棒的基本計算練習。

2.目標：認識十進位的基本結構。

包括之教具有：金色串珠、數字卡片、量（串珠）與數字卡片。

3.目標：十進位的加減乘除概念。

包括之教具有：串珠、數字卡片、使用串珠練習加減乘除法。

4.目標：加強加減乘除的練習。

包括之教具有：「點的遊戲」練習紙、郵票遊戲、彩色串珠棒（十黑白串珠）、金色串珠棒。

5.目標：認識連續數的數。

包括之教具有：塞根板（Ⅰ）、塞根板（Ⅱ）、數字的消除（練習紙）、100數字排列板、數字的填空（練習紙）、100 串珠鏈（短鏈）、1000 串珠鏈（長鏈）。

6.目標：導入初步的平方、立方。

包括之教具有：正方形彩色串珠、立方體彩色串珠。

7.目標：加強練習基本四則運算。

包括之教具有：幾何卡片、幾何卡片訂正表。

㈣語文教育

　　語文教育是一個高層次、複雜的學習，其最終目的與算數教育一樣，是在培養耐挫力、專注力、學習態度、觀察力，以及完整人格的養成。語文教育的目的不僅是著眼在低層次的記憶背誦知識或詞語，而在養成獨立學習、生活溝通所必須的語文能力。課程順序依照語文能力發展順序，以「聽—說—寫—讀」來編排。

　　在「聽」與「說」方面，最主要是充實口語經驗，同時需重視口語的表達及理解；「寫」的方面要先從書寫預備練習開始，才能進入到書寫練習；「讀」的方面則包括閱讀練習及語文常識。從「聽」、「說」的表達或討論進入到文字表達，不但是增進幼兒的溝通能力，更是對於幼兒的能力給予「自我價值肯定」。

　　語文教育的內容及教具略述如下：

1.聽、說的教育

　　包括：⑴口語經驗的充實：分類卡遊戲、語言遊戲。
　　　　　⑵口語表達及理解力的發展：說故事、背誦詩歌故事等活動。

2.寫的教育

　　包括：⑴書寫的預備：注音符號砂紙板。
　　　　　⑵書寫練習：黑板、紙本。

3.讀的教育

　　包括：⑴閱讀練習。
　　　　　⑵語文常識：遊戲。

㈤文化課程

　　文化課程包含的內容有天文與地質、地理與歷史、植物與動物、以及音樂，會因著各地的環境文化不同而有差異。在文化課程中的內容並沒有先後順序之分，端視該班幼兒經驗而定。從幼兒年齡來看，約四歲半至五歲的幼兒才會開始文化課程。

　　蒙氏教育各個領域（日常生活教育、感覺教育、算術教育、語文教育、文化課程等）之教學內容的呈現順序，就整體的課程而言，亦有規畫好的呈現順序（岩田陽子等，民80），可以讓我們有完整的概念。

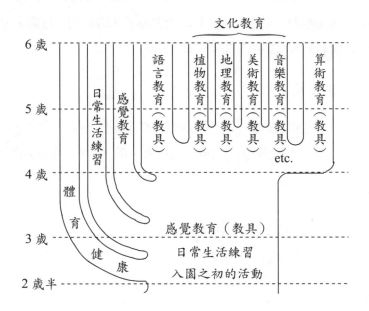

圖8-1　蒙特梭利教育的教育課程（岩田陽子、南昌子、石井昭子，民80，頁22）

　　上圖顯示幼兒剛入園時以實施日常生活練習開始，然後逐漸進入感覺教育，但並不意謂著日常生活訓練就此結束了，而是到了三歲仍需繼續著，接著是以感覺教

育為基礎、核心，進到語言教育和算術教育，進而到文化教育，包括音樂、美術、地理、植物等教育，兒童即根據這些教育為基礎，繼續其成長需求。蒙氏把日常生活練習放在感覺教育之前，為的是培養其自主、獨立能力，因為蒙氏認為在接觸知能教學前應先培養幼兒獨立、自主能力與人格，這對未來學習會有深刻的影響。

蒙氏之感覺教具是為促進高層次認知學習而做準備的教具，因此它不只是以刺激感官為目的而已，而是為了能進一步促進兒童進入高層次之課程吸收而設計的。因此依順序排列時，則感覺教育在語言、數學、文化教育之前開始。

蒙氏還依幼兒之發展情形將課程配合教具，更細地將呈現順序提示如下：

第一階段

當孩子一到學校便可以進行下列練習：

日常生活練習：不出聲音移動椅子，打蝴蝶結、扣鈕扣、扣領鉤等。

感覺練習：圓柱體。

第二階段

日常生活練習：不出聲音站起來或坐下，在線上行走。

感覺練習：練習大小的教具、長的階梯（長棒）、長方柱或大階梯（棕色梯）、立方體（粉紅塔）。

這裡孩子像做過的圓柱一般，只是以相當不同角度來練習大小。教具比較大，更容易發現各部分的不同點。但是在這裡，只靠眼睛辨別其相異點與訂正錯誤。而前面所練習的是靠教具本身機械性的顯示錯誤而已。教具除了按順序才能插入木座外，沒有辦法按自己的喜好插入其它洞穴內，於是控制了錯誤。

觸覺是最原始的感覺，觸覺器官最為單純，也分布最廣。因此當開始實施注意力的教育時，我們可以對孩子提示粗糙面和光滑面（觸覺板第一塊），接著是溫覺練習。以此為基礎，結合以後要介紹的手的運動練習就蘊釀出書寫能力。

連同前面所說的兩個系列感覺練習，我們進行「顏色配對」（色板），也就是辨認兩種顏色的同一屬性（是色彩感覺的第一個練習）。

第三階段

日常生活練習：孩子自己洗澡，自己穿著衣服，清掃桌面灰塵，學習使用各種東西等等。

感覺練習：我們現在引導孩子辨認刺激等級（觸覺、色彩等等），讓孩子自由進行練習。

我們開始提示聽覺刺激（聲音、噪音）〈音筒〉和壓覺刺激（不同重量的小木片）〈重量板〉。

和各階段同時，我們提供平面幾何嵌板〈幾何圖形嵌板〉。從撫摸嵌板輪廓的手部練習開始，與另一項辨認觸覺分級的練習同時進行，做為書寫的準備。

孩子認識木製嵌板之後，我們給孩子相同形狀的幾何卡片系列〈幾何圖形嵌板卡片〉。這些卡片是為學習抽象符號而準備的。孩子學習認識輪廓的形狀，所有前述練習在他心中形成有秩序、有智慧的人格，這些練習可以說就是由感覺練習通到書寫的橋樑，從準備工作進入實際的引導之門。

第四階段

日常生活練習：孩子準備午餐，整理桌子，學習整理房間。教他們盥洗時照料自己的細節（如何刷牙或清潔指甲等）。

1. 他們由線上的韻律活動中學習自由與平衡的走路方法。

2. 他們知道控制和指揮自己行動的方法（肅靜方法）——如何移動東西而不使東西掉落或弄破，也不發出聲音。

感覺練習：在這階段我們反覆進行所有的感覺學習。此外加上一對鐘組的系列（音感鐘），引導孩子認識音符。

書寫／構圖練習：孩子進行到金屬平面幾何嵌板。他撫摸輪廓所必要的運動已很協調。這時他不用手指觸摸，而是用鉛筆在紙上留下雙重的線。然後他再用顏色鉛筆塗滿圖形，就像是將來要握鋼筆書寫一樣。

同時也教孩子觸摸認識用砂紙做的英文字母。

算術練習：在這時期，反覆感覺練習，我們提示長階梯，可是和從前應用的目標不同。我們讓孩子依藍色和紅色，一段一段數不同的棒子，從一段開始，進行到

十段為止。我們繼續這個活動，也給與更複雜的練習。

　　構圖方面，我們累積了四年的經驗，建立由幾何嵌板進行到圖形的描繪練習。經過這樣的練習之後，孩子就比較容易寫出大寫字母和小寫字母。

　　在使用文字的書寫練習方面，我們可以做到認識字母，利用活動字母拼出詞句、作文。

　　而算術可以進行到數字的認識。

　　接著做木釘練習（紡錘棒箱）。

　　同時在桌上進行數字下面放置相對應數目的顏色籌碼遊戲。籌碼排成兩行，便可以分辨奇偶數。

第五階段

　　繼續前述的練習。並且開始進行更複雜的韻律活動。

　　從上述所引用的內容可以理解，蒙特梭利雖然沒有特別記述給兒童教具的實際年齡。但對於教具的給與必須按照階段和系統的條件是非常明顯的。

　　岩田陽子嘗試性地從蒙特梭利的五個階段內容和他的著作當中所能知道及參考過去他所學的內容，以感覺教具為主，整理成如下頁的系統圖。橫座標是各種感覺，縱座標以大約的年齡和蒙特梭利的五個階段來排列教具。

　　圖中縱座標的年齡是岩田陽子以大約方式書寫進行的。因此並不意謂一定要確實照這個年齡所列的給與教具不可。

　　教具的排列問題，蒙特梭利是先以視覺為重點，由基本的大小辨別（三種視覺教具）著手，發展到顏色和形狀的認識，然後對於其他感覺、觸覺或聽覺也有進行系統性的刺激。

　　蒙特梭利不是只有感覺教具是有系統的排序，對於其它教具（語文、數學、文化）也做有系統的介紹。史坦丁之作提出：兒童的心智不是僅在感覺教材中尋求不同的秩序。對更高階的蒙特梭利教材也相同。將這些教材集合起來可以形成所謂的「文化之道」。所有的學科，如閱讀、書法、算術、地理、幾何、文化、歷史，可以形成一個統整的途徑，等待兒童去探索。兒童自動自發順著這些路徑，各按自己

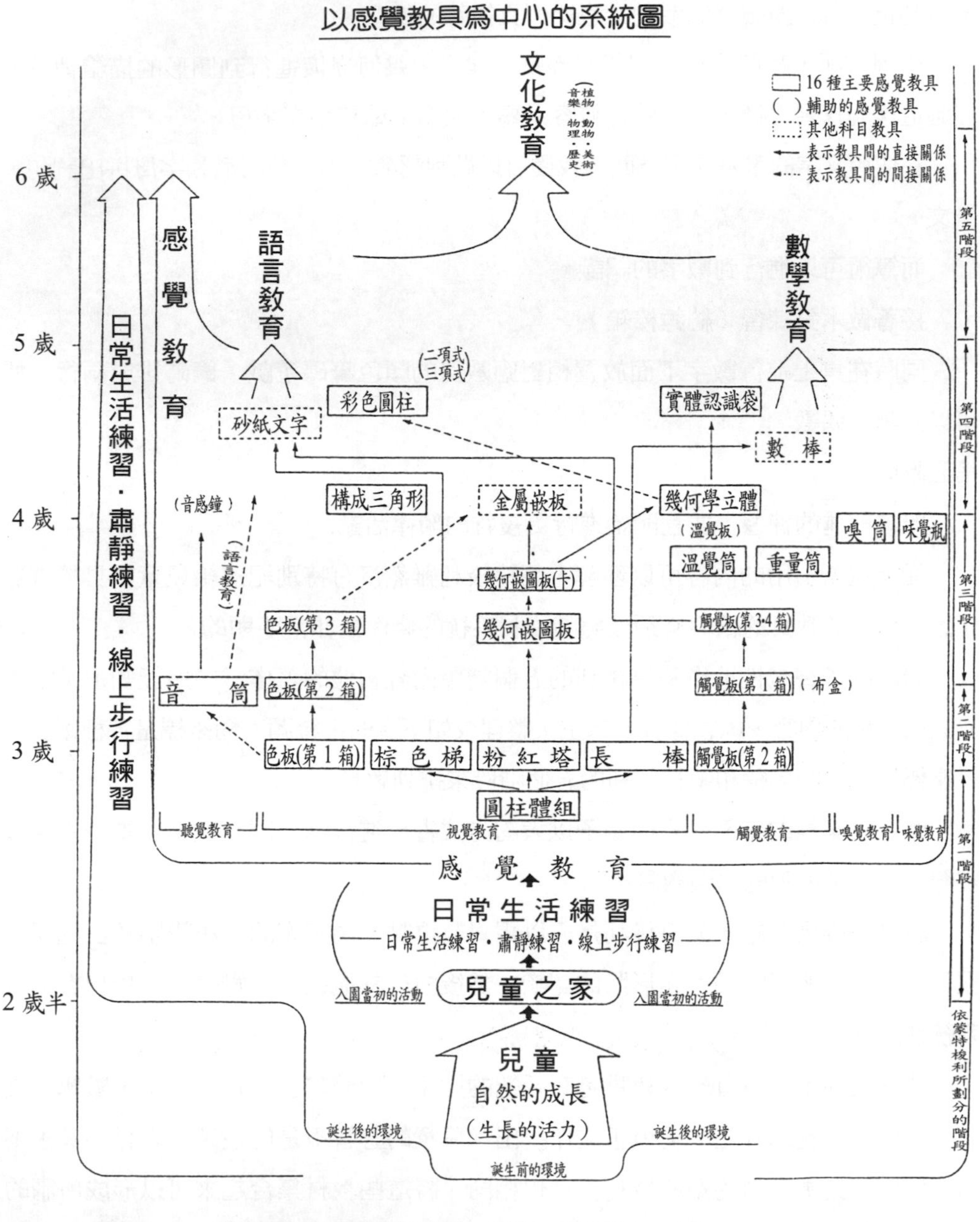

以感覺教具爲中心的系統圖

文化教育 （植物・音樂・物理・動物・美術・歷史）

□ 16種主要感覺教具
（ ）輔助的感覺教具
┈ 其他科目教具
← 表示教具間的直接關係
◂┈ 表示教具間的間接關係

6歲

感覺教育

語言教育

數學教育

日常生活練習・肅靜練習・線上步行練習

5歲

（二項式・三項式）

砂紙文字　彩色圓柱

實體認識袋

數棒

4歲

（音感鐘）

構成三角形

金屬嵌板

幾何學立體

（溫覺板）

嗅筒　味覺瓶

溫覺筒　重量筒

（語言教育）

幾何嵌圖板（卡）

色板（第3箱）

幾何嵌圖板

觸覺板（第3‧4箱）

音　筒

色板（第2箱）

觸覺板（第1箱）（布盒）

3歲

色板（第1箱）　棕色梯　粉紅塔　長　棒　觸覺板（第2箱）

圓柱體組

聽覺教育　　視覺教育　　觸覺教育　嗅覺教育　味覺教育

感　覺　教　育

日 常 生 活 練 習

── 日常生活練習・肅靜練習・線上步行練習 ──

2歲半

入園當初的活動　　兒 童 之 家　　入園當初的活動

兒　童

自然的成長

（生長的活力）

誕生後的環境　　　　　　誕生後的環境

誕生前的環境

第五階段　第四階段　第三階段　第二階段　第一階段

依蒙特梭利所劃分的階段

圖 8-2　蒙特梭利的教育課程（岩田陽子等，民 80，頁 22）

的步調進行，在他們前進時各有所發現。

　　大多數的路徑，像圖表所示，由感覺教材成放射狀延伸。他們繼續向前行，邁向更高、更抽象的層次。

　　根據這些，我們不難理解蒙特梭利不只是對於感覺教具，對於其他教具（包括數學、語文、文化等），也都建立了系統，同時也能理解蒙特梭利確立了由感覺教育（教具）成為邁向連續學科（智能教育）之準備教育的角色。換句話說，蒙特梭利已將感覺教育當成奠定所有教育基礎的角色。

三、教育方法

　　在這部分，筆者擬從三個角度來呈現蒙氏課程中教學方法的精神：⑴環境的規畫；⑵教具與提示方式；⑶教師的角色。

㈠環境的規畫

　　蒙氏強調幼兒階段是大量吸取外界資訊的時期，這時幼兒有旺盛的內在生命力，不斷地追求有秩序的世界，因此成人就需提供兒童所需的環境，協助兒童邁向獨立自主之途，亦即成人需提供給幼兒「準備好的環境」。所謂「準備好的環境」就是當吸收性心智發生作用時（無意識自我形成時期），兒童成長所需之要素能隨著其敏感期的出現而出現，進行協助幼兒成長的工作。其所包括之內涵不是狹義的「環境」，而是也包括在硬體設備內之軟體，如教師、氣氛、課程等內涵在內。基本上，教師在準備環境時有幾個規則可依循：

　　1.能讓幼兒自由充分發揮其內在生命力的地方：環境的提供可以尊重到每一個
　　　兒童的興趣、能力、節奏、步調與需求。

　　2.豐富且安全的環境：環境的提供不僅是滿足兒童生物性的需求（如食物、活
　　　動空間等），同時需要的是一個豐富的，可以刺激、激發兒童潛能的環境，

亦即需要能滿足兒童心智、道德、精神與社會需求等各層面發展所需之要素。

3. 自由活動的環境：蒙氏認為兒童心智的成長與動作是息息相關的。兒童透過自由選擇的活動去吸收周遭的養分以提供心智發展所需之要素。因此，環境要提供兒童不斷動手的場所與用具，以便持續地去做收集、分解、移動、轉換等有助於心智發展的活動。

4. 要有限制：蒙氏強調的自由是有限制的自由，因此提供的環境是能讓幼兒在裡面去做對的事，而不是做想做的事而已。

5. 要有秩序：幼兒對秩序的敏感期約在二歲到六歲間，此時環境中呈現的秩序有助於兒童的學習以及對未來的準備。

6. 要與整體社會文化有關聯性、連貫性：蒙氏教育的目的之一是讓兒童做好進入社會的準備，因此為其準備好的環境應與整體社會、文化有關聯性、連貫性。

蒙氏強調準備好的環境包括教具呈現之順序（這部分在教學內容裡談過）和提示法（這部分將在後面再談）、教學時間與空間的規畫以及教師的準備。現在先談後二者。

1.教學時間之規畫

一旦學校創立開始，上課時間表的問題就會出現。時間表的問題牽涉到時間長度和學習內容分配的問題。有關學習內容分配之問題此處不談，將在教具部分交代。

關於上課時間長度也可以分兩方面來看：一是每天在園的時間長度，一是每個分段的時間長度。就在園的時間長度而言，會因社區的需求、兒童的年齡和新生或舊生等因素的變化而變化。有的社區由於有托兒的功能，因此在園的時間可能從早上八點到下午五點，彈性很大；兒童年齡愈小的在園時間長度愈短；新生入園前二～三週左右，其在園時間大約是：第一天～第三天在園一個小時內；第四天～二週間，其在園時間大約是一個半小時內；第二週到第三週約為二小時內；第三週起可以排五個小時時間在園。其目的在讓幼兒逐漸地適應環境，避免其心理產生畏懼或不安

的壓力。

　　就每個分段時間的長度而言，原則上都是以大時段方式分割，甚至有的蒙氏幼稚園將時間表僅列為參考資料，實質上幾乎所有時間的分配都是由兒童自己決定的。理由是：兒童有其內在成長法則，因此當兒童正在進行一份工作時，他必須完成該工作的循環。如果能讓兒童在沒有什麼干擾情形下完成一個工作循環，他就不覺得疲累。當成人以工作半小時就要休息一次，或工作一小時休息二十分鐘的方式來規定時刻表時，兒童的工作就受到干擾，甚至喪失其生命中所蘊涵之生命主動性的特質。表 8-1 即為一個蒙氏幼稚園之作息。

表 8-1　蒙氏幼稚園之作息表

時　　間	活　　動
8：30～11：20	上午工作時間
11：20～11：30	團體時間、半天班放學（*1）
11：30～14：00	午餐、刷牙、中午休息時間（*2）
14：00～14：50	團體時間、下午工作時間
14：50～15：00	放學

*1：團體時間由老師視當天情形，或課程需要來進行，或是在放學前提早集合進行。
*2：中午休息時間並不是像別的學校一般地午覺時間，而是讓幼兒可以玩非蒙氏的玩具，當然幼兒也可以操作蒙氏的工作。

2.教學空間的規畫

　　理想上，蒙氏教育比傳統教學法需更大空間，但如果空間不夠，也不是很嚴重的問題。主要原因有兩個：⑴蒙氏強調秩序、紀律和尊重，因此在學習過程中，兒童學到行動時，動作上的正確性與紀律與對別人的尊重，可克服空間較小的處境；

(2)教師會允許兒童將工作拿到臨近的走廊、陽台去做，一個空間理想人數是三十名學生，最多不超過四十名學生。

3.教師的準備

蒙氏認為教育的目的不是在教兒童背誦文章或是塑造兒童成為怎麼樣的人，教師是在指導一個有生命的個體發揮其全部的能力和不斷地創造自己，因此教師本身就需是一個充滿愛心、自由、有紀律、內心充實的生命。蒙氏認為教師最需要的條件是精神涵養，是內心的態度。教師必須藉助外力的協助去了解自己的缺點，不斷地自我成長，自我糾正，以使自己準備好，成為可以協助兒童成長之環境的一部分。

㈡教具與提示方式

蒙氏之教育思想具體呈現的成果就是「教具」。教具在蒙氏教育的地位是「一種補助兒童生長發展的媒介」，其主要意義在於藉著外在刺激物激發幼兒內在的生命力。

蒙氏教具有幾個特性：

1.性質的孤立化

蒙氏認為從誕生到三歲這個時期的孩子，會本能地吸收環境中的各種景象，唯這個時期兒童所吸收到的各種景象都是混沌地存在於無意識和潛意識狀態下，這種吸收性心智到了兒童三歲時便由無意識的吸收逐漸地變成意識性的吸收。兩歲半至三歲半左右的兒童開始會將混沌的景象予以整理，使成有秩序的知識。蒙氏認為讓兒童以偶然的機會去獲得與整理外在的刺激，不如提供兒童一個有秩序的、能刺激五官的環境，這樣會更有效地激發兒童由內心湧出的生命力。唯要兒童同時吸收各種不同知覺，是一件很困難的事。因此蒙氏教具雖具有各式各樣的特性（如顏色、大小、形狀），但這些特性不是集中在一個教具上的，配合著教具要達到的目標，

該教具就只呈現該特性的變化。也就是說將該物體所具有的特性中孤立某一項特性，這樣便能將物體的不同點明顯地表現出來。譬如：圓柱體組具有分辨三度空間的功能，但四組圓柱體的教具分別有不同的特性。第一組是具有高度變化的圓柱體；第二組是只有粗細變化的圓柱體；第三組是粗細和高度同時變化的圓柱體；第四組是直徑和高度呈相反變化的圓柱體。

　　將複雜、困難的工作分析成各個獨立的困難，讓兒童在無挫折的情況下一一去克服，此所以為蒙氏教具設計性質孤立化的理由。

2. 被具體化的抽象

　　蒙氏教具之目的不僅僅是在刺激兒童的感官，同時是期望協助兒童自教具的操弄中，將事物的性質加以抽象化。因為蒙氏教具形成的程序是先分析具體東西中的某一種屬性，然後再將抽象的屬性加以整理使之具體化。譬如：「粉紅塔」是由各種形狀物體中抽取出大小的屬性，由大而小，依序遞減疊成的。當蒙氏想取長短之屬性時，她就固定其他的屬性，只變化長度，由長至短排列，形成「長棒」教具。順著物理上的性質，使教具保持固定屬性的差別，屬性的差別就自然呈現。蒙氏將各種屬性整理成套，也就設計出表達抽象概念之具體化教具。

3. 自我校正之教具

　　蒙氏教具幾乎都可以讓兒童自己去評量操作後正確與否的情形，有錯誤時，產生錯誤之所在會明顯地顯露出來。譬如：圓柱體 A 是由高度逐漸降低的十個洞穴和剛好可以插入的十個圓柱所構成。由於這些圓柱剛好能適合於這些洞穴，所以不能有錯誤，一旦做錯了，兒童會看出來，並且重新修正。這種教具之優點在於兒童可以立即地得到行為後的回饋，而有助於教師未介入時，兒童亦能達到自我教育的目的。

4.可移動性

兒童有活動的慾望，為了配合兒童的學習，兒童可以自教具架上任意選取自己所喜愛的教具，也可以配合活動的需要而移動場所。

5.符合兒童身心發展的教具

蒙氏教具的設計是為了協助兒童成長，因此所有尺寸大小亦配合兒童的身心發展。譬如：尺寸大小、重量等都在兒童易於抓取、搬動、拿捏範圍內。

蒙氏教育課程之內涵，教學方法與教具間有密切的關係，在談教學方法時幾乎無法脫離其教具和教具的提示方法。換言之，蒙氏教育在幼兒階段的方法就是以教具的提示方法為主。每種教具有其提示的重點、程序及變化方式。基本上，蒙氏教具提示方式約有三種：

1.團體提示（給全體兒童的提示）。

2.小組提示（給二人以上的提示）。

3.個人提示（對一個孩子的提示）。

這三種提示型態會由於不同教育過程的內容而改變它的重要程度（詳細資料可參考岩田陽子，民80，頁25）。

㈢教師的角色

蒙氏教育的目的是培養幼兒養成自我完成的能力，因此教師的職責是盡量激發幼兒的潛能，在幼兒自己動手做得到的範圍內給與幫助。因此教師的存在是以輔導者的角色出現。所謂輔導者的角色係指作為兒童與教具之媒介，觀察兒童的需要後給與適時地介入等。具體而言，教師的責任包括：

1.準備環境

教師應提供兒童一個適合他、能協助他成長的環境。這個環境應包括他自己的準備，教室、教具的準備等。

2.觀　察

蒙氏教育內容、方法、教具的產生都是從觀察兒童日常生活所發展出來的。教學的進度、協助以及評量等問題，均有賴教師敏銳的觀察力為基礎，進而提供協助的依據。

3.監　督

教師必須監督班上活動的情形，防止及輔導可能發生意外或粗魯的行為，亦即「班級經營」的工作。

4.示範提示

提供兒童操作教具之適切技巧。

四、評　量

蒙氏教育裡所謂的教學評量是以教具為中心，在教師和小朋友間展開進行的。從教具的系統性、錯誤的訂正、正確的模仿開始檢討進行教學評量，觀察時應注意的五個要點是：

㈠設定明確的觀察目標。

㈡明確地列舉觀察項目。

㈢作好周全的準備、決定時間、持續地觀察。

㈣配合觀察項目，做成摘要或備忘錄式的客觀性整理記錄。

㈤與其他觀察者比較檢討，當然最後少不了綜合性的判斷。

這些教師的記憶伴隨著記錄，一一針對小朋友實行（岩田陽子等，民 80，頁 26）。

第四節　蒙特梭利課程模式的本土化

一、蒙特梭利課程模式本土化之歷史沿革

蒙特梭利教育在台灣的發展，由國外引進、宣傳、推廣、實踐到落實，這一路傳承過來，目前也面臨幼教大環境和蒙特梭利教育本土化發展的壓力。本節旨在藉由探討蒙特梭利教育在台灣的發展狀況，了解一個由國外引進本土的課程模式如何由宣導、實踐、本土化至被批判的過程，並期藉由這項探討對蒙氏課程模式本土化、師資培育制度及以幼稚園實施大單元學習區教學法轉型蒙特梭利模式為例，提供給已實施或欲實施蒙特梭利教學法的幼兒教保機構一些建議。

根據文獻（盧廷彬，民 73）指出：一九一三年，中國大陸的《教育部編纂月刊》刊載「具覆蒙特梭利學校事」一文，是中國教育界首度出現有關蒙特梭利的文章。至於蒙特梭利教育在台灣的發展可分為三個階段，分別詳述如下：

㈠第一階段：理論宣導──實務醞釀期（1985 年以前）

在台灣，傳聞蒙特梭利的教具早在一九六〇年就已在天主教所附設的幼稚園中出現，當時是由某位外籍神父帶入台灣，因無人知道其功能為何，故置於倉庫至一九八四年蒙氏教育實務開始正式引入台灣才知道這一批教具的功能。一九七〇年左右，光華女中故校長許興仁先生開始研讀蒙特梭利教育的理論和實務，雖然許校長

肯定與認同蒙特梭利的教育理念與理論，甚而設立了一所幼兒園來實踐蒙氏的教育理念，但因當時台灣幼教環境的教育理念、課程及教學法與蒙特梭利的差異性頗大，大眾對蒙氏教育的理論與實務仍然相當陌生，許校長宣導的重點以詮釋蒙特梭利的教育理念為取向（張孝筠，民83）。蒙特梭利教育在此階段發展的特色是：

1.發展的重點在蒙特梭利教育理念的宣導

無論是許故校長或修女們，均仔細研讀蒙氏著作或相關之書籍，深入了解蒙氏的教育哲理，並以其為實踐教學的依歸，教具的操作均會回歸蒙氏教育精神，並以幼兒的行為驗證蒙氏的教育理念。

2.宣導蒙氏教育的內容主要為三～六歲階段的幼兒教育

雖然蒙氏的教育橫跨出生至十八歲，但可能因倡導者開始接觸的就是三～六歲幼兒的學習環境及民間幼教人士的興趣，而且國外蒙氏教育的發展此時也以三～六歲的教育最完善，自然引進台灣時就以此階段之內容為主。

3.雖為初期的探索與實驗，但教育的品質卻相當優良

此時因進口的教具昂貴且不易取得，許多有心之士只能依據蒙氏之著作及已進口的少數蒙氏教具揣摩仿製，頗似土法煉鋼，許多教具失真性頗高，但因倡導者均為重視教育理念的學者或教育家，實踐的成效的確提升了幼教品質。例如：師生比率下降、完善適合幼兒學習的環境、適合幼兒興趣與發展的教材……等。

㈡第二階段：實務蓬勃發展期（1985 年～1991 年）

吳玥玢（民85）指出，因天主教教會的關係，自一九七七年起相繼有修女（如余芸湘、吳昭蓉兩位修女）及學者（如吳玥芬女士）紛至義大利等國進修蒙特梭利教育之理論與實務，且相繼回國服務。一九八四年胡蘭女士在台北天母成立了蒙特

梭利學校。至一九八五年中華民國科學啟蒙研究學會成立了第一個專門培育蒙特梭利教學法師資的中心，並以此方式推廣其教育理念與教學法。從此，蒙氏教學法在台灣的民間蔚為風氣。

蒙特梭利教育在此階段發展的特色是：

1.廣受民間幼教機構之歡迎

此時因國家經濟快速成長，國民收入提高，父母重視幼兒教育，選擇幼稚園時多以「精緻」與「特色」為前提。因此，幼教機構為了吻合家長消費、迫於招生壓力，與跳脫傳統填鴨窠臼，紛紛由國外引進各種教育理論學說。蒙特梭利幼稚園中豐富多元的學習環境及快樂學習的機會，讓經濟水準高的家長頗為認同，將其子女送入園學習，致使許多幼稚園轉型追求蒙特梭利式之教育。

2.蒙特梭利師資培育機構大量且快速培育師資，致使培育出之師資水準參差不齊，造成蒙氏幼兒教育品質亦落差不小

一位蒙氏教育基礎紮實的師資需要至少三百六十個小時的理論及教具操作學習與一整年的教育實習，因此正常的訓練需要兩年。幼教機構快速地轉型蒙氏教學法，造成師資需求急增，以商業利益為訴求的師資培育機構——教具社，如雨後春筍般地設立。有的以賣蒙式教具為主，附帶教具操作的示範，因此一套也許十萬元成本的教具，附帶教具操作示範後，價格高達二十五～三十萬元，這類的教學示範完全不談教育理念及教學方法，只是將教具視為傳統教學的教具，回到現場的教師仍是用蒙特梭利教具進行傳統式教學。另一類標榜為師資培育機構者，其教學品質較教具社高，教學課程會介紹蒙特梭利教育理念及教具操作示範，上課時數約為二百八十個小時左右，但因未實施教育實習，造成學生回到現場後無法學以致用，挫折感高，或者因未消化所學，以錯誤認知學習所得進行教學，因而造成原本活潑生動的教學法呈現出僵化沈悶的現象。另外，因部分師資培育機構的師資均在國外培訓，

對國內幼教生態環境不熟悉，加上有些培育師資本身沒有實務經驗，僅是到國外或在國內接受短期的教具操作訓練，學成後就開班授課進行師資訓練或至幼兒園進行在園輔導，以致蒙氏教學模式在本土化過程中未能充分反映蒙氏教育理念。以上兩類機構所培訓出來的現場教師其教學品質就顯得參差不齊了。

3.幼教機構將蒙氏教學法視如分科才藝教學，造成幼兒學習效果的降低

依據蒙氏教育理念，幼兒必須時時生活在完備的環境中，隨時可自由取得教材使用，依著自己的內在需要及充足的時間，反覆操作教具，若以才藝的分科、分時段教學會干擾幼兒學習，並降低學習成效。

這個階段整體而言，所造成的影響是膚淺而不紮實。但仍有少數人深受蒙特梭利教育理念的影響，自設蒙特梭利幼兒園，園中生活的幼兒成熟、獨立、自主、能照顧自己，也能關懷協助別人。家長與學校能保持密切的聯繫，配合學校進行家庭教育。教師對幼兒的尊重是發自內心對心性尊重的態度，對於幼兒的學習是積極的鼓勵，提供適當的輔導，給與幼兒教室的常規是簡單、明瞭又容易遵守，教師也共同遵守這些常規。幼兒在這樣完善的環境中自由地選擇活動，同儕之間成良性互助互動的關係。此類的學校讓人感受到的是幼兒、家長、教師一同的成長，彼此學習、分享與鼓勵，彼此亦師亦友的同行在學習的道路上。其餘大多數的蒙特梭利幼教機構，根據作者的觀察，仍以蒙特梭利教學作為商業營利的手段。

㈢第三階段：理論與實踐落實期（1991 年至目前）

此階段可說是前一階段的整理與檢討。國內的研究者針對蒙特梭利教育的理論及實務，進行相關性的研究，依據林秀慧（民 85）的研究指出，截至目前為止，蒙特梭利教育在台灣的相關研究大約可分為下列幾類：

1. 以文獻探討的方式，探討蒙特梭利教育理念及其思想，此類的研究如陳誕（民63）的「蒙特梭利之兒童教育思想」和許惠欣（民68）的「蒙特梭利教育學說及其與現代幼兒發展和教學理論之關係」。

2. 使用準實驗法，進行蒙特梭利教學與一般單元教學在幼兒各方面教學的成效比較，採用配對法進行實驗研究。例如，陳淑芳（民80）的「幼稚園課程研究——蒙特梭利教學模式和一般單元教學模式之實證比較」、王淑清（民81）的「蒙特梭利實驗教學法與單元設計教學法對幼兒身體動作發展影響之比較研究」和鄭青青（民82）的「蒙特梭利實驗教學法與單元設計教學法對幼兒創造力發展影響之比較研究」。

3. 以文獻探討、問卷調查、個案研究、觀察等研究法，了解台灣地區的蒙特梭利教學現況者，如楊荊生（民83）的「台灣地區蒙特梭利學校之評析」。

4. 以深度晤談與觀察，質的研究方法比較兩所蒙特梭利幼稚園實施蒙特梭利教學法的情形，如林秀慧（民85）的「蒙特梭利教學法實施之探討——以兩所台北市幼稚園為例」。

林秀慧（民85）檢視一至三歲有關蒙特梭利的相關研究，發現這些研究：(1)多偏量的研究；(2)前後測時間過短；(3)研究結果分歧；(4)本土化研究不足。

楊荊生（民83）調查發現，國內蒙特梭利幼稚園，由於對蒙特梭利教學有不同的認知與定義，於是產生照單全收型、雙語教學型、有名無實型，以及本土改良型等不同發展模氏。她認為本土改良型最值得推薦，因為經過與本土文化融合的教學模式，才能符合我國的國情需要。

此階段有一個特殊的現象，許多曾在台灣修習蒙特梭利教學法者，因感所學不足，於是前往海外修習，再重新探討蒙氏教學法的內涵與教學原理，聆聽不同講師對蒙氏教學法的詮釋，以釐清及深入探討蒙氏教育的精神與理念。

二、台灣蒙特梭利師資培育之現況與期望

(一)蒙特梭利教師的特質

實施蒙特梭利教學法的教師，一般稱為啟導員（director 或 directress），她應該是一位下述的六種啟導員（許惠欣，民 73）：

1.敏銳的觀察者

能以敏銳的觀察力，知覺及了解幼兒的需要。

2.幼兒的溝通者與解釋者

能下降身高與幼兒眼對眼（eye to eye）與面對面（face to face）地溝通，並能解釋幼兒不太成熟的語言及肢體語言所要表達的真正含意。

3.組織與計畫幼兒環境的藝術家

能從幼兒的發展立場與觀點，為其布置一個可以親身體驗與探索的完善環境；這個環境似家一般柔美而溫馨、真實而自然、混齡的生活、自由又自律，無限接納的氣氛。

4.幼兒個別課程的引導者

能以簡潔、簡易與客觀的科學方法，在具藝術的氣氛之下向幼兒介紹或提示課程。

5.學校與家庭、社區的聯絡者與溝通者

能與幼兒的家長與社區溝通蒙特梭利教育的體系與理念，協助家長了解幼兒發

展的特質及正確養育子女的方法，並配合社區發展，運用社區資源，將學校、家庭及社區營造為健康的總體社區。

6.自我實現的教育工作者

蒙氏教育相當重視教師的素質，蒙特梭利認為教師是需具「精神預備」為首要條件──即以「謙卑」與「仁愛」之心向幼兒學習、尊重幼兒、了解幼兒需求的教師。教師能自我了解、接納自我、願意不斷學習成長，並將教師視為志業的教育者。

㈡台灣培育蒙特梭利教學法師資之發展現況

自一九八五年台灣成立蒙氏師資培育中心以來，師資培育制度的發展具以下幾點特色：

1.培育師資的講師良莠不齊

已具幼兒教學工作經驗者，加上國外完整的訓練，並任教蒙氏幼教機構教師至少兩年者，甚至接受過「蒙特梭利教育訓練講師」之訓練，再擔任培育師資則相當稱職。但國內的蒙氏講師，竟有完全沒有幼教經驗，僅憑至國外接受短短的幾個月的理論與教具操作練習，連實習也省略，回國後就開班授課者，其教學品質之低落可想而知。

2.缺乏紮實的師資訓練

林秀慧（民 85）的碩士論文曾指出，國內蒙氏師資訓練與國外師資訓練最大的差別在於修習者有無實習經驗。國內師資訓練方式，以進修三～六歲教學研習為例，每期共九個月，一週上課兩次，每次上課兩個半小時，上課內容有理論、觀察、考試與報告，但是沒有實習。根據主辦單位的解釋，實習場地是有，但是由於學員遍布全省，很難辦理實習作業，加上國內也缺乏實習指導教師，所以無法辦理。無實

習經驗的初任教師往往因在職場上無法適應，而造成相當嚴重的挫折感。

3.缺乏具公信力之蒙氏師資認證制度

國內蒙氏師資訓練中心林立，每個中心都自發師資研習證書，常誤導修習者以為花了三萬多元接受訓練，所得的證書就是幼稚園教師合格證，而實際上不具任何證照之功能。

4.缺乏師資培育機構之評鑑

美國蒙氏師資培育機構須經「蒙特梭利師資培育評審委員會」（The Montessori Accreditation Council for Teacher Education；簡稱 MACTE）的認可與評鑑，才能訓練教師，故其有一定的水準。MACTE是一民間非營利之組織，此機構由一群蒙氏教育專家、學術專家、在職蒙氏教師等熱心蒙氏教育之人士組成，對蒙氏師資培育機構進行成立前的認可審核及成立後的定期評鑑。我國的師資培育機構，除了師範學院、大學教育系所及教育學程由教育部定期實施強制性評鑑外，其他各類自稱師資培育機構者，均未經任何評鑑，此類機構的師資水準及教學品質確實讓人憂慮。

5.缺乏學生素質的品管

經 MACTE 認可的師資培育中心，多要求學生最好具大學學士文憑，再進修蒙氏教學法則較成熟並能掌握蒙氏教育之精神，若無大學學位也須是二專畢業生，二專畢業修習蒙氏課程結業僅可授與同等資格證書（Associate Certificate），待取得學士學位後再換取正式之資格證書。若為大學附設蒙氏師資培育機構，對學生的要求素質更嚴，學業成績要平均八十分以上的人，才可以申請。台灣的蒙氏師資培育機構對學生之素質完全無要求，亦無篩選標準，任何人均可修習。

整體而言，台灣蒙氏師資培育的水準，因(1)培育師資的講師良莠不齊；(2)缺乏紮實的師資訓練；(3)缺乏具公信力之蒙氏師資認證制度；(4)缺乏師資培育機構之評鑑；(5)缺乏學生素質的品管，是直接或間接造成台灣蒙特梭利教育品質低落的原因。

台灣蒙特梭利教育的發展，正面臨何去何從的考驗與挑戰。在「中華民國幼兒智育幼教學會第一屆學術論文研習會」中，光華女中故校長許興仁先生曾以「蒙特梭利教育的過去和現在」發表專題演講。他提示我們現階段蒙特梭利教育的重點在於落實化和本土化。落實的應是蒙特梭利教育的精神和理論，而非教具操作。本土化是將蒙特梭利教學理論和實務轉化配合台灣幼教的需要而發展。欲使台灣的幼教獨樹一格、國際化之前，蒙特梭利的教學法必須落實化、本土化、整合化，並改善師資培育的水準，如此台灣蒙特梭利幼教國際化才有前瞻性的發展。

落實化、本土化、整合化及提升師資培育的品質，將是台灣蒙特梭利教育發展的趨勢，以下就這四個層面，提出研究者之建議。

㈢師資培育本土化的層面

這層面指的是蒙特梭利教育的模式配合台灣本土化教育的需要而實務化。也就是說，教學的內容、形式必須是適合台灣的幼兒，另外也必須配合台灣教育政策的需要發展。

1.就教學形式與內容而言

⑴培育適合台灣教育系統的蒙特梭利教師，培育教師的課程必須完整、健全，應包括至少三百六十個小時的蒙特梭利教育理論的理解與教具操作的學習，之後並在有合格教師的蒙特梭利幼兒園進行一年的實習。

⑵由於文化的差異性，某些教學的形式與內容可作調整。例如：教學形式上，中國人很注意個人與團體的和諧關係，有些團體教學活動，像是晨間韻律活動、大單元的活動教學是培養幼兒團體意識與合群習性的方式，這些均可納入蒙特梭利幼兒園的教學形式。另外，學習角的融合，像是裝扮角、積木角……的納入預備環境也是擴展幼兒學習環境使其多樣化的好辦法。教學內容更應配合本國文化的特質設計課程，其實目前台灣蒙特梭利教育

的內容 95 ％以上已經本土化，如對節令、歷史的了解⋯⋯。未來更可將鄉
土教學納入教學內容的設計。

2.就配合教育政策發展需要而言

外來的教育模式是否適合本土化的發展，除了觀察其是否適合當地文化之外，
也可觀察其是否能解決當地的教育問題。目前台灣幼教大環境所顯露而亟待解決的
問題包括發展學前特殊教育，學前教育應往下延伸和往上發展。以下本文將探討蒙
特梭利教育模式解決這問題的可能性：

⑴發展學前特殊教育

目前特殊幼兒接受學前教育的情況因無具體統計資料，致無法正確推估；但由
各媒體報導可知人數較以往為多。由於學前教育不屬義務教育，特殊幼兒安置和教
育頗成問題；少數的學前機構設置了啟智班，但因師資不足或教師專業能力不足，
往往造成學校家長與教師莫大的困擾。中重度殘障之幼兒由於無法接受一般教育方
式，或至特殊學校接受教育，或由家庭自行教導而留置家中。資賦優異的幼兒之教
育較無問題，輕度殘障幼兒的教育問題目前所提出的解決之道是採融合教育，也就
是盡量留在普通班就讀，評估其特殊需要後，才考慮轉到特殊班或部分時間到資源
班（蔡春美、廖鳳瑞，民 83）。目前融合教育的特殊幼兒也常造成教師教學生活輔
導上的困擾，有時也造成同儕相處的衝突。有些家長則無法諒解學校，或要求學校
將特殊幼兒轉校或將自己的子女轉至他校就讀。

數年前，研究者訪問美國小學附設啟智班與幼稚園招收輕度殘障幼兒採融合教
學的班級教師，其最大的教學困擾不是特教學理的了解，而是實務上如何教與教材
製作的問題。蒙特梭利的教育模式特別是其「完善的環境」和教具可以解決我國面
臨的問題。一九九〇年研究者曾至美國奧克拉荷馬州一所蒙特梭利幼兒園參觀訪問，
曾參觀該園設置的啟智班，其經費由州政府補助，招收的對象多為患唐氏症的輕度
殘障生（五～十二歲）。其硬體設備及教具以蒙特梭利教具為主，教師除了受過蒙
特梭利教學法的訓練外，也修習了不少的特教學分，當時的訪談中無論是家長、教

師、該校的行政主管，都覺得以蒙特梭利的完善環境（依特殊兒童的需要適度地調整硬體設備和教具操作的難易度）和教學法，應用於這些特殊幼兒童的身上其效果相當的好。可惜的是，經費支出過於龐大，第二年州政府取消這個方案的實施。至於特殊幼兒融合教育的現象，在美國是很普遍的現象。另外，加州舊金山灣區、愛荷華州及奧克拉荷馬州等地區的蒙特梭利學園，都發現有在普通班就讀的特殊幼兒，一方面是州政府以經費補助的方式鼓勵融合教育的方案實施，一方面是設備環境、教材及教師的教學法的確很有成效。另外，一九九〇年在維吉尼亞州，美國蒙特梭利學會（AMS）所舉辦以「蒙特梭利在現今美國文化中的地位及影響」為主題的研討會中，南佛羅里達州大學一位具語言治療師執照的教師—Sylvia Richardson更提出以蒙特梭利語文教材和其教材教法協助閱讀障礙克服語言學習障礙的主張，蒙特梭利早期因工作的關係，曾研讀伊塔和塞根之特教文獻，並曾修改創製有關特教的教材，並用於特殊幼兒的教學上，其效果非常好，但後來所創製的教具多為正常的幼兒、兒童所設計，到底有多少的教具適用於特殊幼兒仍待實驗，但蒙特梭利教學法中的教具操作示範，以分解動作和三段式教學法引導特殊幼兒的學習，據奧克拉荷馬州蒙特梭利學校負責人表示，幼兒的學習效果非常好。

⑵蒙特梭利教學法的向下延伸與向上發展

蒙特梭利教育模式，其教學的對象是由出生至十八歲的兒童。台灣的蒙氏教育的主要對象是三至六歲的幼兒。目前台灣教育的體制亟需解決的問題包括〇至三歲嬰幼兒的保育與教育問題，以及小學體制與課程改革。

台灣經濟的進步促使社會的結構——特別是傳統家庭結構的改變，小家庭雙親均外出工作的比率大增，許多的母親在四十二天的產假後都必須回到工作崗位，上一代如祖父母多半不在身邊，無法幫忙照顧幼兒，年輕的父母不得已只好將嬰幼兒送至托嬰中心或托兒所照顧。目前雖有社政機構訓練專業保母，但有些托兒所的保育人員僅有高職幼保科的經驗，而幼保科的課程設計偏重三至六歲幼稚園教師培育的課程。美國蒙特梭利教育模式中，師資培育的課程設計相當完整，可作為國內嬰幼兒師資培育課程的參考，其〇至三歲師資培育的課程重點包括：

①蒙特梭利教育的哲學理論與嬰幼兒發展心理學。

②嬰幼兒的情緒特質與發展。

③嬰幼兒的語言發展。

④嬰幼兒的運動和基本動作發展。

⑤嬰幼兒行為觀察記錄。

⑥嬰幼兒室內、戶外活動環境的設計。

⑦嬰幼兒室內、戶外活動設計。

⑧嬰幼兒感官教育。

⑨親職教育。

至於蒙特梭利六至十二歲兒童教育模式，其「完善的環境」、開放的氣氛與多樣化、多元化教具的選擇與角落教學非常的類似，但教材的陳列和使用系統化和順序有一定的結構。美國各州教育主管單位對蒙特梭利小學的督導，是各年級的學生必須通過所規定的學習測驗，教學的內容各校均相同，但教學方法和教材則可由各校自訂。蒙特梭利小學教育模式因經費成本及制度與我國教育體制不同，可立即全面實施的可能性較小，民間自設私立小學的實施性較高。目前最大的可行性是探討蒙特梭利教育模式與角落開放式教學模式融合的可能性，以豐富幼教銜接的資源。

㈣未來提升蒙特梭利師資培育水準之作法

提升蒙特梭利師資培育水準的方式可參照美國蒙特梭利教師培育系統，如：⑴提升培育師資的講師品質；⑵建立完善的師資認證制度；⑶重視理論與實務經驗結合之師資培育課程；⑷落實教育實習制度之實施。

1.提升培育師資的講師品質

許多蒙特梭利師資培育機構的講師，完全沒有現場實務經驗，可能只是經歷研習蒙氏執照時，實習制度中的一些試教經驗，就實務經驗而言只能當一位幼教教師，

卻以短短的實習經驗即開始授課教誨學生，若學生是有經驗的幼教教師尚能分辨教師授課內容的理想性與實務性，若無幼教經驗的學生，只能學教師依樣畫葫蘆。但幼兒不是葫蘆，其個別差異性需要教師的因材施教，豈能用一種方式啟發幼兒，也因此而造成蒙特梭利教學法僵化、傳統化的誤解。蒙特梭利教學法師資培育機構的講師不是教具的操作示範者，而是蒙特梭利教育的人師、經師，除了要熟悉一般教育心理學、幼兒發展與輔導、幼兒行為觀察等專業知能外，尚須以謙虛的態度與專業倫理以身作則，這些信念與專業知能，都須經教育理念的實踐現場——幼教機構的洗禮後，方能發展出來。因此，師資培育機構的師資在教育理論及實務經驗的歷練均須再提升。

2.建立完善的師資認證制度

我國可比照美國的蒙特梭利師資培育制度，建立「蒙特梭利師資培育評審委員會」，這個機構可以是一民間非營利之組織，由一群蒙氏教育專家、學術專家、在職蒙氏教師等熱心蒙氏教育之人士組成，其職掌為：

(1)審核全國蒙氏師資培育中心之申請案件。

(2)評審各中心之課程、師資、學生素質、設備、資源、行政管理、評量、發展計畫。每個中心每五年至少要接受一次評鑑，以確保蒙特梭利教師培育之品質。

3.重視理論與實務經驗結合之師資培育課程

每位修習者須接受至少三百六十個小時之課程訓練，課程內容包括心理學、教育哲學、幼兒發展理論等基礎課程，教學原理、教具操作練習、教具設計與製作、學習環境設計與布置等實作課程。本階段課程實施完畢後均須經口試與筆試，通過後方可接受實習。

4.落實教育實習制度之實施

實習教師須至蒙特梭利幼教機構接受為期一年的實習，實習期間由一位資深之蒙氏教師每天臨床指導。每個月由師資培育機構派輔導教師至實習機構評估與輔導實習生之教學狀況，實習成績及格後方可由師資培育機構授證為蒙特梭利教學法之合格師資。美國蒙特梭利學會（American Montessori Society - AMS）師資培育制度與我國目前實施的師資培育制度非常相似，除了職前的理論與實作課程外，並強調完整的長時間實習，使整個師資培育的過程理論基礎紮實，實務經驗充實而豐富。經過完整實習訓練的教師，親臨現場執教時多已無適應問題。

三、由大單元學習區轉型為蒙特梭利教學模式

㈠大單元學習區教學模式

開放教育是一種草根式的教育改革，為滿足各地風土民情、教育環境以及社區之需，因此班級或學校均有其獨特的型態。開放教育的目的是希望兒童能在融洽的人際關係中以自由意志，合情、合理、合法有效地處理事情。這是一種「自律」教育，是要造就一個凡事有主張、做事有決心與有毅力的自信人。因此，開放教育的特性是以兒童為中心，在自由但絕非放縱的情況下，允許孩子選擇自己認為有趣的活動，並做學習。過程中強調遊戲的重要，藉以達成「課程統整化、教材生活化、教學活動化」的理想。

學習區是達到開放教育的方法，也就是說，教師依據開放教育的理念，設計若干啟發性問題，布置各種情境（學習區），安排生動而有趣的教材以及豐富的教具，以啟發幼兒主動參與、主動發現，以達成自我滿足、自發學習效果之活動歷程。此種幼兒學習的方式，是根據新的科學教學原理，強調幼兒學習自然科學的態度和方

法，重視實物觀察、親身體驗、感受與操作的直接經驗。杜威「從做中學」（learning by doing）的理論以及人類個別差異的認識等，也給與這種學習方式有力的支持。

　　大單元學習區教學模式，以透過大單元設計與學習區融合教學，使幼兒可獲得完整的學習經驗。

㈡大單元學習區教學模式與蒙特梭利教學模式的比較

　　以下筆者以教育理念、教學模式定義、學習環境布置、教材、學習氣氛、教學、教師、教學型態、教學重點、教學過程、活動設計及評量比較大單元教學模式與蒙特梭利教學模式之異同（表 8-2）。

㈢他山之石，可以攻錯──以美國幼稚園轉型蒙特梭利教學模式為例

　　美國目前有十二個學區，將近一百七十所公立學校（幼稚園至初中）實施蒙特梭利教學模式。其中有些是由常態教學模式轉為蒙特梭利教學模式，有些是創設蒙特梭利教學模式的學校，有些甚至是融入提前教學方案（Head Start）或 Chapter One Programs for Children at Risk 教學方案。

1.改革前精心籌畫

　　根據這幾年公立學校實施蒙特梭利教學模式的經驗，美國幼教專業人士提出了一些寶貴的建議供有心實施此教學模式的公立學校作參考。外國的模式不見得適用於我國，但「他山之石，可以攻錯」，筆者的目的僅予提供國內公立幼稚園參考，可因各園的需求不同，作適度地採納策畫中的部分模式；但值得推崇的是，美國教育界進行改革前的精心籌畫，和改革過程中時時評估及改進的態度。

表 8-2　蒙特梭利與大單元學習區教學模式之異同

教學模式重點	蒙特梭利教學模式	大單元學習區教學模式
教育理念	1.蒙特梭利根據對幼兒的觀察，並繼承盧梭、福祿貝爾等教育先哲思想，強調幼兒天性的善良，有自我發展的潛力，而且需要在充滿愛與自由的環境下，才能發展其潛力。由一九○七年的兒童之家經驗，開啟蒙特梭利教學法的模式 2.以幼兒為本位的教育理念	1.源自開放教育，係一九六○年代末期及七○年代初期美國小學教育的「顯學」，它淵源於英國「不拘形式的教育」（Informal Education），與一九三○年代進步主義所主張兒童本位教育，及現今所倡「人本主義教育」（Humanistic education）合流並闡揚光大 2.以幼兒為本位的教育理念
定　義	以尊重幼兒為中心，教師為輔導者，提供幼兒可自由探索的預備環境及教具，使其在自動自發學習的環境中成長。蒙特梭利教學法就是依蒙氏教育哲學，使用蒙特梭利教具或其教材製作原則所製作的教具，並經由 AMI 或 AMS 或師資培育中心完整訓練課程所訓練出來的師資執教，而自成一格的蒙特梭利教學模式	此種教育尊重兒童個性與尊嚴，打破分科教學限制，布置多采多姿的學習區，以鼓勵、支持幼兒的自主學習。師資無須接受特種教學法之訓練，要有幼兒發展及幼教專業常識，有豐富的經驗，善用兒童心理學，並具開放教育理念者均可成為運用學習區的師資
環　境	1.預備的環境─兒童之家 2.結構性的學習區布置：日常、感官、語言、算數、文化等區，固定蒙氏教具外，亦可因需求增放延伸教材 3.強調區域的布置與內容部分的更換 4.利用社會資源，走出教室與學校之外	1.開放的空間─學習活動探索 2.非結構性的學習區布置：娃娃家、益智區、美勞區、積木區、語文區、科學區等可隨時因需要彈性調整 3.強調區域的布置與內容的更換 4.利用社會資源，走出教室與學校之外
教　材	1.蒙特梭利教具為主 2.教師自製延伸教材，或購買教材為輔 3.教材除重視教育意義外，也重視質感及美感 4.強調領域整合的學習 5.依幼兒的興趣與選擇	1.任何教材或教學資源均可視為教材 2.教材亦重視教育意義，但質感及美感較具彈性 3.強調領域整合的學習 4.依幼兒的興趣與選擇
學習氣氛	自由、生動與開放	自由、活潑與開放
教　學	1.重視教具操作提示（示範） 2.教師職前訓練投入大量的時間與精力學習教具操作的熟練度 3.教師將教具設計為一項活動，由教師引導或幼兒主導活動，經教師示範後，鼓勵幼兒自己嘗試操作，由重複練習中領悟教具所啟發的概念，甚而因熟練而嘗試突破，融合式的創造力由此產生 4.引導發現與主動學習	1.鼓勵幼兒隨性操作，甚少對一項教具示範操作的方法 2.教學中使用大量無需示範使用方法的玩具，故多由教師準備教材刺激幼兒的好奇心，以引起接觸活動的好奇心。幼兒由嘗試錯誤中領悟到突破創造 3.引導發現與主動學習

續表

教　　師	教師立於觀察、輔導立場，必須接受專業訓練	教師立於觀察、輔導立場，必須接受專業訓練
教學型態	著重個別差異的學習活動	注重個別差異的小組活動
教學重點	關心幼兒「怎麼學」	關心幼兒「怎麼學」
教學過程	強調「過程」重於「結果」	強調「過程」重於「結果」
活動設計	無事前教案設計，僅有教師觀察幼兒活動情形並做記錄	與大單元教學模式融合時有活動教案設計，且學習區配合單元擺放教材
評　　量	每日以觀察法的形成性評量，記錄幼兒的學習活動情形。常用質的記錄方法	著重形成性及多元評量方法。常用檢核表的評量形式

註：其實蒙特梭利教學模式與大單元學習區學模式在教育目標與教育內容上相似點甚多，
　　僅是教學方法與評量有些不同。

2.教學模式改革三階段

設立蒙特梭利教學模式，必須經過三個階段：形成階段、實施階段及永續階段，其結構與說明如下（見表 8-3）：

⑴形成階段

幼稚園成立設計小組，首先必須了解蒙特梭利的教育理念及教學特色。若決定設立則須考慮此教學模式所牽涉的學校大小、模式所含的內容要素為何以及課程標準。此時所做的各種決策，都會影響本模式未來的發展。教學模式的設立，也要配合當地教育主管單位的政策要求，如包含融合教學方案、符合教育局的立案規定，及教育部所要求的課程標準等。

設計小組的成員應包含園長、教師與家長代表。設計小組也須接受教育，了解諸如什麼是蒙特梭利教學法，其成本較一般教學法昂貴的原因，以及師資須經特殊專業訓練的原因。

表 8-3　蒙特梭利教學模式三個階段

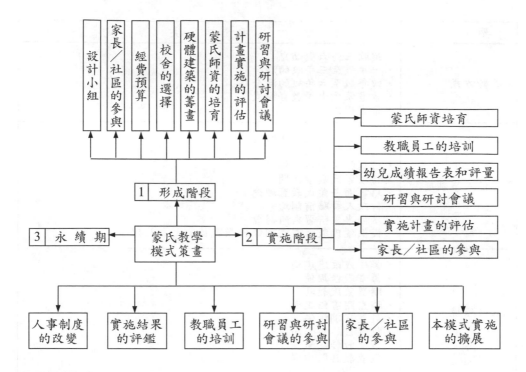

　　設計小組須考慮設置的要素，如混齡的界限、教職員工的籌組、環境規畫、家長的參與、蒙氏教學的課程、實施結果的評估、經費預算，每一項要素均會牽涉不同層面的決策（見表 8-4）。最後，訂定計畫實施進度表，也是很重要的。

　　⑵實施階段

　　此階段的時間應為二至三年，若在此階段有些要素考量欠周，就會拖延實施階段的期限。例如，師資培育不及、經費不足、設備材料不足等。

　　在此階段，親職教育的重點在於家長對蒙特梭利教育理念的深入了解，以及如何配合本教學模式進行家庭教育。幼稚園應不斷地提供幼教教師在職進修，以及成長的機會。經費預算的刪減或增加，都會影響本教學模式的發展。

　　實施成功的關鍵人物是蒙特梭利教學之顧問。蒙氏教學的顧問是一位具實務經

表 8-4　設立蒙特梭利教學模式的要素及重要決定

要　　　素	重　　要　　決　　定
1.混齡方式	• 招收三到六歲幼兒 • 一年級至三年級的混合組 • 四年級至六年級的混合組 • 策畫蒙氏中等教育模式 • 策畫招生
2.籌備人事制度	• 培訓專業蒙氏教學師資 • 培訓教師助理 • 培訓特殊領域的師資 • 聘請蒙氏教學顧問 • 培訓園長蒙氏教育理念 • 行政人員職前訓練 • 參加專業研習與研討會 • 提供蒙氏教學在職訓練與教職員工之成長課程
3.設計環境	• 籌建或改建建築 • 籌畫教櫃設備 • 購買蒙氏教具 • 擴充圖書館設備 • 設置烹調設備 • 設置自然科學園區 • 設置教師儲藏室 • 設置教具製作室
4.家長參與	• 提供親職教育課程 • 提供觀察區 • 邀請家長協助教師製作教材 • 提供有關蒙氏教育宣導之園訊
5.蒙氏課程設計	• 須符合教育主管單位之規定 • 全面提供日常生活教育之課程 • 設計蒙氏學習報告表 • 學習成果必須符合教育課程標準的要求
6.經費預算	• 策畫經費預算項目 • 策畫實施細則進度表

驗的指導者，她應常在教室現場指導新任教師的教學、班級經營與幼兒行為之輔導
技巧。

(3)永續階段

這個階段所面臨的問題是，學校經營的長久性和穩定性。自形成、實施到這個階段，學校實施蒙特梭利教學模式約需四至五年，此時家長、教師、甚至園長都可能換人，替換適當的人選，須經園方和家長細心、慎重地面試，以教育理念和負責任的態度，作為聘用的主要原因。新進人員也須職前訓練，以便了解園務。

如果很幸運的，學校人士並未變遷，且園務發展也穩定時，則須考慮擴充。所謂擴充，指的是增加班級人數，園方得進行市場需求調查，了解學區內幼兒的來源，及擴充經費預算充足與否。另一種擴充則是向上發展，即向小學推展蒙氏教學模式。因是混齡制，小學實施蒙氏教學指的是一至三年級的混齡。這種擴展增加班級人數的辛苦，幾乎是形成階段、實施階段的再循環，除非小學部頗有把握，不可輕易嘗試。

這個階段，家長會的支持很重要。學校當局只是教育、教學的執行者，服務的對象是兒童與幼兒，家長會的精神和經費支持是推動改革重要因素之一。

3.心有所感

經歷這項教學模式改革的幼教人士深感：

(1)稍有人事變動、經費預算等問題，就會拖延形成階段的實行。

(2)實施階段若有專業蒙氏教學顧問的輔導，改革的歷程會較緩慢但穩定，且成功率較高。

(3)公立幼稚園與私立幼稚園的性質差距很大，私立幼稚園可以提高學費、招收特定對象，以達到實施蒙氏教學模式的目標。公立幼稚園的性質則不同，它是以普及化、大眾化的教育為原則。不得選擇入園的幼兒，有時為了配合中央教育政策必須招收特殊幼兒，學費的收取有一定的限度，家長會的募款也有一定的限度，所以公立幼稚園較不易實施蒙氏教學模式的改革。

(4)並非所有的家長都接納蒙氏教學模式，學校除了宣導蒙氏教育理念，也可以採納社區需要的項目實施其中的一部分。

4.吸取精華

美國的教育界接納蒙特梭利教學法接近一世紀，這一世紀中經歷了漫長歲月，才為美國大眾所接納。台灣的蒙特梭利教學始自十七、八年前，雖然有些私立幼稚園已採納此教學模式，但能掌握蒙氏教學法精神的園長或教師並不多，目前這個教學模式仍在澄清其在本土教育文化中的立場。台灣幼教界已在理念和實務上相當接納角落教學，也許可以參考蒙氏教學模式，整合其精華。

至於公立幼稚園是否能接納蒙氏教學模式，得視教育主管的政策和經費預算。至於小學的部分，值得參考的是蒙氏教學模式中，教材的組織排列非常明確，這也許可以解決幼、小銜接課程中，教材製作的問題。

整體而言，美國教育界在進行任何的改革時，總是經過精心的規畫、慎重的實施，其時時評估、改進的態度和精神，值得我國幼教教師和行政單位學習。

四、結　論

未來台灣蒙特梭利教育發展的趨勢將以落實化、本土化、整合化，及提升師資培育制度的品質為訴求。反省過去及展望未來，最辛苦的第一線教師、園長、專業學者應共同合作探討，發展一套整合的教育模式，這也許會修正台灣的蒙特梭利教育模式，也許蒙氏教育模式會消融在整合模式中。這些都無所謂，只要它能協助幼兒生命的發展，以何種型態出現已經不重要了。

參考書目

◆中文部分

石井昭子等（民80）。蒙台梭利教育理論與實踐，第四卷：算術教育。台北：新民幼教。

吳再昐、吳京譯（民90）。Maria Montessori 著。發現兒童。台北市：及幼。

吳玥昐（民85）。蒙特梭利教學法在台灣的演進。刊登於台灣幼教發展史──學術研討會實錄，第60-61頁。國立台北師範學院。

李田樹譯（民80）。Maria Montessori 著。童年之密。台北市：及幼。

岩田陽子（民80）。蒙台梭利教育理論與實踐，第三卷：感覺教育。台北：新民幼教。

岩田陽子、南昌子、石井昭子（民80）。蒙台梭利教育理論與實踐，第二卷：日常生活練習。台北：新民幼教。

林秀慧（民85）。蒙特梭利教學法實施之探討──以兩所台北市幼稚園為例。台灣師範大學家政教育研究所碩士論文。

林佩蓉等（民83）。第七次全國教育會議幼教建言專輯。

姚明燕譯（民89）。Lesley Britton 著。蒙特梭利遊戲與學習。台北市：及幼。

相良敦子（民80）。蒙台梭利教育理論與實踐，第一卷：蒙台梭利教育的理論概說。台北：新民幼教。

徐炳勳譯（民81）。E. M. Standing 著。蒙特梭利：生平與貢獻。

徐瑞仙譯（民85）。Hainstock Elizabeth 著。細論蒙特梭利教育。台北市：及幼。

高旭平譯（民83）。Maritain, J. 著。面臨抉擇的教育。台北：桂冠。

張孝筠（民84）。放眼天下邁向二十一世紀落實幼兒教育。中國國際幼兒文教研討

會論文。

莊建宜譯（民 89）。Maria Montessori 著。教育與和平。台北市：及幼。

許惠欣（民 68）。蒙特梭利教育學說及其與現代幼兒發展和教學理論之關係。政治大學教育研究所碩士論文。

陳怡全譯（民 81）。Paula Polk Lillard 著。蒙特梭利新探：蒙特梭利教育的發展與回顧。台北市：及幼。

陳淑芳（民 80）。幼稚園課程研究——蒙特梭利教學模式和一般單元教學模式之實證比較。台灣師範大學家政教育研究所碩士論文。

陳淑琦（民 83）。幼兒教育課程設計。台北：心理。

陳誕（民 63）。蒙特梭利之兒童教育思想。台灣師範大學教育研究所碩士論文。

楊荊生（民 83）。台灣地區蒙特梭利學校之評析。台灣師範大學教育研究所碩士論文。

瑪麗亞·蒙特梭利（民 83）。吸收性心智。台北：桂冠。

瑪麗亞·蒙特梭利（民 83）。蒙特梭利幼兒教育手冊。台北：桂冠。

瑪麗亞·蒙特梭利（民 83）。蒙特梭利教學法。台北：桂冠。

鄭青青（民 82）。蒙特梭利實驗教學法與單元設計教學法對幼兒創造力發展影響之比較研究。台灣師範大學家政教育研究所碩士論文。

盧廷彬（民 73）。蒙特梭利搶灘登陸台北——中國幼教機會均等的考驗與挑戰。師友月刊，第 14-15 頁。

盧美貴（民 82）。開放式幼兒活動設計。台北：心理。

蕭麗君、張淑瓊譯（民 78）。Terry Malloy 著。童心·同步·成長。台北市：及幼。

蕭麗君譯（民 85）。Aline D. Wolf 著。一間蒙特梭利教室。台北市：及幼。

簡楚瑛（民 83）。方案課程之理論與實務。台北：文景。

魏寶貝譯（民 89）。Maria Montessori 著。吸收性心智。台北市：及幼。

◆英文部分

American Montessori Society (1993). *The Practicum Handbook*. New York: American Montessori Society.

Bloom, B. (1964). *Stability and Change in Human Characteristics*. New York: Willey.

Bredekamp, Sue vs. Rosegrant, Teresa (Eds.) (1993). *Reaching Potentials: Appropriate Curriculum and Assessment for Young Children,* Vol. 1. New York: NAEYC.

DeVries, R. , & Kohlberg, L. (1987). *Programs of Early Education: The constructivist view*. New York: Longman. (Published in 1990 as Constructivist education: Overview and comparison with other programs by the National Association for the Education of Young Children.)

Goffin, S . G. (1994*). Curriculum Model and Early Childhood Education : Appraising the relationship.* N. Y: Merrill.

Hainstock, E. G. (1986). *The Essential Montessori*. Big Apple Total-Mori. Agncy, Inc.

Hunt, J. (1961) *Intelligence and Experience*. New York : Ronald Press.

Hunt, J. (1964/1968). Revisiting Montessori. In The Montessori method. New York: Schocken Books. Reprinted in J. Frost (Ed.), *Early childhood education rediscovered rendings* (pp. 102-127). New York: Holf, Rinehart & Winston.

Kilpatrick, W. H. (1914). *The Montressori System Examined*. Boston: Houghton Mifflin.

Loeffler, M. (Ed.) (1992). *Montessori in Contemporary American Culture*. Portsmouth: Heinemann.

Montessori, M. (1964*). The Montessori Method*. New York: Schocken Books.

Montessori, Maria (1965). *Dr. Montessori's Own Handbook*. New York: Schocken. (Original work published 1917.)

Montessori, Maria (1965). *Spontaneous Activity in Education: The Advanced Montessori Method* (Florence Simmons, Trans.). New York: Schocken. (Original work published

1917.)

Montessori, M. (1966). *The Secret of Childhood*. New York: Ballantine books.

Montessori, M. (1967). *The Absorbent Mind*. New York: Dell.

Standing, E. (1957). *Maria Mantressori: Her life and work*. New York: New American Library.

河濱街模式

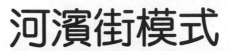

簡楚瑛（壹、理論部分）
林士真（貳、實踐部分）

摘　要

　　河濱街模式自一九一六年發展至今已有相當長的一段時間，其起源於托兒所實務，而不是由理論出發引導實務之模式，兒童透過對人類世界的整合研究（經由討論、動手做、戲劇扮演）等方式來了解世界，在河濱街教育學院附屬的兒童學校中，隨處可見各班進行不同主題的整合課程。

　　本章中將介紹河濱街模式的理論與實踐兩部分：在理論中將介紹源流發展與內涵；實踐中將說明如何藉由「課程發展輪」的工具來進行河濱街課程，最後將介紹一實例說明之。

【壹、理論部分】

第一節　河濱街模式之發展源流

大致來說，河濱街模式（Bank Street Approach）的發展歷程可分成三個時期，即自一九一六年～一九二○年代、一九三○年代～一九六○年代和一九六五年以後至今。河濱街模式是起源於三、四歲托兒所的實務，而不是由理論出發引導的實務運作。在一九一六年，米雪爾（Lucy Sprague Mitchell）在親戚的支援下，成立了教育實驗處（Bureau of Educational Esperiments, BEE），此即為河濱街教育學院之前身（Bank Street Collage of Education）；一九一九年強森（Harriet Johnson）成立了現今的河濱街兒童學校（Bank Street School For Children，是河濱街教育學院的實驗學校）。米雪爾和強森即為河濱街課程模式奠下理論基礎，此即為河濱街模式的起源。河濱街模式最初係深受浪漫主義和杜威進步主義影響，強調教育就是在提供兒童一個可以激發其內在發展動力的環境。一九三○年，教育實驗處和其實驗學校搬到紐約河濱街六十九號繼續發展實驗其理論與實務，這時老師皆稱他們的方法是「河濱街模式」（Bank Street Approach）。一九二八年拜伯（Barbara Biber）加入協助河濱街模式的理論與實務的發展，這時心理動力學的影響顯著地增加，使得這時期河濱街模式的宗旨是以兒童為中心，強調兒童個別潛能與自我表達能力的重要性，亦強調學校對兒童情緒與人格發展的影響力，因此強調教育目的在促成「完整幼兒」（Whole child）的發展。

一九六五年由於「提早開始方案」（Head Start Project）的推動，促使幼教實務界追求更高層次的理論基礎。同時，提早開始方案之對象係以低社經背景的家庭，而「河濱街模式」的起源是從私立學校開始，學生的家庭背景多居中等或具專業背景的家庭，因此當它欲將其模式推展到低社經背景或文化不利的兒童身上時，即面

臨到須協助兒童認知與語言能力發展的壓力，而不僅僅是如三〇年代到六〇年代單強調自我與社會情緒之發展可以滿足社會對幼兒園的期望。至一九七一年，河濱街模式正式地重新命名為「發展—互動模式」（Developmental-Interaction Approach），此時，課程的形成不再是以老師的實務為引導，而是根據概念化、系統化的課程模式引導實務的發展。這時的重點在尋找並拼出所謂河濱街模式的基本要素是什麼，而不是一種繼續開展式的課程模式。「發展—互動」一詞指的是兒童與環境互動後所產生之認知情緒間之互動的發展。其最主要的要義是「認知功能」（資訊的獲得、推理和表徵符號）的使用無法與個人的或人際間的處理過程（如自尊、控制衝動的內化以及人際關係）分離。這個詞彙的出現，主要在對抗當時行為學派和認知發展學派對認知發展的偏重，忽視了發展中情緒層面而起的。

　　歸納來說，河濱街模式在一九二〇年代時是實務主導課程的發展；一九三〇年～一九六〇年代是實務與理論的互動，帶動著課程的發展；到了一九七〇年代以後，則是理論帶動著實務課程的發展。

第二節　河濱街模式之理論基礎

　　雖然河濱街模式之理論係整合許多不同理論於一身的，但依然可以找出其基本的源流係來自於三方面（Biber, 1977; DeVries & Kohlberg, 1990; Gilkeson, Smitherg, Bowman, & Rhine, 1981）：

一、心理動力學理論

　　受佛洛伊德（Sigmund Freud 和 Anna Freud）與艾力克生（Erik Erikson）等人之影響，強調情緒與動機以及自主性自我的發展。

二、發展心理學理論

受皮亞傑（Jean Piaget）和溫拿（Heinz Werner）等人所影響，雖然這些學者之研究在認知發展，而未特別關心到教育的領域，但河濱街模式也只運用到皮亞傑學派之學說來對應於當時盛行的行為學派。基本上，河濱街模式對當時教育目標僅限於認知發展的強調亦有所批評。

三、教育理論

基本上，河濱街的理論基礎是以杜威（John Dewey）的進步主義為其基石，然後強森（Harriet Johnson）、米雪爾（L. Mitchell）、伊撒卡絲（Susan Isaacs）等人即以杜威的理論為基礎，開始建構河濱街模式之奠基的工作。萊溫（Kart Lewm）、墨菲（Lois Murphy）和維高斯基等人的理論亦為河濱街模式所借重，後來拜伯（Biber）長期地參與，協助其將心理學與教育理論的結合以及理論與實務的結合。

河濱街模式之理論基礎有六個原則（Biber, 1977; DeVries & Kohlberg, 1990; Mitchell & David, 1992）：

㈠發展不是量的變化，而是質的轉變，而且發展階段是關鍵的觀點。

㈡個人的發展不是固定在發展線上的某一點，而是在一個可能的範圍內進行變化，上一個階段的成長是下一個階段的基石。

㈢發展過程中包括了穩定性和不穩定性。教育人員的責任就在發現協助幼兒強化新的理解，以及提供能促成幼兒成長之挑戰間的平衡點。

㈣幼兒隨著生理的成長，其與外界環境互動的動機也愈強烈，形式也愈多：幼兒隨著年齡的增長，愈會善用自己的身體去探究環境，在探索的過程中，他的操弄技巧也就愈來愈精熟、完美。在不斷地接觸真實物理世界過程中，他就在不斷地練習著各種技能，以及產生相關的知識。隨著語言上的精熟，和各種非語

言形式表徵的接觸，幼兒開始以表徵方式去處理他的經驗。幼兒這種主動與外界接觸的動力是與生俱來的。

㈤幼兒的自我概念係來自於他與別人或別的事物互動後之經驗。

㈥成長過程中充滿著衝突，自我的衝突與他人間的衝突，這些均是發展過程中所必需的，解決衝突的方法深受文化和他身邊重要人物所影響。

第三節　河濱街模式之內涵

一、教育目標

河濱街模式中的一個主要觀點是：學校的影響力不僅在於智力上的超愈，也在塑造一個人的感覺、態度、價值觀、自我概念、自我的理想以及對於人類生活遠景之開創等。價值觀是隱藏在教育目標與教學過程中傳遞出去的；認知、情意與社會化發展過程是彼此相依相成的。因此，河濱街模式的一個基本前提就是認知功能的發展（指資訊的獲得與排序、判斷、推理、表徵系統的運用、問題解決策略等），是無法與個人和人際間之發展分離的（例如：自我認同、自尊心、自我的控制、人際間的關係等）。這樣的前提係源於人本主義的觀點，拜伯（Biber, 1977）稱這種人文主義是個人適性發展和社會組織中的要素。因此，教育目的不僅在個人的自我表現，同時亦對照到每一個人的獨立性。

從上述的觀點來看時，河濱街模式有五個廣泛性的教育目標（Biber, 1977; DeVries & Kohlberg, 1990; Mithchell & David, 1992）：

㈠提升能力

河濱街模式中的「能力」涵義，不只是客觀性的，如知識技能而言，它同時也包括了主觀性的內涵，如：自尊、自信、彈性、有能力的感覺，表現的卓愈性、表達、溝通能力等均涵蓋在內。

㈡獨立個體之認同

這個目標強調的是對自己獨特性的了解，自己對自己不同角色（如：學生、孩子、團體的一員等）的知覺與分野，以及符合實際的期望與抱負。這部分目標有部分是與第一目標重疊，難以劃分的。

㈢社會化

這個目標同時包括了自我控制以及自我拓展在內，目的在自我控制以便進入教室裡的社會性秩序。這包括了學習將個人的驅動力轉成團體的目的，修正自己的行為使成一種內化的規則。根據拜伯的看法，這個目標下有二個重要的內涵：

1. 具有容易感知他人的觀點和在工作、遊戲、談話、討論過程中能合作或互動的能力。
2. 溝通形式的多樣性，藉以了解人們的感覺、衝突，以及知識的拓展、情緒上的充電。

㈣創造力

這個目標不只是強調結果，同時也強調過程。它包括了各種表達、情感、構想、

邏輯、直覺等的方式。創造力的表達形式很多，包括有：律動、繪畫、雕塑、旋律、數學與科學的構想等方式。

㈤統整性

拜伯用「統整性」（integration）一詞來相對於「區分」（compartmentalization）一詞，係指內在世界與外在世界思想與情感的整合，拜伯對這項目標並未詳加詮釋，因此迪汛思和柯伯格（DeVries & Kohlberg, 1990）認為拜伯這個目標可能是指統整上述四個目標而言。

二、精進化之目標

根據上述五個廣泛性的教育目標，河濱街模式將三～五歲幼兒之教育目標更予以精進化成八條（Biber, Shapiro, & Wickens, 1977），並提出建設性的活動，以協助目標的達成。

㈠讓幼兒透過與環境的直接接觸與操作去滿足他的需要

1. 物理世界的探索：例如設備、空間等。
2. 提供建構、操作性的活動。

㈡透過認知策略去提升不同經驗的機會

1. 拓展資訊的接收與反應機會。
2. 擴展表徵的模式。如姿態表徵，用鉛筆、蠟筆表現出兩個向度的概念，用陶土、木頭、磚塊表現出三個向度的概念。

3.語言的發展。

4.刺激將經驗與資訊用 0 與 1 概念的方式予以組織，如將過去與現在予以整合；強調在不同經驗情境之分類、順序、關係和轉換等概念的意義與應用。

㈢提升幼兒有關周邊設備的知識

1.觀察學校裡的環境。如廚房、電梯、冷氣等內容。

2.觀察學校外的環境。如交通規則、蓋房子、參觀警察局、消防隊等。

3.說故事。如故事中提到的職業的分工、大自然等內容。

4.討論幼兒聽到的當時社會上正發生的重大事件。如戰爭、示威、遊行、地震等事件。

㈣支持能提供各種不同經驗的遊戲

1.提供幼兒想像遊戲時所需的道具與舞台設備。

2.讓幼兒有超出現實的自由與再現和預演經驗的機會。

㈤幫助幼兒將衝動之控制予以內化

1.溝通，設定一組不具威脅性限制。如規則。

2.建立功能性的成人權威角色。

㈥符合幼兒在其發展階段中因應問題的需求

1.當幼兒與熟悉之環境或事物分離時，應予以安慰，使其情緒緩和。

2.協助處理從家裡帶到學校會起衝突的特質。例如引導獨子與其他幼兒分享事

物。

3. 要能接受幼兒在獨立與依賴的衝突。如要能接受幼兒當他在壓力下，其行為
會退化到依賴的行為上。

㈦協助幼兒發展出自己是一個獨立、有能力的人之自我形象

1. 增加幼兒有關自我的知識。
2. 更進一步地統整自己。如在表徵遊戲中，透過再次地表達去進一步確認自己。

㈧幫助幼兒建立互動過程中相互支持的模式

1. 建立成人與幼兒、幼兒與幼兒間非正式的、口語與非口語的溝通管道。
2. 提供幼兒合作和團體活動的機會。如討論時間、共同完成一項工作。
3. 提供支持的成人角色。
4. 建立人際間價值觀點交流的模式。

三、教育內容與教學原則

河濱街模式並未提供具體的教育內容，它只提出教育目標與教學原則，之後就
是由教師自主地去選擇組織教學內容。拜伯（Bibbr, 1977）將課程與教學原則簡要地
條述如下：

㈠幼兒在教室裡經驗到的不同經驗，正是幼兒提升語言發展與思考過程中的主要
素材。

㈡將幼兒的經驗與類化的主題聯結，以協助幼兒的了解。

㈢提供給幼兒的活動能讓幼兒將他們對周遭環境的興趣與想法表達出來和加以精
進化。

㈣戲劇式的遊戲有助於幼兒各方面的發展。

㈤課程內容應反應兩個主要的主題：

　1.方法：如做一樣東西，修理、裝訂一樣事物的做法和過程。

　2.起源的問題：如某樣東西是怎麼來的？何時出生的？等問題。

㈥適當的學習就是主動地學習，在主動學習中要先賦與幼兒發問、探索與計畫的角色。

㈦課程的組織要有彈性，這樣幼兒才能在已建立好的課程架構中去作選擇。

㈧教師在設計課程時要以幼兒生活環境、關心點為基礎去作計畫。

㈨教師須隨時運用適當的機會，鼓勵幼兒用心地觀察在不同的經驗與轉換經驗過程中作比較。

㈩要常運用到幼兒的親身經驗，去澄清其認知的意義。

㈪思考是一種繼續性的經驗，和感受、想像、做東西是同時並進的。

㈫學習經驗的順序應該是從開放和探索性地進入到較結構性的活動；隨著自我開始的探索活動漸多，應該是有結構去了解如何做的問題。

㈬透過廣度、豐富性和適度的複雜性以增進認知性的增長。

㈭事先做好的、有結構性的材料是用來讓幼兒複習已自複雜的環境中習得的概念。

㈮老師應將事先設計好的教學計畫與幼兒活動中所引出來的相關活動交互運用。

㈯不論學習內容是什麼，接觸、探索、觀察與透過口語與非口語的再表達等要素，一定要包括在學習的歷程中。

四、教育方法

這部分將從：(1)環境的規畫；(2)教材；(3)教師的角色三方面來看。

㈠環境的規畫

河濱街模式強調教室空間的規畫，教學時間的安排等在符合教育目標之精神下，教師都有自己變化的空間，亦即空間的安排要兼顧個人活動與團體活動的需求，有接觸各種不同活動的可能性，幼兒有選擇活動的機會。整個環境所提供的就是一個快樂的、學習的、生產性的社會環境。典型的河濱街模式的教室是界線清楚、功能分明的角落區式的規畫。

在時間的規畫方面，為了讓幼兒有秩序的感覺，每天作息的安排有一定的順序。表 9-1 是河濱街教育學院實驗學校一週作息表範例。

㈡教　材

河濱街模式強調提供給學生之材料應是能提供幼兒自發探索、實驗和表徵用途的素材。非結構性材料——如積木、黏土、水、沙、顏料等——是讓幼兒自由運用的最佳材料。教材應放置在開放式的架子上，讓幼兒可以自由取用。

㈢教師的角色

河濱街模式同時強調教師在幼兒認知發展和社會情緒發展方面所扮演的角色。

1.在認知發展方面的角色

從拜伯等人（Biber, Shapiro, & Wickens, 1977）所提之大要，指出老師在協助幼兒認知發展方面所扮演的角色是：

　　⑴評量幼兒的思考，然後在控制下引導幼兒概念精熟程度或加廣內容的範圍。

　　⑵對幼兒的反應、困惑或建議予以口語上的回應、澄清、重述和糾正。

表 9-1　河濱街教育學院實驗學校四～五歲組一週作息時間表

	星期一	星期二	星期三	星期四	星期五
8：00~9：00	抵達	抵達	抵達	*集會	抵達
9：00~9：30	遊樂場	遊樂場	遊樂場	遊樂場	遊樂場
9：30~9：45					
9：45~10：00					
10：00~10：15	討論	討論	討論	討論	討論
10：15~10：30	點心	點心	點心	點心	點心
10：30~10：45	工作	體能	美勞	角落	角落
10：45~11：00					
11：00~11：15					
11：15~11：30		△	1/2 組音樂		
11：30~11：45			1/2 組角落	1/2 組音樂	
11：45~12：00	1/2 組圖書館	音樂	1/2 組律動	1/2 組圖書館	
12：00~12：15	1/2 組角落		1/2 組角落		
12：15~12：30	午餐	午餐	午餐	午餐	午餐
12：30~12：45					分享討論
12：45~1：00	休息	休息	休息	休息	Good-bye
1：00~1：30					
1：30~1：45	西班牙語	角落／戶外	1/2 組律動	角落／戶外	
1：45~2：00					
2：00~2：15	△		角落		
2：15~2：30					
2：30~2：45	故事	故事	故事	故事	
2：45~3：00	Good Bye Meeting				

*集會：三歲～七歲班級集合在一起唱歌、分享學校新聞（林士真老師提供）
　△：老師彈性利用。

(3)培養幼兒直覺的和聯結性的思考。

(4)提出問題以提升幼兒歸納性的思考。

2.在社會情緒發展方面的角色

(1)河濱街模式深受心理學的影響，因此特別強調教師和學校在培育幼兒自我的發展和心智的健康上扮演著重要的角色。教師和學校是居於家庭和外在世界間的協調者，教師是幼兒可以信賴的一個重要人物，一旦幼兒開始離

開家庭，接觸到一位可信任的教師時，他就會有安全感，較能接受別人或事物，這將有助於幼兒克服分離焦慮以及離開家庭走入另一個社會時所面臨的衝突。

(2)教師需要鼓勵與支持，以提升幼兒自發性的自我。

從社會情緒發展角度來看河濱街模式中教師的角色時，可以發現教師的角色融合了許多好媽媽和心理治療師所具備的特質。雖然河濱街模式強調師生間的關係是息息相關且互動的，但由於其強調發展幼兒的信任感，因此教師的角色相當具有權威性。河濱街模式所強調的權威性，是屬於一種積極性的動機面，而不是順服在權力的權威下。唯有幼兒信任教師的時候，他才能接受教師是廣大社會性知識和社會道德規則之代表的權威性，也必須當幼兒信任教師的時候，他才敢接受教師在控制幼兒衝動時的權威性。由教師的各個角色來看，河濱街模式強調教師角色的權威性是有其理論的基礎，但其權威性與一般學校要求學生放棄自己的意願去聽從大人的權威性態度是不一樣的。

五、評　量

發展互動課程模式強調真實性評量。收集學生的各種作品、教師的觀察記錄等資料，建立檔案式的個人評量資料。評量資料是用來說明學生成長、學習的情形，以及了解學生之需要、興趣與長處。

【貳、實踐部分】

在台灣，河濱街教學課程（Bank Street Approach，後文簡稱 BSA）對許多人很陌生，也尚未被有系統地介紹，因此希望能將這「他山之寶」呈現給幼教同仁。多了一個課程模式地介紹，是好處或是危機，很難說。如果是了解其精神、理論與方法後，再隨本土文化特性運用，對孩子是莫大福氣；但如只是被拿來增加「大雜燴課程」（全語文教學、福祿貝爾教學、皮亞傑建構教學、美語、MPM 數學、電腦、奧福音樂、陶藝、美勞、體能、創造力……）內容，使該幼兒園號稱使用某教學法，並增加教師們的負擔（又要花錢買書、聽演講、赴國外考察，教起來卻又「畫虎反類犬」），孩子只是大人急功近利下的實驗品，這「他山之寶」變成「福壽螺」，反而造成教育怪象。

讀了 BSA 的理論架構、教育方法等，或許在九〇年代末，讀者覺得觀念不新奇，不覺有何獨到之處，這其實已是 BSA 和其他幼教理論、實務努力半世紀以來的成果。在有點「開放教育」理論對大眾是老生常談的情況下，客觀評估台灣幼教教學現況，能真正實現開放教育精神的學校有幾家？當一個學校拿掉才藝教學、蒙特梭利教學（用的人真懂蒙式精神嗎？）福祿貝爾恩物，及移植國外文化的課程（萬聖節、復活節等），剩下的是什麼？能切切實實體會開放教育精神，又不被家長「不輸在起跑點上」、「望子成龍、望女成鳳」等觀念影響的學校有幾間？幼兒園是進小學前的先修班或為未來生活所需技能做訓練的做法，處處可見。社會沒有思考這種種做法的影響，也無法從已存的社會現象——如青少年追求流行、逃學、蹺家、吸食毒品……，有成就的青年、壯年不解生命的意義在哪、汲汲營營追求物質享受、處心積慮與人競爭……，各種在表面上為個別的問題，實際上則是互有關聯——看出將來社會要付出多大的代價。

在此，希望藉由介紹 BSA 的實踐面，請讀者思考：學習的真正意義、童年的意義、期待兒童長大成為怎樣的人，及生命的意義等。看看 BSA 是如何使課程對孩子

發生意義。

前面探討了河濱街教學課程的歷史源流與教育理論等，接下來以實際課程案例執行，進一步說明河濱街教學課程的精神與方法。

第一節　社會研究

摘要：

1.社會研究是增進孩子對所處世界的了解，並由其中看到自己和周遭環境的關聯。

2.選擇社會研究主題要配合孩子的發展、興趣，並對孩子（以孩子的角度來看）有意義。

一、何謂「社會研究」（Social Studies）

在河濱街教育學院附屬的兒童學校可見到各班進行不同主題的整合課程，教室的環境也隨著研究主題而大異其趣，這些孩子們為了了解世界所做的工作，河濱街教育學院稱之為「社會研究」。「社會研究」是什麼呢？**社會研究是對人類世界的整合研究，包括過去、現在及未來，經由討論、動手做、戲劇扮演、參觀等方式，使孩子研究了解一些互相關聯的概念，也就是社會研究的意義在於看到自我和家庭、社區、社會、世界的關聯。**其研究時間長短不一，可能持續幾天或幾個禮拜，甚至整個學期，端視孩子的年齡及研究主題的性質而定。社會研究通常取材自孩子周遭熟悉的世界，例如漁村的孩子會去研究魚的種類、捕魚的工具和方法、漁船的構造等內容；都市的孩子可能對交通運輸工具、各行各業、建築物、鄰近的社區公園……等有興趣，進而投入研究。

社會研究可分為六大類：

㈠生存：研究人類和環境的互動。從久遠以來，人類如何發展生存的技能，包括如何取得和製造食物、衣服、居住的地方，以及人類發展出來的這些技能和環境如何彼此影響。

㈡社區：研究人類求生存發展出各單位的社會系統，從「家」到「國家」單位，每一個系統的運作與人的相互影響關係。

㈢延續：研究人類由一代到一代的傳承。藉由此，我們有根可尋，也可改變未來。

㈣意義：藉由研究神秘、宗教、科學和藝術等去了解生命的意義。人類運用歌曲、故事、數學、科學的原則和藝術的形式去表達對「美」和「秩序」的看法，也傳達對生命的詮釋。

㈤價值觀：研究人類發展建構個人和群體行為的系統。

㈥改變：世界不斷在改變。我們接受這是生命的事實，並發展彈性和思考的性格及能力，以適應不斷改變的世界。

如何將這些抽象概念融入課程中——進入小孩可以了解和運用的經驗和活動呢？

童年級時期的社會研究以孩子和環境互動的第一手經驗為主：使用材料並探究材料的特性，學習當團體的一份子，擴展他們的家庭世界到學校、周遭社區、城市等……課程也許會是研究孩子的家庭、麵包、交通運輸等各種孩子感興趣的主題。

中年級時期，孩子開始研究社區的歷史，如早期歐洲移民、美國的原住民（與美國孩子相關的歷史主題）。他們藉由閱讀、查資料、討論、博物館和史蹟點參觀、重塑過去情境等去了解過去的歷史；再稍後，孩子進入研討較古老的過去和地方，如古代埃及、中國。

高年級時期，孩子的智能發展已能直接了解抽象概念，對彼此所提的問題能思考及爭辯，研究的主題會涵蓋社會現況（如總統大選）、生態現象與問題、歷史發展的影響與問題等。

社會研究教學方式在河濱街教育學院是實踐「發展——互動理論」的方式，而不是一套固定的方法或公式。它的精神在於——教學能認知、反應孩子的發展階段、興趣所在，從而統整課程及配合當地文化資源等，使學習對小孩和老師皆具有意義。

其實，這種注重增進孩子對所處世界的了解，並培養孩子成為終生的學習者的精神與理念，對今日幼教界並不陌生。在各個學者專家的提倡之下，我們在一些教學方式——如「方案教學」（The Project Approach）、「萌發式課程」……等——都可見到相似的精神及方法（陶英琪、陳穎涵譯，民87；廖鳳瑞，民85）。

二、整合課程（Integrated Curriculum）

摘要：

1. 社會研究整合不同領域的學習，孩子不是學到零散的知識。
2. 執行社會研究的步驟：選擇和孩子有關的主題→考慮該主題之目標→老師先做研究→主題實際進行→家庭參與→高潮活動→觀察評估。

三到八歲的小孩並不適用於傳統的分科教學，他們需要具體的經驗來學習，河濱街教育學院發現對孩子了解人類和物理世界作用最有效的方式是——讓孩子以他們的方式來架構資訊，孩子需要經驗事情，然後再從重新架構經驗中得到意義。社會研究課程是整合的課程（Integrated Curriculum），因為它提供充分的時間給孩子實驗、討論和思索，使孩子深入學習的內容，這些豐富的經驗對孩子是非常有意義的，他們會以舊經驗為基礎，去建構學習新的經驗（換句話說，孩子從沒有關聯的零碎知識或包裝成套的知識中獲益很少）。

社會研究的課程整合了：

1. 不同領域的課程（音樂、讀寫閱讀、數學、科學、藝術、戲劇等）。
2. 兒童發展各領域（身體、社會、情意和認知）。
3. 第一手經驗。
4. 孩子在家及與外面世界接觸的經驗。

河濱街教育學院發展出一個課程開發工具——「課程開發輪」（Curriculum wheel）（表 9-2、9-3），藉由此工具，計畫、統整各學習區的活動，使社會研究的

表 9-2 課程開發輪

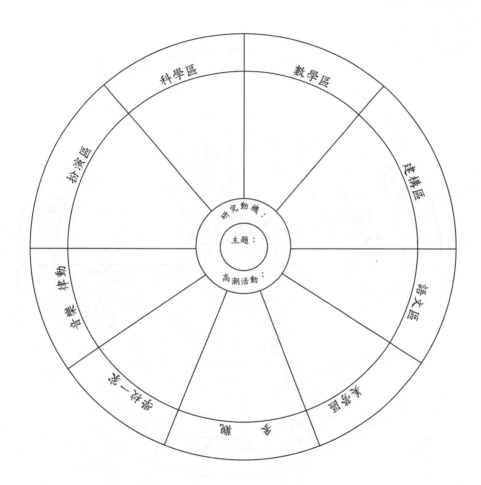

說明：課程開發輪是協助老師開發、整合課程的工具。老師可依自己需求增加、
更改或刪除某角落。

表 9-3　以「車子」為主題的開發案例

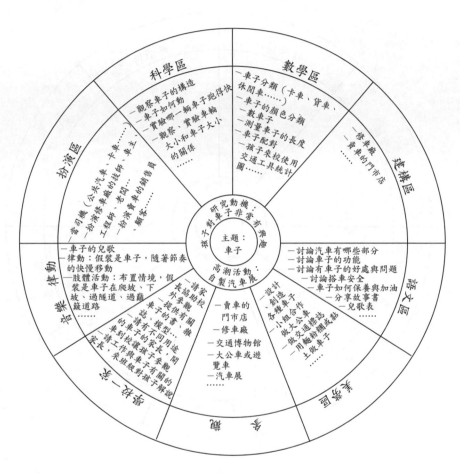

研究：車子
年齡：五、六歲

內容豐富而多元。

教師如何執行整合課程呢？以下的流程可供參考：

1. 選擇一個和你所教的孩子有關聯的主題。

2. 考慮該主題的目標。

3. 教師自己先學習有關該主題的內容，並收集相關資料。

4. 執行該主題。

5. 帶入家庭參與。

6. 高潮活動。

7. 觀察和評估。

㈠選擇一個和你所教的孩子有關聯的主題

教師在選擇主題時，要考慮孩子的興趣、他們住在哪、他們每天見到什麼以及他們的發展階段，教師並需要仔細觀察記錄孩子的行為，從中可得到許多訊息來協助教師作判斷。

選擇一個有多方面可探討並可挑戰孩子能力的主題，注意這主題對孩子而言不是過度困難，如讓都市的小孩研究農村生活，沒有該主題的生活背景，也不容易實地參觀、收集資料，對小孩較沒有具體意義；換個方向，如果是研究交通運輸工具、辦公大樓、百貨公司、便利商店等，對小孩較有意義，研究也比較容易執行。研究的主題要注意可以讓孩子有討論和思考的空間，並有書籍可參考和供孩子閱讀。另一個重要的因素即教師本身對該主題也要有興趣。

㈡考慮該主題的目標

決定研究的主題後，教師要詢問自己：想要孩子學習的目標是什麼？希望孩子學到哪些概念？如此可以清楚研究的方向。在社會研究過程，孩子有機會將不同的

概念結合成新知識或是看到關聯性與通則，如五歲孩子們在研究「鞋子」，他們想到買鞋子要知道腳的尺寸，這想法來自他們之前研究蔬果店的經驗，他們見到顧客買水果要秤重，用的工具是秤；現在要用何方法來測量腳的大小呢？是用什麼單位呢？在這個例子，孩子於研究過程中將舊經驗拓展，並學習建構新的概念。

㈢教師自己先學習有關該主題的內容並收集相關資料

接下來，教師自己要先進行對該主題的研究。去參觀適合的地點，以孩子的眼光探索該處，詢問在那裡工作或生活的人有關該主題，藉以收集資料。當地的圖書館、博物館及書店也是提供豐富資料的資源中心。從收集資料中，教師判斷哪些可以加深和拓展孩子對該主題的了解，然後教師要做的事，可能是：

1. 選擇參觀的地點並做好聯絡。
2. 收集扮演需要的材料道具。
3. 去圖書館、書店選擇與該主題相關的書籍。
4. 找照片、圖片、海報或地圖。
5. 計畫邀請熟悉該主題的人來班上與孩子對談。
6. 商請音樂、美勞等才藝老師配合該主題活動。

當老師對該主題已成為「專家」時，對老師的挑戰是：保留自己知道的知識，不灌輸給孩子，讓孩子們去探索，就如同當初老師就是如此地學習該主題。

㈣主題的執行

問孩子他們對即將研究的主題有何了解，以及他們想知道什麼，是一個開始社會研究的好方法。以小組或大組形式出外參觀，提供第一手經驗，給與孩子觀察、探索和思考的機會。戶外教學時，提供五歲以上的孩子參觀觀察單（trip sheet）（圖9-1），可以引導孩子注意參觀的目的和方向，並鼓勵孩子記錄所看見的。回到教室

後，孩子可以教教師準備豐富的環境與材料中，將他們的經驗重現，這時用心的教師會知道如何觀察孩子呈現的活動——孩子的畫表達出他們對什麼有興趣；有些疑問可能在科學角進行實驗；積木角／扮演角也可能發展成小型的參觀地點。從已經和正在發生的活動中，教師要不斷地決定須延伸、拓展哪些內容進入研究主題中。

　　在研究過程，教師須重複問自己：為何要孩子做……？孩子學到什麼？這些經驗讓孩子學到什麼概念？孩子可能問哪些問題？仔細思考研究主題的發展順序，因為這些都關係到孩子如何組織建構他們對該主題的了解。

㈤帶入家庭參與

　　孩子的家庭除了可以在出外參觀時提供人力上之協助外，也可以作為研究的資料庫，有些家長的職業與研究主題相關，可以給與直接的幫助；教師如果能設計讓家庭可以參與研究的活動，更可幫助家長了解孩子的學習，增進親子互動的機會。

圖 9-1

㈥高潮活動

每一個研究主題的時間長短不一，教師宜在孩子的興趣減退之前，結束該研究。計畫一個作為結束的高潮活動，將孩子在研究中所學到的整合做呈現，同時慶賀孩子的努力；對教師而言，高潮活動則是評估自己的工作和孩子的學習。高潮活動可以是一本班上合作的書、一齣戲劇、大壁畫、模型或是教室內開設的商店，沒有一定的形式。

㈦觀察和評估

觀察是整個研究中重要的一環。經常觀察和記錄孩子的行為、活動與所學到的是非常重要的，如此可以幫助教師決定或調整研究的方向與內容，也可以協助教師知道孩子困惑的地方，於團體討論或活動中澄清孩子的疑問。當一個研究結束，教師要再回到當初研究的目標，評估是否有達到原定目標，同時對接下來的學習做連接與延續。

總之，一個好的社會研究需要良好的計畫，但要保有彈性給孩子的想法、問題，以及同事、家庭或是自己……等，能針對進行情況做調整，才符合開放的精神。

第二節　河濱街教育學院附小案例：研究「哈德孫河」（Hudson River Study）

"The whole New York City is our big classroom."

摘要：

1. 教學環境與課程內容要配合孩子的發展做改變。
2. 自發性遊戲課程對年幼的孩子很重要，老師的肯定和支持（創造豐富的教學環境、提供孩子感興趣的材料等）即是自然協助孩子成為終生學習者。

　　河濱街教育學院附屬的兒童學校（School for Children）及幼兒中心（Family Center）共同扮演著實驗、運用及評量 BSA 的角色，從這兩處課程的施行可以驗證 BSA 的精神與方法。在此，要先釐清的是兒童學校和幼兒中心除了進行社會研究的課程外，孩子自發性的遊戲活動也占課程活動相當的比例（有許多老師以為進行社會研究課程時，每天所有的孩子和活動須完全針對其主題，主題於是成為所有目光的焦點，其他不相關的活動是不該存在的，老師也因孩子沒有進行主題研究的活動而感到挫折。如此過於「徹底實踐」，把所有的課程限制在唯一的主題上，實是曲解社會研究背後開放教育的精神。事實上，年齡小的孩子常花很多時間在自發性的遊戲，豐富的角落內容即為滿足他們的需求）。隨著孩子年紀漸漸地增長，結構式課程會逐漸增加。

　　在三～四歲教室，課程結構分為角落活動（可能同時結合社會研究的活動）、戶外體能活動、說故事、音樂、律動與圖書館（專人說故事、漸進式學習使用圖書館）；四～五歲增加西班牙語（紐約市第二大語言）、體能課程；五～六歲再加入美勞（專業美勞老師上課）；六～七歲有讀寫、數學課程，另扮演角融入積木角；

到了七～八歲，教室從角落為主轉為學科分類的空間布置，課程也逐漸轉為結構性的分科教學（數學、讀寫、音樂、美勞／木工、西班牙語、體能及圖書館）與整合的社會研究。也就是說，課程與環境安排配合孩子的發展做改變，每個年齡層的銜接和改變是漸進式的，進入三～四歲和四～五歲的教室，感覺差異不大；但先參觀三～四歲教室，接著拜訪七～八歲的教室，感覺截然不同。

接下來以河濱街兒童學校的七～八歲組所進行的「哈德孫河研究」為例，闡明課程的設計、架構與執行。

一、討論引導研究方向

開學後一週的早上，安德魯（Andrew）老師在白板上寫下「訊息」（message）：「我們將研究哈德孫河，請想想看你知道有關哈德孫河的事情和問題。」孩子陸陸續續到達教室，放置好午餐袋，走到白板前讀訊息（他們從五歲開始就養成先看看老師給的訊息），大部分孩子自己能讀懂訊息，少數小孩需要求助同學或老師，老師會提醒小孩用閱讀策略——自己試著拼音讀出聲來，聽到某字的可能發音比較容易聯想到是哪一個字（這是英語的特性）。接著小孩自由選擇喜愛的活動，到九點的討論時間（meeting time），大家收拾好玩具，在會議區陸續坐好。安德魯老師先請一位小朋友唸訊息，然後開放讓小孩發言。甲小孩說他坐過船遊覽哈德孫河，乙小孩說自由女神在哈德孫河上，丙小孩指出哈德孫河有很多種魚類，他見過大人在河邊釣魚，丁小孩覺得哈德孫河很髒……大家熱烈發表自己的經驗，安德魯老師一一將小孩的發言寫在大書面紙上。

安德魯老師接著問小孩對哈德孫河有什麼問題，小孩提出各種問題：哈德孫河的污染有多嚴重？有哪些魚類住在哈德孫河？哈德孫河是淡水河還是鹹水河？哈德孫河有多長？為什麼有人將垃圾倒進哈德孫河？能將哈德孫河清理乾淨嗎？……安德魯老師同樣將這些問題寫下，如果有小孩的意思傳達不清楚，他會再次詢問孩子：「你的意思是指……。」「請再說一遍。」或是「我不大了解你的意思，再解釋一

下……。」將小孩的想法與問題寫在書面紙上有以下四點目的：

㈠小孩可以感受自己的意見被尊重。

㈡小孩可以見到語言與文字的關係。

㈢在研究進行中，提醒大家研究的方向。

㈣當小孩在寫有關哈德孫河的報告或記錄時，遇到不會拼寫的單字，可以當輔助
　字典。

　　根據小孩們的想法與問題，安德魯老師將研究的內容分為四類：生物、地理環
境、工作及生態污染。接著，提供小孩出外參觀的機會，以便得到第一手經驗。好，
我們出發囉！

※**意義分析：以討論方式了解孩子已有的經驗與興趣所在，作為決定研究的方
　向。**

二、出外參觀與相關教學

㈠參觀聖約翰大教堂

　　就在學校同一條大馬路上，隔四個街口，有一座豎立了百年的大教堂，在裡面
有一小角落，放了六個水族箱，裡面養了一些來自哈德孫河的生物。

　　一天早上，安德魯老師在白板上寫道：「今天早上，我們將要參觀聖約翰大教
堂。」讀完訊息，小孩顯得有些興奮。出發前有段小討論時間，首先談外出的秩序、
該遵守的規則；接著老師發給每個小孩參觀觀察單，上面有些問題（如：你看到哪
些生物？仔細觀察，並將他們畫在紙上。在水族箱內有哪些設備，以便維持生物的
生存？）詢問小孩是否了解。然後小孩拿了夾紙板和筆，排好隊伍，一切就緒後，
我們走到教堂參觀。

　　在教堂內的水族箱內，小孩見到一些魚和烏龜，他們認真觀察記錄，有時互相

討論，也相互提醒要觀察水族箱的設備和其他細節，如果觀察畫有困難，老師們請小孩試著將該生物分解為頭部、身體、尾部，一個一個部位來，小孩比較能解決瓶頸。結束後，我們在教堂旁的花園玩團體遊戲，小孩樂極了。

※意義分析：以參觀得到第一手經驗，利用觀察單加深學習。

㈡拜訪九十六街河堤旁

聖約翰大教堂參觀回來，我們討論見到的生物和飼養設備，小孩將觀察單放在自己的工作夾（folder）。下一週，我們第二次外出，這次是步行到九十六街河堤旁，一路上，小孩計算走了幾條街（學校在一一二街），沿途景色多采多姿，並不時看到飛鳥、船隻。到了九十六街，安德魯老師拿了一個綁有繩子的水桶，往水裡拋去，然後拉起來看看，水看起來是黑色的，撈到一些樹葉，安德魯老師再拋水桶幾次，撈到小樹枝、樹葉、塑膠袋、保特瓶等，沒見到魚，小孩有些失望。接著請小孩觀察河堤附近環境，以及人們如何運用哈德孫河，小孩們分散開來觀察、繪畫所見的景象，從此處望得到對岸新澤西州的樹木、沿河形狀，還有在河上活動的船隻、飛鳥，河面上隱約可見到浮在上面的烏龜和鴨子；沿著河堤，有人在慢跑、騎自行車、溜直排輪鞋、看書報、看風景、釣魚……結束繪畫，我們玩起抓鬼遊戲。

回教室後，小孩在讀寫時間寫下外出所見，包括問題、感覺與心得，觀察畫各自放進工作夾。

※意義分析：做參觀後的討論，可以了解孩子在過程中學到什麼，亦協助孩子整理吸收的資訊。第二次參觀，將生態、污染、工作等內容帶入研究。

㈢參觀「波浪丘陵」

隔週，我們坐車到哈德孫河下游的波浪丘陵，那裡有提供教育課程：先有專人介紹哈德孫河的魚類——鰻魚、鱸魚、鱒魚、鱘、螃蟹等一百多種生物，接著讓小

孩體會如何網魚，請小孩協助提網進入河裡捕魚，收穫不錯，捕到好多魚，該處專家為我們詳細介紹捕到的魚，並解釋該處的生態環境，小孩一邊聆聽、記錄，一邊提問題。接下來，我們分組觀察該處地理景觀，了解該處為何魚類豐富。

我們將一些魚（鰻魚、鱸魚、螃蟹）帶回教室飼養，拿出已準備好的水族箱，放進水，因帶回的魚類原生活於鹹水中，所以需要在水裡加入鹽及化學物品，使水的濃度相似於波浪丘陵的水質，然後由小孩執行餵食、觀察、報告；在教室書架上已準備有關魚類的書籍，小孩可從書上查到我們飼養魚類的資料，在照顧上得心應手。另外在活動時間，在美勞角由小孩將參觀波浪丘陵的經驗繪成大壁畫，他們先討論要畫的主題和細節，有個小孩提議畫「直升機」，老師問他：「那一天，你有見到直升機嗎？」一個簡單的問題讓這小孩了解要依所見到的內容畫畫；大壁畫持續了兩週才完成。

※意義分析：將參觀活動延伸為飼養、美勞活動，使小孩整合不同領域的學習。

㈣拜訪海上警察

一個晴朗的早上，我們坐地鐵到七十九街，從地鐵站走到河堤，靠近河堤時見到一群流浪漢聚集在那裡，一股騷臭味隨風傳送過來，孩子們彼此竊竊私語（因這次偶發事件，我們針對「流浪漢為何形成？」作了短短的研究，於討論過程中，孩子決定收集食物送到教會給流浪漢）。

我們走到碼頭，親切的海上警察已在那裡等我們。孩子興奮地登上警艇，一位警察將警艇駛向河中，我們自由地在警艇上參觀，每一處有疑問可隨時請教警察先生，警察先生展示通訊系統操作、警艇駕駛方法，他們還讓我們了解在警艇上過夜時如何煮食和睡覺，這些孩子都記錄在參觀單上。然後，大家集合在一起，由警察先生向我們解說他們的工作——捉壞人、幫助有需要的人、查緝走私等，孩子聽了都很尊敬警察的工作，有些孩子表達出很關心他們的安全呢！

※意義分析：實際參觀，孩子清楚了解海上警察的工作及工作方式。

㈤參觀水族館

　　在紐約市布朗區的水族館內有一區展示哈德孫河上游、中游和下游的生物，以及哈德孫河河流全圖。一天早上，帶著觀察單、夾紙板、筆及午餐，我們來到水族館。

　　在哈德孫河展示區的巨大水族箱內，見到好多魚類、水草，觀察單上的問題要求小孩仔細觀察上游、中游及下游的魚類種類及異同，小孩除了記錄外，還要比較、詢問。這次參觀，小孩知道哈德孫河很長（三一五哩），它發源於阿第倫達克山（Adirondack mountain）的「雲淚之湖」（Lake Tear-of-the-clouds），從上游為淡水河慢慢到下游轉為鹹水河，於紐約港口注入大西洋。這種探索過程，孩子們自己找到哈德孫河水質為何不同等問題的答案，老師又何須去填塞孩子知識呢！

哈德孫河研究之一

※意義分析：運用市區資源，培養孩子主動學習的態度。

㈥參觀環保工作船（Clear Water Boat）

數學課時（1/2 組小孩去上音樂課），安德魯老師出了一道題目：「我們即將參觀環保工作船，船上規定一次只能四十個人去參觀，班上所有小朋友和老師都會出席的情況下，請問有多少家長可以參加這次活動？」孩子們各自運用自己的方法計算。約十分鐘後，孩子回到會議區報告：

甲小孩說（甲）：「12 個家長可以一起去。」

老師問（師）：「你如何計算出這個答案？」

甲：「小孩有 25 個人，加上 3 個老師是 28 人，40 減去 28 是 12。」

師：「你如何知道小孩共有 25 個人？」

甲：「我算工作櫃有 25 個，所以有 25 個小孩。」

師：「很好，你如何做 40 減 28？」

甲：「從 40 拿 10 去減 8 是 2，40 拿掉 10 是 30，30 減 20 是 10，然後
　　10 加 2 等於 12。」（甲在敘述的同時，老師將他的方式寫成數學
　　式子，如 10 − 8 = 2。）

師：「很好的策略。乙，你呢？」

乙：「我的答案也是 12。」

師：「告訴我們你的方法。」

乙：「可以去的人共是 40 人，減去 25 個小孩是 15 人，再扣去 3 個老
　　師是 12 人，所以有 12 個家長可以參加。」

師：「有人使用不同的方法嗎？」

幾個小孩舉手，安德魯老師請丙回答。

丙：「我用套鎖小方塊（Linking cubes）計算，答案是 15。」

師：「操作讓我們看看。」

丙：「這是40（拿4條結合成10的套鎖小方塊條），拿掉20（2條），
　　再拿掉5（將1條套鎖小方塊條拆下5塊），還有15（指著1條
　　套鎖小方塊條和5塊套鎖小方塊）。」

師：「除了小朋友，還有誰會去呢？」

丙想了一下，答：「老師。」

師：「有幾個老師呢？」

丙：「3個。」

師：「所以妳要再減去多少？」

丙：「3。5拿掉3是2（從5塊套鎖小方塊拿掉3個），我得到答案
　　了──12。」（丙是班上最小的孩子）

接著其他孩子一一解釋他們的算法。

　　參觀環保工作船當天早上，所有孩子和八個家長出席，熱熱鬧鬧上了船，先由船長介紹他們的工作──接待各團體參觀哈德孫河、介紹哈德孫河的生態和污染、籌措經費做環境清理。船長接著說明哈德孫河污染的情況，並用一個簡單的實驗讓孩子看髒水變清水，然後孩子分組輪站參觀──有環保船歷史的簡介、哈德孫河昔日風貌、環保船的機器運作、協助從哈德孫河撈起垃圾、實驗髒水變清水，孩子須將所見的記錄在參觀單上。分組輪站結束，船長讓孩子們幫忙將帆張開升起，那帆好重，大家合作仍花了好多力氣，然後我們欣賞哈德孫河的景色。

　　回到教室，我們討論環保船之行的感想，安德魯老師問小孩如何協助減少哈德孫河的污染，小孩個個手舉高高的，「不丟垃圾到哈德孫河」、「請工廠不可以排放廢水到哈德孫河」、「不將化學物品丟到哈德孫河」……聽起來，孩子很有心實踐呢！

　　在工作時間，孩子建造環保船，他們先討論環保船的構造、外型、船帆等，再決定使用的材料；他們自己協調分配工作，有時獨自做事，有時分工合作，偶爾有

困難，才請老師協助。這項工作也是花了孩子約兩週的時間完成，有時會聽到他們談論環保船之行的種種，一些其他經驗也會加入話題。

※**意義分析：利用與研究相關的問題，使小孩利用教室內的資源，學習數學加減法的運算；參觀教學帶入家長的參與，並結合多元學習內容。**

接下來，我們有好幾次出外參觀──海上消防隊（了解工作）、華盛頓大橋（觀看哈德孫河地理景觀）、搭渡船（觀察哈德孫河入大西洋）及企業號航空母艦改成的博物館（研究歷史）。配合參觀活動，在教室進行各種活動──解剖魚並觀察其構造、河流形成實驗、哈德孫河出海口地圖繪製、寫觀察報告……等，限於篇幅，無法一一介紹。

三、高潮活動

在討論時間，大家決定做一個哈德孫河模型，將我們整個研究作整合。這是個大工程，從哈德孫河源頭到入紐約海口。我們先決定模型比例，將上、中、下游分區畫好草圖，孩子分組先製作阿第倫達克山、淡水的哈德孫河，及上、中游兩岸景觀，接著再做華盛頓大橋、紐約市及對岸新澤西州、鹹水的哈德孫河及生物。過程中，孩子要計算適當比例的實物，除運用多種美勞材料，還動用木工，並不時再查查資料，花費相當心力。終於，模型做好了，我們將它展示在學校大廳，其他班的孩子、家長、學院研究生都分享了我們的研究成果。

整個哈德孫河研究進行了約十四週，在過程中，可以見到該研究整合數學、科學、美勞、語文（讀、寫、討論）、地理、歷史及人文等科目，讓孩子在動手做、參觀中觀察、探索、思考、組織不同領域的知識，這種親身經驗的學習，對孩子有具體意義及收穫，連筆者在七年後回想該研究，都覺得栩栩如生，哈德孫河不再只是國中、高中唸到紐約時死背的知識，它對筆者有了獨特的意義，不知生活在淡水河邊的孩子，哪天有機會研究它，與它發生生命的交流。

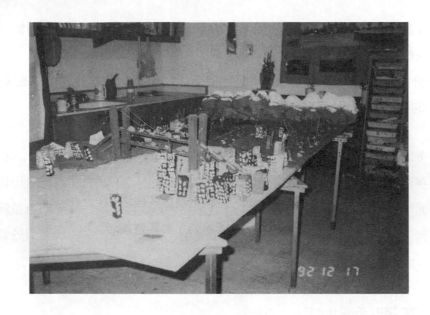

哈德孫河研究之二

第三節 消弭偏見課程 （Anti-Bias Curriculum）

摘要：

1. 孩子在很小的時候就已建立對人事物的價值觀，而其態度、標準深受與他們互動密切的人們影響。
2. 消除偏見是促進世界和平。

在幼兒園，你見過這些情形嗎？

　　——一群小女生在娃娃家玩辦家家酒，一個小男生想加入她們的遊戲，一個小女生說：「不行！我媽媽說男生不能玩辦家家酒。」

　　——積木角有幾個小男生正忙著蓋農場，一個小女生興致盎然地想加入他們，小男生不太願意和她分享空間，並說：「女生不會蓋房子。」

　　——美美哭著來找老師抱怨小朋友不讓她一起玩。「妳有問他們為什麼嗎？」老師問，美美委屈地說道：「他們說我太胖了，會把箱子壓壞了。」

　　——老師觀察最近小芬很少和莉莉玩，莉莉顯得情緒較低落。老師找機會問小芬原因，小芬回答：「我長大了，不喜歡和小寶寶玩。」（莉莉是腦性麻痺兒，無法走路，移動靠爬行。）

　　——在遊戲場，一群孩子正在玩警察捉小偷，強強也想要玩，帶頭的小明說：「好啊。你當壞人，我們捉你關起來。」強強忿忿不平地說：「為什麼每次都是我當壞人？我也要當警察。」小明回答：「因為你長得比較

像壞人啊！」

　　上面的情形可能我們經常見到，除了當成偶發事件去處理外，很少去思考事件蘊含的訊息。將焦點從幼兒園轉到我們的周遭，許多事件常常發生：女性在職場所面臨的困難——懷孕被迫辭職、較難升遷、性騷擾……；社會對工作的優劣價值觀，形成大家向「錢」看齊，個人專長、興趣被抹煞；美醜是主觀而非客觀的，但受到商業文化入侵洗腦，減肥瘦身歪風滋長；需要成立啟智中心服務特殊需求的孩子，但沒有社區願意該處設在當地；不同宗教信仰的人彼此不接納，相互排斥，甚至殺戮爭戰；國際間近來發生的事件（如：南斯拉夫種族排斥、日本奧姆真理教地下鐵事件……），大多數與種族或宗教間不能互相包容有關。從成人的世界與兒童的世界出現的問題，我們是否能看到其關聯性？

　　孩子不是一張白紙，他們無時無刻地見到在他們身邊發生的事情，並且內化吸收了它們的影響，他們的個性、價值觀深受家庭、學校與社會環境的影響。偏見是存在的，就在與我們息息相關的日常生活中，只是大多數人沒有察覺，因為偏見已深入我們的文化生活中，我們習慣了，也就看不見，並且一點一滴地移植給我們的孩子，為什麼德國年輕人排斥有色人種？為什麼澳大利亞有反亞裔事件？為什麼省籍在台灣是敏感問題？看不見偏見的存在，就被它耍得團團轉，未來是人類自己深受其害。

　　所以，在河濱街教育學院，我們談偏見的存在、影響，及如何與它「作戰」，藉由社會研究、偶發事件、個人經驗談等……，去教導孩子認識「偏見」這個「壞人」。偏見有兩個兄弟——「標籤」與「歧視」，請認識他們：

　　「偏見」：對他人的外貌、性別、障礙、宗教信仰、種族、國籍或屬特定族群等……，非個人人格特質等先天屬性，有不喜歡的態度或成見，這種感覺來自一些資訊或對某人的感覺。偏見往往很難改變。

　　「標籤」：對一特定族群隨自己主觀標上特性，如男生要勇敢不能哭、

原住民很懶、台灣做的東西品質不好……。

　　「歧視」：當人們以偏見或貼標籤的方式對待某人或某族群，即有歧視的態度，往往會以避開、排除、暴力等的方式對待受歧視的人。

認識偏見的存在後，老師在日常的活動中隨時隨地可進行反偏見教育：

1. 建立孩子正面的自我價值觀。研究顯示，早期生活經驗對日後個人的人格與情感發展有深而潛在的影響，對自我肯定的人，不會去傷害他人。

2. 肯定每個孩子都是獨一無二的個體，不論其種族、性別、文化等的差異，並且讓孩子知道你的感覺。如此做，孩子對自我感覺會很好，不容易受偏見影響。

3. 許多研究發現，孩子的價值觀在六歲以前形成，二到五歲的孩子已注意到社會的多元現象與個人的差異，並會從周遭的人的態度建立正確或偏見的看法，譬如老師對性別有主觀上的偏見，孩子會察覺並模仿。因此在學校，提供孩子機會與不同的個體工作，在每個人的個別差異中學會溝通，也學會公平、正義地對待每一個人，將來在社會工作時會促進社會的公平與和平。

4. 幫助孩子對他人的感覺有同理心。研究顯示：具有關懷別人能力的小孩不易產生偏見。

5. 幫助孩子了解偏見和歧視是不公平的，並建立規則：沒有人可以因他人的宗教信仰、種族、性別、外貌等排斥或嘲笑他。

6. 教導孩子尊重各行各業及接受各種背景的個人。

7. 教導孩子察覺偏見的存在，並以身示範反對偏見和歧視，如用言語表達：「這不公平」；「我不認同這種說法」；「男生將來也會當爸爸，現在學習照顧小娃娃……」。

8. 在教室、家裡布置有關多元文化的素材和書籍。

9. 告訴孩子偏見的實際故事……。

10. 鼓勵小孩身體力行，如寫信給電視公司，告之某節目有不當的偏見，請修正

或停播。

老師的態度是最好的教材，也最具有效果。老師也可以藉由社會研究（家庭、文化、宗教、語言……），使孩子從多元的角度探索人類的相同與相異，有了解便不容易產生偏見；相對的，不做強勢文化或商業文化性質的課程，孩子不受這些訊息影響，在主觀上較不會產生優劣感（在河濱街兒童學校及幼兒中心，學校的政策是不慶祝任何宗教節日，譬如聖誕節，目的即在於尊重孩子們不同的文化背景，避免強勢文化價值觀潛在的影響）。從小能做好反偏見教育，將來對社會與世界必有正面貢獻，「地球村」的理想才有可能實現。

第四節　在台灣實踐 BSA 經驗

河濱街教育學院對老師的訓練是：設計課程時要針對幼兒特性（年齡、發展、性別、種族……）、當地文化與資源等作考量，因此 BSA 不能也不應該被「公式化」地套在不同的學校。當筆者回到台灣，投入現場工作時，從未對自己的教學冠上「河濱街教學模式」，重點在於發揮 BSA 的理念，不是移植 BSA 的方法。

目前，在台灣尚沒有一所「河濱街教學課程方式」的學校，筆者藉由任教於成長托兒所的經驗，說明如何運用與發揮 BSA 的理念。

一、說　明

過去，幼兒園教學的主題、內容和教材等，經常是由老師來決定。或許為了扭轉此「教」（成人導向）重於「學」（幼兒導向）的偏頗情況，目前幼教界認同並執行中的課程大多強調以幼兒為中心的理念。筆者以為更切合實際的做法應該是——課程的發展與設計是同時以兒童和老師為中心，老師在了解幼兒的需求下，主動引導課程的走向，提供幼童一個有方向的開放課程架構，幼童在此前導下，或經由

分享討論，或藉由對活動的反應，再傳達出訊息回饋，讓老師了解幼兒需求，課程即在老師、幼兒、活動三者緊密互動下，慢慢發展出來。

以幼兒為中心的課程設計，並非什麼事都是由幼兒決定；**重要的是應注意到「兒童現階段發展」及「環境因素」**。四到六歲的幼兒雖然比小班孩子大多了，他們較獨立，也能自己作些選擇，但他們畢竟還是孩子，對於無方向、無限制的完全開放，反而會因選擇太廣而無所適從。從筆者與幼兒相處與教學的經驗中，發現有方向和適度限制的開放（也許可稱為半開放）選擇，較符合幼兒發展的需求。舉例而言，如果老師認為需要在下午為孩子設計體能活動，老師可由遊戲場、學校鄰近的公園或運動室（依學校本身及社區的資源作考慮）等場所讓孩子參與選擇，而非讓孩子自行決定下午的活動。老師提供「骨架」，幼兒提供「肉」，活動提供「生命力」。當然，老師可將開放的層次往上或往下移動，依孩子的發展判斷適合他們的選擇。

以下即以四歲半到六歲幼兒進行「植物」研究所實施的課程為例，說明課程規畫設計與實務進行的發展。

二、「植物」研究——個案探討

(一)研究動機

在午餐時間，往往看到小孩飲食偏向肉類，不吃青菜。雖告知蔬菜有益身體健康，然此年齡的小孩卻難體會飲食不均衡對身體的影響。因此，想以植物為研究課程，藉由照顧園內植物、種植、戶外觀賞植物等活動，期望孩子由動手學習的經驗中，與植物建立互動關係，由排斥逐漸進入接受；或可進而願意吃蔬菜。

㈡課程開發

在進行主題活動之前，老師的事前工作是開發性地思考，並開發課程的可行內容。此做法不是要求老師事先寫好教案，然後於課程中一一執行（如單元活動）；而是事先計畫不同向度的課程架構與內容，於主題進行中有方向地引導孩子，再參考小孩的反應、想法，付諸實際施行。因此規畫時，可針對主題盡量開發出可行方向的內容，然後依課程實施之主客觀條件因素加以篩選；最後於執行時隨著與幼兒互動情況進行並做開放式的修正。

協助老師開放思考的工具有數種，在此，讓我們以主題內容架構分析法（表9-4）來介紹以「植物」為主題的課程架構，這些分析出的內容就是教學的「題庫」。

㈢活動設計

開發出主題內容架構分析後，我們可以從中刪除不適合教的（如對幼兒太難）、不必教的（如幼兒已會）或教之無意義的……等，就是合理的課程設計內容。在此，讓我們另外引用「曼陀羅」（MANDALA）（註1）——九宮格開發法來說明開發出的課程架構分析經設計篩選後的內容（表9-5）。

接下來，僅就「植物」主題教學進行情況之描述，來說明課程發展後實際進行的流程。

㈣活動流程

在照顧動、植物活動中，幼兒得到與主題相關的初步經驗。以這些經驗為基礎，和他們討論「植物有什麼功用？」此類問題，可以了解他們的想法，作為課程發展的參考。以下是他們的看法：

表9-4　「植物」主題內容架構分析

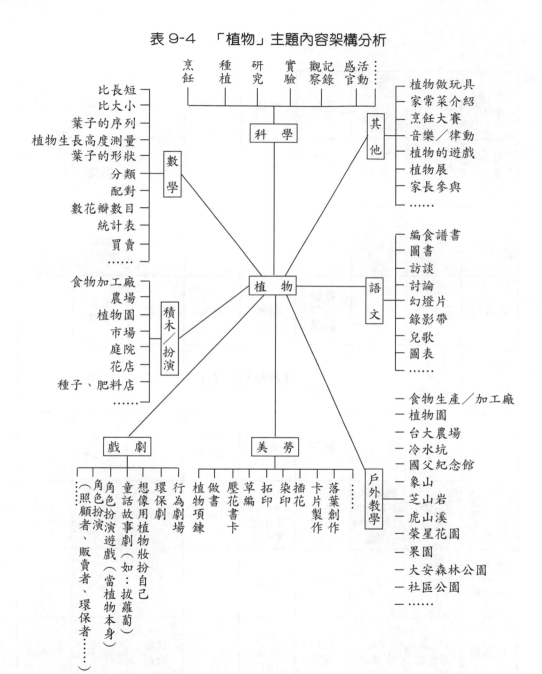

表 9-5　經篩選後之課程架構表

花辮數目	配對卡		烹飪	種植	照顧	圖書	圖表	食譜
植物生長高度	益智／數學	分類	觀察／記錄	科學		兒歌	語文	
葉子的形狀	買賣		查圖鑑	實驗		幻燈片	訪談	討論
蓋農場	菜市場		益智／數學	科學	語文	遊戲	家長參與	
蓋植物園	積木／扮演		積木／扮演	〔植物〕	其他	展覽	其他	
家：庭院	花店		戲劇	美勞	戶外教學		植物做玩具	
角色扮演：當種子慢慢成長	菜市場賣	想像遊戲：運用植物妝扮自己	壓花書卡	做書（如：以葉子的大小）	彩虹卡	植物園	國父紀念館	榮星花園
環保：大樹被砍去蓋房子	戲劇		草編	美勞		台大農場	戶外教學	芝山岩
行為劇	花店買賣花	童話故事劇	拓印（葉脈）	落葉想像力創作		社區公園	象山	虎山溪

宗啟：可以擋太陽。

敦皓：植物砍下來，可以當木材。

佳蓉：植物的果實可以吃。

鈺嵐：花掉下來，可以拿來做面具、花圈。

凱元：葉子掉下來，可以拿來玩。

克祥：植物可以吃。

彥均：掉下來的葉子可以拿來當演戲用的道具。

舒心：植物可以給我們空氣。

俊銘：可以當玩具。

克祥：可以做標本。

彥均：掉下來的葉子可以畫畫。

凱元：不同的葉子可以比較、觀察。

至柔：葉子放在書本壓平，可以做書籤或禮物。

克祥：做扇子。

婉珊：做成禮物送給媽媽。

劉皓：棉花可以做衣服。

堂睿：掉下來的葉子可以做成書。

　　從孩子的看法中，教師決定將某些意見納入接下來課程中發展，如：做書籤、做書，所以在出戶外時，會請小孩收集掉落的葉子和花朵，作為美勞活動的材料。

　　筆者用流程圖（表9-6）來呈現整個植物研究活動的過程。從流程圖中，可以看到實際教學的過程和事先構思的課程內容有所不同，分析產生差異的因素有：

1. 因天氣不佳，無法每週出戶外，影響到落葉和花的採集工作，使得一些課程無法及時進行。

2. 有了初步經驗後，和孩子討論，孩子引導了課程的走向和內容，藉此，孩子表達了他們的想法和興趣，並有機會重現、組織他們的經驗。

表 9-6　流程圖

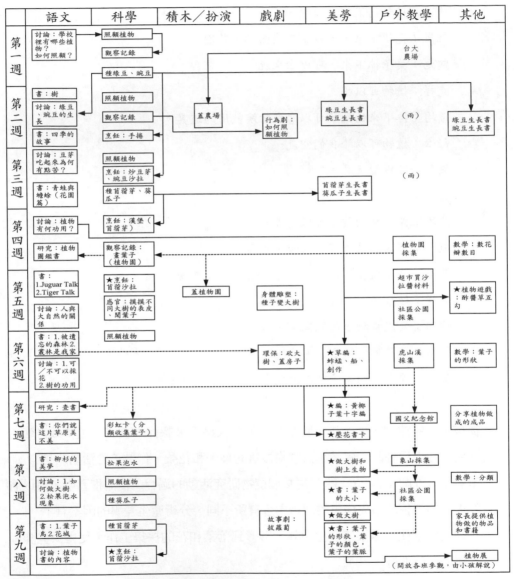

註：1.實、虛線是為了觀看方便，旨在說明活動引導活動。
　　2.因表格所限，有些討論與活動無法納入。
　　3.「★」符號的部分，表示由孩子引導發展的課程。

3. 孩子引導的課程的向度與教師事先構想不同，較偏重在美勞活動上，再加上成長托兒所空間多重使用的關係，因此在課程上較少有積木和扮演區持續的活動。

在植物研究過程中，某活動本身引導出另一個活動，延展課程內容的深度，相對地較難在廣度上深入。由分析因素中，再度看到人、事、時、地、物與課程互動的關係。筆者觀察到並特別想加以強調的是：在「植物」主題進行中，孩子逐漸地參與課程的發展，原先的課程架構也在孩子們的參與之下「豐富」起來。

㈤活動介紹

以下讓我們探討課程實施中可行的教案之活動介紹，因篇幅所限，僅介紹部分活動以作為參考。

1. 引導活動

和孩子繞校園一圈，仔細瞧瞧園內種植哪些植物和飼養什麼動物，回教室後，請孩子發表剛剛所見。接著，告訴他們班上要認養這些動、植物，然後進行「如何照顧動、植物」的討論，孩子提出餵食、澆水、清理、對植物唱歌……等方法；討論之後，分配組別動手照顧我們的好朋友。教師在教室牆面上釘一張工作記錄表，每組小孩每天記錄是否有實行，另外並進行觀察記錄（圖 9-2）。

2. 水耕種植

因大多數小孩生活在物質富裕的環境中，很難體會惜福，因此在這次主題活動中，筆者希望孩子經由動手做的過程，感受照顧植物所付出的勞力與心力，而學會珍惜；另外也希望孩子能嘗試吃不同的青菜，所以收成的植物就是孩子的食物，由於考慮這年齡層的孩子無法等待太久，所以種的植物選擇易於見到其成長，以極短時間內可收成的為佳，豆類種子水耕或土耕種植皆可符合以上考量，茲以苜蓿芽水

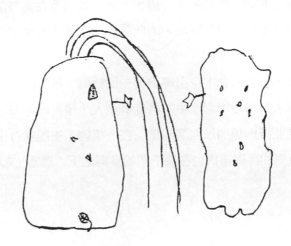

圖9-2　地瓜發芽

耕為例：

(1)種子泡水：將一杯（量米杯）苜蓿種子泡水（夏天浸泡三小時，冬天浸泡
　　六小時）。

(2)催芽：種子泡過水後，用清水沖洗乾淨，然後將水倒掉，將種子平鋪於有
　　孔的容器上（如格子狀的平底籃子、有濾網的容器），並覆蓋一塊溼布（以
　　深色布為佳），將容器放在室內不見光、陰溼的地方，放置十五小時不要
　　澆水，加速其發芽。

(3)培育：種子發芽後，將一塊紗布平鋪在有孔的平底容器上，然後將發了芽
　　的種子平鋪在紗布上，在容器上蓋一塊溼布，均勻地澆水（夏天每二小時
　　要澆水一次，冬天每四小時澆水一次），澆完水，箱子要斜放，讓水分快
　　速排掉，再移回室內不見光、陰涼的地方。待三～六天之間，苜蓿芽即可
　　成長（為了增加葉綠素含量，每日約可見光三～四小時）。

3.觀察記錄

此次主題運用的觀察記錄有三種方式：

(1)戶外教學觀察記錄：當孩子們出戶外時，攜帶紙、筆、夾紙板，請孩子仔細觀察一種植物的葉子（形狀、葉脈紋路、顏色等⋯⋯），再將之畫在紙上，並對照植物圖鑑，了解其相關資訊；時間有限或資料不足時，則待回園後再查別的植物圖鑑和書籍。

(2)種植觀察記錄：在園內種植綠豆、豌豆、苜蓿種子及葵瓜子種子時，有一種方法是事先準備折疊八格的長條小書，在每一小頁上標好天數，請小孩觀察所種植物的生長，再記錄到小書上，如此小孩可見到植物每天的成長，將折疊的小書展開，孩子又可比較植物的變化，圖 9-3 是班上小孩運用此

植物研究之一

植物研究之二

植物研究之三「拔蘿蔔」

方法記錄綠豆的生長。另一種方法是使用相機拍照來記錄植物的生長，此法可彌補孩子記錄時因受發展限制而無法作一客觀的記錄，這些記錄並可延伸做成一本書。

(3)戶外採集觀察記錄：孩子們在出戶外時，收集許多種類的落葉，帶回園後，我們將這些葉子貼在展示牆上，小孩一方面可觀察這些葉子一天天的變化，另一方面可和植物圖鑑作比對，以增加對植物的了解。

4.書的製作

在和孩子們討論植物的功用時，有小孩提到可收集葉子做成書，於是出戶外時，將孩子分為五組，分別收集不同大小、形狀、顏色、葉脈的葉子及邊緣變化不同的葉子，然後各組孩子將他們的收集品製作成書。圖 9-4 是做出的書本範例，因內容的特性是比較葉子的大小，所以用折疊書的形式來呈現。

㈥評量與分析

進行植物研究後，便自我評量，以「課程是否達成原計畫的目標」此項來看：學期初時，一盤青菜常剩一半或三分之一，到學期末時，青菜幾乎會吃完；下學期時，則常常一盤青菜見底，甚至孩子對原本不敢吃的食物，也比較願意去嘗試，令教師們很驚喜。另外，在其他方面——孩子喜愛到大自然融入其中，知道植物對人類及生態環境的重要性，學會用圖鑑或用特徵來分類葉子……等，則是原計畫目標外之附帶效益了。植物研究案例說明：課程的設計是老師與孩子共同參與而完成的，在開放的前提下，給與該年齡層的孩子適當的自由，鼓勵他們參與課程發展，敏銳的老師也會從孩子的反應中得知課程的走向，使課程的內容滿足及挑戰孩子的好奇心。

綜上所述，課程的設計要考慮人（如性別、年齡、發展……）、**事**、**時**（實施季節或時數）、**地**（教室的環境、園內的環境、社區環境……）、**物**（可利用資源）

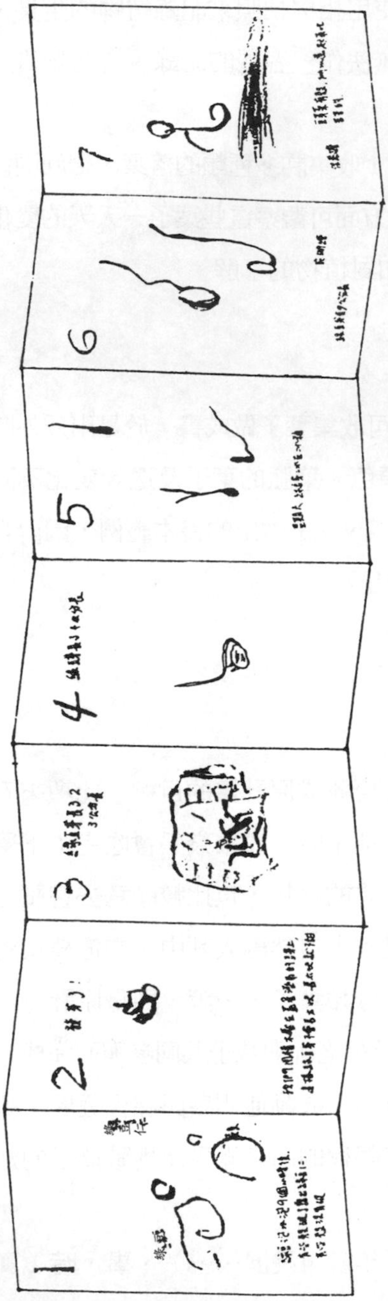

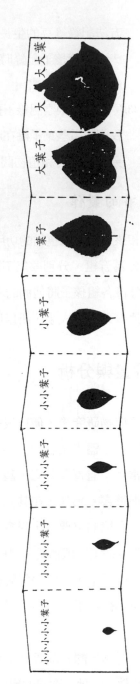

圖 9-3　植物觀察記錄小書

圖 9-4　葉子收集記錄書

等主客觀因素，所以沒有一套課程設計是絕對適用在個別不同特性的幼兒和學校，以筆者曾服務的成長托兒所為例，因園內空間先天條件的關係，採用「大角落」的運作型態，故較難像一般自足式教室般進行綜合角落的課程；有些課程亦會因空間

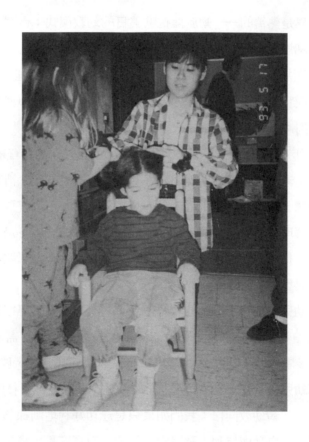

多重使用，而較難以延續發展。但運用豐富的資源與配合戶外教學，可提供都市孩子較缺乏的第一手親身經驗，正是「整個台北市是我們的大教室」理念之實踐。

第五節　河濱街教學方式在台灣未來的展望

台灣的幼教界是熱情的——勤於擁抱歐美日的幼教模式；台灣的幼教界也是盲目的——沒有仔細思考：「有沒有師資？能融會貫通不同模式的精神嗎？能結合本土教育嗎？」就已決定施行。筆者認為河濱街教學方式的精神與理念是對人生「真、善、美」的追求與實踐之一種方式，如果將來有人欲在台灣發揮河濱街教學方式，至少有三點須做到：

1. 踏實了解河濱街教學方式的精神（本文盡力所述，但怕力有未逮）。

2. 師資培訓：老師是教育的靈魂，再好的教育模式沒有理念清楚、訓練有素的老師去發揮，很可能只是「金玉其外，敗絮其中」，危害孩子的成長。老師的訓練必須理論與實務兼顧，各專科院校的教學方式本身是否能達成良好的師資培訓，是未來幼教界品質良劣的關鍵（河濱街教育學院本身即是老師養成、研究與實務並重的研究所）。

3. 堅持以「幼兒需求為中心」的教育理念：曾有英國教育專家對台灣幼教進行體檢，結論是：台灣幼教教學是為滿足家長而非幼兒的需求（林志雄，民86）；許多學者專家也認為大多數家長沒有能力選擇合適、理想的幼教機構，甚至誤導幼兒教育成為學才藝、進小學前的準備……等（林佩蓉，民88）。在此，真心呼籲幼教同仁：我們如果只是急功好利地訓練孩子，孩子的未來將只是競爭、自私與自利；請將眼光放遠，教育家長，實施以孩子的需要為中心的教學，培育健全的下一代。

末了，以河濱街兒童學校的理念與有心的幼教同仁共勉：

我們希望培養孩子和教師：

1. 善用靈敏五官感受世界及熱愛生活。

2. 運用好奇心將世界轉為令人興奮的實驗室。

3. 成為終生的學習者。

4. 遇到改變時有應變力，能拋棄不再合時的方式。

5. 在變遷加速的世界，面對新問題、新觀念時能有效工作。

6. 判斷他人時溫和而公義。

7. 誠心地對待和尊重他人。

8. 在學校、在平時努力過民主方式的生活，這是增進未來民主社會的
　　最好方式。

我們的目標要求倫理的標準和科學的態度，我們的工作是基於相信人類可以改進自己所創造的社會。

〜Lucy Sprague Mitchell

註　釋　≫≫≫

註 1：MANDALA 一語是取自佛教的「曼陀羅」，曼陀羅九宮格開發法就是將曼陀羅圖系統化所生成的（參照遠流出版公司出版的今泉浩泉之 Memo 學入門）。此處引用張世宗教授將曼陀羅運用在教學系統開發之方法。

註 2：綠豆、黃豆、豌豆、米豆、紅豆、蠶豆、黑豆、花豆、青皮豆、空心菜種子、茼蒿種子、蘿蔔種子、白菜種子、芥藍菜種子、芝麻等都適用於水耕培育法。

參考書目 〉〉〉〉

◆中文部分

林志雄（民 86）。台灣幼教是在滿足父母需求。中國時報。

林佩蓉（民 88）。教育券不是改良幼教品質的治本之道。我們的教育，（8），頁40～46。

陶英琪、陳穎涵譯（民 87）。探索孩子心靈世界：方案教學的理論與實務。台北：心理。

廖鳳瑞（民 85）。萌發的課程。載於國立台灣師範大學附設實驗幼稚園，開放的足跡，頁 63～89。台北：光佑。

◆英文部分

Biber, B. (1977). A developmental-interaction approach: Bank Street College of Education. In M. Day & R. Parker (Eds.), *The Preschool in Action: Exploring early childhood programs* (2nd ed. , pp. 421-460). Boston: Allyn & Bacon.

Biber, B. (1981). The evolution of the developmental-interaction view. In E. K. Shapiro & E. Weber (Eds.), *Cognitive and Affective Growth: Developmental interaction* (pp. 9-30). Hillsdale, NJ: Lawrence Erlbaum.

Biber, B., & Franklin, M. B. (1967). The relevance of developmental and psychodynamic concepts to the education of the preschool child. *Journal of the American Academy of child psychiatry,* 6 (1-4), 5-24.

Biber, B., Shapiro, E., & Wickens, D. (1977). *Promoting Cognitive Growth: A developmental interaction point of view* (2nd ed.). Washington, DC: National Association for the Education of Young Children.

DeVries, R., & Kohlberg, L. (1990). *Constructivist Education: Overview and comparison with other program*. Washington, DC: National Association for the Education of Young Children.

Gilkeson, E. C., Smithberg, L. M., Bowman, G. E., & Rhine, W. R. (1981). Band Street Model: A developmental-interaction approach. In W. R. Rhine (Ed.), *Marking Schools More Effective: New Directions from Follow Through* (pp. 249-288). New York: Academic Press.

Goffin, S. G. (1994). *Curriculum Model and Early Childhood Education: Appraising the relationship*. N. Y: Merrill.

Mitchell, A. & David, J. (1992). *Explorations with Young Children: A curriculum guide from the Bank Street College of Education.* MD: Gryphon House.

Mitchell, L. S.(1992). *A Credo for Bank Street*. N. Y.: Bank Street School for Children.

Zimilies, H. (1987). The Bank Street approach. In J. L. Roopnarine & E. Johnson (Eds.), *Approaches to Early Childhood Education* (pp. 163-178). Columbus, OH: Merrill Publishing.

High/Scope 課程模式（又稱高瞻遠矚課程模式）

10

～ 簡楚瑛（壹、理論部分）
　鄭秀容（貳、實踐部分）

摘　要

魏卡特（David P. Weikart）在一九六二年發展的培瑞托兒所方案，強調的是三、四歲幼兒的社會與情緒發展，此即為後來聞名的高瞻遠矚課程模式。魏卡特的學說歷經多次轉變後，除強調學習過程中學習者的主體性與主動性，也重視學習者的社會情緒發展，是一個還在持續發展的課程模式。

本章中除介紹高瞻遠矚課程模式的理論基礎外，亦提出 High/Scope 的實踐課程，透過「教學的學習輪」的架構來說明如何實行 High/Scope 的課程。

【壹、理論部分】

第一節 High/Scope 課程模式之發展源流

一九六〇年代初，美國密西根州易絲蓮蒂市（Ypsilanti, Michigan）公立學校裡一位負責特別事務的魏卡特（David P. Weikart）鑑於看到易絲蓮蒂市高中生中，來自於低收入家庭的學生在學校的成就一直是屬於失敗的一群，就開始探索原因，最後他歸因於這些學生在小學的時候，就未為未來的學習奠定基礎。因此，魏卡特即成立一特別委員會和三名小學校長共同研究，如何協助來自低收入家庭的學生在小學的學習。在特別事務部門（special services department）亦成立了一個自己的行動委員會，這個行動委員會也在研究如何去協助在學校裡失敗的學生。經過研究後，這個特別事務行動委員會認為針對三、四歲幼兒給與提早介入的服務，會更有助於其未來進入學校的學習表現，同時他們認為這種提早介入的方案要獨立於公立系統之外，這樣可以避免為了增加此方案，引起學校改革所消耗的時間。於是在一九六二年，魏卡特在密西根州政府的經費支持下，成立了密西根州第一個政府贊助的托兒所（preschool）方案，稱之為培瑞托兒所方案（Perry preschool project），也就是後來所聞名的「High/ Scope Perry preschool project」。通常為三、四歲幼兒設計的方案，強調的重點多在社會和情緒方面的發展，但魏氏認為培瑞方案的主要目的是在協助低收入家庭居於教育不利的兒童（即 Educating disadvantaged children），為進入學校做準備的，因此培瑞方案更應加強幼兒的認知發展，他希望這種 High/Scope 的課程可以支持幼兒未來學校學業上的學習與成長。在這段時間裡，培瑞方案的理論基礎深受皮亞傑學說所影響，發展出來的課程於一九七一年出書，書名是《*The Cognitively Oriented Curriculum: A framework for preschool Educators*》。這本書可以看出在一九七一年以前，培瑞方案的教育目標與焦點是在教老師有關皮亞傑派的實驗工

作與學說，將皮亞傑理論中的結構部分予以逐字地解釋與應用，期望透過培瑞方案來加速兒童的認知發展，促使兒童提早進入下一個認知階段。

一九七〇年魏卡特離開了易絲蓮蒂公立學校，另外成立了高瞻遠矚教育研究基金會（High/Scope Education Research Foundation），至今該基金會仍繼續研究與發展培瑞方案之內涵。

一九七九年高瞻遠矚教育研究基金會出版了《*Young Children in Action: A Manual For School Educators*》。與一九七一年一書出版比較，可以發現一九七一年～一九七九年間培瑞方案的發展與改變。從一九七九年出版一書來看，可以看出培瑞方案由強調皮亞傑式的認知性工作轉變到強調兒童是知識的建構者。與一九七一年比較，一九七九年時培瑞方案一般性的教育目標仍屬於認知的，但在其認知發展之主要經驗（Key experience of cognitive development）目標中增加了「主動學習」（active learning）一項，由此可以看出培瑞方案課程走向愈來愈看重到兒童的「主體性」與「主動性」，這個趨勢在其一九九五年出版的書中可以明顯地看到其轉變的軌跡。有關「認知發展的主要經驗」的分類與內涵，一九七一年與一九七九年的比較，有些許的增刪與分類上的重組。

一九九五年高瞻遠矚教育基金會出版了《*Educating Young Children: Active Learning, Practices for Preschool and Child Care Programs*》，這本書更進一步地將「主動學習」自主要學習經驗之一提升成為整個課程發展的核心。即此時，培瑞方案更強調學習過程中學生的主體性和主動性的重要，雖然其理論基礎依然是來自皮亞傑的理論，但筆者認為這時的培瑞方案更看重的是皮亞傑學說中的建構論部分，而在早期，培瑞方案所看重的與倚重的則是結構論的部分。

培瑞方案發展之初，一九六四年秋亦請過史密蘇斯姬（Sara Smilansky）做諮詢，史密蘇斯姬建議中的教學程序：計畫→工作→回顧（plan-do review）已成為培瑞方案沿用至今，每日作息表的組織原則了，然而社會與遊戲方面的建議一直是培瑞方案的活動方式之一而已，對於社會與遊戲之教育意義或是有關社會與情緒層面之發展的相關問題，一九七一年的書中很少被提及；到了一九七九年時已開始注意到兒

童社會與情緒層面之發展的問題，因此在老師角色中特別強調老師應如何去支持、協助兒童社會與情緒方面的發展，同時認為兒童社會情緒的發展都經由學習活動的過程中附帶地也會有所發展；直到一九九五年出版的書中，才直接地、正式地將社會情緒的發展放入其主要的學習項目內。

受到「繼續方案」（Follow Through Project）的影響，美國政府聘高瞻遠矚教育研究基金會為其開發幼稚園到三年級的課程。由過去的歷史和現在發展的狀況來看，High/Scope 課程模式是一個還在繼續發展、延伸的課程模式。

第二節　High/Scope 課程模式之理論基礎

基本上，High/Scope 課程模式的理論基礎是以皮亞傑學說為根本之依據。在一九九五年一書中，僅極簡短寫出其理論基礎為：

一、對於人類發展的觀點

㈠人類發展是依一可預測之順序展現的，當個體成熟時，新的能力就會出現。

㈡儘管人是依一可預測之順序發展，但經由每日的互動，也會展現出個人獨特的特質來。

㈢在生活史中，會有某一特定的時期特別有利於某種事物的學習；某些教學方法會特別適合發展中的某一階段。

二、對於學習的觀點

認為學習就是發展上的轉變。兒童與外界互動，進而建構對真實概念的精進化過程，稱為學習。

第三節 High/Scope 課程模式之內涵

一、教育目標

雖然到了一九九五年，培瑞方案已以「主動學習」為其教學設計之核心，但基本上其教育目標還是與正式學校教育聯結其主要目標。換言之，培養學生上小學所應具備之認知能力為其主要的教育目標。

二、教育內容

在一九九五年出版的書中指出培瑞方案的「主要方案」內容包括十大類，同時每一類下面再分別細分了一些該類的主要經驗：

㈠創造性的心象（creative representation）

1. 透過五官認識物體。
2. 模仿行動和聲音。
3. 將模型、圖片、照片與實地實物聯結。
4. 假裝遊戲。
5. 用黏土、積木和其他材料做模型。
6. 繪畫。

㈡語言和文學（language and literacy）

1. 與別人分享對個人有意義的經驗。
2. 物體、事件與各種關係的敘述。
3. 享受語言：聽故事書、編故事等。
4. 用不同的方式書寫：畫畫、塗鴉等。
5. 用不同方式閱讀：讀故事書、符號、表徵自己所書寫的東西。
6. 聽寫故事。

㈢社會關係（initative and social relations）

1. 做選擇、計畫和決定並將之表達出來。
2. 解決遊戲中所遇到的問題。
3. 照顧自己的需要。
4. 用語言將感覺表達出來。
5. 參與團體例行活動。
6. 能敏感察覺到別人的感覺、興趣與需要。
7. 建立與成人和同儕間的關係。
8. 創造和經驗合作性遊戲。
9. 處理社會性衝突。

㈣運　動（movement）

1. 以不移動位置方式移動。
2. 以移動位置方式移動。

3. 帶著物體運動。

4. 以創意方式運動。

5. 敘述運動。

6. 依指示運動。

7. 感受節奏並能將節奏表達出來。

8. 依一節奏和順序活動。

㈤音　樂（music）

1. 律動。

2. 探索與辨認聲音。

3. 探索歌聲。

4. 發展旋律。

5. 唱歌。

6. 玩樂器。

㈥分　類（classification）

1. 探索與描述事物的異同與特質。

2. 分辨與描述形狀。

3. 分類（sorting）與配對。

4. 用不同的方式去運用與描述事物。

5. 同時注意到一種以上的屬性。

6. 分辨「一些」與「所有」。

7. 描述某些事物所沒有的特質。

㈦序　列（seriation）

1.屬性的比較（較長／較短；較大／較小）。

2.將一些事物依序排列，並敘述其間的關係。

3.經由嘗試錯誤，進行兩個序列的配對。

㈧數（number）

1.比較兩組事物的數，以決定是「較多」、「較少」還是「一樣的」。

2.一對一配對。

3.數物品。

㈨空　間（space）

1.添滿與倒空（filling and emptying）。

2.將事物加以組合或拆開。

3.改變物體的形狀與排列。

4.從不同的空間觀點去觀察人、地方與事物。

5.從不同的空間去經驗、描述位置、方向與距離。

6.解釋繪畫、圖片與照片裡的空間關係。

㈩時　間

1.根據信號，開始和結束一個動作。

2.經驗與描述運動的速率。

3.經驗與比較間距。

4.預測、記憶、描述事件的順序。

三、教育方法

　　這部分主要根據文獻（DeVries & Kohlberg, 1990; Hohmann & Weikart, 1995; Weikart, Hohmann & Rhine, 1981）依(1)學習環境；(2)成人角色；(3)每日例行活動之架構三部分來談。

㈠學習環境

　　High/Scope 模式強調提供學生的環境是能引發學生主動學習的環境，因此強調環境裡的學習材料要讓學生有選擇的機會，「興趣區」（interest areas）的安排也就成為其學習環境的設計特色之一。概括而言，分三方面來摘要其學習環境規畫時之標準。

1.空間的組織

　　(1)空間的設計要具吸引力，包括軟硬度、色彩、光線、舒適感等物理因素都應加以考慮。

　　(2)興趣區的區分要鮮明，好鼓勵幼兒參與不同類型的遊戲。

　　(3)空間的規畫要能符合大活動時段、午餐、午睡等不同時間的需要。

2.興趣區的建立

　　要具彈性，能隨著幼兒興趣的轉變而更動，同時要注意不同興趣區的擺設原則（這部分有專書介紹，有意深入者請找專書）。

3.材料的提供

(1)材料貯放櫃的設計要能讓幼兒自由取用外，還要能讓幼兒用完後能自動放回。

(2)材料須具多樣性且數量要足夠，要能反應幼兒家庭生活所需的材料。

(3)具操作性，幼兒的學習係透過實際操作的過程而產生，因此提供給幼兒的材料須具操作性的特性。

㈡成人角色

High/Scope課程模式強調主動學習，因此提供幼兒一個心理上覺得安全的環境，將有助於其主動學習的產生。由於此課程模式亦強調家庭參與的重要性以及家庭和學校合作的重要性，在教學時教室除了老師外也常有家長或義工的參與，因此在教學過程中會強調成人的角色，老師的角色亦包括在其中。

由於 High/Scope 模式強調學習是從建構的過程中產生的，因此成人的角色基本上是輔導者、支持者、觀察者與引導者。一九九五年出版一書中，不僅對每項學習經驗都提出了教學上的建議以供成人參考，同時也在環境的準備上和教學歷程中都提出了具體性的、建設性的做法。

㈢每日例行活動之架構

基本上，High/Scope 課程模式並沒有一個特殊的教學方法，但有一個架構引導著每日例行活動之進行。藉著這個秩序去引導協助學生的主動學習，同時可以提供老師了解學生學習發展的資訊。這種秩序可以讓學生了解一天例行事物的順序，但內容是由學生或師生間經互動而產生的，因此不會影響孩子的選擇性、主動性與彈性。大致上來分，可分成如下幾個時段：

1. 計畫—工作—回顧時間

這個時段是一天裡各時段中最長的一個時段。這個時段的目的是在順著幼兒的興趣去發展他的興趣與能力以及解決問題的能力。

(1)計畫：每天每位幼兒都要思考一下當天想做的事，並與老師討論，老師給與回饋或是予以精進化或是予以澄清化，讓幼兒在當天有較清晰、具體的且有目的的目標。

(2)工作：經過設計後，幼兒就可以開始一個工作或是和同學共同工作，直到他完成了既定的目標，或是他放棄了他的計畫為止。工作的目的在讓幼兒的焦點放在遊戲中和解決問題上。當幼兒在工作時，成人要時時刻刻地在旁觀察，並適時地予以協助和支持。大約工作四十五～五十五分鐘左右，幼兒需要開始收拾工作場所，並將未完成的工作收至櫥內，工具材料歸回原處，進行下一階段的活動。

(3)回顧：幼兒聚集在一起，一起分享、討論他們當天做過的活動。

2. 小團體時間

這段時間是老師為了特定的目的設計好的活動，讓幼兒透過實物操作，以解決問題的活動。通常是五～十個幼兒一組，一位成人帶領著活動的進行。

3. 大團體時間

這個時段是為了建立幼兒團體的意識，讓成人與幼兒有共同活動分享、體驗的機會。通常這時候做的活動是：唱歌、律動、說故事、演戲等活動。

4. 戶外時間

每天有一～二次這種戶外活動時間，每次約三十～四十分鐘，讓幼兒有機會做大肌肉的活動，有機會與同學玩並發明新的遊戲方式與規則。

5.轉接時間

當幼兒從某一經驗換到另一個經驗時，常需緩衝的轉接時間，例如早上從家裡剛到學校那一段時間、小團體轉換到大團體的那一段時間、放學的時候等。成人如能注意幼兒在轉接時段的需求，將可提升幼兒的經驗品質。

6.點心、午餐與休息時間

這是一個很適合幼兒社交的時間。

由上述幾個時段所組合成一天的學習，下面表 10-1 舉例說明上述架構的實際運作情形。只敘述活動形式而未列出時間表來，這表示老師可視幼兒實際需要情況決定何時轉換到下一個活動。

表 10-1　每日例行活動表

幼兒在同一時間內到校與離校	・半日 非正式的聚集時間 計畫—工作—回顧時間 點心時間 大團體時間 小團體時間 戶外時間與放學	・全日 早餐 大團體時間 計畫—工作—回顧時間 小團體時間 戶外時間 午餐 閱讀與休息時間 點心時間 戶外活動與放學
幼兒到校時間與離校時間不一樣	・半日制 早到者參與的小團體時間 非正式的聚集時間 計畫—工作—回顧時間 點心時間 戶外時間 大團體時間 晚到者參與的小團體時間	・全日制 早餐與自由活動 非正式的聚集時間 計畫—工作—回顧時間 戶外活動與點心時間 小團體時間 大團體時間 午餐 唱歌休息時間 點心與戶外時間 和父母計畫—工作—回顧時間

四、評　量

High/Scope 課程模式的評量方式是以觀察記錄方式為主，每天老師利用幼兒午睡的時間交換觀察心得與問題，進而決定繼續引導幼兒的方式與內涵。每隔一段時間，就用他們發展出來的、以主要經驗為基礎的評量工具─High/Scope Child Observation Record（C. O. R.）─去評估學生的學習情形。

【貳、實踐部分】

摘　要

一、選擇 High/Socpe 課程模式為資和課程模式之因

二、資和如何實施 High/Scope 教學理念

　　㈠教學理念強調幼兒是主動學習者

　　㈡環境規畫的實施

　　　　──硬體設置

　　　　──教室布置成學習區

　　㈢溫暖的人際關係

　　　　──成人與幼兒的互動是正向的

　　　　──師生比率

　　　　──如何照顧不同孩子的需要

　　㈣每日作息

　　　　──一定程序的作息表

　　　　──工作時間加入「主題」的探索

　　㈤小組時間的實施

　　㈥興趣課程的加入

　　㈦軼事性的評量

三、分　享

當有機會著手建立一個嶄新的幼兒園時──由建築物的設計、教學理念的訂定及經營方針的規畫，第一個念頭是「真好！有機會發揮自己所學。」緊接著訂定教育理念成了燃眉之急，因為硬體和軟體都需倚賴明確的教育理念為指標。其實訂定理想的教育理念並不難，以自己修過的課程和對幼教的憧憬，應足夠訂出崇高理想的理念。但是理想被實踐的可能性以及如何實踐才是需要深思、評估的。以往曾與同事一起經歷過將「成人中心」的教學型態漸漸轉變為「幼兒中心」的教學，過程中深深感受到，對一個沒有開放式教學經驗也沒有開放式學習體驗的幼師，要將書上所學的「開放式教育」理論自在的運用在實際教學中，確實不易。加上如果沒有明確可遵循的方向及自我修正的架構，部分老師往往在過猶不及中迷失了對「開放式教育」的信心，而心生放棄。再者也擔心如果只依個人對開放理念的詮釋實施開放教學，是否容易流於濃厚的個人風格，缺乏客觀的評估？

因此，當有機會接觸 High/Scope 學前教學方案（High/Scope Preschool Approach）時，便認同了其強調幼兒是「主動學習者」的教學理念及其提供老師實施理念的明確策略，它的教師策略（teacher strategies）就像一條軌道，可以帶領老師走往開放教育的路，對於台灣幼師尤其實用。因此，我們決定以 High/Scope 教學法為架構，開始實踐我們對幼教的熱忱。

第一節　實踐過程

Hight/Scope 教學的學習輪（Wheel of Learning）（圖 10-1）清楚地提供了理論及實行架構。主動學習、學習環境、每日作息、成人─幼兒互動、評量，就如同輪的軸般，當輪軸一起轉動時，輪子就順暢的轉了。

我們將就 High/Scope 學習輪中的幾個實施要素來介紹目前實施 High/Scope 教學的狀況。

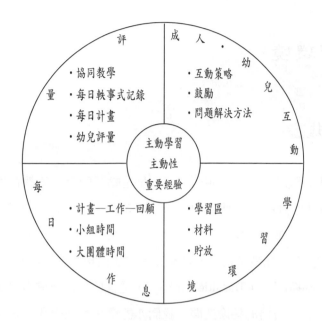

圖 10-1　High/Scope 教學的學習輪

此學習輪譯自《*Educating Young Children*》，頁 6（註 1）

一、學習理念——主動學習

　　由學習輪中，我們清楚地看到「主動學習」是 High/Scope 教學的基石。High/Scope 教學強調幼兒是主動的學習者，它相信主動學習是人類潛能可被完全發展的基石。

　　皮亞傑曾說：「學問的產生不在於物體或孩子，而是由孩子與物體互動時產生的。」因此，幼兒直接與物體、人物、想法、事件接觸獲得第一手經驗，是幼兒建構知識最重要的方法。資和也持同樣的理念，我們相信做中學是最符合幼兒的學習。

二、學習環境

㈠硬體的規畫

　　資和在規畫硬體時，已先訂定了「孩子是主動學習者」的教育理念，因此，考量了孩子使用硬體的實用性和硬體對孩子的暗示性，建築物的設計傾向樸素、簡單、呈 L 型，分別是孩子的活動室和辦公室。戶外遊樂區則在 L 型的空白處。每兩個教室間有一凹陷的玄關，為教室入口，並置放孩子的工作櫃，也是孩子由室內出戶外、戶外入室內的「轉換區」（Transition Area），這樣的轉換空間考量了孩子心理和身體的需要。注意孩子心情的轉換空間，我們亦盡量在其他空間考慮到，如中庭區舖設可供孩子在上行走的石板和休憩的涼椅，戶外區的野餐桌椅和矮凳，都提供了相同的功能。教室窗台高度六十公分，孩子眼高的高度，讓他們對周遭的環境皆「一目了然」，成人們也容易了解孩子的活動狀況，活動空間呈開放感。每個教室內皆有廁所、洗手台和寢室，教室外有個「半戶外空間」與室內空間相結合，區隔的空間設計，讓老師易布置成乾、安靜／溼、動的學習空間。讓教室有「家的感覺」，也方便老師的教室管理，這是當初規畫建築物時就考慮的。

㈡學習區的布置

　　資和剛成立（一九九二年）時，老師們對於學習區的規畫尚不熟悉，亦未能完全體會其對幼兒學習的重要性，因此，初期的教室布置大都參照書上理論，並參考國外錄影帶、照片。但是這幾年來，老師們隨著資歷、經驗的增加，也逐漸體驗了幼兒在主動學習環境中如何學習的美，資深老師對環境的布置愈來愈有自己的主見和敏感度，如：注意教室顏色的協和性，多利用廢物當教材，物品的分類、置放更

清楚，學習區的目標更明確等。環境的布置愈豐富，孩子就更悠遊其中，享受主動探索學習的樂趣，而老師們也更能體會環境如何幫助孩子學習。

　　目前園內共有十二個班級，每個教室均布置成可提供孩子探索、建構、扮演、繪畫、閱讀、發現、解決問題……的學習區。老師們依自己對開放教育的體認，以及班上幼兒的年齡、發展來規畫設立符合自己班級需要的學習環境。

　　學期初，班上老師們（二位或三位）先討論自己對學習區的想法，再訂定班上各學習區欲設立之目標，要置放什麼教材教具，如何讓孩子依取拿—使用—歸還的規則使用學習區，然後畫出草圖，最後再與主管討論過後便開始布置。一個教室通常會有五至六個學習區：積木、圖書、美勞、扮演、益智（學習區的名稱可以自訂），但也會依孩子的興趣、年齡作彈性的調整，如增加植物區、電腦角、書寫區，或使用一段時間後，重新調整擺設以維持孩子的興趣。每個學習區的教具教材均是教師仔細思考、評量孩子的經驗、發展而放置的，老師們用照片、圖片、文字來標示教具置放的位置，高度是孩子容易取放的，所以教室的使用、管理是孩子與老師一起掌握的。為了要讓教室的氣氛更溫暖柔和，更屬於孩子的空間，老師們也採用了很多軟性材料如孩子的作品、布、盆栽……作布置。

　　但是孩子們的學習空間並不限於教室內；戶外的植物區、沙坑、小木屋……，孩子們常將他們的探索、扮演延伸到這些地方。

三、成人與幼兒的互動

㈠營建溫暖的人際關係

　　學齡前的幼兒無論在身體、社會、情緒與智能發展上，都需要成人用心地協助。在資和，我們認為孩子一入園，學習就開始了，所以無論是大團體時間、角落時間、小組時間、戶外活動、吃飯、睡覺等，每一件事對幼兒而言都是重要的學習，因此

老師們都會在他們身邊陪伴、參與、觀察和支持幫助。因此在園內，隨時可看到老師們和孩子奕棋、扮演、促膝談天、手牽手分享有趣事物……。

　　資和的老師在培養孩子正向的人際互動過程中，投注了相當大的心力。每當孩子有人際關係的困擾時，老師們會利用各種互動策略改善其互動方式，使用最多的是藉由說故事、演戲等角色扮演與幼兒討論一些重要情緒的表達，如：如何分享、如何宣洩脾氣、表達同情心等，這樣的方式，孩子比較容易「感同身受」，效果較好，如果再配合訂契約、獎懲等策略，成效更大。當然，並非對每一個孩子都可收到相同的成效，如果有需要，老師們會依問題的嚴重性與行政人員、輔導老師、家長作需要次數的會商，再訂定實施策略、討論實施成效。此外，老師們也常利用每天的大團體時間與班上成員討論班務，建立共識，也都有不錯的效果。如果班上還是有需花長時間輔導的，則交由輔導老師以「個案」方式處理。

㈡師生比率

　　主動學習環境的成人─幼兒需有一定程度的互動，為了讓老師和孩子的互動密切，目前園內的師生比率平均是 1：8（註2）。由於師生比率低，因此，無論是孩子們團體性的活動或是個別計畫，老師都能適當的參與。

　　老師有經營管理教室的自主權，如：班規的訂定、想進行的主題活動等，雖然老師的主導性還是會因孩子的年齡層和老師的教學經驗以及對「開放」意義的詮釋有所差異，但是「尊重孩子、與孩子一國」是資和夥伴們常彼此勉勵提醒的。

㈢專任輔導老師

　　身為老師大都有類似夢想：自己有三頭六臂可以提供各個孩子不同的需要，隨時把教室大小事情處理得妥妥當當。但是，現實生活中，教室中的種種問題常令老師疲於奔命、心力交瘁，尤其是當教室中有令老師頭疼的孩子行為而無法有效地改

善時，更容易形成老師的壓力源。資和目前聘有專職的輔導老師協助老師處理孩子的問題行為，當老師提出要求協助時，輔導老師會安排時間進入教室觀察、收集資料，然後再和老師們討論行為發生的可能性，也許是老師的教室管理不符合孩子的需要，也許是老師們彼此之間不一致的管教方式，也許是孩子們處理問題的技巧不成熟，也許是父母的管教不恰當……掌握了問題癥結再和老師們討論改良行為的實施計畫，通常這些問題都會獲得程度深淺不同的改善。園內的特殊兒童更需要學有專長的老師定期地觀察、評估，再配合專門機構的建議給與家長、老師一些互動的策略和方向。七年來，經輔導老師評定為個案而給與專業輔導的幼兒約五十人。雖然輔導老師並不能完全解決孩子的行為問題，但是及早發現孩子的問題、及早給與幫助的策略，確實對孩子的發展有很大的助益。

㈣案例

下例為輔導老師處理個案之一的經過：

個案姓名：孫小玲　　　　　　　　　　　　輔導老師　王文秀　提供
性　　別：女
班　　級：大班
轉介者：班級老師

1.主述問題

　　個案於小班時進入園內就讀。上學初由母親陪讀三天，即自行搭乘娃娃車上學，未出現有分離焦慮情形，但發現個案於角落時間常游走於各個角落或看其他孩子遊戲，且不說話，對教室內的玩具甚少主動接觸，與其他孩子的互動亦很少。下學期時，在老師和父母的誘導下，個案向媽媽說：

「我要去玩了！」開始在某些角落停留較長的時間，但持續時間仍短暫，常佇足觀察同學的遊戲和建構作品，但已逐漸進步。經過一年餘的觀察與接觸，中班下學期班級老師認為個案在學習上較同齡孩子慢，發展亦較為落後，同時其眼睛移動時會出現似斜視的情形，因此將個案轉介給輔導老師要求觀察。

2.輔導經過

(1)與老師進行晤談

當班級老師將個案轉介時，為了解與澄清老師對「問題」的界定，輔導老師與班級老師進行晤談，了解老師對個案的看法、期待與困難點。同時也收集了個案於班級活動中的表現、作品等，並將老師每學期中、末所記錄的幼兒學習活動記錄表（High/Scope Key Experience Note Form）找出，選定一或二個同齡、同性、父母社經背景相當的同學為對照兒童，比較他們的發展狀態。發現個案在認知發展、社會性、大小肌肉動作等，皆有落後現象。

(2)進行觀察

確認個案的目標行為是發展與學習上的問題之後，隨即進入教室觀察，觀察個案在不同情境與學習場合對學習刺激的反應，記錄個案的行為表現與同儕互動、遊戲型態等。二週的觀察記錄分析呈現：個案的學習動機不強、缺乏自信、粗大動作與精細動作發展較弱、視動協調不佳影響其學習、人際關係薄弱等問題。決定再經由量表、父母晤談、接觸個案等方式收集更多資料。

(3)量表填答與分析

　　由於觀察之中發現個案覺察周遭事物變化的反應甚慢且微弱，如：老師進行律動活動依節拍旋律變換動作時，個案常眼注視著其他孩子的動作改變，卻仍未追隨著變換動作，常需旁邊的小朋友提醒：「小玲，換動作了！」因此乃請父母親填答「兒童氣質量表」（註3），以求了解個案的天生氣質與個性。經父母填答、回收計分的程序，將量表得分對照同齡、同性別兒童常模，結果顯示個案氣質在活動上偏小，第一次對陌生事物的接受度（即趨避性）傾向退縮，適應度較弱，反應強度微弱，堅持度低，注意力易分散，反應閾高。此結果也透過討論讓父母與老師知道小玲的某些行為模式與其天生氣質有關。舉個例子來說，小玲對新環境的接受度不高，適應也弱，但由於其反應閾高，較不易覺察環境的變化，加上對刺激的反應強度微弱，因此她可能常以觀察他人、畏縮、被動等方式來表現其尚未適應或了解如何遵循環境要求與規則。

　　老師的互動經驗與室內的觀察皆透露出個案疑似有發展較慢的訊息，且藉由「學齡前兒童行為發展量表」（註4）的填答結果顯示，老師與父母雙方填答小玲落後的發展領域向度，模式十分類似——粗動作、精細動作、溝通表達、環境理解、身邊處理能力、人際社會等發展皆落後同齡孩子約六個月至一歲半之間——但父母的得分較老師平均高約三至六個月，顯示父母對孩子的發展了解與老師有程度上的落差，但落後之領域相近。據此結果，我們邀請父母來園進行晤談。

(4)與父母進行晤談

　　過去幾次經驗中，班級老師於家訪或父母來校時與父母提及個案問題時，父母會不知如何處理而持保留態度，此亦讓老師十分挫折。因此輔導老師在與父母進行晤談之前，即先擬定晤談的目標。此次晤談的目的有三，

一是讓小玲父母明瞭老師、輔導老師所進行的觀察結果與量表結果，其次則收集小玲在家情形與父母的觀察、想法，以及父母的期待。最後則從學習與神經心理學感覺傳導途徑的觀點，向父母解釋生理感官與學習之間的關係，並要求個案父母帶個案前往醫院進行檢查，包括視覺功能、動作能力評估等。由於明確的量表結果與求診建議，個案父母親的意願提高不少，接受了輔導老師的建議與醫療安排。

(5)教室內的安置

個案易分心且學習速率緩慢，因此建議老師於大團體進行活動時讓個案坐在老師跟前或旁邊，進行小組活動時準備適於個案發展能力的材料，當個案出現專注行為或完成某些步驟立即鼓勵她，建立個案的自信。同時也設計活動，讓個案與同儕的互動更多。另外，為了解個案的內在世界，請老師帶領數位常與個案一起玩的同學進行「畫人」的活動，透過圖畫的分析一探個案對自己的想法與環境的控制感。

3.追蹤輔導

(1)醫療診斷：經醫院醫師與治療師綜合診斷，小玲的情形是「注意力不集中，易受外界干擾；大肌肉動作不佳、缺乏平衡感；立體感不佳（眼睛視動肌肉功能不佳影響其立體覺）」，持續接受醫療訓練。

(2)經過班級老師為個案特別設計的活動與安排，讓小玲有些許成就感，自信增加，學習動機也提高不少，與同儕的互動更多了。

(3)受個案生理因素之影響，其學習較緩慢，因此個案母親接受建議先行上注音符號班，暑期銜接課程與上小學國音課則可以隨進度跟進。

(4)個案母親與輔導老師晤談時，對個案的情形十分擔憂，在初次求診之後對醫師的診斷感到沮喪，在學校老師的鼓勵與支持之下，也逐漸接受小玲的問題，積極配合醫療協助與學校加強，提供給小玲更多親子

的互動，小玲的落後逐漸改善中，老師和小朋友都可以感受「小玲進
步好多哦！」

資和至今（二〇〇二年六月）已滿十歲了，十年來並非所有的家長們對於「主
動學習」的教育理念和教學形式都能完全理解接受，但是對於園裡的成人們（老師、
行政人員、廚房媽媽、司機伯伯……）與孩子們的互動關係，幾乎都給與很好的評
價。資和的人事規章也明白的規定老師不得體罰孩子，加上成人／孩子正向的互動
方式已形成了資和的風格，所以無論是有形的規定或無形的風氣，都讓資和的成人
們自自然然地與幼兒溫暖地互動。在聯絡簿或家長會上，我們常聽到家長的回饋，
舉例如下：

家長一

如果心情不好來資和，坐在戶外野餐桌旁，看孩子們快快樂樂地玩，
心情就豁然開朗，只有得到尊重、合適照顧的孩子會這麼的自在、天真。

家長二

孩子上了小學後的人際關係很好，他會「主動」照顧周圍需要幫助的
人，孩子的班上有位「自閉傾向」的同學，他都會去照顧他，告訴他要做
什麼，雖然有點「雞婆」，但是我喜歡我的孩子是這樣的。我想因為我的
孩子在幼兒園有良好的人際互動的經驗，因此他學會了如何和人相處。

家長三

孩子告訴我：「媽媽，在學校我們做錯事時，老師都和我們『談一
談』，再讓我們坐著想一想，都沒有像你這麼大聲罵人。」孩子的話，開
始讓我檢討自己管教孩子的方式，也了解孩子是有「獨立思考的人」。

四、每日一定的作息表

㈠每日作息

在一個清楚的教學方向及其如何實施的架構下，新進的老師可以依照High/Scope提供的策略規畫環境、設計活動，擬訂每日作息。對於資深老師而言，High/Scope的教學架構提供了清楚的導引，所以老師可以自由的把想要和孩子探索的課程活動設計在 High/Scope 的每日作息中。

8：50-9：00	大團體時間		
9：00-10：10	角落時間—	9：00-9：10	計畫
		9：10-9：55	工作
		9：55-10：10	回顧
10：10-10：25	點心（可併入角落時間，安排點心角，由孩子自由取用）		

10：30-11：00	興趣課程或小組時間
11：00-11：30	戶外活動
11：45-12：40	準備午餐、午餐時間
12：40-13：00	準備午睡
13：00-14：30	午睡
14：30-15：00	起床、點心
15：00-15：30	小組時間
15：30-16：00	戶外活動
16：00-16：10	準備回家

*每班可以自行彈性調整每日流程。如先角落時間、戶外活動……，但是每日流程必須固定、一致性，以支持孩子可以掌握時間順序，安排自己的計畫。

㈡計畫—工作—回顧

每日作息中，資和的孩子最喜歡的是「計畫—工作—回顧」和「戶外活動」這二段時間。

1. 計畫（Plan）

資和老師們對「計畫」的心得結論是「有作計畫和沒作計畫的孩子在工作上最大的差異是『專心度』和『遊戲品質』」。由小班到大班，我們看到了孩子對計畫的掌握與實行的進步。小班時，他們只能單純的口述想要去哪個角落活動，但是要玩些什麼，意圖並不明顯，到了大班，計畫就會落實在每天的工作時間甚至生活中了。在計畫—工作—回顧的時段裡，由於孩子們的遊戲、學習得到了成人在環境上（學習區）及時間上（每天均安排可自由作選擇的角落時間）的支持，他們漸漸地學會了做許多種不同的計畫，也逐漸了解計畫對自己的幫助了。此外，不只在這段時間做計畫，只要有關自己的事，如：郊遊、戶外教學、照顧自己等老師也都會幫助他們學習作計畫。計畫可以是一天的計畫，也可以是一個星期或是更長久的計畫；可以是一個人的計畫，也可以是一組人一起作計畫。以大班孩子平日作計畫的幾個例子來看，我們清楚的看到了孩子們如何在建構自己的經驗了。

例一：（取自主題活動進行時老師的觀察）

大綠班的動物園即將完工，在經歷兩個月的討論計畫和製作過程中，我們看到了孩子們參與的熱忱和執行時的認真與執著……在做動物的家前，孩子們會先計畫一個星期的進度（如下表），再依照進度施工，有時實際的進度與計畫有出入，他們也會修改自己的計畫進度。慢慢地我們發現孩子對「作計畫」更有概念了，當然也更能按步就班的來執行計畫了。

例二：（取自角落時間老師的觀察）

星期一早上作計畫時，老師一連串幫好幾個小朋友寫下他們要到美勞角去製作「天鵝湖道具」的計畫，老師還搞不清楚怎麼一回事，接著就看到美勞角裡幾個小女生在那兒翻閱工具書，動手忙了起來，過去打聽一下，原來她們正「計畫」演一齣戲——天鵝湖，好像很好玩的樣子，老師愈來愈想看個究竟了……。隔天庭庭就

工作進度表 　　　　　　　　　　鍾愷成

	星期一	星期二	星期三	星期四	星期五
工作進度	11/26 做樹	11/27 樹和圍牆	11/28 圍牆	11/29 草	11/30 把樹粘起來
問題	OK	OK	OK	OK	NO 草沒有做完 所以樹不能粘
解決方法					要把草先做完 才能粘樹

找來了天鵝湖的音樂CD，妮妮則帶了天鵝湖的故事書來，大家更清楚故事內容後，新一、華華說：「我們要先了解劇本再來演。」妮妮翻著故事書介紹內容後，他們決定要先畫出劇本……。

例三：（取自主題活動進行時的計畫）

……迷宮的障礙物、路線都決定好了後，我們開始跟孩子討論每個星期的工作進度以及每天所要完成的工作，並以圖表標示工作進度、負責人（如下表）。有了進度後大家都很清楚自己的工作，工作起來更能專心，也更有效率了。……孩子們不只在園中作計畫，他們更將計畫實踐到生活中了。

・計畫延伸

　家長 A：在隴（孩子的名字，大班）回鄉下時，親耳聽到隴和瑋瑋哥哥在
　　　　　「討論」隴去住他家一週的相關事宜，我實在驚訝於他們的討論
　　　　　能力。他們就像大人般，顧及了換洗衣服、吃飯、讀書……等問
　　　　　題如何解決，此時我心中浮起了資和平時在與孩子討論各種事情
　　　　　的可能情景，心中覺得孩子的成長真是奇妙！（聯絡簿分享）

　家長 B：涵（孩子的名字，小三）上三年級了，每次考試都毋需我叮嚀，
　　　　　她自己會計畫要用幾天的時間來複習，平時放學回家要做什麼事
　　　　　都計畫好好的，不需我在旁提醒、督促。（家長口頭分享）

計畫落實到日常生活，甚至滋長在他們心中，不正是High/Scope教學目的之一。

・老師們執行「計畫」的過程

新進老師由於剛接觸 High/Scope 教學，尚未能熟悉「作計畫」的方式，有時會略而不實施，直接讓孩子進入「工作」這部分。但當他們對教室的管理已漸能掌握時，園方會要求他們開始實施「計畫」的部分，逐漸地，老師也就把「計畫─工作─

	星期一	星期二	星期三	星期四	星期五
進度	障礙物製作 ①蘋果 ②肉包 ③寶石	障礙物製作 ①香蕉 ②大鎯頭	測量迷宮場地 地點：三樓體能場	1.黏貼迷宮路線 2.障礙物製作：寶石項鍊	原計畫：黏貼迷宮路線修正為重新測量迷宮場地
材料	①蘋果的材料：報紙、膠帶、棉紙、白膠、紅色廣告顏料、水彩筆 ②肉包的材料：半顆保麗龍球、黏土2包、白膠 ③寶石的材料：保麗龍亮片、白膠、彩色筆	①香蕉的材料：棉花、鐵絲、黃色皺紋紙、吸管、膠帶 ②大鎯頭的材料：滾筒、報紙、膠帶、彩色紙片	工具、材料：捲尺、黃色寬膠帶、剪刀	①路線器材：棉線、膠帶、剪刀 ②材料：黏土、亮粉、紙盒	工具器材：棉線、膠帶、剪刀
製作者	◆蘋果：平平 ◆肉包：誠誠 ◆寶石：軒	◆香蕉：平平 ◆大鎯頭：誠誠	平平、誠誠、軒、庭	◆路線：軒、平平 ◆寶石項鍊：庭	軒、平平、誠誠、庭
問題	◆軒：彩色筆不能塗在保麗龍上面	◆平平：用吸管無法使香蕉一根一根連結在一起		◆原先測量的迷宮場地太小，放不下迷宮路線	
改進方法	◆軒：改用廣告顏料來塗	◆平平：觀察真實香蕉後，便用黏土來串聯香蕉		◆重新測量場地，並且劃分為四區比較好掌握場地大小	

回顧」納為一連貫的學習活動。開始時，老師們較常採用的方式是口述計畫，隨著孩子對計畫的經驗增加，計畫的方式就愈多樣化了，例：口述計畫、在紙上畫計畫、唱歌傳物、玩「釘子釘鉤」、「你比我猜」等遊戲方式做計畫（註5）……這些孩子們熟悉的遊戲運用到計畫中，更能維持他們作計畫的興趣。通常到了大班，老師大都採用「計畫簿」的方式，孩子們個別在自己的計畫簿作計畫，再與老師談論自己的計畫，每個星期班上再作一、二次的團體分享。由計畫本中，老師可以更具體地

檢視孩子的想法及其實踐的能力。老師除了帶孩子作計畫，在各種教學上自己也養成了事先周詳計畫的習慣，對計畫也有更多體認。

・**實施的困難點**（註6）

有些孩子們在執行自己的計畫時，會因下列因素而改變原先的計畫：

①對作計畫的意義不清楚而敷衍地隨便作個計畫。

②活動進行中易受他人活動的影響而加入別人的活動。

③原來計畫進行至一半時想法改變，想要換別的活動。

但是老師在明瞭孩子的原因後，通常都會同意其改變，除非：

①孩子經常性的改變計畫，老師欲幫助其了解計畫的意義

②孩子年齡較大了，老師會要求其先完成原先的計畫再進行欲改變的計畫。

2.工作（Do）

作完了計畫，接著就是工作了。

在工作這段時間裡，可以看到孩子的表情是自在、有信心、快樂的。他們忙著實行自己的計畫，繼續昨天未完成的活動，從事自己與好友們研發的有趣遊戲。孩子工作時，老師們最能感受到「主動學習」對他們的重要性，因為孩子從事自己有興趣的事物時，自信感和成就感也跟著顯示出來了。

在這段時間裡，成人很容易看到幼兒們如何學習獨立、解決問題。

在美勞角，小真（小班）要將兩個紙盒粘起來，他先用膠水塗在紙盒，再互相粘住，發現不太好粘，便拿了釘書機釘釘看，左試右試不知如何釘才好，最後又試試膠帶，終於滿意地用膠帶將兩個盒子牢牢地固定了。

同儕之間也會彼此模摹、學習、幫助，嘗試各種問題解決的方式或主動向成人尋求協助。

這是在玩「橡皮筋」的遊戲中發生的幾個情形：

- 幾個孩子在跳自己串成的橡皮筋繩。由兩個人搖，其他的人跳，踩到繩子的人必須搖繩子讓大家跳。有的人可以連跳好多下，有的老是被卡住。已經會跳的小美觀察了老是踩到繩子的文文幾次後，便對她說：「文文！你要等到繩子搖到快碰到地上的時候再跳起來，太早跳會踩到繩子。」經過小美的提醒，文文一面練習一面修正，幾次後終於抓到了竅門。

- 安安奇怪為什麼每次輪到如如搖橡皮筋時，總是很難跳，老會踩到繩子，後來他發現了如如「不會搖繩子」，她不知道要和另一個搖的人一起配合，她總是自己搖自己的，所以慢半拍，安安便對她說：「你要和他一起舉手一起放下來，不要先舉也不要先放。」就這個提醒加上如如的練習，跳起繩來順利多了。

- 毅毅在教室裡玩了好一陣子的穿橡皮筋後，他又回家向叔公學了用橡皮筋織蜘蛛網，再回園裡教小朋友，大家都對這個新技巧有興趣極了，熱中的學著。

孩子們沈浸在自己的工作中，無論是遊戲、建構、扮演、做美勞，他們都悠然自得而且很有成就感，往往到了收拾時間還會不捨地抱怨時間太短了。

·老師執行工作的過程

孩子在剛接觸學習區時，經常會在各學習區間移動，每個學習區停留的時間並不長，或是經常更改計畫。到了大班，大部分孩子可在一固定學習區從事三十到五十分鐘，甚或更長時間的活動，在這過程中，除了孩子感受自我選擇、自我學習的樂趣外，老師們有計畫地幫助他們也是主因之一。

High/Scope 教學強調：教材、操作、選擇，孩子的語言和成人的支持是支持幼兒主動學習的重要因素，因此，老師與孩子在「工作」時間的互動，亦是決定「工

作」品質的重要因素。

　　工作時間裡，獨立性強的孩子，作好了計畫，就立刻行動了，老師只需在旁觀察、支持、協助。但是對一些依賴性重的孩子，老師則需一步步的引導他們：如果是因為使用器材的技巧不熟而無法獨立作業，得教導他們如何使用的技巧；如果是不知如何作計畫的孩子，老師會先鼓勵他們參加老師參與設計的活動，再逐漸地培養其獨立作業的能力……直到孩子能清楚地從事自己選擇的工作。每個孩子暖身的時間長短不一，但等他們覺得準備好了，就會開始積極地參與，其間時間的拿捏，有賴老師們的判斷。就這樣一步步地由小班到大班，老師們看到孩子們在學習區工作的時間加長了，解決問題、獨立作業的能力也愈來愈好，「遊蕩」在各學習區的情況幾乎看不見了，當然遊戲的品質也常令老師們「驚喜」。這些「親身體會，眼見為信」的回饋，讓資和的老師愈來愈支持孩子們主動性的學習。

・加入單元主題

　　在工作時間裡，資和的老師會設計一系列在一個主題下發展出的相關活動來統整孩子們的學習，好讓孩子有機會做更深入的探索。孩子們可以選擇自己想從事的活動，依自己的速度來建構知識，或選擇參與主題活動，藉由與同儕、成人的討論、協助來擴展思考的角度，提升解決問題的能力。每個主題進行的時間由一、二個星期到一、二個月不等，時間的長短由老師、孩子決定。

　　主題的產生在上、下學期有些所不同，每個老師的做法也會有差異。上學期各班級的主題大都衍生於園方先訂定的單元，例如，在「春天的發現」這個單元，班級可因班上孩子的興趣設定「花」、「鳥」、「種子」等為探討的主題。一般而言，主題開始進行的第一週，活動會有較多成人的意見。漸漸的，每天老師從觀察傾聽孩子、與孩子的互動，或和他們的正式、非正式的討論中，搜集到較多孩子的想法，並將之融入接下來的活動中。因為教室中有一個中心話題在進行，所以在大團體、角落時間、小組時間、活動轉接時，甚至與家人分享的談話中，主題常是他們交談的焦點。有時，一個主題剛開始進行時，往往只有幾位孩子參與，但慢慢的，孩子

看到教室中進行的活動、陳列的相關圖片、書籍、實物等，會產生興趣而逐漸加入。無論是直接的參與或只是間接的在一旁看、聽，我們都看到了孩子們的主動性及如何建構他們的學習。下列是老師在教室日誌中（註7），連續幾天對一個活動的描述，可以看到此情形：

※一九九八年一月五日

要搭蓋房子可不是件容易的事呢！老師先拿了一些紙箱，一面和孩子討論，一面著手進行。今天參與的孩子只有三個，不過這樣反而更容易與孩子做討論。最後討論的結果是用紙箱堆疊牆，門則是做一面可以開。為了紙箱的大小，老師總共去拿了三次，才總算找齊了，過程雖然辛苦，但參與的孩子則覺得很有成就感，說明天還要再繼續。旁觀的孩子看到房子真的蓋起來了，也表示想要加入呢！

※一九九八年一月六日

在房子的整個架構完成後，老師利用去年大紅班留下的已用過的紅色壁報紙，裁成像磚頭大小的樣式，孩子陸續進入教室，有的加入美勞角裁紙及畫磚頭的工作，有的則到娃娃角黏貼。看著每個人各司其職、分工合作且忙碌的樣子，實在很有意思。在「工作」的歷程中，孩子們陸續發表了他們的感言，有的說蓋房子好辛苦哦！有的一邊貼磚塊一邊說好像真的蓋房子哦！安則說今天結構性活動在兩個角落，好好玩。有些人則開始計畫還要做屋頂、門把、電鈴……。

※一九九八年一月七日

今天角落繼續搭蓋未完成的房子，孩子說要幫房子做屋頂，本來孩子建議要把整個娃娃角利用紙箱蓋住，但在做的過程中，他們才發現門的地方也會蓋上屋頂。除了蓋上屋頂，還有孩子建議在門外設製一個信箱，已經有孩子開始要寄信了。

班　　　　級：大黃班
園方單元名稱：大團圓
班級單元主題：過年
進 行 日 期：第18～22週

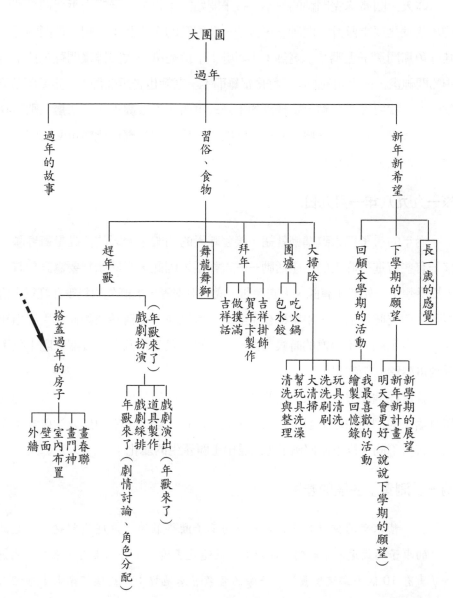

※一九九八年一月八日

昨天大團體講完門神的故事，孩子開始討論起來，老師告訴他們星期四大黃班的角落就是要來設計「門神」，孩子一聽興奮的大叫說：「啊！畫門神呀！要貼在娃娃角那間房子上嗎？」老師：「對呀！」這是第一次安排畫門神，孩子看見故事中的門神畫，都大叫的說：「好像很難耶！」老師也告訴他們不一定要照著書中的。棠說：「我要畫兇一點，這樣別的不好的東西才不敢靠近。」清畫完則自我安慰的說：「我覺得我畫得好像不夠兇，沒關係，我這個是屬於比較可愛的門神。」讓人聽了覺得孩子的可愛呢！

※一九九八年一月九日

過年的房子已大致準備就緒，接著昨天的門神，今天的活動是畫春聯。參加的孩子有些有進行昨天的小組活動——吉祥話，因此，當開始想要寫詞句時，就有孩子提供想法，如年年有餘、大吉大利、歲歲平安等，老師先用鉛筆在紅紙上寫好字，再請小朋友照線描字，平常極少用毛筆，所以並不很清楚該如何運用手指和力道，老師雖有示範，不過寫的時候，握筆的姿勢仍是五花八門。沒關係吧！孩子從中享受到畫春聯的樂趣呢！

就這樣地，幾年下來，老師們逐漸地了解如何幫助孩子在他們有興趣的話題上作討論，他們對主題的訂定也漸漸不同於以往。因此，主題形成的要素也逐漸地和以前有所不同。以下兩個例子可以看出主題產生的變化：

例一「測量」主題的產生

積木角的孩子們正在比賽誰的車子溜得最遠，庭庭裁判說：「是誠誠的車子溜最遠。」我們反問她：「最遠是多遠？」晉馬上用手來量，他說：「有 10 個手掌這麼長。」一旁的名名著急地說：「這樣不準啦！每個人的手都不一樣大啊！」大家聽了名名這麼說，開始思考這個問題，於是我們

開始了一系列測量的探討與實驗……

• 什麼是測量？

誠：「量有多高，量有多遠。」

融：「量量看高、低或是長、短。」

恂：「看車子的重量，是重的溜比較快，還是輕的溜比較快。」

• 什麼東西可以測量長度？

孩子們用各種不同的方式來測量自己的車子溜的距離，如：

謙謙——用線量

名名——排了十九輛積木角的小車子

伯晉——拿老師的拖鞋來量，最後還差一點，恂恂脫下自己的軟鞋放

上去試，剛好，所以總共是七隻大拖鞋加上一隻小軟鞋。

恂恂——共用了五個長積木

　　由於孩子們都是用非標準的測量工具來量，因此無法做比較。為了證實這點，我們以恂恂用的方式來實驗，結果，同樣的距離但因用的積木長度不一樣，數目也不一樣。於是再問孩子：「有什麼東西可以量出較標準的結果？」庭庭：「用尺。」於是我們就用尺再量一次，量完後名名說：「這樣就知道是多長了。」伯晉：「用尺也比較快耶！」經過驗證，孩子對測量便有些許的認識。後來，孩子在比賽誰的車子跑得比較遠的過程中，又對坡度與距離的關係有了不同的發現。陽陽發現：「坡度愈矮，車子溜的愈近。」伯晉：「坡度若是太高，車子會翻車。」最後比賽結果是，誠誠的車子溜最遠，有一六一公分長，我們用尺量誠誠做的坡度，高二十八公分。雖然誠誠的距離是最遠，但孩子們仍繼續挑戰，終於陽陽和謙謙超過了誠誠，用尺量坡度是三十五公分，晉和恂也超過誠誠，他們的坡度是三十三公分，誠誠看到大家贏過他，於是他和庭庭再次向自己挑戰，誠誠成功了！他不僅超越自己，也

是所有組別中溜的最遠的，他們的坡度是三十一公分，目前大家認為三十一公分高的坡度，是能使車子溜最遠的距離呢！

例二「陀螺」主題的形成

某天阿昌在益智角玩『百利智慧片』，他拿著做好的成品，試著在地上旋轉，沒想到竟然旋轉起來了，阿昌高興不已。接著他又創造出會開合的「立體五角形恐龍」，當他玩了一段時間後，將立體五角形的開口合起，並放在地上旋轉，驚訝的發現：「不可能吧！可以變恐龍又可以變陀螺。」一旁的同學對阿昌的發明讚不絕口，並請教他如何才能作出這麼炫的陀螺，就這樣孩子們開始對陀螺產生興趣並做進一步的探索。

‧發現——不只平面和立體陀螺可以旋轉

孩子們製作了五種可旋轉的陀螺，並依外型取名字：

1 阿昌做的平面陀螺　　2 立體五角形陀螺　3 聖介的寶石陀螺
4 彥儒的金字塔陀螺　　5 忠霖的鯊魚陀螺

剛開始，大家都以為彥儒和聖介的陀螺是轉不起來的，因為沒有人成功過，可是有一天聖介再次試轉陀螺時，奇怪的事發生了，寶石陀螺可以旋轉起來耶！聖介自己都看傻了眼，大家又重新燃起希望，於是忠霖試轉金字塔陀螺，咦！也可以旋轉起來，大家簡直樂歪了。最讓人驚訝的是忠霖的鯊魚陀螺，因為它是由三個三角體組合成，看不出有旋轉的軸點，但它就是旋轉起來了，而且旋轉起來的形狀很美。

‧發現二——立體五角形陀螺是旋轉最久的陀螺

這個結果吸引大家製作最拿手的陀螺來比賽。有翔翔的金字塔陀螺，阿昌的寶石陀螺，緯緯的立體五角形陀螺，聖介的鯊魚陀螺以及廷軒、忠霖的平面陀螺。過程中孩子們怕陀螺旋轉太用力會爆開，於是用膠帶先行固定。比賽的結果是軒軒的平面陀螺獲勝，可是同樣是平面陀螺，為何忠霖和軒軒轉的時間不一樣？翔：「因

為他們用的力氣不一樣。」緯：「我的有貼膠帶所以轉得比較慢。」隔天，我們請忠霖和軒軒再比一次，這次是忠霖的轉得比較久，所以大家贊成翔所說的話，最後我們將立體五角形陀螺上的膠帶拆掉，再和平面陀螺比賽一次，多次實驗後證明立體五角形陀螺轉得比平面陀螺久，孩子們一致認同立體五角形是轉最久的陀螺。

此外，孩子們也從百利智慧片陀螺中發現陀螺旋轉的原理和要件，如：

翔翔：「要平衡。」

融融：「下面要有尖尖的。」

妮妮：「外殼要很堅固。」

他們就像科學家一樣，大膽假設、小心求證，從中不斷的修改自己的想法。目前孩子們仍持續的研究著百利智慧片所創作出的陀螺。

在實行 High/Scope 課程的過程中，我們一方面受益於其結構性強的實施方式，和以孩子的發展為基礎的課程模式，但另一方面亦思索著是否其在提供幼兒「深度」的學習上（由 High/Scope 基金會出版的書籍、錄影帶中所呈現、討論的活動），它有不足？所以當孩子們對自己看到、摸到、聽到的事物表現出不同角度的好奇和興趣，並以各種形式呈現出來時：談論、建構、製作、捏塑、畫畫等，老師們自然地也被帶往他們有興趣的事物上，與他們一起作更深入、更有系統的探索，此時，主題已自然蘊釀出來了。老師們再以此為基礎，開始以網狀（web）或樹狀（tree）的學習方式擴張、加深孩子們的學習內容。以下圖表可以說明孩子們在單元主題中的學習過程。

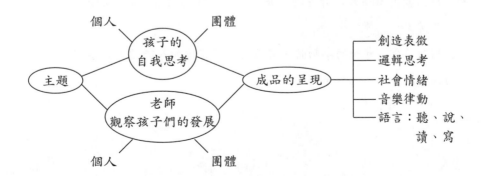

有時甚至在大半年後，先前探索過的話題還斷斷續續地呈現在他們的遊戲中，主題的加入讓孩子的學習更有組織性，老師、家長更感覺到孩子喜歡學習的快樂。所以在 High/Scope 課程中加入「單元主題」是否合乎這個模式的要求，目前我們較不做考慮，先以孩子和老師的需求為出發點。不可諱言地，無論是上學期剛開學訂定的主題或是新進老師對主題的拿捏，來自老師的主導性是比幼兒的自發性強多了，這一點我們也常在反思、自省。

3. 回顧（Review）

「回顧」對老師和幼兒而言，都是比「計畫」容易實施的活動，因為孩子有了具體的經驗，所以他們對於剛做過的事件陳述清楚，而且會有一些心得分享：如「我剛做一本書，打好洞用繩子綁起來時，洞就破了，所以你們下次打洞時，洞要打中間一點。」在陳述過程中，孩子們更清楚剛剛自己做了些什麼，自己如何將計畫實現出來，也了解自己剛剛做的事是有意義的。

老師們也在孩子作回顧的過程中，看到了許多同儕的互動與學習，如：

- 孩子拿作品分享時，會讓其他的孩子模仿、學習。班上的小男生們喜歡到積木角玩積木、車子。有一次回顧時，凱（小朋友名字）分享他用樂高做成的飛機，其他孩子都投以欽羨眼光。隔天，好幾個孩子選擇益智角，請凱教他們用樂高組飛機。
- 分組回顧後，隔天作計畫時，孩子們會去找志同道合的小朋友一起選同一角落。
- 聽到孩子分享有趣的事物時，其他的孩子就會加入話題，分享經驗。
- 回顧可以激發其他孩子的樂趣。

老師們採用的回顧方式

- 分組作回顧。一班分成二小組，由兩位老師帶孩子以口述方式回顧
- 老師進入各個角落，在角落中，小組作回顧。
- 個別作回顧。個別回顧的方式有：

*口述

*實物

*畫圖

·實施後的困難點

- 有的孩子不想作分享。
- 有的孩子尚在學習表達，但片斷的敘述令其他孩子失去傾聽的興趣。
- 每位孩子都作回顧分享時，占用的時間很長，影響下一個活動的進行。
- 計畫—工作—回顧如果要做得充裕、完整，需花很長的時間，如果接下來還有其他活動，會覺得時間不夠充裕。

4.小組時間（Small Group Time）

　　High/Scope 教學的另一要素為在小組時間，老師以一項特定的重要經驗為目標（如：時間概念、分類概念……），設計可以讓幼兒操作、思考以增進認知概念的活動，如：

◎重要經驗：時間順序詞「先」、「再來」、「最後」（鄭凨真老師提供）

年　　齡：中　班

材　　料：a.低筋麵粉　240g　　b.鋼盆

　　　　　　・細糖　　　135g　　　・打蛋器

　　　　　　・奶油　　　135g　　　・烤箱

　　　　　　　・蛋　　　　　２個　　　・動物餅乾模型

　　　　　　　　　　　　　　　　　　・計時器

活動過程：1.將材料一一介紹給孩子（可事先以圖在白板上繪出）

　　　　　2.一面告訴小朋友，要「先」將 a.材料倒入盆內拌勻，一面

　　　　　　陸續將材料放入盆內並拌勻

　　　　　3.請小朋友將拌好的材料「再」揉成麵糰

　　　　　4.接著將麵糰分成小塊讓小朋友桿平，並以動物模型壓出動

　　　　　　物形狀

　　　　　5.「最後」請大家將壓好的動物麵糰放入烤箱

　　　　　6.設定定時器二十分鐘

　　　　　7.二十分鐘後取出烤好的餅乾

備　　註：①老師進行活動時要清楚地依程序介紹時間詞

　　　　　②可將過程用照片拍下，加上孩子的口頭回顧，製作成烹飪書

　　　　　　書中亦有烹飪時間順序

◎重要經驗：社會、情緒——幫助新同學（葉桂秀老師提供）

年　　齡：小　班

材　　料：花仙子棒偶數個

活動過程：老師以花仙子棒偶講述故事

　　　　　在一座漂亮的花園裡，住著很多花仙子，

　　　　　哈哈花仙子最喜歡哈哈大笑，

　　　　　巧巧花仙子最喜歡玩遊戲，

　　　　　嘟嘟花仙子最喜歡吃東西，

　　　　　有一天當他們高興的在花園玩「荷花荷花幾月開花」時，忽

　　　　　然嘟嘟花仙子看到一個花苞，「它」還沒開花呢，裡面……

　　　　　是什麼呢？

　　　　　大家圍過去看，突然一個小小仙子從裡面飛出來，四處飛來

飛去，大家注視著小小仙子，

　　哈哈花仙子：「她都不會笑？」

　　巧巧花仙子：「她怎麼不來和我們一起玩遊戲？」

　　嘟嘟花仙子：「我好想要和他做朋友，請她和我一起

　　　　　　　　吃東西。」

小小花仙子很害羞，他也想和大家做朋友。可是要怎樣和大

家當朋友呢？

老師可提出新同學易面臨的問題，請小朋友想想如何邀請小

小仙子做朋友的方法，再導入小朋友可用什麼方法和班上新

同學做朋友。

　　對孩子主動學習的信心尚未堅定的家長或老師，往往擔心孩子常選擇同一學習區是否會有學習不均衡的情形？High/Scope 的小組時間提供不同重要經驗的活動，也可以平衡這些擔心。如：明明（小朋友的名）在角落時間很少主動選擇美勞角，他大部分都選擇在積木角搭蓋各種建築物。老師就可以在小組時間設計美勞相關的活動，讓明明有機會接觸美勞角的材料，明明也可以享受與同儕創作的樂趣。

　　在小組時間裡，老師更有機會觀察每個孩子的操作、想法及能力。因為是以重要經驗為活動目標，所以可清楚地觀察到每個孩子在各發展領域的狀況，也能避免老師偏重於自己專長的領域，而忽略了孩子的均衡發展。

・實施的困難點

①雖然是全班分成二個小組進行小組時間，但人數仍在十二人上下，由於孩子認知、專注力等程度有差異，老師要在同一時間照顧到每一個孩子的差異性，困難度高。

②由於小組時間較容易觀察到孩子的學習狀況，因此有的老師設計小組活動是為了要填寫「觀察記錄表」而忽略其真正的目的。

　　③有些不容易設計的重要經驗如「空間」，被設計執行的機會就會比較少。

5. 興趣課程老師的加入

　　資和的每日作息和 High/Scope 教學的作息表最大的不同是多了項「興趣課程」。由於台灣的父母普遍期望幼兒更「多才多藝」，因此才藝課占了台灣幼教生態很重要的份量。資和剛創立時，因擔心家長對開放式的教育理念不熟悉，接受度不高，因此，我們放了一個家長接受性最高的活動「才藝課」在學習活動中，以增加彼此對幼兒學習方式的共識。這些年來我們努力地將「才藝課」設計得更符合幼兒的學習，以「興趣課程」的名稱代替「才藝課」，並定期和才藝專任老師溝通彼此的教學理念。除了不讓「才藝」僵化了孩子的學習過程，也藉由「興趣課程」讓孩子的學習有機會得到專業老師的幫助、薰陶。

　　以孩子在積木角建構動物園為例，他們想要有更多種類的動物來豐富動物園，但積木角的塑膠動物不能滿足需要，這時，他們就到美勞角以自己學過的捏塑技巧，捏出了許多自己動物園需要的動物，所以孩子有機會得到專業人士的幫助，創意和想法被實現的可能性的確更大，他們也愈有成就感，遊戲就愈玩愈精采了。

　　除此之外，紓解幼教師部分工作壓力也是專業老師加入後我們的體驗。雖然幼師們都受過幼教專業訓練，但是每個人還是有專長的限制，加上他們的工作時間長、工作量又重，專業老師的加入，的確能分擔部分工作，教室的成人比較多，孩子們得到的照顧也較多，形成「協同教學」的一部分，同時，老師們也彼此「教學相長」。當然，前題是這些專業老師必須和園方的教育理念相配合。目前，我們力求興趣課程老師能按照孩子的發展技巧和經驗來實施他的教學活動，雖然尚不能完全達到這個目的，但是孩子們確實喜愛這些活動。

五、評　量

㈠每日軼事性記錄（High/Scope Key Experience Note Form）

　　資和的老師以軼事性的記錄記下了幼兒的認知學習、人際互動、情緒發展和大小肌肉發展。目前在評量方面我們僅做了這個部分，並沒有執行 C.O.R.。

　　由於主動學習環境中的成人與幼兒的互動頻繁、每天要作觀察記錄、與搭檔的老師討論幼兒的學習狀況、並規畫第二天的活動……，資和的老師每天都很忙碌，再加上學期間固定需要進行的活動，如家長會、家庭訪談、填寫親子聯絡簿等，老師的工作份量極重，因此，衡量了老師的精力和能力，我們目前只寫這份「重要經驗」軼事性觀察記錄表。老師們為填寫觀察記錄表，他們需聆聽孩子、仔細觀察孩子的表情、行為與創作，並與自己認知的「幼兒發展」相核對，長期下來，我們發現老師們對孩子的發展更了解，更能以孩子的發展為基礎，設計出反應孩子需要的課程。

　　由 High/Scope 提供的五十二項「重要經驗」，老師們可以檢視自己提供給幼兒的活動是否平衡？是否給與適當的幫助？是否提升了孩子的發展？而且園長和主任在與老師討論教案時，以「孩子的發展」為方向，彼此更容易有交集。我們也利用這份觀察記錄表和家長溝通孩子的學習狀況，有的家長也因了解孩子的發展狀況，更知道如何去幫孩子。除此之外，輔導老師也會藉助這份觀察記錄作為評定幼兒發展的參考資料之一。不過，受益最大的仍是老師，惟有了解幼兒發展的老師才能適切地反應幼兒的需要，也才能享受與幼兒一起成長帶來的快樂。

　　七年來，由剛開始記錄時的生澀、沒有信心，老師們不斷地彼此討論、尋求支援（註8），到目前，老師們已漸能掌握如何記錄的基本概念了，他們除了用文字記錄，也開始用孩子的作品（圖畫、萌發文字）或以照片保留孩子的建構性的作品和

扮演遊戲的情況，更增加了記錄的豐富性和客觀性。

㈡實施後的困難點

1. 與孩子互動中，記錄孩子的各種訊息本是不容易的事，在主動學習的環境中，忙碌的老師很難客觀記錄孩子所言所行，工作結束後，如沒有馬上寫下當天有印象的事件，往往就無法「描述」記錄孩子（target child）的或做的事，所以「記錄」一直是老師的壓力源之一。

2. 「重要經驗」軼事性觀察記錄表的分項是記錄幼兒的各項發展，如老師對幼兒發展概念模糊，如何記錄就是一大難題。

3. 老師如何在孩子每天做的事、說的話中判斷哪些是「值得」記錄的事件，也是一大挑戰。

4. 新手老師初次接觸此記錄方式，往往得摸索一段時間，才可能漸漸上手。

第二節　分　享

我們相信，任何一種尊重孩子的教學模式都是好的，High/Scope 教學只是這些「尊重孩子」的教學法其中之一種。

資和實施 High/Scope 教學已十年了，十年來，我們從點滴開始做起。過程中，我們會提醒自己不要因太講求其表面的形式而忘掉了與幼兒相處時的柔軟，或失去了享受與孩子在一起的快樂和感動。此外，我們雖受益於其清楚易遵循的理論架構，但也因覺得孩子應有機會享受更深入的學習的美，而加入了一些我們自認為合適的教學形式，但基本上還是恪遵其尊重孩子是「主動的學習者」，應培養其「主動學習的學習態度」的精神來實施教學。

一個教學理論的實踐過程，如何加入現實的需要（無論是來自孩子、家長、老

師的）、考量本土的文化，但又得融合得不會太突兀、不協調，「反思和回饋」應該是幫助我們檢視、釐清的最好方法。這些年來，許多來自孩子、家長與老師們的回饋，讓我們深深體會 High/Scope 教學的合適性。

・老師的回饋

A 教師是位資深的幼教工作者：

在 High/Scope 教學情境中的四年，我發現孩子在創造性表徵、自由律動、主動性及社會互動方面常有令人驚喜的表現，這和我以往的教學經驗有很大的不同，看到孩子自發性的學習，老師自然會以更開放的心面對他們。

B 老師：

High/Scope 角落時間中的計畫、工作、回饋，讓孩子有機會天天練習「做事前先想清楚」，很明顯的，因為有清楚的目標引導，老師們看到了孩子們參與大小事都很認真、執著。另外，環境規畫中 High/Scope 教學強調的教具、物品分類歸位並附清楚的標示，提供孩子自己選取、歸還的機會，這種感覺也很好，因為教室是大家一起的，而非只是老師的，軼事式的觀察記錄，也讓我們經歷了參與、分享孩子的想法的樂趣。（註9）

園長：

謝謝您堅持資和的方針與風格。啟發與引導對孩子太重要，對老師而言，卻遠比「排排坐」的教學要艱難得多，面對部分害怕孩子輸在起跑點的家長的質疑，您一定也費心溝通過。我們深信經過資和三年洗禮，我的融融未來能走得更好，我們也將在教育她的同時，努力給她一個快樂的童年。祝福您……

這些年來每一位在資和待過的老師都在詮釋 High/Scope 教學，他們在甘苦參半

的工作中一再體會與孩子一起成長的美，和在這種教學情境中的安心感。這些態度專業的教師們的貢獻形成了目前資和的風格——一個平實、尊重孩子、在乎孩子快不快樂的幼兒園。

第三節　總　結

一個模式的實施有賴於全園上下對此模式的理念持相同的價值觀並願意全力以赴。High/Scope 的課程主張孩子是「主動學習者」，孩子在與人、事、物互動中建構知識，其清楚的理念，易實行的策略，以發展來看幼兒的學習，十年來我們受益良多，並深深地體會到，只有了解孩子的發展才能發展出適性的幼教課程。

註　釋 >>>>>

註 1：High/Scope 學習輪譯自 Mary Hohmann, & David P. Weikart (1995). *Educating Yo-ung Children*. Ypsilanti: High/Scope Press.

註 2：此比率為全校老師和小朋友之平均值，不包括其他非老師之成人。

註 3：《兒童氣質量表》，徐澄清編著，因材施教，健康世界雜誌社出版。

註 4：學齡前兒童行為表為兒童臨床心理學界用以評量學齡前兒童之發展，內容包含了一般發展、人際社會、身邊處理、環境理解、溝通表達、精細動作、粗動作等八項。

註 5：①「釘子釘鉤，小貓小狗，一把抓住那一個，嘿！嘿！嘿！」大家把手指放到老師的手掌中，唸完兒歌後，老師抓住了誰的手指，誰就開始作計畫。

　　　②「你比我猜」為小朋友用比的方式告訴大家他的計畫是什麼，其他的小朋友若猜出來，就換下一個小朋友。

註 6：計畫─工作─回顧與小組時間的「實施的困難點」為綜合了老師們開會時所討論的觀點。

註 7：八十六學年度第一學期「大團圓」的單元主題進行時，摘自大黃班老師的教學日誌。

註 8：八十四年～八十五年，高雄醫學院心理系黃惠玲教授來園與一小組老師定期做 C.O.R.的討論。

註 9：郭文麗，High/Scope 課程的實踐過程分享，頁 227，一九九八國際幼兒教育課程學術研討會論文集，國立嘉義師範學院出版。

Hohman, Mary, & Weikart, David P. (1995). *Educating Young Children*.Ypsilanti: High/Scope Press.

High/Scope Child Observation Record (COR) (1992).

High/Scope Child Observation Record For Age $2^1/_2$-6 (1992). Ypsilanti, MI:High/Scope Press.

Schweinhart, Lawrence J. (1998). *School Administrator's Guide to Early Childhood Programs*. High/Scope Educational Research Foundation.

Helm, Judy H., Beneke, Sallee., & Steinheimer Kethy（1998）. *Windows on Learning*. New York: Teachers College Press.

卡蜜─迪汎思課程模式

11

~簡楚瑛

摘 要

　　卡蜜─迪汎思課程之論述主要立基於皮亞傑的建構論、柯伯格的道德發展論與沙蒙的角色取替發展論發展而成，透過減少成人的介入、培養幼兒與他人合作、協商以增進其自信心與思考能力來達成「培養幼兒不斷發展的可能性」之教學目標。

　　本章將介紹其發展的源流、理論基礎與教學模式之內涵，最後提出教學原則作為實際教學之參考。

第一節　卡蜜與迪汎思課程模式發展源流

　　一九六二年當魏卡特在易絲蓮蒂市成立高瞻遠矚計畫時，卡蜜（Constance Kam-ii）是該計畫的研究助理。一九六六至一九六七年卡蜜拿到博士學位後獲獎學金到幾內瓦大學（University of Geneva），在皮亞傑手下做研究。一九六七年卡蜜回到易絲蓮蒂市負責該公立學校裡的課程，他另外發展了一套托兒所的課程（Kamii, 1972a, b; Kamii, 1973a, b）。在這時期裡，卡蜜發展出之課程的目標與高瞻遠矚計畫之目標類似，都在強調使教育不利的孩子能夠在學校中獲得成就。一九六九年，卡蜜與皮亞傑的同事辛克萊爾（Hemina Sinclair）的對談，對卡蜜產生相當大的影響力。辛克萊爾指出，皮亞傑從未想到要將他的理論應用在教育中，成為「教導性的模式」（in-structional models）；同時辛克萊爾注意到皮亞傑對於知識的分類中，是將「物理性知識」（physical knowledge）與「邏輯─數學性知識」（logico-mathematical）加以區分的（Sinclair, 1971）。自此以後，卡蜜的觀點產生轉變，並開始透過觀察幼兒操弄物品時之活動與反應，設計有關物理性知識的活動。一九七○年，物理性知識出現在卡蜜設計課程中之目標內（Kamii & Radin, 1970），自此以後，卡蜜的課程模式遂與其他以皮亞傑理論為理論基礎之課程有了顯著的差異。

　　一九七○年另一影響卡蜜的人物是迪汎思（R. DeVries）。卡蜜─迪汎思課程模式之起動者是卡蜜，他原先的課程設計重點是放在皮亞傑的結構論上，至一九七○年與迪汎思開始合作，遂將卡蜜原本的課程架構從皮亞傑的結構論轉至強調皮亞傑理論中的建構論，並加入柯伯格（L. Kohlberg）的道德發展理論和沙蒙（R. Selman）之角色取替發展理論，形成卡蜜─迪汎思（Kamii-DaVries）課程模式。

第二節　卡蜜—迪汎思課程模式之理論基礎

　　卡蜜—迪汎思課程模式的理論基礎是以皮亞傑學說中的建構論精神為基礎，強調自主性的互動、去中心化的發展以建構知識的過程。同時，卡蜜和迪汎思在應用皮亞傑學說時係強調皮式知識論對幼教課程的啟示，而不是從心理學觀點去探討其對幼教課程的應用價值。所謂從知識論觀點來看，是指探討「什麼是知識」以及「知識是如何產生的」等相關議題。下面之敘述係根據卡蜜與迪汎思應用皮式學說到幼兒教育（特別針對三至五歲之幼兒）時所強調之理論觀點（Kamii, 1982; DeVries & Kamii, 1975, 1977, 1978, 1980, 1987）。

一、知識的種類──回應「什麼是知識」的問題

　　實證主義者認為知識的來源係來自於外在世界，而皮亞傑則認為知識的產生係同時來自於個體的內在和其外在世界。物理性以及和人相關的知識主要來自於外在的世界，而邏輯—數學性知識（logical-mathematical knowledge）則主要來自於個體的內在。因此皮亞傑係將知識分成三種：

㈠物理性知識（Physical Knowledge）

　　是指客觀性的、可觀察到之外在實體性知識，如玩具的顏色、皮球的軟硬度等屬之。物理性知識之來源係來自於外在世界之物體本身。了解物理性知識的唯一方法就是對該物體採取行動（action），然後看該物體對自己之行動的反應是什麼。譬如：將信封和玻璃丟到地上，看相同的行動會有什麼不同的結果。透過對物體的擠壓、推拉、摺放、搖晃等活動，孩子對物體之特性就愈來愈清楚。因為這部分知識

的獲得多是透過五官對外在世界的認知，因此這部分知識可以部分地稱為實徵性知識（說它是部分屬於實徵性知識是因為數學—邏輯性知識的產生亦在物理性知識產生之過程中形成的）。

㈡邏輯—數學性知識（Logical-Mathematical Knowledge）

邏輯—數學性知識強調的是事物間的「關係」（relationships），係來自於個體內在的建構，而不存在於物體本身，如：差別、相似、相同、整體、部分等屬之。例如，紅色積木和藍色積木的「差別」即屬於邏輯—數學性知識；紅色和藍色是屬於物理性知識。積木的顏色是看得見的，但二者間的「差別」是肉眼看不出來的，二者間的「差別」是將二個積木放至「顏色」這個「關係」中才創造出來的。「差別」本身不存在於任何一個物體中；同時，若不將二個積木放到「顏色」的「關係」中，二個積木間的「差別」就不存在了。

㈢社會性知識（Social Knowledge，又稱為 Conventional Knowledge）

社會性知識是指人與人之間共識下所產生的知識，稱之為社會性知識。這部分的知識，又可分為風俗習尚知識（武斷知識，arbitrary knowledge），係隨著不同的社會有不同的內涵（譬如：十二月二十五日是聖誕節；不能在桌上跳），和道德推理（moral reasoning）兩部分。風俗習尚的知識屬於約定承襲的知識，而道德判斷是對於一件事物好、壞、對錯的判斷。

二、知識建構的歷程──回答「知識是如何產生的」的問題

皮亞傑知識論的重點包括結構論與建構論，因為卡蜜和迪汎思後來在教學之應用上強調皮氏之建構論，因此以下以卡蜜女士對建構論之詮釋為本，介紹此模式之立論。

皮亞傑將知識產生之方式分成兩類。一種是實徵性抽離（empirical abstraction，又稱簡單化抽離 simple abstraction）；一種是反省性抽離（reflective abstraction）。實徵性抽離是個體透過感官所產生的感覺，或是經由實際對物體的行動而產生的感覺，都屬於實徵性抽離的歷程。在實徵性抽離過程中，個體的焦點是放在物體的某一特性上而忽略其他的特性，譬如：當幼兒將顏色從積木中抽離出來時，他就忽略了積木的重量、材質等特性。實徵性抽離的歷程是透過物理性的行動（physical acting）進行的，以此種方式進行所產生的知識稱之為物理性知識。

反省性抽離包括了物體間之「關係」的建構。如前所述，「關係」是不存在於外在實體上的，譬如，二個積木間的「差異」，並不存在其中一個積木裡，也不存在外在實體上，這種關係只存在能在腦中從二個積木間「創造」出來的人身上。對個體而言，這種反省性的抽離過程不是源自於一次或一個行動而已，而是累積了多個行動的結果加以抽離出、創造出的一種關係。

個體利用實徵性抽離過程建立其物理性知識；再以物理性知識為其思考之對象（如，「紅色」積木和「藍色」積木），透過反省性抽離過程建構了數學─邏輯性知識。這種數學─邏輯性知識進一步影響個體之物理性與已有之數學─邏輯性知識，使得個體成為認識的主體，不斷地開展個體自身的發展。

第三節　卡蜜─迪汎思課程模式之內涵

一、教育目標

　　卡蜜─迪汎思課程模式長期目標是「培養幼兒不斷發展的可能性」。針對三至五歲幼兒教育提出三個基本的教育目標（Kamii & DeVries, 1987; 1980）：(1)與成人有關的：透過安全的關係，成人的權力介入愈少的情況下，培養幼兒自主性的態度；(2)與同儕有關的：培養幼兒發展「去中心」（decenter）和協調不同觀點之能力的發展；(3)與學習有關的：培養幼兒的警覺心、好奇心、判斷力和信心去思考問題並誠實地將所想的說出來，並主動地提出想法、問題以及將許多事情放在許多觀點來看。

　　卡蜜和迪汎思認為當幼兒有上述之各項品質時，其他能力就會隨之發展出來了。譬如：語言發展未列在上述的目標內，卡蜜和迪汎思認為當成人權力盡可能地減少時，談判就會產生了。當幼兒參與在決策的過程中，他們就必須經常地說話，同時需儘可能地將其想法合乎邏輯地、具說服力地說出來。有意義地運用語言會鼓勵幼兒語言的發展。在與成人或同儕談判、協調過程中，幼兒需做很多的判斷、決定、傾聽與表達，這些均有助於語言、智力、社會行為等的發展。又譬如：社會與情感目標、積極的自我概念等也未列在上述目標之列。卡蜜與迪汎思認為在幼兒時期，其認知、情緒、道德、社會等各領域的發展是不可分的，是互相依存的。

　　讀、寫、算能力的培養也未列在上述目標之列，主要是因為卡蜜與迪汎思認為一個好奇、警覺的幼兒不可能對生活周遭所出現的街名、交通號誌、罐頭上的標籤等環境不感興趣；不會對於班上有多少同學？今天有幾個人沒來？等都毫無知覺。教育目標是有概念上的層次，同時是在發展架構內的。因此當幼兒的警覺性與好奇心被激發時，讀、寫、算能力就會得到發展了；反過來看，單教幼兒讀、寫、算的

能力時，就無法達到上述三個基本目標中的任一個目標；也不可能達到所期望的長期目標。

下面再將上述三個基本目標詳細闡述：

(一)與成人有關的

透過安全的關係，成人權力的介入愈少的情況下，培養幼兒自主性的發展：

自主性是相對於他律性而言，自主性不是指為所欲為，而是包括了慾望的相互規範、協調，最後做出兼顧各種考量的決定。成人運用獎懲來維持其權力。只要大人權力的介入，幼兒就無法自由地與成人合作和自願地建構他們自己的規則。這就是為什麼在本目標中強調成人權力的介入要愈少愈好。盡量減少大人權力的介入並不是指完全不介入，有些環境還是需要大人的介入。在運用獎懲時，成人與幼兒間需有積極的、良好的關係，否則獎懲是不會發生效果的。

自主性不只是指社會性的，同時也是智力的。如同社會性知識與道德規則一樣，知識的獲得都得靠幼兒自己去建構，才會成為自己的知識。若是幼兒被期望去接受他們所未必了解的「正確答案」時，他們就會對自己理解問題的能力欠缺信心，幼兒逐漸地就習慣於做一個他律性的學習者。

(二)與同儕有關的

培養幼兒發展以脫離自我中心和協調不同觀點之能力的發展：

皮亞傑認為同儕間的互動是幼兒社會、道德和智力發展所不可欠缺的條件。由於同儕間的關係屬平權關係，因此幼兒較易透過與同儕間的互動去建構自己有關社會性、道德性和智力方面的知識，能與他人協調、合作就必須能去中心化，亦即能從他人的角度去思考問題。

㈢與學習有關的

　　培養幼兒之警覺性、好奇心、批判力和信心去思考問題並實際地將所想的說出來，並主動地提出想法、問題以及將許多事情放在各種關係中來看：

　　這個目標也是從建構主義來的。如果知識的產生不是如同將知識倒入空瓶中之灌輸過程得來的，而是透過幼兒主動地建構的話，警覺性、好奇心和批判思考是必須的條件。幼兒自己去建構知識首先必須要有自信，要有那份相信自己能理解事物之能力的自信。

　　建構主義不僅重視孩子要以自己的方式去了解事理，同時強調要能自己提出問題來。當孩子可以自己形成問題時，表示是以自己的方式（非以老師的方式）在處理知識建構的過程中產生認識認知失調的處境，這種處境即成為孩子不斷探索知識之動力。同時強調知識的獲得是不斷地創造各種事物間的關係，而不是一個獨立的事實與概念。

　　上面所談與學習有關的概念，歸納來看時就是指智力的自主性而言。

二、教育內容與教學原則

　　由於皮亞傑將知識分成：⑴物理性知識；⑵社會性知識（又分成習俗風尚和道德知識）；⑶數學—邏輯性知識，因此卡蜜—迪汎思課程模式針對不同知識領域提出不同的教育內容與教學原則，並設計出一些活動以提供使用者參考（Kamii, 1972a, 1972b, 1973a, 1973b, 1982; DeVries & Kohlberg, 1990）。卡蜜和迪汎思一再的強調，他們提出的原則要比活動設計本身來得重要。換言之，卡蜜與迪汎思強調了解皮亞傑的理論後，參考其所提示之活動設計與教學原則，則可發展出自己的教學內容，而不應限於他們所提出來的活動內容。由於卡蜜與迪汎思認為在社會性知識中，風俗習尚知識只有從人處才能獲得，因此老師成為這種知識的提供者，也因此未出書

針對這部分的知識加以申述。唯針對物理性知識（Kamii & DeVries, 1993）和社會—道德之培養（DeVries & Zan, 1994）方面提出專書探討。另外，由於卡蜜與迪汎思強調透過遊戲可以同時促進幼兒社會、道德、認知、情緒等方面的發展（Kamii & DeVries, 1980），因此也針對團體遊戲提出活動設計之原則、範例以及對學習助益之分析。針對幼兒時期數字（number）的學習，他們也有專書深入探討（Kamii, 1982）。下面即分(1)物理性知識；(2)社會—道德教育；(3)團體遊戲；(4)「數」的活動，各領域分別敘述其設計之標準、活動分類情形以及教學應注意的原則。

(一)物理性知識

有關物理性知識活動設計，所強調的重點在幼兒主動地對物品事件採取行動和觀察物品事件的變化情形。因此就物理性知識而言，採取行動和觀察物品事件之變化情形都很重要。物理性知識活動即可分成兩類：

1.包含物體移動的活動

在這類活動中，幼兒對物體採取之行動（action）是重點。幼兒可以從自己對物體所採取之不同行動來觀察其不同的後果。例如：推球活動（這是一個活動），幼兒用不同的力量，推不同的點，球就會有不同動向與遠近移動的變化。這類活動中，物體只有移動，但並未改變（change）其特質。幼兒必須觀察，體會自己行動之變化與物體移動間的關係。

2.包含物體改變的活動

這類活動中，物體本身會產生變化。其變化的原因是來自於物體本身的特質上，而非幼兒的行動造成的。譬如：果凍的解凍和顏料的混合都是屬於物體的變化。這類活動是在某種環境下（熱度）造成物體某種形式（果凍融化）上的改變。幼兒在這種活動中，就須觀察並建構環境變化與物體變化間的關係。

第一類活動中，幼兒的行動與物體變化關係屬顯而易見的，而且是立即可見的。而第二類活動中，造成物體變化的因素不是立即可見的。卡蜜和迪汎思針對這兩類知識分別設計了活動做範例（Kamii & DeVries, 1978）。針對第一類物理性知識之活動設計，卡蜜和迪汎思提出四大參考標準：

1. 必須讓幼兒透過自己的行動去造成物體的移動。
2. 必須讓幼兒有機會產生不同的行動。唯有在幼兒有不同的行動，產生不同物體移動的結果，幼兒才有自己去建構這些規則的機會。
3. 物體的反應必須是可觀察的。
4. 物體的反應必須是立即性的。

而教學原則則可分成三個階段來看：

1. 活動開始之初

原則一：在介紹活動時要以最能讓幼兒啟動活動的方式介紹，介紹活動的方法可以參考下述三種：(1)把材料呈現在自然會被吸引的幼兒面前；(2)把材料放在幼兒面前，並說「想想看這些東西可以如何使用？」(3)把材料放在幼兒面前，並提出問題，要幼兒想出各種可能的解決方法。

原則二：從平行式遊戲著手：雖然同儕間的互動是教育的主要目標之一，但是在物理性知識活動中，最好給幼兒自己擁有自己的材料，並鼓勵他們平行式地遊戲，因為這時幼兒活動的焦點是物體本身，此時成人要鼓勵的就是這種自動的啟動動力，如果此時老師鼓勵幼兒互動就會影響幼兒啟動活動的傾向。

2. 活動的延續

一旦開始活動後，下述原則可以使得活動更具精進性：

要了解幼兒在想什麼並適度地回應，如果幼兒在建構自己物理性知識時，是沈浸在自己的思考中，而不是與環境互動，老師就必須放下原先已設想好的活動，去

跟蹤幼兒的想法，等幼兒不再感興趣時，老師再回頭原先要給的建議。

這樣看來，似乎老師的角色就變得被動的多了。事實上不然；卡蜜二人提出三個例子，是老師可以介入引導的例子。

(1)幫助學生食物問題的實驗與觀察，有時幼兒能力有限，無法做到想做的，這時老師可予以協助。

(2)提供材料、協助比較：當老師覺得做某些事物比較有助於幼兒的學習時，可以提供材料與引導。

(3)示範新的可能性：在教學過程中，學生的啟動和老師的介入同等重要。重要的是老師的介入一定要適度。

3.活動結束後

在活動結束後，老師應協助學生透過討論方式去反思他們做過的活動，在該活動中學到什麼？他們看到什麼？等問題。整個活動的目的就在培養學生對行為的知覺以及其他人、事、物對某種行為的反應。

㈡社會—道德教育（sociomoral）

社會—道德教育之近程目標在協助幼兒道德的發展層次，促使建立一個正義的學校社區。長程目標即在透過完全發展之個體去開創一個更大的、有正義的人類社會。最初，社會—道德的領域是指社會角色取替和道德判斷而言，後來覺得光是運用社會—道德兩難問題情境的討論和團體遊戲方式不足以符合幼兒社會—道德發展的需求。因此柯柏格和李卡納（Kohlberg & Lickona, 1987, in Kohlberg & DeVries, 1987）針對社會—道德教育提出更廣的目標與方法，亦即在教室裡建立一個正義的社區。這樣的目標是視教室為一社區。對幼兒而言，正義、合作的學習是在親身經歷的事件中學習，而非說教式的或是坐著談的方式學習而已。要使得教室成為一個正義的社區，以培養學生的社會—道德發展之做法有：

1. 讓學生參與討論、制訂班規之民主過程：老師提出之問題（此即為社會—道德教育的一部分）包括：

    (1)什麼叫規則？

    (2)為什麼我們要有規則？

    (3)班規應該由誰決定？

    (4)老師是否也應該和學生一樣遵守班規？

    (5)我們班上應該有哪些班規？

    (6)如果有人不遵守班規時應如何處理？

    (7)一旦班規設定後，可以改變嗎？如何決定一個班規是否要改？

2. 利用機會教育

    教室裡發生學生間的衝突是教導學生社會和道德推理與行為應用的最好機會，一個衝突事件的發生包括了角色取替（社會推理）和公平性（道德推理）間的誤會而起了衝突。當學生起衝突時，老師應做的事是：

    (1)幫助學生了解彼此的觀點。

    (2)幫助學生想出一個公平的解決方法，這個方法是可以兼顧兩人的觀點的。

    (3)幫助學習解決紛爭問題的技巧。

3. 將班上發生之衝突問題提出，全班討論其解決策略。

    有些衝突是適合全班共同討論、學習的問題，可以用團討方式處理。

4. 在教室裡，要培養學生看重每一個人之福利的責任感和一種社會責任感，讓學生在生命一體的共識中營造一個彼此關懷的社區風氣。

5. 提供合作學習的環境與機會。

在實施社會—道德教育時，老師的角色是既複雜又重要，老師必須知道：

1. 如何以不同形式去運用他不同程度的權威力量。

2. 引導討論所需的技巧：包括提出學生感興趣討論的問題、做總結、探索社會與道德方面的推理、和學生分享主持會議的角色和維持會議規則的責任、協助學生問題解決的進度、如何結束會議。

3.要有能設計支持學生社會—道德行為產生之環境的想像力。

4.如何將社會—道德教育活動化之能力。

5.身教的重要性，並身體力行之。

6.承諾的重要性：即在教學中不可避免的會有挫折、失敗的經驗，老師必須持志相信自己在學生發展中所扮演的角色。

㈢團體遊戲

根據卡蜜與迪汎思（Kamii & DeVries, 1980；高敬文等，民74）的報告指出：透過遊戲規則之制訂，可以發展兒童之社會性與政治性行為，有助於邏輯思考和道德方面的發展；透過遊戲規則之維護過程，可以促進兒童主動機警和誠實說出其想法的信心，亦能促進兒童創造力的發展；透過遊戲的過程，可以達到前面敘述的三大廣泛的教育目標，可以同時促進幼兒社會、政治、道德、認知與情緒的發展。因此卡蜜和迪汎思課程中強調用團體遊戲的重要性，他們舉出八大類的遊戲（分別是：瞄準遊戲、賽跑遊戲、追逐遊戲、躲藏遊戲、猜測遊戲、口令遊戲、玩牌遊戲、盤面遊戲），分別對每類遊戲分析其對幼兒認知學習方面的價值，並提示老師可以參考使用之介入方式。

針對團體遊戲的選擇標準，卡蜜和迪汎思提示了三個基本的參考指標（Kamii & DeVries, 1980；高敬文等，民74）：

1.內容有趣，具挑戰性，能讓兒童去思索如何去做。

評量一種遊戲是否達到第一個標準，首先可看看該遊戲的內容，有多少機會讓兒童活動或思考。假如一種遊戲在對任何階段的兒童都不能提供太多的思考機會，那麼它實在不值得一試。

2.能夠讓兒童自己評定成功。這個標準，使得兒童遊戲的評量不必受成人權威的介入。

3.在整個遊戲過程中，能讓所有兒童積極參與。「主動參與」意義為「從兒童

觀點言，能做心智的主動思考及情感的投入」。也就是說，一個兒童能否在遊戲中發現有事可做，要視其發展程度而定。

根據前面從皮亞傑理論推演出來的三個幼兒教育目標為指引，卡蜜與迪汎思指出團體遊戲教學時最基本的二個教學原則：

1.修正遊戲構想，以配合兒童思考的方式

幼兒思考異於兒童與成人，真正的發展指的是「兒童根據他已知的去建構新的東西」。用外力強加於兒童的「正確方法」並不能促進其發展。硬性要求兒童正確無誤地玩某種遊戲，是打敗我們的幼兒教育目標──培養自主性、學習與同儕協調與鼓勵主動學習──的最佳武器。

「修正遊戲，以適應兒童思考」這一原則下有三個方面實際教學的應用：

　(1)老師不加干涉，隨幼兒的玩法去玩。

　(2)新介紹一種遊戲時，用非競爭的方式開始。

　(3)鼓勵兒童在遊戲中不斷修正規則。

2.儘可能減少成人權威，並鼓勵兒童間的合作

在團體遊戲中，減少成人權威，鼓勵兒童做決定，可促進兒童知識的與社會的「自主性」發展。教師運用此原則的最好方法是參與遊戲，並且和其他玩者一樣遵守規則。此時成人的角色是，一方面參與團體中成為遊戲的一員；一方面協助兒童遵守規則或發展新規則。

㈣「數」的活動

卡蜜認為「數」方面教學的主要目標是培養幼兒獨立自主的能力，在此前提下，只要能把握數學教學原則，日常生活中許多情境，如：分點心、排餐桌、觀察記錄等，都可用來成為教學之內容。所謂教學原則比較是強調間接式的教學，包括鼓勵問問題，安排學習環境等方式，卡蜜提出六點原則：

1.鼓勵幼兒對周遭事物保持警覺，並盡量將所有物品、事件放入各種關係中去

思考。

2.在有意義的情況下，鼓勵幼兒去思考數目與物品量的問題。

3.鼓勵幼兒合邏輯的去定量，並對二組東西做比較。

4.鼓勵幼兒將物品予以不同方式的分組。

5.鼓勵幼兒多與同學互動，透過互動中，幼兒可以自己建構出自己的認知。

6.注意幼兒思考之過程，而非答案之正確與否。

三、評　量

卡蜜與迪汛思模式強調過程式評量，同時是以臨床法（clinical method）方式觀察幼兒的學習與發展情形。譬如，欲了解幼兒是否有數目的概念時，透過觀察幼兒數數之順序與數法以及問答方式去了解幼兒數目概念發展的情形。如果幼兒之數法如圖 11-1，同一個扣子重複的數了，表示幼兒尚未發展出數數時之順序關係；如圖 11-2，當我們問幼兒「指給我看 6 個」時，若幼兒只指最後一個扣子，就表示幼兒尚未將「6 個」這個數視為一個整體，而是一個個體；如圖 11-3，換言之，幼兒尚未發展出「包含」的關係；如圖 11-4 表示在幼兒心智中 1 是包含在 2 裡面；2 是包含在 3 裡面……。

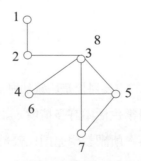

圖 11-1　四歲幼兒數數的數法

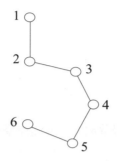

圖 11-2　數數時物體排列的心像圖

圖 11-3　數字圖

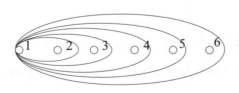

圖 11-4　數的包含圖

◆中文部分

高敬文等編（民 74）。幼兒團體遊戲──皮亞傑學說的應用。**幼稚教育叢書**(八)，省立屏東師範專科學校。

◆英文部分

DeVries, R. & Kamii, C. (1975). Why group games? A Piagetian perspective.Urbana, III: ERIC publications Office.

DeVries, R. & Kohlberg, L. (1987). *Programs of Early Education: The constructivist view.* New York: Longman.

DeVries, R. & Zan, B. (1994). *Moral Classrooms, Moral Children: Creating a constructivist atmosphere in early education.* New York: Teachers College Press.

DeVries, R., & Kohlberg, L. (1990). *Constructivist Early Childhood Education.*Washington, DC: National Association for the Education of Young Children.

Inagaki, K. (1992). Piagetian and Post-Piagetian conceptions of development and their implications for science education in early childhood. *Early Childhood Research Quarterly, 17,* 115-113.

Kamii, C. & DeVries, R. (1975/1977). Piaget for early education. In M. Day &R. Parker (Eds.), *Preschool in Action* (2nd action). Boston: Allyn &Bacon.

Kamii, C. & DeVries, R. (1980). *Group Games in Early Education: Implications of Piaget's theory.* Washington, D. C.: NAEYC.

Kamii, C. & DeVries, R. (1993). *Physical Knowledge in Preschool Education: Implications in Piaget's theory.* New York: Teachers College Press.

Kamii, C. (1972a). An application of Piaget's theory to the conceptualization of a preschool curriculum. In R. Parker (Ed.), *The Preschool in Action.* Boston: Allyn & Bacon.

Kamii, C. (1972b). A sketch of the Piaget-derived preschool curriculum developed by the Ypsilanti early education program. In S. Braun & E. Edwards(Eds.), *History and Theory of Early Childhood Education.* Ohio: Charles A.Johns.

Kamii, C. (1973a). A sketch of the Piaget-derived preschool curriculum developed by the Ypsilanti early education program. In J Frost (Ed.), *Revisiting Early Childhood Education.* New York: Holt, Rinehart & Wineston.

Kamii, C. (1973b). A sketch of the Piaget-derived preschool curriculum developed by the Ypsilanti early education program. In B. Spodek (Ed.), *Early Childhood Education.* Englewood Cliffs, N.J.: Prentice-Hall.

Kamii, C. (1982). *Number in Preschool & Kindergarten.* Washington, D.C.: NAEYC.

Kamii, C., & DeVries, R. (1978/1979). *Physical Knowledge in Preschool Education: Implications of Piaget's theory.* Englewood Cliffs, N.J.:Prentice-Hall.

Kamii, C., & Radin, N. (1970). A framework for a preschool curriculum based on some Piagetian concepts. In I. Athey (Ed.), *Educational Implications of Piaget's Theory.* Waltham, Mass.: Xerox College Publishers.

Sinclair, H. (1971). Piaget's theory of development: The main stages. In M.Rosskopf, L. Steffe, & S. Taback (Eds.), *Piagetian Cognitive-development Research and Mathematical Education.* Washington. D. C.: National Couneil of Teachers of Mathematics.

Weikart, D., Rogers, L., Adcock, C., & McClelland, D. (1971). The cognitively oriented curriculum. A framework for preschool Educators. Urbana, III., and Washington, D.C.: Educational Resources Information Center, National Association for the Education of Young Children.

12 直接教學課程模式

～簡楚瑛

摘　要

　　直接教學模式與其他種類模式最大的差異乃在於理論基礎，由於參與此項課程研究者多為教育學者和行為心理學家，因此其學習理論強調學生行為的改變和個別差異的學習是來自於學習。本章中將說明 B-E 與 DI 兩種直接教學課程模式的內涵。

第一節　直接教學課程模式之發展源流

　　一九六〇年代中期，貝瑞特（Carl A Bereitor）和英格曼（Siegfried Engelmann）在伊利諾大學（University of Illionis at Urbana）成立一個附設幼稚園，即以他們的名字為名（Beriter-Engelmann Preschool），是專為五歲幼兒而設的學校。貝瑞特在六〇年代初期和中期，主要努力的方向是教學前的幼兒，讓他們具備上小學前之幼稚園（指五歲幼兒）和低年級時所需的基本能力。英格曼的興趣也是教三、四歲幼兒基本能力之增進。貝瑞特和英格曼深信所有的小孩都是可被教育的，同時只要對低成就的小孩給與更多的學業技巧，就可以趕上同學的學業水準。因此他們設計了一個每天二小時直接教文化不利小孩讀、算、語言的課程。這時大家稱此課程模式為貝瑞特—英格曼模式（Bereiter-Engelmann Model，以下簡稱 B-E 模式）。

　　一九六七年貝瑞特離開伊利諾大學，貝克（Wesley C. Becker）加入，從此時到一九八一年，這個模式就以英格曼—貝克直接教學模式名稱見聞（Engelmann-Becker Direct Instruction Model）。貝克是一位心理學家，原本興趣是兒童臨床心理學，後來由於對兒童臨床心理學的傳統方法不滿而努力地去建立一個行為導向的方法。貝克加入後，對該課程模式的貢獻包括：

一、幫助父母更有效地去教導孩子。

二、訓練老師應用行為學派的原則。

三、應用效標參照測驗（criterion referenced tests）去評估學生的進步情形。

四、透過二週一次的報告來評量老師的成長。

五、應用電腦技術去評量和管理學生的學業情形（Becker, Engelmann & Carnine, 1981）。

　　一九七〇年，英格曼—貝克直接教學模式和其成員離開伊利諾大學，移到奧瑞根大學（University of Oregon）。由於繼續方案（Follow Through Project）的需要，

直接教學課程即發展由幼稚園到三年級的課程，自一九八一年起，這個模式被稱之為直接教學課程模式（Direct Instruction Model，以下簡稱 DI 模式）。

六〇年代 DI 和 B-E 模式盛行，受歡迎與肯定是有其社會、政治背景因素：

一、由於 DI 和 B-E 模式強調透過環境的改變，可以改變學生的學習成就，此無疑地是對智力固定論的挑戰，此種觀念深受當時社會、家長所接受。

二、美國普遍性的貧窮所附帶而來之低成就學生的問題：DI 和 B-E 模式強調低成就的孩子是因為他們接受較少的文化刺激，換言之，如能給與低社經家庭孩子有系統且直接地教導未來上學所需的能力，就可縮小低社經地位孩子與中等階層家庭孩子間的差距，也就解決貧窮所帶來低成就學生的問題。

三、一九五七年蘇俄發射第一枚火箭到太空，嚴重打擊到美國的尊嚴，因此在教育上呼籲加強讀、寫、算課程的呼聲大起，B-E 和 DI 模式內容正符合當時的需要。

四、B-E 模式和 DI 模式與多數公立學校課程最能銜接。

第二節　直接教學課程模式之理論基礎

B-E 模式和 DI 模式和其他課程模式不同的地方是其理論基礎，不是來自於兒童發展理論，參與這個模式的研究者多為教育學者和行為心理學家，而不是發展心理學者，因此其學習理論強調學生行為的改變和個別差異是來自於學習，而非來自於發展，視學生在學習中是：

一、接收體而非參與者。

二、教育人員可以透過事先周詳的設計，使學生與環境互動來增加學生的學習。

三、應用行為學派理論中的增強、塑造、處罰、削弱等方法來促進刺激與反應間的聯結，或去除刺激—反應間的聯結，使得學習行為產生。

第三節　直接教學課程模式之內涵

B-E 模式和 DI 模式雖有其承繼之脈絡關係以及共同的理論基礎，但因教學對象的年齡層不同，因此在課程內涵部分也就有差異性存在。以下即將兩個模式分開來談：

一、B-E 模式

㈠目　標

B-E 模式（Becker et al., 1981, Bereiter & Engelmann, 1966; Goffin, 1994）的長期目標是讓三、四歲學習不利的小孩具備上小學前一年──幼稚園時所需之程度；在細分成具體目標時，則分成十五條最基本的目標，其中包括一般說話時會用到的字彙與句型結構，譬如：「回答問題時，肯定句與否定句的使用能力」；「能正確地數到十」；「能分辨母音和至少十五個的子音」等。

㈡內　容

課程內容主要是兩個來源：

1. 從小學一年級的課程去分析，小學對入學一年級學生應具備的能力是什麼。
2. 從比西智力測驗去分析學生普遍應具備的概念是什麼。根據此來設計課程，結果決定顏色、大小、形狀、數字、順序、分類、位置、行動、材料、部分與整體的關係等概念是入小學前應會的概念，因此加入課程內容。

㈢教學方法

B-E 模式教學方法有五個特性：

1. 快速度的學習步調：二十分鐘內要完成五種或五種以上的工作，學生會被不斷地要求反應，可以多到五百次以上的反應。

2. 與工作無關的行為盡量減少，上課時強調工作導向。

3. 強調口語的反應。

4. 課程是事先周延地設計好的，每次以小單元方式進行，同時不斷地給與回饋。

5. 課程要求學生許多的工作，因此學生需要用心、努力地工作，這樣才會有獎賞。

㈣作息表

每天上課二小時，每班十五位學生，五位學生為一組，每天上三門課：讀、算和語文課，分別由三位不同老師上各科的課，每堂課二十分鐘。另一小時全班一起做一些「較次要的活動」（minor activities），如點心時間、上廁所和半結構式的活動等（如表 12-1）。

二、DI 模式

㈠目　標

DI 模式（Becker et al., 1981; Bereiter & Englmann, 1966; Goffin, 1994）的長期目標是培養低成就學生基本的學習技能，好讓他們具備與文化背景較好的學生競爭社

表 12-1　時間表

	第一組 （五個學生）	第二組 （五個學生）	第三組 （五個學生）
第一個時段（10分鐘）	非　結　構　性　活　動		
第二個時段（20分鐘）	語文課	算術課	閱讀課
第三個時段（30分鐘）	點心	音樂	時間
第四個時段（20分鐘）	算術課	閱讀課	語文課
第五個時段（20分鐘）	半　結　構　性　活　動		
第六個時段（20分鐘）	閱讀課	語文課	算術課

會中更高教育和機會的能力。近程目標是幫助五歲幼兒到三年級學生達到該年級的學業水準，DI模式設計者也看重學生社會與情緒領域的發展，他們認為DI課程有助於學生積極自我概念的發展，因為當學生成績好時，學生對自己以及別人對他的看法都會較正面性。DI模式的教育目標非常以學業目標為導向，因此核心科目是閱讀、語言和算術，每個科目分成三個程度，計九套課程內容，由科學研究學會（Science Research Associates, SRA）以DISTAR註冊商標出版。每一套課程都有其各自的目標。

㈡內　容

1. 閱　讀

DISTAR 第一和第二套閱讀課程的目標是閱讀的解碼技巧（decoding skills）和理解技巧，第三套的目標在培養學生能從閱讀中獲得新知，並會使用所得的新知。

2.算　術

第一套的算術課程目標是基本的加、減法的運算及應用問題的運算，第二套的目標是基本乘、除法的運算和時間、長度、重量、錢的加減運算，第三套的目標是加、減、乘、除混合運算和代數的運算。

3.語　言

第一、二套語言課程的目標是教物品的名稱、特質、類別以及彼此間的關係，學生學習做完整的敘述和細節的描述，第三套的課程目標是幫助學生加強基本文法規則、語言的應用、寫作和拼字能力。

(三)教學方法

DI 模式的教學方法強調小組教學，並運用行為學派的增強原則，為了能進行小組教學，學前一年、一年級和二年級班上除了一位主教老師外，都有兩位助理老師，三年級則有三位助理老師，和 B-E 模式一樣，每位老師都是以學科為專長，專門負責班上某一科的教學。

(四)作息表

DI 係以分組方式進行教學活動，每天五小時上課時間，三小時在學業學習上，二小時在學業學習活動以外的活動。每班學生分成四組，每組約四～七人，輪流上三個科目。每個科目如是第一套和第二套課程時，教學時間是三十分鐘，第三套時，學生需自己先做練習簿三十分鐘後才有十五分鐘的教學時間。程度好的學生，老師會要求他每天完成一‧五課，程度最低的每天要求其完成○‧七課。

三、評　量

　　上述兩個模式的評量都是標準化成就測驗，每一課結束時都有標準化參照測驗。

參考書目 〉〉〉〉〉

Becker, W . C., Engelmann, S., Carnine, D. W., & Rhine, W. R. (1981). Direct instruction model. In W. R. Rhine (Ed.), *Making Schools More Effective: New directions from follow through*, 95-154. New York: Academic Press.

Bereiter, C., & Engelmann, S. (1966). *Teaching Disadvantaged Children in the Preschool.* Englewood cliffs, NJ: Prentice-Hall.

Bereiter, C. & Engelmann, S. (1973). Observations on the use of direct instruction with young disadvantaged children. In B. Spodek (Ed.), *Early Childhood Education*. Englewood cliffs. NJ: Prentice-Hall.

Goffin, S . G. (1994). *Curriculum Model and Early Childhood Education: Appraising the relationship.* New York: Merrill.

幼教課程模式之源流與比較

13

〜簡楚瑛

摘 要

本章中將以文獻探討的方式進行各種幼教模式之討論，透過檢視各模式，我們得到的啟示應是：每一模式的產生都有其文化、社會脈絡與意義性，各模式是否有延續性生存，或移植到他國時，應審慎考量模式本身理論基礎的合時性和調整之彈性。

第一節　幼教課程模式發展史*

　　一九五〇年代晚期前，具系統性的幼教課程的多樣性是有限的。最早具體且有系統提出幼教課程內涵的就是一八三七年在德國創設幼稚園的福祿貝爾。到了二十世紀初，一些美國幼教學者（如 Susan Blow 和 Elizabeth Peabody，見 Weber, 1969）開始對福祿貝爾的幼教理念、哲學觀、教具和教學內容提出質疑的看法，批評福祿貝爾的課程太結構化、太僵化以及不夠科學化。後來進步主義者（如 Patty Smith Hill、John Dewey 和 Edward Thorndike）的加入，使得幼教課程在一九六〇年代前深受進步主義所影響。到了一九六〇年代，由於早期介入方案的出現，如：「提早開始方案」（Head Start Project）和「繼續方案」（Follow Through Project）以及聯邦政府研究經費的支援，促使不同課程模式的產生與發展。因此幼教的發展與早期介入方案是息息相關的。在美國歷史上，對幼教感興趣的高點是在六〇年代和九〇年代，間接地也就帶動著對課程模式之探討的興趣（Goffin, 1994, pp.26-28），下面即針對美國幼教課程模式產生與發展之背景因素與發展軌跡加以追溯。

　　在一九六五年「提早開始」方案出現之前，美國幼兒教育大致分成三個分支：幼稚園（專收五歲大的幼兒）、托兒所（Day nursery，現稱 Day care，有的收比二歲還小的幼兒）和三、四歲幼稚園（Nursery School，專收三、四歲大的幼兒）。

　　美國自十八世紀末起即有托兒所的存在，是整天的，專門提供給母親在外工作之家庭托幼的服務。因此，其主要的服務對象是低收入的家庭，服務重點是屬於社會工作的性質，而非專業教育之性質。

　　Nursery School 盛行於一九二〇年代初期，是半天性質的方案。服務對象是以富有的家庭為主，服務重點是在提供家長養育子女的建議和豐富化幼兒社會——情緒

---

*此節所述以美國之歷史環境為主。

層面的生活，而不是為了減輕職業婦女的壓力或是協助文化不利或是被忽視的幼兒。

五歲幼稚園被視為是幼兒第一次經驗到的正式教育之第一步，雖然多數公立學校不提供幼稚園的服務，但它常被視為是公立學校教育向下紮根的一個延伸。在一九二〇年代到一九六〇年代「提早開始」方案出現前，幼稚園深受「智力不受環境影響」的信念所影響，使得當時幼稚園的目標傾向於培養幼兒積極的社會—情緒之發展。

從歷史上來看，在一九六〇年代以前，上述三支系統是分別獨立的，且服務不同的族群，雖然課程的重心都在培養幼兒社會與情緒的發展，但還是有從保育到豐富化幼兒上學前之準備度不同程度的強調。

海特（Hunt, 1961）和布魯納（Bruner, 1964）的研究指出：人類智力是會受環境影響而改變的。這樣的主張深受大眾所歡迎與接受，政治人物即以此為政治訴求；發展心理學家並開始探討學前教育對幼兒長期與短期的影響力。原本一九六五年「提早開始方案」和「繼續方案」等幼教方案的出現是基於兩個主要的前提：(1)出生前五年是幼兒發展的關鍵時期；(2)早期的經驗可用來預測學生未來的能力。因此，幼兒提早介入方案的出現，最初的假設是貧窮家庭中的孩子，由於家庭環境的因素，無法提供足夠的刺激，導致他們產生文化不利的學習背景。因此，若能提供早期介入，即可幫助幼兒追上中等家庭背景出生幼兒之常模，此有助於幼兒未來正式學校的學習，也有助於打破貧窮家庭循環於文化不利環境下之困境。所以早期介入方案的目的是屬於「補償教育」（Compensatory Education）。一九五七年，蘇俄發射第一枚人造衛星的消息震驚全美朝野，課程的改革與對幼教的重視應運而生。由此可見，在六〇年代，幼教得以蓬勃發展，幼教方案得以不斷有新的設計出來，實在是學術界、政治界和社會上共同關切之影響下所形成之局勢。

自一九六五年「提早開始方案」開始後，托兒所、三～四歲幼稚園、五歲幼稚園開始合併，其服務對象、服務重點不再像以往一樣的壁壘分明。心理學家認為傳統上幼教領域所提供的課程——強調社會和情緒的發展，對低社經背景家庭的小孩幫助不大，加上心理學家強調智力的可鍛鍊性，因此他們主張幼教課程應強調認知

和學業上的協助或豐富化。因此，各種不同類型的提早介入之課程型態（Programs）由於其所立基的學習與發展心理學的觀點不同，以及對於教育目標的認定不同，導致一九六〇年代不同課程模式的出現。

聯邦政府欲了解未來幼教政策之走向，因此提供經費給研究人員，企圖找出哪一種課程對小孩最有益處。這種期望是美國人相信可以透過科學來改造社會之信念所影響，這種發展和幼教課程模式間之比較的巔峰情形大約維持了十年左右。自一九七〇年代末期到一九八〇年代早期，有關幼教方案效果的研究指出：幼教效果到了小學後就逐漸地消失了。這種研究結果產生後，研究者對探討哪一種課程模式最有影響的興趣降低了，取而代之的是探討到底幼教課程是否真的有助於文化不利孩子未來的發展，由於欠缺顯著差異效果的說明，加上聯邦政府對相關議題支持度降低了，大樣本比較設計與實施上的困難等因素的影響，使得研究方向轉到全日托兒影響方面的研究。由於當時婦女加入工作行列的人數眾多，幼兒放入托兒所的情形愈來愈多，因此成為另一研究重點，這時研究重點在了解托兒對幼兒之發展，尤其是情緒方面的發展，是否有害（Adcok, 1980; Applegate 1986; Donofrio, 1989）。

雖然普遍來說，大家對幼教課程模式的興趣轉移了，但還是有一些研究人員繼續做長期的追蹤研究（Copple, 1987; Howard, 1986; Lazar, lrring, & Darlington, 1982; Lee, 1989; Schweinhert & Weikart 1980; Weikart, 1989），同時大家對不同課程模式所產生之不同效果的分析，以及幼教在教育改革中所扮演的角色等議題感興趣（Pinkett, 1985; Stallings, 1987）。這些因素互動的結果，使得幼教和課程模式於一九九〇年代再次受到重視。

九〇年代對課程模式探討之焦點不再是尋找哪一個模式最好、最有用，而是幼教課程應如何去設計以因應不同特質孩子的需要與能力，以協助他們發揮最大的學習潛能。接著第三波的研究趨勢是幼教課程與家庭環境互動的影響力，亦即每個幼兒自家庭環境中帶了很多家庭文化特質到學校，再參與學校活動，這二種文化的互動對幼兒的影響是什麼（Goffin, 1994, pp.27-28）。這個研究趨向即否定了「有一個理想模式，適用於任何環境、任何一位小孩身上，且是最有效果的模式」的概念。

　　雖然九〇年代幼教再次被重視，但其關心的焦點和基礎觀點已與六〇年代幼教關心的焦點有所不同了。六〇年代幼教受重視的原因在於單一的、經濟的和文化不利因素對孩子產生的不良影響，因此而受重視；九〇年代再度重視幼教，已不只是因為幼教是減輕貧窮影響力的一個途徑，它同時被視為是增進美國國際競爭力和孩子成功地進入與完成國民教育的一個基礎。

　　從美國幼教課程模式發展之歷史的追溯來看時，我們得到的啟示應該是：每個幼教課程模式的產生都有其文化、社會之脈絡與意義性。隨著歷史的演變，各個課程模式是否可以延續性地生存或是移植到他國去，應視該課程模式本身理論基礎之合時性和調整之彈性空間的大小而定。

第二節　幼教課程模式之比較

　　筆者以文獻探討方式針對娃得福模式（Waldorf）、蒙特梭利模式（Montassori）、高瞻遠矚模式（High/Scope）、河濱街模式（Bank Street）、卡蜜－迪汎思模式（Kamii-DeVries）、直接教學模式（DI）六種課程模式〔此六種模式之決定係參考 Goffin（1994）、Schweinhart 和 Epstein（1997）、DeVries 和 Kohlberg（1990）等人所著之書後，視其整體之完整性決定取捨〕其各自之發展源流、理論基礎和各模式內之要素加以分析探討〔詳細資料可參考簡楚瑛（民 87）之著作〕，歸納成表13-1 和表 13-2。

　　從表 13-1 和表 13-2 來看，可以歸納出一些結論：

一、六個主要的幼教課程模式產生時，所針對的對象除了河濱街和娃得福模式外，都是以低社經地位的小孩為主要教育對象。

二、六個模式中，除了娃得福和蒙氏模式外，都是以三到五歲年齡層的小孩為教育對象。只有娃得福和蒙氏模式有延續性的規畫。在實務上，娃得福和蒙氏幼稚園畢業的學生有娃得福和蒙氏小學可以銜接，爾後還有中學部可以銜接。

表 13-1　幼教課程模式比較表㈠

課程模式　變項	娃得福模式（Waldorf）	蒙特梭利模式（Montessori）	高瞻遠矚模式（High/Scope）	河濱街模式（Bank Street）	卡蜜－迪汎思模式（Kamii-DeVries）	直接教學模式（DI）
起源時之對象	不分階層所有的小孩	低社經地位小孩和特殊小孩	低社經地位小孩	中等社經地位小孩	低社經地位小孩	低社經地位小孩
年齡層	5、6歲~18歲	0~18歲	3、4歲	3、4歲	3~5歲	3~5歲
理論基礎來源	人智學	生物學、塞根、伊塔	早期深受皮亞傑結構論影響；後來受皮氏建構論影響	浪漫主義、杜威進步主義、心理動力論、發展心理學	皮亞傑、辛克萊爾、柯伯格、沙蒙	行為學派
教育目的	培養具有敬虔、愛與自由之道德心靈的個體	1.發展自己 2.為進入社會作準備 3.社會改革	為進入小學作準備	最初強調自我社會情緒發展；而後加強認知課程	初期強調為進入小學作準備；後強調培養小孩不斷發展之可能性	為了進入小學作準備
教育內容	遊戲、故事、藝術活動	日常生活教育、感覺教育、算術教育、文化教育	初期強調認知發展方面的課程；後來加入了社會情緒發展方面的課程	無具體、詳列的課程內容，只提供教學與內容選擇、組織之原則	提出有關認知、道德方面之教學原則與活動設計範例	閱讀、語言、算術
教育方法	1.老師角色：示範者	1.老師角色：輔導者、觀察者、引導者 2.教具為教室環境中的焦點	1.老師角色：與蒙氏模式相同 2.興趣區為其環境布置重點 3.例行活動架構是：計畫－工作－回顧	1.老師角色：協調者、輔導者、支持者、觀察者 2.角落為其環境布置之重點 3.有規律的上課時間表	1.老師角色：與蒙氏模式相同 2.教學三個階段：活動開始之初→活動的延續→活動結束後	1.老師角色：教導者 2.強調反覆地練習與回饋制度 3.讀、寫、算都有一套教材，按序學習

續表

課程模式＼變項	娃得福模式（Waldorf）	蒙特梭利模式（Montessori）	高瞻遠矚模式（High/Scope）	河濱街模式（Bank Street）	卡蜜－迪汎思模式（Kamii-DeVries）	直接教學模式（DI）
教學評量	觀察	觀察	High/Scope發展出來之觀察工具：High/Scope Child Observation Recocrd（C. O. R.）	行為評定量表（Behavior Rating Analysis of Communication in Edurcation, BRACE）	觀察	標準成就測驗

表 13-2　幼教課程模式比較表㈡

課程模式＼變項	娃得福模式（Waldorf）	蒙特梭利模式（Montessori）	高瞻遠矚模式（High/Scope）	河濱街模式（Bank Street）	卡蜜－迪汎思模式（Kamii-DeVries）	直接教學模式（DI）
理論基礎	人智學	生物學、教育學	心理學	心理學、哲學	心理學	心理學
教育目的：社會化／學業認知取向	強調意志、情感、思想以及道德、靈性等之協調發展	兼顧學業、認知與社會化	學業、認知、社會	兼顧社會化與認知課程	兼顧社會化與認知課程	學業
為未來作準備／豐富化個人之經驗趨向	為未來身心靈自由的成人及人類演化、永恆生命作準備	為未來作準備	為未來作準備	最初強調個人經驗；後來亦強調為未來作準備	初期強調為未來作準備；後來強調個人經驗的豐富化	為未來作準備

三、六個模式之理論背景除了娃得福模式外，其餘的都深受心理學所影響，高瞻遠矚課程模式、卡蜜—迪汎思課程模式和直接教學課程模式三個模式更是以心理學為其理論的唯一來源。

四、就各個課程模式之教育目的來看，除了娃得福模式外，其餘的幾乎都是以為入小學而作準備為其主要目的或是目的之一。直接教學模式就是以學業（讀、寫、算）為其教育目的；蒙氏課程模式除了為小孩入社會而準備外，也強調小孩的自我發展；河濱街課程模式原本是為中產社經背景小孩而規畫的課程，因此強調自我和社會情緒發展的教育目的，後來因為「提早開始」方案的實施與採用，為低社經背景小孩入學作準備，因此亦強調為入學而準備的教育目的，即兼顧學業、認知與社會化的教育目的；高瞻遠矚課程模式和卡蜜－迪汎思課程模式發展到後期都亦強調認知與社會行為之發展的教育目的；娃得福模式強調為未來身、心、靈自由的成人及人類演化永恆生命做準備。

五、就教學內容而言：蒙氏模式、高瞻遠矚模式和直接教學模式都有具體詳盡規畫的教學內容；河濱街模式僅標列出教學內容之選擇與組織原則；娃得福模式和卡蜜－迪汎思模式則除了原則外，還提供活動內容或設計範例供使用者參考。因此，就課程內容選擇彈性而言，直接教學模式屬前面所提到的第一種類型，即課程內容是事先即設計好的，老師改變教學內容的彈性很小，上課是依固定內容、固定程序進行教學；河濱街模式和卡蜜－迪汎思模式係屬第二種類型，即課程內容沒有固定的學習內容，該模式僅提供選擇課程內容之原則而已；娃得福模式、蒙特梭利模式和高瞻遠矚模式屬第三種類型，即老師提供一個學習的範圍、方向，在這範圍和方向內，學生有選擇與決定的機會。

　　就課程範圍之廣度而言，直接教學法係以學業之準備為其主要目的，因此課程內容之範圍最窄；蒙氏模式有教具的呈現，容易由於老師專業知能之不足，導致教學內容以教具為限，也有老師以教具為依據，但自己加以刪減或增加深度，使得蒙氏課程可寬可窄。根據蒙氏之學理，拋開教具來教學時，其課程所涵蓋之範圍可以很寬廣；娃得福模式、高瞻遠矚模式、河濱街模式和卡蜜—迪

汎思模式由於僅提供課程選擇與教學原則，因此課程範圍就易受老師專業知能與專業精神所影響。

就課程內容之組織原則而言，直接教學模式強調程序性與繼續性，屬結構性課程；蒙氏模式之教學若強調教具重心，則教學屬結構性課程；若老師可以抓住蒙氏教育的精神，強調學生自主性的重要性時，其課程組織原則可以變成半結構性的課程；娃得福模式、高瞻遠矚模式、河濱街模式和卡蜜—迪汎思模式中，課程之組織原則則視師生互動與課程發展的情形而定。

六、就教學方法而言：六個模式中，除了直接教學模式是強調反覆學習與回饋制度，老師是教導者的角色，娃得福模式強調老師是示範者的角色外，其餘四種模式中，老師的角色大致相同，都強調老師非教導者而是引導、支持、輔導與觀察的角色。

七、就教學評量而言：除了直接教學模式以標準化成就測驗方式評量學生學習成果，屬量化評量方式外，其餘五種模式均強調以觀察方式做教學評量，偏重質化的評量方式。

參考書目

◆中文部分

簡楚瑛（民 87）。美國幼教課程模式之探討。行政院國科會三十五屆出國研究人員
　　返國報告。

◆英文部分

Adcok, E. P. et al. (1980). A comparison of half-day Kindergarten class on academic achie-
　　vement. Maryland State University, Dept. of Education, Baltimore, ERIC (ED
　　194-205).

Applegate, B. (1986). A meta-analysis of the effects of day care on development: prelimi-
　　nary findings. ERIC (ED 280 114).

Bruner, J. (1964). The course of cognitive growth. *American Psychologist, 19(1)*, 1-15.

Copple, C. E. et al. (1987). Path to the future : long-term effects of Head Start in the philad-
　　elphia School District. ERIC (ED 289 598).

DeVries, R., & Kohlberg, L. (1990). *Constructivist education: Overview and comparison
　　with other program.* Washington, DC: National Association for the Education of Young
　　Children.

Donofrio, R. I. (1989). The effects of the all-day everyday: kindergarten program versus the
　　half-day everyday kindergarten on student developmental gains in language, anditory,
　　and Visval Skills. Northern Arizona University.

Goffin, S . G. (1994). *Curriculum Model and Early Childhood Education : Appraising the
　　relationship.* N. Y: Merrill.

Howard, E. M. (1986). A Longitudinal study of achievement associated with participation a public school kindergarten. Dr. Dissertation of Mississippi State University.

Hunt, J. (1961) *Intelligence and experience.* New York : Ronald Press.

Lazar, Irring, & Darlington, Richard B. (1982). Lasting effects of early education: A report from the consortium for longitudinal studies. *Monographs of the Society Research in Child Development,* 47 (2-3, Serial No. 195).

Lee, V. E et al. (1989). Are Head Start effects sustained？ A longitudinal follow up comparison of disadvantaged children attending Head Start, No preschool and preschool Programs. ERIC (ED 309 880).

Pinkett, Kathleen E. L. (1985). Preschool attendance and type of experience in advantaged children : long-term effects by third grade. ERIC (ED 265 942).

Schweinhart, L. J., & Epstein, A. S. (1997). Curriculum and evaluation in early childhood programs. In Spodek, B. & Saracho, O. N. (Eds.), *Issues in Early Childhood Edeucational Assessment and Evaluation*, 48-68. Teachers collage . Columbia Univ.

Schweinhart, L. J., & Weikart, D. P. (1980). *Young Children Grow up: the effects of the perry preschool program on youths through age 15.* Ypsilamti: High/Scope.

Stallings, J. (1987). Longitudinal findings for early childhood programs : Focus on direct instruction. ERIC (ED 297 874).

Weikart. D. P. (1989). Quality preschool programs: A long-term social investment. ERIC (ED 312 033)

幼教課程基本問題之探討

14

～簡楚瑛

在第十三章中所探討的六個幼教課程模式，有的是經歷九十年以上的歷史，其理論基礎與教育目的、內容、方法等未見太多大幅度的改變；有的是一邊做一邊修正，致使理論基礎與課程四大要素有前後時期的轉變；有的以心理學為起點，然後發展出具體的課程；有的以實務為出發點，逐漸地找出或是建立出其理論基礎。有的理論背景是以發展心理學為主；有的理論背景是以學習心理學或是生物學、人智學為主。因此，在許多基本觀點、強調重點不同的情況下，去評論彼此間之優劣點是件不太公平的事，同時在前面中也提到目前對於各個幼教課程模式的評析焦點已不再是尋找哪一個模式最好、最有用，而是探討應如何設計課程以因應不同特質孩子的需要，以幫助其成長、發展。有鑑於此，本章的思考方向則是跳開幼教課程模式彼此間的比較，而從發展心理學、認知心理學、學習心理學、課程理論、哲學知識論等領域之新近的研究發現來看整個幼教課程模式所觸及到的一些問題。

由於一個理論基礎影響到實務層面時是全面性的，因此在談到上述三個問題時，會有資料重複應用與解釋的現象或是探討內容歸類時難以截然地分割的情形，在此先作說明。

課程設計所關心的應是在「什麼時候」以「什麼方法」「教些什麼給孩子」。前面六個課程模式也是針對著何時教、如何教、以及教些什麼給孩子提出一套具體之做法與理論依據。因此，本章即針對教什麼、何時教、及如何教三個方向來看幼教課程模式的適切性問題。

第一節　教些什麼的問題

自古以來何謂真理？何謂知識？以及其起源處何在？一直是哲學家思考的主題。由於對「知識」有不同看法，就使得教學時應教什麼以及如何教的問題產生了一些分歧的走向。什麼才是知識？基本上有三個觀點（Case, 1996）：

一、經驗主義的觀點

英國的洛克（John Locke）、愛爾蘭的巴克萊（George Berkeley）和英國的休姆（David Hume）是經驗主義的代表者，他們認為知識是由後天的經驗所產生的，透過個體感官的經驗形成個體的知識。實證主義知識論的觀點引伸到心理學派的觀點時，對「學習」的看法是：能分辨新的刺激的過程（知覺學習）、偵測刺激聯結的過程（認知學習）和將新的知識應用到別的情境的過程（遷移學習）。二十世紀前半世紀的學習理論即被此派觀點所主掌著，華森（J. Watson）、桑代克（E. Thorndike）和霍爾（C. Hull）為主要代表人物。根據經驗主義對知識源起之觀點，產生了心理學上的行為學派。行為學派理論用在課程與教學領域時，編序教學法（programmed instruction）（Skinner, 1954）為最有名的代表，本研究之直接教學課程模式即屬持此觀點的模式。持經驗主義觀點所設計之課程與教學特性有四：

（一）知識主要來源是經驗，知識是透過對外的認知所形成的，因此認為知識是客觀性的存在。

（二）課程目標係以行為分析方式陳述，且以學業目標為主。

（三）學習成果係以結構式測量方式評量。

（四）從學習起始點到終點，整個學習步驟的秩序均以直接的、講授的和邏輯的方式呈現。

二、理性主義的觀點

迪卡爾（R. Descartes）和康德（I. Kant）是理性主義的代表，他們認為知識是客觀地、永恆地存在個體之外的，理性是自存，先天即存在個體之內了。學習是由內而外的，並非由外而內的。教育的目的是在啟發理性而不在於經驗的充實。持此觀點的學者主張：兒童與生俱來即有不同的結構，這些結構會依年齡的變化而依序地

發展，皮亞傑為此派之創始者與代表人物。本研究中五個課程模式，除了直接教學課程模式不屬理性主義觀點外，研究者認為餘者基本上都可歸屬此類觀點。持理性主義之觀點所設計之課程與教學特性是：

(一)知識來源是靠理性作用形成，人有先天理性可以發現真理，真理是普遍、永恆性的存在。

(二)課程目標以啟發理性為主，因此所提供之學習內容以事物法則、原理、系統觀念等永恆不變、普遍性的知識為重點。

(三)學習方法上強調啟發式教學方式，屬於學生中心與老師中心教學法之折衷。

三、社會歷史理論的觀點

黑格爾（Hegel）、馬克思（Marx）等人認為知識不是起源於客觀的實體世界，如實證主義者所主張的；也不是起源於主觀的認知世界中，如理性主義所主張的；也不是如皮亞傑所說的來自於個體與客觀世界的互動過程。社會歷史學派主張：知識來自於社會和文化歷史，個體屬於社會、文化歷史之承繼者，同時也是社會文化、歷史的創造者。

社會歷史理論的觀點引伸到心理學的觀點時，即為社會、文化心理學派的重心。維高斯基為主要代表人物。他們認為知識乃經由個體與社會、文化、歷史的互動過程所產生的，此派特別強調社會性互動和社會文化脈絡在建構知識中的重要性。持社會、歷史、文化之觀點所設計之課程與教學特性是：

(一)知識的來源是個體與社會互動後所產生的，何謂真理？何謂知識？要視該文化情境脈絡中的詮釋。

(二)課程目標在引導學生進入所處之社會、文化、歷史的知識思想體系，並進而培養其思考的自由（Stenhouse, 1975）。

(三)學習方法強調同儕互動、師生互動以及與環境、情境間的互動；重視合作學習方式和情境學習；支持「學徒制」或「合法的表面參與」，即先讓生手象徵性

地參與社會實務，直到其到達精熟之後，才得以擔當全部的角色責任。

㈣就課程評量而言，重視學生學習過程。

從知識論的觀點來看幼教課程模式的時候，可以發現，基本上本研究中的五個模式未從知識論的觀點來看應該教什麼給孩子的問題，但由於哲學為一切學科之母，因此當哲學影響到心理學領域，而心理學又是影響到幼教課程模式主要（或唯一）的學科之際，追溯各模式對知識的看法時，是用推論的方式來予以歸納的。就直接教學課程模式而言，影響課程內容的因素主要是實證心理學，強調環境的重要性；其餘的課程模式深受發展心理學的影響，強調學習者本身所具備的認知結構與發展順序以及與外界互動後，對本身認知結構上的影響。

對於文化、社會、歷史對個人知識之起源的影響力與重要性幾乎沒有一個模式涉及。史波代克（Spodek, 1988）即曾提到，自一八○○年末期以來，幼教課程的發展即以兒童發展心理學為其理論之基石。以兒童發展心理學為課程理論或課程發展基石本不是問題，問題出在以它為課程發展之唯一基礎，這樣會使得課程內涵窄化與脫離學生之生活情境。同時，發展心理學告訴我們的是「實然」的資訊，即小孩在不同時期會有什麼發展狀況；而無法告訴我們「應然」的方向，即應該培養什麼樣的小孩？應提供什麼樣的知識才能培育出所預期的孩子？這部分即牽扯到哲學、社會學和倫理學領域的探討了。另外，認知與發展心理學近年來的研究新發現在各模式中均未見提及。

課程模式本身意謂著課程是可以事先予以概念化，然後傳遞給不同地方的老師，老師可以一致性地施行在不同學生身上。這樣的想法與作法是忽略了（或未看重）社會、文化、歷史與個體發展間不可分的關係。換言之，即使主張教育目的是在培養兒童的獨立自主性，強調是以兒童為中心的課程模式，在理論上強調知識是兒童內在心智建構的結果，是比持經驗主義觀點者更以兒童為中心，但從情境脈絡角度來看時，可以看出在談知識建構時，將其焦點放在個體上，強調知識是由內建構形成的時候，筆者還是要問那道德價值觀、情感走向等問題，自我是如何去建構出來的？誠如布魯納（Bruner, 1990, p.85）和蔡敏玲（民 87，頁 90）所懷疑的「有那麼

個超愈文化的、本質上的自我，一個由人的普全性質所界定的自我嗎？」從教學實務例子來看，亦可看出對於知識論起源忽略社會、文化、歷史觀點時，所帶來的潛在危險性，譬如：當一位老師對知識的定義、起源有固定的觀點時，進入一個使用與自己理念不同的課程模式時，他所表現的教學行為絕大部分還是依自己原有之信念（O`Brien, 1993; Spidell, 1988; Kagan & Smith, 1988），這就可以說明為什麼有時候到標榜是某種課程模式的幼稚園來看，會發現不同的教師在執行該課程模式時，符合其精神之程度會有所不同。依此類推到兒童身上時，無論在思考應教些什麼、如何教以及何時教給他們時，亦不能忽略兒童所生活、成長的文化、社會、歷史背景。這種背景範圍可以小自父母的文化價值觀，擴大至其生活的社區、學校、城市、國家文化價值觀，甚至該時代的文化背景。筆者認為唯有將個體知識建構過程放到社會文化體系之互動系統上來對照時，才能稱為以「兒童為中心」的課程與教學。

　　歸納前面探討「應該教什麼？」的文獻後，筆者認為在發展課程做課程決策以及實務教學時，除了以心理學作參考外，應包括社會學、哲學、人類學和課程研究等相關領域的知識，不斷地建構自己的課程內容與教學方法。

第二節　何時教的問題

　　在思考何時可以介入教學時，有兩個基本的問題浮現出來，即關鍵期和準備度的問題。

一、對關鍵期觀念的檢視

　　自從勞倫斯（Lorenz）發現動物的銘印現象（即指個體出生後不久的一種本能性的特殊學習方式）。銘印式的學習通常是在極短的時間內完成，且習得的行為持久存在，不易消失（張春興，民78）。韋塞與賀貝爾（Wiesel & Hubel, 1965）的研究

探討剝奪對貓的視覺的刺激對貓視覺系統發展的影響，方法是自貓出生開始即將一眼矇住，不予視覺的刺激，結果發現將矇住的眼睛打開後，另一隻未矇過的眼睛中只有 85%的貓能對刺激有所反應；而有 15%的貓兩眼都無法對刺激有所反應。發表後，關鍵期的觀念即被幼教界用來作為支持幼教重要性的理由之一，加上布魯姆（Bloom, 1964）、海特（Hunt, 1961）的書，更增強了兒童最初五年關鍵期可以作為未來智力發展之指標的觀念。

然而喬和史都華德（Chow & Stewart, 1972）針對貓視覺刺激被剝奪對視神經系統長期影響做追蹤性研究，結果發現視覺被剝奪的貓其視覺系統會逐漸建立其應有的功能，同時經過訓練後，視覺被剝奪的貓可以在韋塞和賀貝爾所說的關鍵期之後恢復功能。

布如爾（Bruer, 1997, pp.8-9）指出，至目前為止，神經科學的研究提示我們，關鍵期指的不是過了這個關鍵期的時期，學習就無效了、關閉了。而應該說，關鍵期指的是腦部在彈性上的轉變，亦即腦部被重塑、改變之能力的轉變，而這種腦部彈性能力轉變的發生是終生都存在的（Greenough et al., 1987）。腦部能力的彈性不是在某特殊環境下之特殊經驗才培養的，而是正常環境下即已提供了許多有助於腦部發展的刺激與途徑了。事實上，許多探討早期介入效果的研究（簡楚瑛，民 83；Ramey, Bryant & Suarez, 1985; Clarke & Gruber, 1984; Lazar, lrring & Darlington, 1982; Schweinhart & Weikart, 1980）也指出：早期介入效果到三、四年級時多數逐漸消退了。因此認為早期教育是預測兒童未來發展的唯一指標，進而加強早期教育的介入，希望達到改造社會的想法是不切實際的（Woodhead, 1988）。換言之，如果認為早期是兒童學習的關鍵期的看法是指過了關鍵期時刻，兒童就無法學習了的觀念而言，現在應該是已被終生學習的觀念所取代了。關鍵期對課程發展之提示是：由於幼兒腦部改變與塑造彈性上之特殊性，就應在教學方法上探討可以如何去教導才能讓幼兒這種彈性的特性充分發揮功能；而不是只一味地強調在「年齡」上的關鍵期。

對於老師而言，關鍵期的重要點應該在對兒童感官問題的認定與處理，如白內障、視覺失衡、慢性內耳炎。因為這些問題沒處理好時，其影響的確是長期的，甚

至是永久的。

二、「準備度」的問題

幾乎所有的幼教課程模式目標之一都在為未來的學習（尤其是針對小學）作準備。除了河濱街課程模式外（後來該模式被「提早開始」方案採用後，其目的也在為小學作準備，因此就目標而言，亦與其他模式相同了），其餘四個教育模式對象都是低社經家庭背景的小孩，因此提供之課程內容都是為了提升這些低社經家庭背景小孩入小學的準備度，這樣的課程內容給所有的孩子學習，對中等階層家庭背景的小孩或是資優的孩子而言，就值得探討其提供學習之時機和內容的適切性了。

從六個課程模式之課程內容重點來看時，所謂為未來上小學作準備主要是指為小學之讀、寫、算學習做奠基的工作。雖然有的模式除了讀、寫、算學前技藝的目標外，還包括一些概念和社會能力培養的目標，但若是從迦納（Gardner, 1983）多元智能觀點來看，前述六個課程模式對智力之定義係屬傳統上的定義，即智力只包括迦納理論中的語言、邏輯—數學和空間三種內涵。強調社會化教育目的之模式還可以加上人際智慧，從這個角度分析時，牽涉到課程內涵多元化的重要性（這部分應放至上段談：應該「教什麼」給兒童裡去，但為避免談「何時教」時的重複性，因此放在這裡一併談）。迦納理論給教育工作者最大的啟示之一就在對個別差異性的看重。課程既以模式出現，即容易造成在某個時候應教些什麼，或兒童應具備哪些特定的、對未來學習有幫助的能力。事實上，從多元智力理論和後皮亞傑學派的觀點來看，個人的能力可能會隨著不同的領域而有所改變，例如：兒童在某些他們熟知領域中，亦能表現出如成人般的推理模式。每個兒童由於先天資質上的差異和後天成長環境上的影響，使得老師碰到「何時應教給兒童什麼東西最恰當」的問題時，所要考慮之「個別差異性」情況就顯得更複雜且更須具備專業知能去作判斷與選擇了。「準備度」的定義也就在須注意兒童的個別差異性的認知上思考，不應只是從年齡或是學前準備度角度去思考。

　　根據研究顯示（Meltzoff & Moore, 1983; Bauer & Mandler, 1989; Wellman & Gelman, 1992; Pinker, 1990），幼兒的認知能力遠超過成人所預期的，同時，對於幼兒知識產生的起源亦有新的詮釋（Carey & Spelke, 1994; Gopnik & Wellman, 1994），譬如：佛德（Fodor, 1983）提倡之特定領域知識（domain-specific knowledge）和類理論知識（theory-theory, theory-like or theory-based knowledge）。佛德認為不同的知識領域有其領域內的解釋原則，知識的取得即受限於個體已有的結構或傾向，不同領域有不同的限制（constraints）。知識的取得深受已習得之特定領域知識所影響。推衍該理論至學習中，即學習者不論其年齡的大小，只要在某種特定領域內的既有知識相同，那麼幼兒與成人都可以相同的運思結構來解決問題。類理論知識提倡者認為幼兒自出生即已具備了類似理論性的知識，稱之為「自然的理論」〔naive theories，或稱為 framework theories（Wellman & Gelman, 1992）〕，幼兒即根據自己已具備的知識去思考所面臨到的問題，在不斷地嘗試與修正過程逐漸形成與成人相似的理論，稱之為「特定理論」（specific theories，或稱為 explicit theories）。認知心理學中特定領域與類理論之觀點對「準備度」概念之提示至少有兩點（Watson, 1996, p. 166）：

　　㈠所謂學習的準備度應是兒童認知傾向（cognitive dispositions）與教學內容之形式間的搭配。

　　㈡在不同的領域內會有不同程度的準備度，因此各知識領域之準備度的發展時程會因人、因知識領域之不同而不同。

　　歸納上述知識理論與提示，筆者贊同瓦特蘇（Watson, 1996, p.166）所說的：準備度的問題不僅是「何時教」的問題，同時要考慮的是「如何教」以及「教些什麼」的問題。筆者認為，課程模式一致性的特質，很難因應準備度上個別差異之現況與需求。

第三節　如何教的問題

皮亞傑和維高斯基二人在知識建構論的觀點有其差異性和共同性的存在，就與教、學有關的部分來看，二人的理論都強調知識的產生在於個體與環境的互動；個體是主動的學習者。兩者間最大的不同點在維高斯基強調文化在學習中所扮演的角色。

社會文化學派認為每一個社會都有其表徵系統，該系統將社會中的文化呈現出來，這個表徵系統所蘊涵的意義是社會成員所共同建構、塑造、承繼、創新而成的。因此，對於「如何教」的問題至少有以下的兩點的啟示（Salomon & Perkins, 1998）：

一、教學角色的主動性

根據維高斯基之鷹架理論（scaffold），兒童的學習是在「他人」提供幼兒最佳學習區內所需之指導、示範、鼓勵、回饋下，所進行之解決問題形式中建構與內化知識的過程。這時他人（包括同學、老師、父母、其他成人等）的角色，就需是主動性地，譬如：頻繁地互動、立即地回饋、因人因情境之不同而給與不同的指導。與其提供事先準備好的資訊直接教導、糾正錯誤等方法，不如透過解釋、建議、自省等方式去誘導出學生的反應。

二、學習是建構知識的過程而不是傳遞知識的過程

社會文化學派主張知識是靠個體與社會、文化互動所產生的成品，因此它深具

情境脈絡性與變動性。教學方法就要注意教學情境（包括社會、學校、班級的情境）的意義、內涵與重要性。

從教學角色之主動性觀點來看，本文所提及之六種教學模式中都強調老師的角色，不同點在於：直接教學模式中老師的角色不僅具主動性，同時也具主控性；其餘五個模式中，老師的角色多元化，多數強調觀察後的引導，其中蒙氏和高瞻遠矚模式因為課程內容較具結構性，因此，老師在課程內容方向引導方面要較河濱街模式和卡蜜—迪汎思模式之主導性弱些。不論上述六個模式中，老師角色是主控性較強或是主導性較強，都可看出對老師主動性角色的肯定。唯在實踐層面上，老師主動性的程度應該如何？何時老師應主動介入學生的學習，何時不應介入？何時介入可稱之為引導，而何時介入則稱為干擾了學生的學習？介入時應如何介入？如何判斷介入的導向？這些問題都是上述六種課程模式所未清晰交代的問題。當然，這是理論層面落實到實踐層面上所必須處理的問題。當一位老師面臨到「如何教」的問題時，若他（她）服膺（或標榜）某一種課程模式時，就須回溯到該模式之理論基礎去思考答案；若某位老師並不認為課程該以模式方式運作，而是強調配合師生、情境等因素而自行設計課程時，就須思考自己的教育觀、兒童觀和教學觀，在追溯與建立自己的課程理論基礎的過程中，思考「如何教」的問題。

從知識形成之過程的角度來看時，本文所提及之六種模式中只有直接教學模式所主張的是知識傳遞的過程，而另外五種模式多符合知識形成是一種建構過程的理論。唯理論層面落實到實踐層面時，所遇到的處境會與上段所敘述的雷同。

第四節　我國幼教課程未來的方向

課程模式的目的在統一與統整課程各要素之間的關係，讓每一位使用該課程的老師都能一致地執行其內容與教學方法。這種觀念源自於工業界標準化的觀念（Goffin, 1994, p.209）。工業界認為標準化可以增加效率，維持一個相當的水準，同時

可以滿足大家的需求，譬如栓子大小，雖然有不同的規格，但只要是同一規格之栓子，隨處拿來的栓子都會符合所需。工業標準化的觀念應用到課程上時，就是假設幼兒與老師的特性是全世界一致的、固定的，透過課程模式的實施可以維持教學品質的水準；同時課程是可以先予以概念化，然後移到不同地區、不同文化中以及老師以一致的方式去加以應用的。這種規格化的課程模式對於不合規格或初任教師在開始教學時或許有其維持最低教學品質之功能，但若將模式始終如一地使用下去，就容易忽略老師、學生之個別差異以及文化情境的不同，造成老師忽略自己專業上的自主性與責任感。同時，老師在教學準備度與實際教學時，其焦點就會放在思考自己的教學是否符合該課程模式之要求與標準上，而不是放在思考自己的教學行為對學生的影響與效果上。

　　雖然課程模式的移植或應用有其限制性，但對課程之發展依然有其啟發性。課程模式強調的是理論基礎、教育目的、方法、內容與評鑑方式間的統整性與系統性，因此在課程設計與教學過程中，應觀照二個重點：一是不斷地反省踐行層面背後的理論基礎：理論層面與踐行層面應相互的呼應，在實際教學與課程發展過程中，應時時刻刻地回頭觀照與理論的結合和呼應，以建立課程內部的統整性；二是課程發展本身是一有機體的觀念：課程係因應社會、文化、個體之特性而產生不同的目的、內容與方法，隨著時代、文化、個體的變遷異動，課程亦隨之轉變。課程模式欲延續生命，必須不斷地發展才可能符合時代性的期望。

　　不斷地反省自己在現場教學時所面臨到的種種複雜的情境，不斷地參考各學派之知識，如：社會學、哲學、心理學、人類學等，並進而思考出因應的教學內涵與教學對應策略是身為專業人員的老師應有的態度，也是筆者認為未來幼教課程應走的方向。

◆中文部分

張春興（民78）。*張氏心理學辭典*。台北市：東華。

蔡敏玲（民87）。「內」「外」之間與之外的模糊地帶：再思建構論之爭議。*課程
與教學季刊*，一卷，第三期，第81-90頁。中華民國課程與教學學會。

簡楚瑛（民83）。學前教育效果之後設分析。行政院國家科學委員會專題研究計畫
成果報告：NSC82-0301-H-134-001。

◆英文部分

Bauer, P., & Mandler, J. (1989). Taxonomies and triads: Conceptual organization in one-to-two-year-olds. *Cognitive Psychology, 21*(2), 154-184.

Bloom, B. (1964). *Stability and Change in Human Characteristics.* New York: Willey.

Bruer, J. (1997). Education and the brain: A bridge too far. *Educational Researcher*, 26 (*No 8*), 4-16.

Bruner, J. (1990). *Acts of Meaning.* Cambridge, MA: Harvard University Press.

Carey, S., & Spelke, E. (1994). Domain-specific knowledge and conceptual change. In L . Hirschfeld & S. A. Gelman (Eds.), *Mappling the Mind: Domain specificin cognition and culture*, 169-200. Cambridge, England: Combridge University Press.

Case, R. (1996). Changing views of knowledge and their impact on educational research and practice. In D. R. Olson, & N. Torrance (Eds.), *The Handbook of Education and Human Development,* 75-100. Cambridge: Blackwell Publishers.

Chow, K. L., & Stewart, D. L. (1972). Reversal of stuctural and functional effects of long-term visual deprivation in cats. *Experimental Neurolopgy*, *34*, 409-433.

Clarke-Stewart, K. A., & Gruber, C. P. (1984). Day care from and feature. In R. C. Ainsile (Ed.), *The Child and the Day Care Setting: Qualitative variations and development*, 35-62. New York: Praeger.

Fodor, J. (1983). *Modularity of Mind: An essay on faculty psychology.* Cambridge: MIT Press.

Gardner, N. (1983). *Frames of Mind.* New York: Basic Books

Goffin, S . G. (1994). *Curriculum Model and Early Childhood Education : Appraising the relationship.* N. Y: Merrill.

Gopnik, A., & Wellman, H. M. (1994). The theory theory . In L. Hirschfeld & S. Gelman (Eds.), *Damain-specificity in Culture and Cognition*, 257-293. New York: Combridge University Press.

Greenough, W. T., Black, J. E., & Wallace, C. S. (1987). Experience and brain development. *Child Development, 58*, 539-559.

Hunt, J. (1961). *Intelligence and Experience.* New York: Ronald Press.

Kagan, D. M. & Smith, K. E. (1988). Beliefs and behaviors of kindergarten teachers. *Educational Researcher, 30*(1), 26-35.

Lazar, Irring, & Darlington, Richard B. (1982). Lasting effects of early education: A report from the consortium for longitudinal studies. *Monographs of the Society Research in Child Development, 47* (2-3, Serial No. 195).

Meltzoff, A. N. & Moore, M. K. (1983). Newborn infants imitate adult facial gestures. *Child Development, 54*, 702-719.

O`Brien, L. M. (1993). Teacher values an classroom culture: Teaching and learning in a rural, appalachian Head Start program. *Early Education and Development, 4*, 5-19.

Pinker, S. (1990). Language acquisition. In Posner, M. (Ed.), *Fonudations of Cognitive Science*, 359-399. Cambridge: MIT Press.

Ramey, C. T., Bryant, D. M., & Suarez, T. M. (1985). Preschool compensatory education and the modifiability of intelligence: A critical review. In D. Ditterman(Ed.), *Current Topics in Intelligence*, 247-298. Norwood, NJ: Ablex.

Salomon, G. & Perkins, D. (1998) Individual and social aspects of learning. In P. David., & A. Iran-nejad (Eds.), *Review of Research in Education,* 1-25. American Educational Research Assocation.

Schweinhart, L. J., & Weikart, D. P. (1980). *Young Children Grow up: the effects of the perry preschool program on youths through age 15.* Ypsilamti: High/Scope.

Skinner, B. F. (1954). The science of learning and the art of teaching. *Harvard Educational Review, 24*, 86-97.

Spidell, R. A. (1988). Play in the classroom: A descriptive study of preschool teachers` beliefs. *Early Child Development and Care, 4*(1), 153-172.

Spodek, B. (1988). Conceptualizing today`s kindergarten. *The Elementary School Journal, 89*, 203-211.

Stenhouse, L (1975). *An Interduction to Curriculum Research and Development.* London: Heinemann.

Watson, R. (1996). Rethinking readiness for learning. In D. R, Olson & N. Torrance. (Eds.), *The Handbook of Education and Human Development*, 148-173. Cambridge: Blackwell Publishers.

Wellman, H., & Gelman, S. A. (1992). Cognitive development: Foundational theories of core domains. *Annual Review of Psychology, 43*, 337-375.

Wiesel, T. N., & Hubel, D. H. (1965). Extent of recovery from the effects of visual deprivation in kittens. *Jonrnal of Neurophysiology, 28*, 1060-1072.

Woodhead, M. (1988). When psychology informs public policy: The case of early childhood intervention. *American Psychologist, 43*, 443-454.

國家圖書館出版品預行編目資料

幼教課程模式：理論取向與實務經驗／簡楚瑛等著.
--二版.-- 臺北市：心理, 2003（民 92）
面；　公分.--（幼兒教育系列；51016）
含參考書目
ISBN 978-957-702-566-1（平裝）

1. 學前教育—課程　　2. 學前教育—教學法

523.23　　　　　　　　　　　　　92001633

幼兒教育系列 51016

幼教課程模式：理論取向與實務經驗（第二版）

策劃主編：簡楚瑛
作　　者：簡楚瑛、盧素碧、蘇愛秋、劉玉燕、漢菊德、
　　　　　林玉珠、吳嬖華、張孝筠、林士真、鄭秀容
總 編 輯：林敬堯
發 行 人：洪有義
出 版 者：心理出版社股份有限公司
地　　址：231 新北市新店區光明街 288 號 7 樓
電　　話：(02) 29150566
傳　　真：(02) 29152928
郵撥帳號：19293172　心理出版社股份有限公司
網　　址：http://www.psy.com.tw
電子信箱：psychoco@ms15.hinet.net
駐美代表：Lisa Wu（lisawu99@optonline.net）
排 版 者：辰皓國際出版製作有限公司
印 刷 者：辰皓國際出版製作有限公司
初版一刷：1999 年 11 月
二版一刷：2003 年 3 月
二版十五刷：2017 年 1 月
I S B N：978-957-702-566-1
定　　價：新台幣 650 元